Next Generation Real Estate

Heike Gündling
Christian Schulz-Wulkow (Hg.)

Next Generation Real Estate

Innovationen und digitale Trends

1. Auflage 2018

Bibliografische Information der Deutschen Nationalbibliothek
Die Deutsche Nationalbibliothek verzeichnet diese Publikation in der Deutschen Nationalbibliografie; detaillierte bibliografische Daten sind im Internet über http://dnb.d-nb.de abrufbar.

Besuchen Sie uns im Internet: http://www.frankfurt-school-verlag.de

Printed in Germany

ISBN (Print): 978-3-95647-096-7
ISBN (PDF): 978-3-95647-097-4
ISBN (ePub): 978-3-95647-098-1
ISBN (Mobi): 978-3-95647-099-8

Grußwort

von Prof. Dr. Andreas Pinkwart
Minister für Wirtschaft, Innovation, Digitalisierung und Energie
des Landes Nordrhein-Westfalen

Die Digitalisierung als technischer, marktwirtschaftlicher und sozialer Megatrend wird durch neue digitale Prozesse und Geschäftsmodelle auch die Immobilienwirtschaft in ihren Teilbereichen – Wohnungswirtschaft, Wirtschaftsimmobilien, Fremdverwaltung, Neubau sowie Marketing/ Vertrieb – nachhaltig verändern.

Analog zur Industrie 4.0 werden die Baustelle 4.0 und die Gebäudebewirtschaftung 4.0 – bei der alle beteiligten Akteure miteinander kommunizieren – richtungsweisend für die künftige Entwicklung der Branche.

Hierbei werden die Themen BIM (Building Information Modeling), Gebäudeautomation, Smart Buildings und smarte Quartiere den Takt bestimmen. Dabei können smarte Gebäude künftig nie im alleinigen Fokus stehen, sondern sind im Zusammenspiel mit smarten Quartieren und der smarten Stadt zu betrachten.

Aber auch die Themen Fachkräftemangel, sich verändernde Unternehmenskulturen bis hin zu den sich zukünftig ändernden Nutzeranforderungen sind herausfordernd. Insbesondere das BIM, als ein intelligenter, auf einem 3D-Modell basierender softwaregesteuerter Prozess und in seiner Erweiterung offene Internetplattform, stellt den Akteuren der Bau- und Immobilienwirtschaft Informationen und Werkzeuge für effiziente Planung, Entwurf, Konstruktion, Vermarktung und Verwaltung von Gebäuden und Infrastruktur zur Verfügung.

In Nordrhein-Westfalen beabsichtigt die Landesregierung daher, ab dem Jahr 2020 bei Vergaben des Bau- und Liegenschaftsbetriebes NRW sowie des Landesbetriebes Straßen.NRW den Einsatz von BIM verpflichtend vorzugeben.

Es bedarf einer gemeinsamen Anstrengung von Wirtschaft, Bauverwaltung und Politik, damit die Umstellung von analog auf digital bei allen Beteiligten gelingt. Als Landesregierung unterstützen wir diesen Prozess bereits – außer durch die Verstärkung des E-Governments – durch weitere Maßnahmen. Der Ausbau der dafür notwendigen Gigabit-Netze wird beispielsweise mit erheblich größeren Anstrengungen forciert als in der Vergangenheit: weg vom veralteten Kupferkabel, stattdessen Glasfaser first!

Bisher gehörte die Immobilienwirtschaft nicht zum Betätigungsfeld von Technologieunternehmen. Aber es bildet sich zunehmend ein Trend heraus: Egal ob Real Estate Tech, Property Tech oder kurz PropTech – digitale Technologie hält Einzug in die Immobilienbranche und bewirkt innovative Veränderungen. Immobilienkäufer suchen heute fast ausschließlich online nach Immobilien. Immobilienportale und -marktplätze haben sich schon lange auf dem deutschen Markt etabliert und das Verhalten von Immobilienkäufern und -verkäufern grundlegend verändert.

Daher sind PropTechs als Start-ups Innovatoren und Jobmotoren, die neue Arbeitsplätze schaffen. Dabei bedürfen diese Jungunternehmer eines einfacheren Zugangs zu Wagniskapital, einer Ausweitung von Beratungsmöglichkeiten, zusätzlicher Förderprogramme und Netzwerke sowie einer Vereinfachung der rechtlichen und politischen Rahmenbedingungen.

Die Digitalisierung zwingt alle Akteure der Immobilienwirtschaft zu einem vernetzen Denken und Handeln. Dabei bietet die digitale Transformation neue Chancen und Optionen für die Entwicklung zukünftiger Geschäftsmodelle und Dienstleistungen.

Geleitwort der Immobilienwirtschaft

Liebe Leserinnen und Leser,

die Immobilienwirtschaft muss sich konstant großen Herausforderungen stellen – insbesondere in der heutigen Zeit. Die Groß- und Universitätsstädte sind angespannt. Das anhaltende Niedrigzinsumfeld übt einen historisch hohen Druck auf die Märkte aus. Die älter werdende Bevölkerung stellt neue Anforderungen an Immobilien. E-Commerce verändert den stationären Handel und bringt Logistik in die Zentren deutscher Städte. Mit all diesen Themen muss sich die deutsche Immobilienbranche beschäftigen, deren Aufgabe es ist, ein immobiles Produkt flexibel zu gestalten.

Dies ist auch der Grund, warum die vierte industrielle Revolution längst Einzug gehalten hat in die deutsche Immobilienwirtschaft. In einer aktuellen Studie zum Thema Digitalisierung, die der ZIA gemeinsam mit EY Real Estate im Herbst 2017 veröffentlicht hat, haben mehr als 90 Prozent der Befragten angegeben, dass Digitalisierung für sie ein sehr relevantes Handlungsfeld sei. Sie erwarten dadurch insbesondere reduzierte Kosten und optimierte Prozesse in ihrem Kerngeschäft. Diese Effizienzsteigerung kann dazu dienen, die Wirtschaftlichkeit vor dem Hintergrund der sinkenden Renditen in Deutschland zu steigern.

Nun wäre es zu schön, wenn Digitalisierung ein reiner Selbstläufer wäre. Nein, bei dieser Herausforderung gibt es keine Vorbilder, an denen sich unsere Branche orientieren könnte. Natürlich finden sich inzwischen immer mehr Best-Practice-Beispiele im In- und Ausland, doch eine Digitalisierungsstrategie eines Unternehmens kann immer nur individuell zugeschnitten sein. Jegliche Vorbilder haben reinen Inspirations-Charakter. Bei der Findung stringenter Lösungen für den eigenen digitalen Erfolg stehen mehrere Unternehmen noch am Anfang. Auch das zeigte sich in der Befragung. Fast 60 Prozent gaben an, in der Orientierungs- beziehungsweise Entwicklungsphase und somit relativ am Anfang der digitalen Transformation zu stehen. Sechs Prozent meinten, dass sie bereits die Stufe der digitalen Exzellenz erreicht hätten. Diese Stufe bezeichnet die vollständige digitale Transformation. Dort werden beispielsweise sämtliche Prozesse ohne Medienbrüche unterstützt, die Informationstechnologie ist eine der Kernkompetenzen der Mitarbeiter. Digitale Innovationen werden sukzessive vorangetrieben.

Diese sechs Prozent beziehen sich wohl vorrangig auf junge Unternehmen im PropTech-Sektor. Mit PropTech wird die Branche bezeichnet, in der Immobiliendienstleistungen durch technische Lösungen angereichert und/oder verändert werden. PropTechs sind häufig Start-ups und richten sich sowohl an Unternehmen als auch an Endverbraucher. Sie zielen entweder auf effizienzsteigernde Maßnahmen für bestehende Prozesse ab oder die Einführung neuer Technologien und Geschäftsmodelle, die ältere ablösen könnten.

Für etablierte Unternehmen der Immobilienwirtschaft sind PropTechs ein guter Partner bei der Umsetzung der eigenen Digitalisierungsstrategie. Entsprechend erfreulich ist es, dass immer mehr Branchengrößen eng zusammenarbeiten mit jungen Start-ups. Wir sehen immer mehr Pilotprojekte zwischen jungen Playern und der „Old Economy“. Viele Unternehmen unterstützen Gründer bei der Umsetzung ihrer Ideen finanziell und inhaltlich und profitieren insbesondere von der Implementierung der neuen Möglichkeiten im eigenen Geschäft.

Als ZIA treiben wir die Digitalisierung unserer Branche und die Zusammenarbeit zwischen etablierten und jungen Marktteilnehmern bereits seit mehreren Jahren voran. Dazu ist im Jahr 2015 der sog. Innovation Think Tank unter der Leitung unseres Innovationsbeauftragten Martin Rodeck gegründet worden, dem die innovativsten Köpfe der gesamten Immobilienwirtschaft angehören. Mithilfe des Think Tanks wurden der Innovationskongress der Immobilienwirtschaft, der Ausschuss Digitalisierung sowie der Innovationsbericht initiiert. Neben Vertretern der etablierten Branche finden sich darin auch Vertreter der PropTechs. So wurde dort die Kooperation zwischen dem ZIA und der German PropTech Initiative als Vertretung der Start-ups unserer Branche geboren. Seither unterstützt der ZIA mit seinem Netzwerk auch die Plattformen von Gründern und jungen Unternehmern.

Der ZIA engagiert sich darüber hinaus für ein verlässliches politisches Umfeld in Bezug auf die Digitalisierung der Immobilienwirtschaft. In seinem 2017 gegründeten Ausschuss Digitalisierung entwickeln zahlreiche Experten der Immobilienwirtschaft Vorschläge, wie die Regulatorik angepasst werden kann, um die digitale Transformation zu unterstützen. Dabei geht es insbesondere darum, dass die Bundes-, Landes- und Kommunalpolitik „smart“ mitwächst. Digitale Schnittstellen zwischen Immobilienwirtschaft und Behörden könnten beispielsweise mitunter langfristige Baugenehmigungsverfahren und Grundstücksvergaben erheblich beschleunigen. Auch die Themen Datenschutz und Datensicherheit spielen eine enorme Rolle in unserer Branche. Die Immobilienwirtschaft erfasst zahlreiche Daten rund um die Nutzung einer Immobilie. Diese intelligent auszuwerten und für die eigene Unternehmensentwicklung verwenden zu können muss das Ziel einer nachhaltigen Datenschutzpolitik sein. Für das Thema Digitalisierung hat der ZIA Europas größten Softwarehersteller SAP als Systempartner gewonnen.

Mit vereinten Kräften werden wir daran arbeiten, die Digitalisierung in der gesamten Branche voranzutreiben. Das kann ich Ihnen versprechen.

Ich wünsche Ihnen eine angenehme Lektüre

Ihr Dr. Andreas Mattner
Präsident des ZIA Zentraler Immobilien Ausschuss e.V.

Inhaltsverzeichnis

Vorwort zur 1. Auflage

Kaum eine Vokabel wird gegenwärtig auf allen Foren, Kongressen oder Messen häufiger strapaziert als „Digitalisierung". So zu Recht auch bei allen Zusammenkünften der Immobilienwirtschaft, denn diese gilt es schnellstmöglich „abzuholen" und den zwingend notwendigen digitalen Transformationsprozess voranzutreiben, damit die Branche nicht den Anschluss verliert.

Die Entwicklung ist derart rasant, dass langfristige Planungen und ein klarer Blick auf das sich ständig verändernde Umfeld herausfordernd sind. Aber nicht unmöglich.

Digitalisierung braucht eine Strategie, die tief im Unternehmen verankert sein muss. Es geht beim digitalen Wandel nicht in erster Linie um Technologie, sondern vielmehr um strategische Weichen, um neue Geschäfts- und Erlösmodelle, um digitale Denkansätze. Und insbesondere um die Menschen – die Führungskräfte und Mitarbeiter eines Unternehmens, aber auch die Kunden und Partner – als gemeinsame Treiber der Digitalisierung. Davon ausgehend, also erst im zweiten Schritt, darf der Detailblick auf die jeweils passenden Ansätze, oft mit digitalen Technologien als Katalysator folgen. Sowohl die digitale Unternehmensstrategie als auch die einzelnen Maßnahmen müssen flexibel anpassbar bleiben. Das ständige kritische Hinterfragen und auch das Stolpern, Aufraffen und Lernen sollten selbstverständlicher Bestandteil einer digitalen, agilen Unternehmenskultur und -strategie sein.

Dieses Buch bietet Hilfestellung und Anreize für das Erarbeiten und Implementieren einer solchen Unternehmensstrategie. Es zeigt außerdem den Stand der Diskussion zu einigen der Technologien, die in der Immobilienwirtschaft gegenwärtig besonders im Digitalisierungsfokus stehen – und zwar entlang der gesamten Wertschöpfungskette. Betrachtet werden Building Information Modeling, künstliche Intelligenz, Datenräume, virtuelle Realität, Internet der Dinge und Blockchain, um nur einige zu nennen.

Wir danken als Herausgeber allen Autoren für ihren Einsatz und außerdem dem Frankfurt School Verlag efiport GmbH für den Support beim Erstellen des Buchs. Das Engagement aller Beteiligten und die Freude am Thema Digitalisierung war in der Zusammenarbeit und im Austausch allgegenwärtig.

Eine anregende Lektüre wünschen

Heike Gündling
Chief Operating Officer
Architrave GmbH

Christian Schulz-Wulkow
Geschäftsführer
Ernst & Young Real Estate GmbH

Frankfurt am Main/Berlin, im Mai 2018

I
Innovationen und digitale Trends

Implementierung einer digitalen Unternehmensstrategie

Christian Schulz-Wulkow/Gerald Kremer

1 Status quo der deutschen Immobilienwirtschaft

1.1 Wenig digitale Exzellenz

Die deutsche Immobilienwirtschaft und das Thema Digitalisierung haben lange nur schwer zueinander gefunden. Andere Länder gelten als deutlich fortschrittlicher. Doch mittlerweile bewegt sich die Branche – langsam zwar und noch ohne das ganz klare große Ziel, aber für neun von zehn deutschen Immobilienunternehmen ist Digitalisierung heute ein relevantes Handlungsfeld, in das auch entsprechend investiert wird. Rund fünf Prozent des Jahresumsatzes wenden die etablierten Unternehmen der Immobilienwirtschaft im Schnitt für ihre Digitalisierungsmaßnahmen auf. Das zeigt eine Umfrage[1], die EY gemeinsam mit dem Zentralen Immobilien Ausschuss ZIA durchgeführt hat. Wenig überraschend: Bei den befragten PropTechs liegt der Anteil deutlich höher. Rund 62 Prozent des Jahresumsatzes werden in die Digitalisierung investiert. Dies ist einerseits der Technologienähe vieler PropTechs und dem entsprechenden Fokus geschuldet. Andererseits aber auch den meist erheblich niedrigeren Gesamtumsätzen, so dass der relative Anteil bei Schwerpunktthemen noch einmal zusätzlich hoch erscheint. Die Umfrage zählt mehr als 300 Befragte verschiedener immobilienwirtschaftlicher Teilsegmente.

Mit zunehmendem Investment und der damit einhergehenden Durchdringung der Möglichkeiten wird den Unternehmen aber auch immer mehr bewusst, wie sehr die Branche tatsächlich noch am Anfang steht. Insgesamt mehr als drei Viertel der Umfrageteilnehmer gaben an, dass sie sich derzeit in einer Phase der Entwicklung (39 Prozent) beziehungsweise Etablierung (38 Prozent) befinden. In vielen Fällen geht die Digitalisierung somit zwar bereits über das reine Beobachten und Experimentieren mit isolierten Einzellösungen hinaus. Dennoch bleibt die Spitzengruppe klein: Nur sechs Prozent der Befragten – sie stammen überwiegend aus dem PropTech-Segment – zählen sich zur digitalen Exzellenz und setzen demnach im höchsten Maße auf digitale Ansätze in ihren Prozessen und Leistungen.

1.2 Selbstschutz als Antrieb

Neben den PropTechs sind der Umfrage zufolge bei Investoren, Projektentwicklern und Planern sowie teilweise bei Asset Managern, technischen Gebäudedienstleistern und Facility Managern durchaus immer wieder Unternehmen zu finden, die als Treiber für mehr Digitalisierung fungieren. Häufig dürfte der Selbstschutz ein Motiv sein, denn viele

[1] Smart, Smarter, Real Estate, Zweite Digitalisierungsstudie von ZIA und EY, 2017.

der genannten Akteure erwarten, dass sich in ihrem Feld die Geschäftsmodelle mithilfe digitaler Ansätze mehr oder weniger drastisch verändern werden. Es gilt, sich auf die Veränderungen einzustellen - oder sie gar selbst herbeizuführen.

Damit der gewünschte Schutz allerdings auch greifen kann, darf Digitalisierung nicht Aufgabe der jeweiligen IT-Abteilung sein. Gegenwärtig ist dies noch zu häufig der Fall. Digitalisierung muss vielmehr Chefsache werden, denn es handelt sich um ein übergeordnetes Feld von unternehmensstrategischer Relevanz. Dies erfordert im Zweifel auch das Schaffen neuer Positionen und Strukturen im Unternehmen – aus der IT-Abteilung heraus ist dies in der Regel nur schwer darstellbar. So bleibt die Managementebene gefragt, um eine Gesamtstrategie zu entwickeln, die den Weg und das Ziel der digitalen Transformation aufzeigt. Die Umsetzung dieser Strategie bedarf wiederum der fortwährenden Aufmerksamkeit und einer breiten Unterstützung durch die einflussreichsten Führungskräfte im Unternehmen. Theorie und Praxis sind jedoch in den beiden genannten Punkten Strategie und Umsetzung derzeit noch nicht kongruent. Einerseits weiß die Branche, wie wichtig eine übergeordnete Strategie ist. Zwei Drittel der befragten Unternehmen sieht im gegenwärtigen Fehlen von Digitalisierungsstrategien eine Herausforderung. Andererseits ist die tatsächliche Umsetzung solcher Konzepte selbst dann, wenn adäquate Strategien vorhanden sind, noch zu selten zu beobachten. Mit wenigen Ausnahmen sind die Unternehmen der Immobilienwirtschaft aus strategischer und organisatorischer Sicht, insbesondere aber hinsichtlich der Denkweise von der beschriebenen Zielsituation noch weit entfernt.

Die Diskrepanz basiert insbesondere auf dem bisher geringen Druck auf die Branche – der Immobilienwirtschaft geht es seit Jahren sehr gut. Anders als die Finanz- oder auch die die Automobilwirtschaft sind die Unternehmen von den teils drastischen Zwängen für mehr Effizienz und zur Entwicklung neuer Geschäftsmodelle noch weitgehend frei. Dazu kommt, dass die oft zitierte große Disruption durch Eintritte von außen nur schwer vorstellbar scheint. Dabei wird auch die Immobilienwirtschaft immer stärker von bisher wenig verwandten Industriezweigen beeinflusst und tendenziell auch ins Visier genommen.

1.3 Personal und Daten als Hürde

Der oben genannten Umfrage zufolge liegen die Hürden für eine schnellere und besser auf ein Ziel ausgerichtete Entwicklung im Bereich der Digitalisierung neben einer fehlenden Strategie vor allem in zwei Punkten: Personelle Ressourcen und Daten. Den erstgenannten Punkt – mangelndes geeignetes Personal – nennen 72 Prozent der Befragten als Problemfeld. Den Immobilienprofi, der zugleich Digitalprofi ist, gibt es heute nur sehr selten. Man ist auf Quereinsteiger angewiesen, zum Beispiel aus der Videospiele-Industrie oder der klassischen Informatik. Nun sind junge Talente zunehmend knapp und überall gefragt: Der demographische Wandel zwingt die Immobilienwirtschaft in einen Wettbewerb mit anderen Branchen, die auf den ersten Blick oft – nicht nur finanziell – attraktiver und dynamischer erscheinen. Wie dramatisch die Situation teilweise ist, zeigt das Feld Cybersecurity. Schätzungen zufolge erfordert es knapp 20 Jahre Zeit, um den Fachkräftemangel durch entsprechende Gegenmaßnahmen zumindest weitestgehend zu kompensieren. Die europäische Kommission geht von einem Mehrbedarf von 350.000 Fachkräften bis 2022 aus.

Eine fast ebenso große Herausforderung wie das Personal ist die mangelhafte Datenqualität und -struktur in den Immobilienunternehmen. Dies bestätigen 65 Prozent der Befragten. Paradoxerweise geht hier derzeit noch eine Schere auseinander: Auf der einen Seite weiß man, dass Big Data und Digitalisierung durch die Verbindung von Data Science und künstlicher Intelligenz (KI) enormes Potenzial entfalten werden. So lassen sich beispielsweise über Nutzerprofile, die ihre Daten aus einer entsprechenden Sensorik automatisch beziehen, die Betriebskosten einer Immobilie senken. Auch Vorhersagen auf Basis großer Mengen historischer Daten sind heute alles andere als Utopie – beispielhaft sei die Möglichkeit der Vorhersage der aktuellen und künftigen Kündigungswahrscheinlichkeit von Mietern auf Basis deren Zahlungsverhaltens genannt. Auf der anderen Seite steht das Thema Datenschutz – ein unterschätztes Thema. Der Umfrage zufolge sieht jedes zweite Immobilienunternehmen im Datenschutz nur eine geringe oder überhaupt keine Hürde für die Zukunft.

Dabei ist bereits die Gegenwart für viele Unternehmen eine Herausforderung: Die neue EU-Datenschutzgrundverordnung (in Kraft ab Mai 2018) hat das Bundesdatenschutzgesetz in weiten Teilen ersetzt und den hierzulande ohnehin schon hohen Anspruch noch zusätzlich verschärft. Bei Verstößen drohen Bußgelder von bis zu 20 Millionen Euro bzw. vier Prozent des globalen Vorjahresumsatzes – je nachdem, welche Zahl höher ist. Der Geltungsbereich umfasst grundsätzlich alle Unternehmen, bei denen personenbezogene Daten auflaufen. Diese müssen nicht nur Kunden wie beispielsweise Wohnungsmieter betreffen. Bereits der Umgang mit bestimmten Informationen über die eigenen Mitarbeiter kann im Widerspruch zur neuen Norm stehen. In vielen Unternehmen dürfte das Konfliktpotenzial vor allem in den Bereichen Marketing, HR, IT und Compliance groß sein. In manchen Unternehmen kann ein externer Data Protection Officer sinnvoll werden.

1.4 Vom Aussterben bedroht

Es gibt Marktteilnehmer, die vergleichen den digitalen Wandel in seiner Kraft mit der Industriellen Revolution. Potenziell ist jedes Immobilienunternehmen betroffen. Dies basiert auch, aber nicht nur auf einer Vielzahl neuer Möglichkeiten durch digitale Technologien, die heute in hohem Reifegrad und zu wirtschaftlichen Kosten jederzeit verfügbar sind. Als Beispiel soll erneut künstliche Intelligenz dienen. KI wird vor allem im Facility, Property und Asset Management eine große Rolle spielen und zur Effizienzsteigerung beitragen. Denn strukturierte, wiederkehrende Tätigkeiten wie Rechnungsbearbeitung, Aufnahme von Mieteranliegen und Schadensmeldungen bis hin zu Nebenkostenabrechnungen sind bereits heute weitgehend und oft bereits vollständig automatisierbar. Auch bei der Immobilienbewertung und bei Transaktionen wird der Mensch durch künstliche Intelligenz entlastet. Gerade die Erfassung, Prüfung und Risikobewertung großer Volumen an tendenziell wenig bis mittelmäßig komplexen Dokumenten, was typischerweise im Rahmen von Transaktionen und Immobilienbewertungen erforderlich ist, kann durch moderne KI-Algorithmen weitestgehend automatisiert in höchster Geschwindigkeit und Qualität erfolgen. Noch größer werden die Effizienzhebel in der Kombination verschiedener Ansätze und durch den komplementären Einsatz verschiedener digitaler Technologien. Die Technische Due Diligence ist ein Beispiel. Wenn Building Information Modeling, das Internet der Dinge und mittelfristig eine Blockchain zur Verwahrung der jeweiligen Informationen zum Einsatz kommen, lässt sich zum Beispiel der Zustand eines Gebäudes mehr oder weniger in Echtzeit erheben und von einem sicheren, dezentralen Speicherort abrufen. So könnte beispielsweise eine Art automatisierter Gebäude-TÜV entstehen, der zu jedem Zeitpunkt im Lebenszyklus ohne jeglichen Prüfaufwand validierte Informationen über den Wartungszustand kritischer gebäudetechnischer Anlagen bereitstellt.

Effizienzsteigerungen durch vereinfachte und automatisierte Prozesse sind aber erst der Anfang.

Neue Geschäftsmodelle sind das zweite und womöglich wichtigere Handlungsfeld: veränderte Miet- und Abrechnungsmodelle, ein sich veränderndes Nachfrageverhalten, Zusatzdienstleistungen für Mieter, Zugang und Abhängigkeit von Daten – überhaupt Daten als monetarisierbares Gut – sind sicherlich ein Feld, das großes Potenzial hat, aber noch unterschätzt wird. Immobilien werden in Zukunft deutlich liquider handelbar sein, und die Grenzen zwischen immobilienwirtschaftlichen Fachdisziplinen auf der einen Seite, aber auch zwischen der Immobilienwirtschaft und anderen Industriezweigen auf der anderen Seite verschwimmen zusehends. Gerade plattformbasierte Geschäftsmodelle werden die Branche verändern.

1.5 Fazit

Zwar ist die Branche aufgewacht, doch stellt sie sich der digitalen Transformation noch nicht umfassend genug. Oft sind es immer noch isolierte Einzelmaßnahmen, die auf einzelne Technologien abzielen. Tatsächlich ist das Thema in vielen Fällen schlicht nicht hoch genug aufgehängt – häufig ist die IT-Abteilung zuständig. Digitalisierung ist aber mehr als das Ausrollen einer neuen Software, das Ausgeben von mobilen Endgeräten, sie ist mehr als die Digitalisierung von Dokumenten oder isolierter Einzelprozesse: Es geht um unternehmensübergreifende Prozesse und Geschäftsmodelle sowie um digitale Produkte – sie können Dienstleistungen rund um die Immobilie betreffen oder auch den Bau bzw. Bestandteile der Immobilie selbst. Hierfür muss Digitalisierung im Unternehmen zur Chefsache werden. Denn neben dem erforderlichen Personal und dem geeigneten Umgang mit dem Rohstoff Daten mangelt es an Unternehmensstrategien, mit denen Digitalisierung als Querschnittsthema über alle relevanten Felder gespannt werden kann.

Die Branche ist sich einig, dass die deutsche Immobilienwirtschaft im internationalen Kontext großen Nachholbedarf hat. Themen wie Building Information Modeling oder Smart Metering sind anderenorts auf dem Weg zum Standard, während sich das fragmentierte deutsche Bau- und Ingenieurwesen mit einer Gesamtschau aller Prozesse schwertut. Es müssten sich auch die rechtlichen Rahmenbedingungen ändern, die zumeist noch aus einer Zeit stammen, in der an Digitalisierung noch nicht einmal im Ansatz zu denken war. Aber auch die Immobilienbranche ist heute mehr denn je gefragt, sich mit der Gestaltung eines Leitbilds zu beschäftigen und gemeinsam mit dem Gesetzgeber die Digitalisierung der Immobilienwirtschaft anzuschieben.

2 Digitale Unternehmensstrategie entwickeln, verankern und umsetzen

Unternehmensstrategien mit dem Anspruch, digitale Prozesse und Produkte auf sämtlichen Ebenen wertschöpfend voranzubringen, müssen zwangsläufig mehrdimensional erdacht werden. Dabei gilt: Technologie und Automatisierung sind Mittel zum Zweck. Es geht nicht per se darum, dass ein Unternehmen eine eigene Cloud-Lösung entwickelt oder eine App zur Kommunikation mit den Kunden, um analog ineffiziente Prozesse in digitale Prozesse umzuwandeln. In der Folge hätte ein Unternehmen dann nicht mehr als einen schlechten Prozess, der nun aber in irgendeiner Form digitalisiert ist. Natürlich kann Technologie explizit je nach Unternehmen auch das Ziel sein. In der Regel sind es aber neue oder verbesserte Produkte, Services und Dienstleistungen, die insgesamt die jeweiligen Kunden und Partner im Sinne des Unternehmenswachstums in den Mittelpunkt stellen und auf einem klaren Verständnis bestehender und zukünftiger Wertschöpfungsketten und möglicher plattformbasierter Geschäftsmodelle aufbauen. Hierfür müssen Personal und Organisation sowie die entsprechende System- und Datenlandschaft strategisch gesteuert und entsprechend auf das Ziel ausgelegt werden, und zwar in einer Art und Weise, dass bestehende Lösungen permanent hinterfragt und agile, innovative Neuentwicklungen gefördert werden. Digitale Technologien können dabei ein wichtiger Bestandteil und Katalysator sein. Zudem gilt, dass angemessene Konzepte, Maßnahmen und ein dauerhaftes Monitoring im Bereich Cybersecurity wesentliche Grundvoraussetzungen für erfolgreiche digitale Unternehmensstrategien sind.

2.1 Kunden und Partner

Wie lässt sich die Kundenzufriedenheit erhöhen? Ab wann spricht der Kunde von einer Lösung, nicht mehr bloß von einer Dienstleistung oder Ware, die er erworben oder zur Nutzung gemietet hat? Im E-Commerce beispielsweise ist man weiter als in der Immobilienwirtschaft. Der gesamte Einkaufsprozess vom ersten Blick auf den Webshop bis zum Erhalt des Produkts, also dem Öffnen des Pakets, soll mit positiven Emotionen verbunden werden. Andere Branchen wie die Videospiele-Industrie sind noch extremer: Es geht es nur noch vordergründig um ein Produkt. Im Grunde geht es um ein Erlebnis, das verkauft wird. Der Kunde möchte mit seinem Videospiel schlicht und ergreifend eine schöne Zeit erleben, und die Branche weiß damit inzwischen sehr gut umzugehen – sie hat den Kunden gar erst dahin gebracht. Beide Beispiele zeigen nicht nur, dass Kundenloyalität immer stärker im Vordergrund steht, sondern auch, wie die virtuelle und die reale Welt miteinander verbunden werden können. Genau darum geht es bei der Digitalisierung der Immobilienwirtschaft auch.

Nur mangelt es mit Blick auf die Kundenzufriedenheit in der Immobilienwirtschaft oft noch an den Grundlagen: Wie wird ein Feedback der Kunden effizient erhoben im besten Fall in Echtzeit – und wie ist darauf zu reagieren? Im Falle eines gewerblichen Mieters liegt üblicherweise ein langfristiger Mietvertrag von bis zu zehn Jahren oder länger vor, und die Kommunikation in dieser Zeit ist häufig limitiert. In der Regel sind Dienstleister wie das Property und Facility Management in engerem Kontakt zu den Mietern und seinen Bedürfnissen näher als der Eigentümer selbst. Muss das Reporting angepasst werden? Welche Analysemöglichkeiten liegen in den auflaufenden Daten? Welchen Bedarf an zusätzlichen Leistungen und Produkten hat der Kunde?

So kann – wie oben bereits angedeutet – die Kündigungswahrscheinlichkeit eines gewerblichen Mieters aufgrund dessen Zahlungsverhaltens über Methoden aus den Bereichen Data Science und künstliche Intelligenz gut prognostiziert werden. Hier kann dann in kritischen Fällen durch direkte Kommunikation einer Kündigung frühzeitig entgegengewirkt werden. In anderen Segmenten wie beispielsweise dem Hotelgewerbe funktioniert die (automatisierte) Kommunikation zwischen Eigentümern bzw. Betreiberunternehmen und den privaten Endnutzern vergleichsweise gut. Die Unternehmen kennen die Bedürfnisse ihrer Kunden und ergreifen Maßnahmen, um sie erneut als Gast begrüßen zu dürfen.

Nun sind es nicht zwangsläufig immer die klassischen Akteure der immobilienwirtschaftlichen Wertschöpfungskette, die als Partner der Immobilieneigentümer fungieren. Die Möglichkeiten der Digitalisierung können durch die klassische Immobilienwirtschaft in ihrem heutigen Zustand nur bedingt ausgeschöpft werden, als Partner kommen immer häufiger PropTechs infrage. Dabei bieten sich im Sinne der Optimierung oder Erweiterung des bestehenden Geschäftsmodells, zur Risikominimierung und zur Stärkung der Innovationskraft immobilienwirtschaftlicher Unternehmen grundsätzlich zwei Wege an: die strategische Allianz bzw. das Joint Venture und die Beteiligung bzw. Akquisition. Sowohl die strategische Allianz als auch die Beteiligung haben den Vorteil, dass ein dauerhafter Zugang zu immer neuem Know-how möglich wird und die Partner auf Augenhöhe zur Entwicklung innovativer Lösungsansätze diskutieren.

Bei einer vollständigen Übernahme besteht eine erhöhte Gefahr, dass unter anderem durch das Aufzwingen von Konzernstrukturen und -prozessen die Innovationskraft der Gründer gedämpft wird oder diese gar das Unternehmen verlassen. Gründer schätzen und brauchen in der Regel die Freiheit ihres eigenen Start-ups, um ihr volles Potenzial zu entfalten. Neben PropTechs können aber durchaus auch klassische Dienstleister als Partner für den Wandel infrage kommen.

Die Offenheit für Partner und insbesondere für PropTechs ist grundsätzlich in allen Nutzungsarten zu spüren. Vorreiter scheint dabei das Wohnimmobiliensegment zu sein. Das mag überraschen - denn die großen Wohnimmobilienbestandshalter gelten in der öffentlichen Diskussion oft noch als eher verstaubt. Aber in der Wohnungswirtschaft bietet sich mehr als in anderen Segmenten die Möglichkeit, neue Lösungen schnell und vergleichsweise einfach zu skalieren. Denn die Rahmenbedingungen rund um den einzelnen Kunden sind im Gegensatz zu anderen Nutzungsarten ähnlich bis identisch, ob nun die Parameter im Wohnungsmietvertrag, die Kommunikation mit den Mietern oder die Prozesse bei Reparaturen und Instandhaltung.

Außerdem gilt: Die großen Wohnimmobilienbestandshalter erbringen weite Teile der Wertschöpfungskette selbst. Asset und Property Management sind selten ausgelagert. Die finanzielle Beteiligung an PropTechs wird als Teil des Innovationsmanagements gesehen, um entlang besagter Wertschöpfungskette Effizienzen zu heben oder auch gänzlich neue Geschäftsfelder zu erschließen.

Neben dem Wunsch nach Innovation sind aber auch das Vermeiden von Risiken und der bereits erwähnte Selbstschutz ein Treiber für die aktuelle Beteiligungsfreude. Vermieden werden soll vor allem, dass sich andere Unternehmen zwischen den Eigentümer und den Nutzer drängen, wie es zum Beispiel bei Vermittlungsplattformen droht. Grundsätzlich gilt: Die Frage, wie Kunden in den Mittelpunkt gerückt und Partner optimal angebunden werden, erfordert die Analyse der Wertschöpfung des eigenen Unternehmens und der Partner sowie eine Analyse der (digitalen und nichtdigitalen) Kanäle, mit denen Kunden und Partner erreicht werden.

2.2 Organisation und Personal

So, wie ein Personalwachstum ab einer bestimmten Schwelle neue Organisationsformen erfordert, gilt dies auch für das Heranwachsen eines digital transformierten Unternehmens. Welche Organisationsform dabei die jeweils geeignete ist, hängt vom Einzelfall an. Dass Digitalisierung dafür Chefsache sein sollte, ist bereits angeklungen. Die Aufgabe ist ein Querschnittsthema, das alle Unternehmensbereiche betrifft und das häufig vorhandene Silodenken aufbrechen muss: unternehmensinterne Prozesse, Schnittstellen zu externen Dienstleistern, eigene Produkte und Dienstleistungen sind gleichermaßen zu bedenken. Damit kann die digitale Transformation nicht losgelöst von der Struktur- und Personalfrage bewältigt werden.

Zumal neue Wege mit neuen (digitalen) Produkten und (automatisierten) Prozessen immer nur dann gangbar erscheinen, wenn alle Kollegen und Mitarbeiter auch dazu bereit und in der Lage sind. Wer immer die gleichen Technologien genutzt hat, wer immer auf die gleiche Art und Weise gearbeitet hat, muss sich auf ein neues Umfeld einstellen. Entsprechend gilt es, das bestehende Personal in die Entwicklung einzubinden, zu schulen, aufzuklären und strategisch so zu erweitern, dass es den Aufgaben der Zukunft bestmöglich begegnen kann. Eine wesentliche Aufgabe – und somit Teil der Gesamtstrategie – ist der Umgang mit Ängsten. Mit der digitalen Transformation geht nicht nur in der Immobilienwirtschaft die Sorge um, dass Arbeitsplätze bzw. Menschen durch Technologie ersetzt werden. Dabei sollte Technologie den Menschen von wiederkehrenden, monotonen Aufgaben befreien und ihm Raum geben für kreative Aufgaben.

Sofern Technologie selbst nicht direkt als Gefahr gesehen wird, wird sie es dennoch oft indirekt. Man befürchtet, dass Teile der Belegschaft durch junge „Digital Natives" oder „Digital Borns" ersetzt werden. Sie scheinen flexibler und offener, sich immer wieder auf neue, digital motivierte Prozesse und Technologien einzustellen. Dabei sind Flexibilität und Offenheit keine Aspekte, die per se mit dem Alter zusammenhängen, vielmehr greifen hier die persönlichen Wertvorstellungen, die Abenteuerlust, die Einstellung gegenüber Veränderungen.

Sicherlich gibt es diesbezüglich je nach Lebensabschnitt unterschiedliche Ausprägungen, aber grundsätzlich sind Neugier und Freude an Veränderung in allen Altersklassen zu finden. Umgekehrt ist auch das Argument, man habe etwas immer schon auf eine bestimmte Art gemacht, keine Frage des Alters.

Ein wichtiger Grund, dass viele Menschen negativ gegenüber Neuerungen eingestellt sind, ist die Angst vor einem ungewissen Ergebnis. Es gibt keine Erfolgsgarantie, dass sich der Einzelne in einer zunehmend digitalen Zukunft so gut zurechtfindet, wie er dies heute vermag. Der Mensch braucht aber den persönlichen Erfolg, um sich zu entfalten – gerade in neuen Feldern.

Um das Spannungsfeld aufzulösen, eignen sich unter Umständen die Kollegen und Mitarbeiter auf gleicher Hierarchiestufe mehr als die Vorgesetzten. Es gibt inzwischen Immobilienunternehmen, die ihren Mitarbeitern neue Lösungen an die Hand gegeben, um sie an konkreten Aufgabenstellungen für jeden sichtbar auszuprobieren. Dabei werden natürlich auch Fehler gemacht und Misserfolge stellen sich ein. Diese sind aber gewünscht, um aus den gemachten Erfahrungen zu lernen und um Lösungen frühzeitig zu verbessern – zu einem Zeitpunkt, wo Korrekturen noch günstig und zeitnah umsetzbar sind. Für solche Aufgaben werden dabei jene Mitarbeiter ausgewählt, die für neue Lösungen brennen.

Wenn sie die entsprechenden Lösungen dann inmitten ihren Kollegen über einen längeren Zeitraum einsetzen, können sie diese mit ihrer Neugier womöglich anstecken. Im besten Fall wird der Austausch untereinander gefördert: Was ist wirklich sinnvoll? Wie komplex ist eine Technologie tatsächlich? Wie groß ist der Mehrwert für ein Unternehmen oder eine Abteilung?

Das Stichwort lautet Digitalisierung zum Anfassen: Solange nur allgemein und vage über einen Ansatz gesprochen wird, bleiben auch die Chancen und Risiken vage und schwer greifbar. Ähnliches gilt für das persönliche Risiko, so dass ein Ansatz möglicherweise über Gebühr negativ aufgeladen wird. Durch das persönliche Austesten und die konkrete Erfahrung – auch die indirekte via Kollegen – kann eine eventuell vorhandene emotionale Distanz reduziert werden.

Ob die Versuche dezentral über viele Kollegen gestreut oder beispielsweise zentral über einen internen Showroom ermöglicht werden, hängt von den individuellen Gegebenheiten eines jeden Unternehmens ab.

Viele kleine Schritte dürften in den meisten Fällen besser geeignet sein als ein großer. Letztendlich agiert die Immobilienwirtschaft bei Großbauprojekten doch genauso. Um eine Baustelle trotz zunächst unüberschaubaren Umfangs begreifbar zu machen, werden die Strukturen und Aufgaben in kleine Teileinheiten zerlegt. Bei der Baustelle Digitalisierung kann dies auf ähnliche Weise funktionieren – sofern die Schritte frühzeitig in den jeweiligen Gesamtprozess und die Personal- und Strukturüberlegungen eingebunden werden.

Für das Feld Personal und Struktur gilt wie für jeden Bereich, der von Digitalisierung berührt wird: Die durch die Managementebene geleitete Digitalisierung eines Unternehmens kann durch die Ernennung eines Chief Digital Officers (CDO) oder eine strategisch im Unternehmen vernetzte, interdisziplinär aufgestellte Stabsstelle mit den entsprechenden Kompetenzen sinnvoll unterstützt werden, sofern diese eng an die Führungsebene angedockt ist. Und es zeigt erneut: Digitalisierung ist und bleibt eine unternehmerische, nachhaltige Aufgabe in mehreren Dimensionen und kann keinesfalls auf die technische Umsetzung oder einzelne digitale Technologien reduziert werden.

2.3 System und Datenlandschaft

Plattformen und digitale Ökosysteme sind auch in der Immobilienwirtschaft angekommen. So sind IT-Strukturen möglich, die für eine Vielzahl von Systemen und Geschäftsprozessen offen sind und dadurch je nach Ziel und Zweck unabhängig voreinander arbeiten oder auch vernetzt werden können. Ziel ist eine größtmögliche Interkonnektivität bei größtmöglicher Flexibilität. Dagegen sind heute häufig noch Daten- und Systeminseln sowie zerklüftete Infrastrukturen die Realität in der Immobilienwirtschaft.

Helfen können dabei agile Entwicklungsansätze – allerdings nur, wenn im Unternehmen und bei den Partnern entsprechend geschultes und erfahrenes Personal zur Verfügung steht sowie die Unternehmenskultur insgesamt fruchtbaren Boden für Methoden mit klingenden Namen wie Agile, SCRUM und DevOps bietet. Dies gilt sowohl für die Entwicklung als auch für den Betrieb von IT-Lösungen. So werden in E-Commerce-Webshops oft mehrmals täglich (für den Kunden kaum merklich) angepasst und optimiert. In der Regel gilt auch hier, dass die IT-Abteilung eine wichtige Rolle spielt. Der Prozess in seiner Gesamtheit ist allerdings erneut eine Querschnittsaufgabe, zu der vor allem auch die Fachabteilungen hinzugezogen werden sollten.

Die Systemfrage ist unweigerlich mit der Datenfrage verbunden. Datengetriebenes Denken ist die Basis für mehr Automatisierung und die Entwicklung neuer Geschäftsmodelle, Produkte und Dienstleistungen in den Unternehmen und es entfaltet sein volles Potenzial in Verbindung mit künstlicher Intelligenz.

Mit Blick auf die Prozessautomatisierung ist künstliche Intelligenz nicht nur in der Lage, einfache Sachverhalte zu erkennen. Sie kann vielmehr auch komplexere Zusammenhänge erfassen und damit eine Vielzahl von immobilienwirtschaftlichen Vorgängen automatisieren. Ähnlich wie bei zu vernetzenden IT-Einzellösungen werden auch die oft auf enge Felder fokussierten Spezial-Intelligenzen miteinander verbunden, um so eine breite Anwendung zu ermöglichen. Das geht hin bis zur Dunkelverarbeitung, bei der ganze Prozessketten ohne menschliches Zutun abgehandelt werden.

Beispielsweise kann durch künstliche Intelligenz der Sinn in einem schriftlichen Anliegen eines Mieters erkannt und automatisch eine entsprechende Aufgabe sowie deren Lösung daraus abgeleitet werden. Voraussetzung ist, dass der Dateneingang – in diesem Fall das Schreiben des Mieters – vom System erfasst wird und dass die entsprechenden Dienste über Standardschnittstellen in erfolgskritische Geschäftsprozesse eingebunden sind.

Somit spielt die Frage, wie Daten aufgenommen und abgelegt werden, eine zentrale Rolle. So genannte Datawarehouse- sowie Dokumentenmanagement-Systeme sind der Schlüssel zur Aufnahme strukturierter, ausgewählter Datensätze. Datalakes speichern Daten hingegen auch in roher, unverarbeiteter und teils unstrukturierter Form und bieten je nach Anwendungszweck eine gute Grundlage für innovative Data-Science-Ansätze. Beide Lösungen sind nicht grundsätzlich neu: Es geht letztendlich wie in vielen Punkten der Digitalisierung um das kluge Definieren der Anforderungen und eine strukturierte Software-Auswahl im Einklang mit dem unternehmensinternen Architektur- und Prozessmanagement. Typische Erfolgsfaktoren sind unter anderem:

- Umfangreiche Markterfahrung
- Zutreffende Einschätzung der internen personellen Ressourcen
- Frühe Einbindung der späteren Nutzer
- Realistische Zeitplanung
- Professionelles Projektmanagement
- Nachhaltige Unterstützung durch das Management
- Zutreffende Einschätzung des finanziellen Aufwands
- Strukturierte, ganzheitliche Abstimmung der Schnittstellen
- Fachliche Ressourcen zur Qualitätssicherung bei der Einführung
- Immobilienwirtschaftliches Prozessverständnis

Die Bedeutung von Daten kann gar nicht ausreichend betont werden: Damit die Digitalisierung in der Immobilienwirtschaft überhaupt gelingen kann, sind strukturierte Daten und damit transparente Entscheidungskriterien ein Muss. Daten bedeuten einerseits ein Mengenproblem: In den vergangenen zwei Jahren wurden mehr Daten erzeugt als in der gesamten Menschheitsgeschichte zuvor. Sie bedeuten andererseits ein Verarbeitungsproblem: 80 bis 90 Prozent aller Daten sind unstrukturiert, also maschinell (noch) nicht verwertbar. Selbst große Immobilieneigentümer nutzen zur Verwaltung von Mieter- und Objektakten häufig heterogene, überwiegend physische Systeme zur Archivierung von Dokumenten.

Fundament für die Digitalisierung ist insofern das Implementieren eines modernen Datenmanagementsystems in einer der oben beschriebenen Grundvarianten. Es stützt sämtliche darauf aufbauenden Prozesse und somit bei Weitem nicht nur die der Dokumentenablage, sondern auch alle danach zu entwickelnden Geschäftsmodelle und Prozesse.

2.4 Sicherheit/Cybersecurity

Etwa jedes zweite deutsche Großunternehmen war schon einmal Attacken von Hackern ausgesetzt. Einer Umfrage[2] zufolge nehmen die Angriffe zu: Gegenwärtig werden etwa dreimal so viele Cyberangriffe verzeichnet wie noch vor zwei Jahren. Die grundsätzlichen Cyberrisiken finden sich dabei einerseits auf einer datenbezogenen Ebene. So können vertrauliche Informationen zum Schaden eines Unternehmens oder dessen Kunden eingesetzt werden, etwa indem sensible Daten missbraucht oder manipuliert werden. Dies betrifft zunächst insbesondere finanzielle Kennzahlen, Unternehmensstrategie und personenbezogene Daten, klassische Industriespionage und Konkurrenzausspähung sowie den Missbrauch von Kundeninformationen wie Kontodaten.

Spezifisch für die Immobilienwirtschaft kommen weitere Risikoelemente hinzu, beispielsweise im Bereich der technischen Gebäudeausrüstung mit Blick auf kritische Gebäudeinfrastruktur wie Sprinkler- und Schließsysteme, aber auch Sensoren, über die sich die aktuellen Verbräuche in einem Gebäude erheben und steuern lassen. Sensible Gebäudeinformationen gibt es aber beispielsweise auch im Building Information Modeling. Dabei handelt es sich um digitale Zwillinge echter Gebäude, in denen für eine bessere Planung und einen reibungsloseren Ablauf der Bau- und Betriebsphase unter anderem die relevanten Material- und Produktdaten zusammengeführt werden.

Auf der zweiten Ebene geht es um die Verfügbarkeit von Dienstleistungen und Produkten. Die Gefahr liegt dabei darin, dass Services oder Waren nicht wie gewohnt genutzt und eingesetzt werden können. Angriffe auf Infrastrukturkomponenten dienen diesem Ziel, aber auch das Außerkraftsetzen von Zugangskontrollen. Der Angreifer möchte in der Regel die normale Geschäftstätigkeit unterbrechen, sofern oder solange ein Unternehmen nicht die Forderungen des Angreifers erfüllt. Das Stichwort lautet digitale Erpressung. Mögliche Folgen sind Reputations- und monetärer Verlust, Kundenabwanderung und bei dauerhafter Betriebsstörung die Aufgabe des Unternehmens oder eines Standortes.

Digitale Risiken sollten entsprechend als strategisches Thema verstanden und behandelt werden - von der Kenntnis und Beherrschung komplexer System-, Daten- und Endgerätlandschaften über den Schutz der kritischen Infrastruktur zur Aufrechterhaltung des Geschäftsbetriebs bis hin zu Haftungsthemen, die es zu evaluieren und mit Gegenmaßnahmen zu hinterlegen gilt. Neben technischen und prozessualen Aspekten muss immer auch der Mensch als (unfreiwilliges) Eintrittstor für Cyberangriffe gesehen wer-

[2] Datenklau: Virtuelle Gefahr, echte Schäden, EY Studie, Oktober 2017.

den. Wie eingangs erwähnt, wird das Thema Sicherheit insgesamt in der Immobilienwirtschaft noch zu sehr unterschätzt.

2.5 Digitale Technologien

Der Einsatz der jeweils optimalen Technologien ergibt sich aus dem Zusammenspiel mit den vorgenannten Dimensionen: Mit welcher Technologie lassen sich die Unternehmensziele am besten unterstützten? Ist gegebenenfalls sogar Wertschöpfung aus den zu gewinnenden Daten möglich? Perspektivisch sieht die Immobilienwirtschaft Potenzial in zahlreichen Technologien und Ansätzen.

Es stellt sich die Frage, ob die Entwicklung nicht schneller sein wird oder bereits ist, als dies von vielen Unternehmen angenommen wird. Insbesondere künstliche Intelligenz ist schon heute hochaktuell. Sie ist auch in der Immobilienwirtschaft im produktiven Einsatz. Ähnliches gilt für die Blockchain, die beispielsweise bereits in Skandinavien in einem Pilotprojekt zum Sichern und Verwalten von Grundbuchdaten genutzt oder in Dubai für eine mögliche Handwerkerkopplung getestet wird. Auch das Feld Data Mining und Data Analytics wird deutlich schneller als oben dargestellt eine relevante Rolle für die Immobilienwirtschaft spielen. Und das Internet der Dinge befindet sich bereits jetzt in der Anwendungsphase, man denke etwa an Smart Metering.

Wichtig im Sinne einer umfassenden Digitalisierungsstrategie ist es, auch vernetzt zu denken. Das Potenzial von Big Data, gerade in Kombination mit künstlicher Intelligenz, ist bereits mehrmals angesprochen worden. Oder das ebenfalls erwähnte Building Information Modeling als digitaler Zwilling kann eine zusätzliche Hebelwirkung entfalten, wenn die entsprechende Sensorik im Gebäude mit dem System verknüpft wird. Übergreifendes Technologiedenken muss insofern in doppelter Hinsicht verstanden werden: Einerseits als das Denken über Technologiesilos hinweg, andererseits das Denken von Technologie im Kontext einer digitalen Gesamtstrategie für die Zukunft, die alle genannten Schlüsseldimensionen umfasst.

Wobei mit Blick auf die Zukunft anzumerken ist, dass die Berücksichtigung verschiedener Technologie-Szenarios zum Auffangen unterschiedlicher Entwicklungen sinnvoll ist. Denn die Entwicklung ist rasant und insofern schwer vorherzusehen. Unter den Marktteilnehmern, die bei der Digitalisierung der Immobilienwirtschaft führend sind, gibt es viele, die bewusst nicht länger als sechs Monate nach vorne blicken. Vor diesem Hintergrund gilt: Es ist eine permanente Beobachtung möglicher Technologien und Ansätze erforderlich, so dass die Szenarios frühzeitig angepasst werden können. So sollten Technologien immer wieder mit Blick auf ihren Nutzen und im Kontext der Unternehmensstrategie neu bewertet werden.

2.6 Strategie, Innovation und Wachstum

Das Zusammenspiel der genannten Dimensionen mündet in einer langfristigen Digitalisierungsstrategie mit kurzfristigen Teiletappen. Diese sollten sich als robust genug für die nahe Zukunft erweisen. Zugleich sollte jede neue Etappe geeignet sein, das langfristige Ziel neu zu hinterfragen. Ohne ein strukturiertes Innovationsmanagement ist dies kaum zu erreichen: Neben Kreativität und Visionen für die Zukunft steht vor allem der Transferprozess abstrakter Ideen in konkrete, unternehmerisch verwertbare Produkte und Dienstleistungen. Wie lassen sich die gegenwärtigen und künftigen technischen Möglichkeiten in Zusammenhang mit dem Wandel von Mentalitäten – zum Beispiel der Trend zu mehr Nachhaltigkeit, aber auch zur Sharing Economy – konkret nutzen?

Das Prinzip der Sharing Economy ist beispielsweise im Baugewerbe mit Blick auf schweres (und teures) Gerät denkbar. Aber deuten die übrigen Parameter im jeweiligen Unternehmen auch darauf hin oder stehen den kurzfristigen Einsparungen langfristig andere Faktoren gegenüber, die den Ansatz konterkarieren? Auf Vermietungsebene lassen sich etwa leer stehende Gewerbeimmobilien oder Teile davon über Plattformlösungen ähnlich wie im C2C-Wohnungssegment beispielsweise auf den B2B-Bereich übertragen und zu temporären Lagerflächen für die letzte Meile im E-Commerce machen. Stützt oder widerspricht dies der Strategie, die ein Unternehmen eingeschlagen hat?

In der Praxis findet sich in vielen Unternehmen ein dem Tagesbetrieb geschuldeter Aktionismus ohne strategischen Überbau. Es mangelt zu oft an einem institutionalisierten, dauernden Kreislauf aus dem Verstehen eines Problems über dessen Erforschen bis hin zum Implementieren der Lösung. Das Ziel: Neue Wachstumsfelder identifizieren und besetzen. Eine entsprechende Strategie kann vor allem dann zu mehr Wachstum führen, wenn Informationstechnologie unter Berücksichtigung der genannten Dimensionen von der klassischen Supportfunktion zu einer in die Gesamtentwicklung eingebetteten Kernkompetenz für Wettbewerbsvorteile gewandelt werden kann. Inwiefern kann eine Lösung Zusatzerträge generieren – zum Beispiel über die Miete einer Immobilie hinaus? Erneut seien hier Daten exemplarisch genannt. Sie sind ein monetarisierbarer Rohstoff.

Neben neuen Geschäftsmodellen sollten aus den strategischen Überlegungen immer auch die Möglichkeiten abgeleitet werden, wie sich bestehende Prozesse optimieren lassen. Je nach Unternehmen wird der Fokus dabei auf dem Management der Workflows, auf der Vermarktung und im Marketing, aber auch im Asset Management und in der Verwaltung liegen. Auf Seiten der Unternehmen geht es um mehr Effizienz und vor allem bessere Entscheidungsfindung (beim Ankauf einer Immobilie, bei der Wahl eines Mieters etc.), auf Seiten der jeweiligen Kunden um Ergonomie (Flexibilität, schnellere Lösungen etc.) und Erlebnis (Begeisterung, Anerkennung der Leistung) statt bloßem Nutzen oder Inanspruchnahme.

3 Ausblick

Das Fundament für die digitale Transformation der Immobilienwirtschaft ist weitgehend gelegt. Dennoch hinkt die Branche anderen Wirtschaftszweigen hinterher. Zudem wird das disruptive Potenzial von Lösungen, die sich aus digitalen Ansätzen entwickeln lassen, noch zum Teil deutlich unterschätzt. So hat die größte C2C-Plattform, die Privatwohnungen zum Übernachten vermittelt, in nur vier Jahren einen weltweiten Bettenbestand in einem Umfang aufgebaut, für den höchst relevante Hotelbetreiber knapp ein Jahrhundert der Expansion benötigt haben. Neben dem Geschwindigkeitsvorteil steht die Tatsache, dass dafür kein nennenswerter Immobilienerwerb oder -betrieb seitens der Plattform erforderlich war. Und dass hier ein branchenfremder Player in die Immobilienwirtschaft eingetreten ist, um sie wesentlich zu verändern.

Plattformen als kollaborative Geschäftsmodelle haben weiterhin das Potenzial, die Immobilienwirtschaft disruptiv zu verändern. Ebenso die unternehmerischen Möglichkeiten, die aus dem Internet der Dinge, der virtuellen oder erweiterten Realität, dem Vorhalten und Analysieren großer Datenmengen sowie künstlicher Intelligenz folgen. Die komplette Wertschöpfungskette ist betroffen: Von der Planung, Finanzierung und dem Bau bis zum Halten, Vermieten, Managen, Betreiben und der Transaktion von Immobilien. Für viele Unternehmen bleibt die Vorstellung, dass Disruption durch Eintritte von außen erfolgen, nicht oder nur schwer vorstellbar. Nur wenige Unternehmen meinen: Digitalisierung könnte für die Immobilienwirtschaft eine Umwälzung bedeuten, die mit der Kraft der Industriellen Revolution vergleichbar ist.

Während die Optimierung bestehender Prozesse noch tendenziell aus der Branche selbst kommen dürfte, werden neue Geschäftsmodelle daher vermutlich eher von außen kommen.

Ein Grund dafür könnte auch sein, dass der Branche ein Leitbild fehlt. Mit Blick auf den Weg und das Ziel der digitalen Transformation wird deutlich, dass es der deutschen Immobilienwirtschaft an einem Leitbild für mögliche Entwicklungspfade mangelt. Die Finanz- oder auch die Automobilwirtschaft haben im Vergleich die eindeutigeren Ideen von einer Zukunft, in der die reale und die digitale Welt miteinander verschmelzen.

Die Automobilwirtschaft wandelt sich in Teilen vom Hardwareanbieter zum Anbieter von Dienstleistungen. Was dort das Automobil als Mobilitätsservice ist, könnte bei der Immobilie das Flächenangebot als Service sein. Mit dem beachtlichen Aufstieg einzelner Anbieter von Coworking-Diensten hat sich die Tür in Richtung Zukunft längst geöffnet. „Pay per Use“ ist ein weiterer Ansatz: Das Internet der Dinge und eine entsprechende Sensorik erlauben prinzipiell die exakte Erfassung von Mietraumnutzungen inklusive der entsprechenden Medien von Strom über Wasser bis Wärme und Konnektivität. Warum sollte für die Nutzung keine vollautomatische, minutengenaue Abrechnung erfolgen?

Die Konnektivität einer Immobilie könnte im Übrigen künftig eine mindestens ebenso wichtige Rolle spielen wie heute die Lage.

Ein weiterer Pfad ist die „Plattformisierung“ der Immobilienwirtschaft. Wir alle sind zunehmend daran gewöhnt, dass wir zu jeder Zeit und an jedem Ort über alle Endgeräte hinweg in Echtzeit kommunizieren können und Zugriff auf unsere Daten haben. An diesen Anspruch wird sich auch die Immobilienwirtschaft gewöhnen müssen. Noch aber mangelt es an serviceorientierten Online-Plattformen, über die alle Prozesse eines Immobilienunternehmens digital ablaufen können.

Ob Leitbild, Strategie oder die daraus resultierenden Maßnahmen – die Überlegungen müssen nicht ausschließlich im internen Dialog erfolgen. Innovative PropTechs als Joint-Venture-Partner und eine erste Generation erfahrener Digitalisierungsexperten stehen bereit, den Wandel mitzugestalten.

Digitale Geschäftsmodelle in der Immobilienwirtschaft

Tobias Just/Frank J. Matzen

1 Abstract

Unternehmen der Immobilienwirtschaft fühlten sich lange Zeit geschützt vor der Notwendigkeit, eine eigenständige digitale Strategie entwickeln zu müssen, galt die Immobilienwirtschaft doch als sehr intransparent und auch dadurch vor externen Markteintritten geschützt. Dies hat sich in den letzten Jahren rasant geändert, und es zwingt Immobilienunternehmen zunehmend dazu, ihre Geschäftsmodelle stärker auf die Anforderungen der neuen Informations- und Kommunikationstechnologien abzustimmen. In diesem Beitrag wird gezeigt, wie der Aufbau einer digitalen Strategie für etablierte Unternehmen strukturiert werden kann.

Keywords: Geschäftsmodelle, Business Model Canvas, Digitalisierung, Immobilienwirtschaft, Smart Home, Internet der Dinge, Industrie 4.0

2 Einleitung

Immobilien sind per Definition analoge Güter. Menschen wohnen, arbeiten, konsumieren und verbringen ihre Freizeit in Gebäuden. Immobilien bieten Schutz und Privatsphäre. Immobilien stillen damit sehr wichtige Grundbedürfnisse und lassen sich somit nicht einfach substituieren. Nicht zuletzt deshalb gehört die Immobilienbranche zu den ältesten Branchen einer Volkswirtschaft. Letztlich gibt es die Immobilienwirtschaft, seit Menschen sesshaft wurden und Bauprojekte jenseits der individuellen Fertigkeiten, Fähigkeiten und finanziellen Möglichkeiten anstießen.

Vielleicht ist es das Alter und die Besonderheit der Branche, die viele Marktakteure zurückhaltend gegenüber Innovationen und insbesondere gegenüber der Digitalisierung machen: Lange Zeit ließ sich mit Immobilien gutes Geld verdienen und aus der einfachen Trendfortschrift ließe sich doch ableiten, dass nicht jede technische Veränderung auch in die eigenen Geschäftsmodelle integriert werden muss. In diesem Sinne ist es nicht überraschend, dass in einer Umfrage aus dem Jahr 2014 insgesamt ein knappes Drittel der Teilnehmer das Thema Innovation für wenig bedeutsam erachtet und dass ein weiteres knappes Drittel ihr eigenes Geschäftsfeld weitgehend vor üblichen Trends sicher wähnte.[1] Und auch wenn das Thema „Digitalisierung“ unterdessen auf jeder immobilienwirtschaftlichen Konferenz Raum erhält, so arbeitet nur eine Minderheit der Marktteilnehmer an echten digitalen Geschäftsmodellen.

---

[1] Franz et al. 2015.

Dabei ist das Thema selbst für die Immobilienwirtschaft keineswegs neu. Bereits vor fast 20 Jahren wurde das Zeitalter der E-Immobilien ausgerufen.[2] Dennoch ist das Thema für viele Akteure noch immer fremd. Dies liegt sicherlich zum Teil auch daran, dass sich viele Immobilienmärkte seit Jahren in einer Boomphase befinden: Eine Melange aus steigenden Einkommen, niedrigen Zinsen, umfangreicher Zuwanderung und zuvor geringer Bautätigkeit lässt seit Jahren Mieten und Kaufpreise insbesondere in den Metropolregionen und Universitätsstädten spürbar steigen. In solch einem Marktumfeld ließ sich auch ohne digitales Geschäftsmodell auf traditionellem Weg Geld verdienen.

Doch dieses attraktive Marktumfeld ist keine Garantie für die nächsten Jahrzehnte und zwar aus drei Gründen: Erstens bestehen Immobilienzyklen nicht nur aus Aufschwungjahren; jedem Aufschwung ist ein eigener Abschwung inhärent, wenn Marktakteure beginnen, zu stark spekulative Bauten zu forcieren. Zweitens ermöglicht die jüngste Digitalisierungswelle, digital aktiven Immobilienunternehmen, u.a. Prozesskosten zu reduzieren. Diese Senkung von Prozesskosten kann helfen, die altersstrukturbedingten Instandhaltungskosten zu kompensieren und damit die Margen zu stabilisieren. Gerade im Zeichen der Energiewende kommen auf die Immobilienwirtschaft erhebliche Instandhaltungs- und Modernisierungsauflagen zu. Auf kompetitiven Märkten können diese Kostenvorsprünge über den Erfolg entscheiden. Drittens erobern Technologieunternehmen Märkte außerhalb ihrer Kernmärkte. Die Immobilienwirtschaft ist aufgrund ihrer Größe besonders attraktiv. So entstehen durch Marktzutritte großer Technologiekonzerne sowie junger Start-ups neue Wettbewerber, meistens auf Dienstleistungsmärkten, die Prozessqualität und -kosten verbessern helfen.

In diesem Beitrag wird zum einen skizziert, warum die Digitalisierung für Immobilienunternehmen disruptive Kraft entfalten kann, aber nicht muss. Zum anderen wird ein Analyserahmen, der Business Model Canvas, vorgestellt, der helfen kann, Geschäftsmodelle für Immobilienunternehmen zu entwerfen. Hierfür werden kleine Fallbeispiele gegeben. Alle Ausführungen richten sich an die Überarbeitung und Weiterentwicklung von Geschäftsmodellen etablierter Immobilienunternehmen und nicht an die Konzeption einer Start-up-Idee.

2 Mitropoulos, Siegel und Funk, 2000.

3 Neue Ökonomik für die Immobilienwirtschaft

3.1 Klassische Immobilienökonomie

Die Immobilienwirtschaft ist eine heterogene und sehr große Branche: In einer engen Abgrenzung zählen dazu die Grundstücks- und Wohnungswirtschaft, Immobilienbewirtschafter, Vermittler und Verwalter und Kleinvermieter. In einer weiteren Definition würden noch Architekten, Bauunternehmen, Finanzierer und andere Berater gezählt werden. In dieser umfassenderen Definition zählen 815.000 Unternehmen mit einer jährlichen Bruttowertschöpfung von über 500 Milliarden Euro zur Immobilienwirtschaft.[3]

Es ist jedoch weniger die Größe, sondern es sind die Branchenspezifika, die dazu führen, dass vielen Akteuren der Immobilienwirtschaft Digitalisierungsthemen noch immer fremd sind. Für die weiteren Überlegungen sind fünf Aspekte relevant.[4] Die zentrale Besonderheit ist die Standortgebundenheit. Ein Objekt wird dadurch an einen spezifischen regionalen Markt gebunden, der in der Regel nicht kosteneffizient verändert werden kann. Hinzu kommt zweitens die hohe Spezifität von Immobilien. Ein Einkaufszentrum kann nicht zeitnah als Wohnraum umgenutzt werden. Drittens ist die Erstellung und Bewirtschaftung von Gebäuden zeit- und kostenintensiv. Eine Immobilientransaktion stellt für Privatpersonen häufig die mit Abstand größte Transaktion ihres Lebens dar, gerade auch weil viertens die Transaktionskosten sehr hoch sind. All dies führt schließlich fünftens dazu, dass Gebäude nicht für Monate oder Jahre, sondern für Jahrzehnte, mitunter für Jahrhunderte gebaut werden. Innovationszyklen können sich daher nur sehr langsam auf Immobilienmärkten durchsetzen; die Neubauquote im Wohnungsbau in Deutschland liegt seit Jahren deutlich unter 1 Prozent, was sich entsprechend auf das Bestandsalter und die Instandhaltungskosten auswirkt.

Aus diesen Aspekten resultieren die typischen Besonderheiten der Immobilienmärkte: Immobilienmärkte sind räumlich und sachlich getrennte Märkte. Es ist zwar richtig, dass Anlagekapital relativ schnell zwischen New York und Frankfurt neu allokiert werden kann, dies gilt jedoch nicht für die Objekte und deren Nutzungen selbst. Wenn es keine zusätzlichen, produktiveren Nutzer und/oder Gebäude in Frankfurt gibt, würde diese Neuallokation des Kapitals allein in höhere Preise münden. Häufig scheuen regional aufgestellte Projektentwickler – z.B. aus der Oberpfalz – selbst einen Markteintritt in Hessen, weil ihnen die Marktexpertise und das Netzwerk fehlen. Die Bedeutung eines persönlichen Netzwerkes war jahrhundertelang die conditio sine qua non für den Erfolg in

[3] Just, et al. 2017.

[4] Siehe auch Just und Uttich, 2018.

der Immobilienwirtschaft, denn die Heterogenität der Objekte, die starke regionale und sachliche Begrenzung machen die Immobilienbranche selbst im 21. Jahrhundert zu einer relativ intransparenten Branche. Es ist leichter, eine offizielle Statistik über den Geflügelbestand in Deutschland zu erhalten als über den Bestand an Bürogebäuden.

Diese relative Intransparenz vermindert die sowieso geringe Anpassungselastizität der Immobilienmärkte weiter. Aufgrund der langen Prozesse von einer Idee über Baulandschaffung, Planungsrechtschaffung hin zu Genehmigungsverfahren und letztlich der Bau- und Vermietungstätigkeit reagiert die Angebotsseite auf Immobilienmärkten sehr langsam auf Nachfrageveränderungen. Dies gilt sowohl für erforderliche Angebotsausweitungen, noch heftiger aber im Fall von Angebotseinschränkungen. Wenn nun aber die Angebotsseite (zu) langsam auf Nachfrageveränderungen reagiert, entstehen heftige Zyklen, die häufig auf Immobilienmärkten stärker ausgeprägt sind als gesamtwirtschaftliche Konjunkturschwankungen. Das Wissen um diese Zyklizität und die Schwierigkeit, diese Unsicherheit auf Kapitalmärkten abzusichern sind letztlich ein weiterer Hemmschuh.

Dass Immobilien eben sehr grundlegende Bedürfnisse adressieren, macht den Prozess nicht einfacher, denn dadurch werden Immobilienmärkte – insbesondere Wohnimmobilienmärkte – schnell politisiert, und nicht immer helfen die politischen Eingriffe dabei, einen Immobilienmarkt schneller oder reibungsärmer ins Gleichgewicht zu bringen.[5]

All dies ist idealtypisch am aktuellen Immobilienzyklus abzulesen. Obwohl sich die Nachfrageseite auf deutschen Wohnungsmärkten etwa in dem Jahr 2005 stabilisiert hatte und seit etwa 2008 deutlich expandiert, wird in vielen Städten auch im Jahr 2018 noch nicht hinreichender Wohnraum zusätzlich fertiggestellt, um die Knappheit für eine Stabilisierung der Wohnungsmieten zu reduzieren. Dass viele Immobilienmarktakteure in der Boomphase des aktuellen Immobilienzyklus keinen strategischen Druck zur Steigerung der Innovationskraft verspüren, wurde bereits erwähnt.

3.2 Digitalisierung und Plattformökonomie

Die Digitalisierung, also die Verarbeitung und Verbreitung von Informationen mithilfe moderner Technologien, verändert zunehmend sowohl die Leistungsprozesse als auch einzelne Dienstleistungsangebote der Immobilienwirtschaft. Am deutlichsten wird dies für den Einzelhandel, der zunehmend in ähnlicher Weise durch Online-Plattformen übersprungen werden kann, wie dies viele Großhändler vor 30 Jahren durch größere

[5] Für einen guten Überblick vgl. Andrews et al., 2011.

Hersteller- oder Händlermacht sowie verbesserte Logistik erfahren mussten. Die Digitalisierung kann aber auch dazu führen, dass Leistungsprozesse innerhalb von Immobilienunternehmen transparenter und effizienter abgebildet und dann automatisiert gemanagt werden können. Hierin unterscheidet sich die Immobilienwirtschaft nicht sehr von Industriebranchen, die oftmals nur deswegen in dieser Entwicklung weiter sind, weil sie aufgrund ihrer Größe früher in der Lage waren, umfangreiche Digitalisierungsprojekte anzustoßen. Schließlich sorgt die Digitalisierung für zahlreiche neue Daten, die helfen, die relative Intransparenz zu mindern. Dies wird den Wettbewerbsdruck in der Immobilienbranche mittelfristig erhöhen.

Eine zentrale Hürde für Immobilienunternehmen ist, dass die Ökonomie hinter digitalen Geschäftsmodellen auf anderen Säulen steht als die Immobilienökonomie. Bei der Digitalisierung sind die Grenzkosten der Produktion sehr häufig bei oder nahe null, was auch aus dem „Asset-light"-Ansatz dieser Branchen resultiert. Daraus entsteht eine hohe Skalierbarkeit der Prozesse in digitalen Geschäftsmodellen: Über die Plattformen von AirbnB oder Uber können Millionen zusätzlicher Transaktionen abgewickelt werden, ohne dass weitere Investitionen notwendig werden. Bei Bestandshaltern wären dagegen wieder Investitionen für den Neubau von Immobilien erforderlich. Daher könn(t)en die Preise für digitale Produkte oder Dienstleistungen sehr niedrig sein. Die Fixkosten werden durch eine hohe Zahl geringer Deckungsbeiträge gedeckt. Weil die Grenzkosten so niedrig sind, kann in einer frühen Phase halsbrecherischer Wettbewerb darum entstehen, die größte Plattform aufzubauen, und dies stellt die zweite Säule dar:

Diese zweite Säule der Internetökonomie bilden Netzwerkeffekte: Es werden nicht Hunderte Preisvergleichsportale, Musik- oder Suchdienste oder Online-Handelsplattformen benötigt, sondern jeweils nur das oder der Beste. Winzige Qualitätsunterschiede führen dann alle Marktteilnehmer gleichzeitig und rational in die Arme eines einzigen (oder sehr weniger) Anbieters. Und weil beim Wechsel einer Plattform mitunter erhebliche Wechselkosten entstehen können, sind die entstandenen Marktstrukturen stabil. Hinzu kommt, dass dieser marktdominierende Akteur nicht nur regionale Teilmärkte bedienen muss, sondern wegen der geringen Grenzkosten auf globale Märkte zielen kann. So lassen sich sehr große Größenvorteile realisieren. Robert Frank und Phillip Cook haben für dieses Phänomen bereits 1991 den Begriff der „Winner-take-all-Märkte" geprägt.

Daher verfolgen marktmächtige Internetkonzerne sehr häufig aggressive Akquisitionsstrategien, um mögliche neue Plattformen frühzeitig für sich zu gewinnen. Dies gilt übrigens auch für Nischenmärkte, die so genannten Longtail-Geschäftsmodelle, die im stationären Einzelhandel mangels Nachfrage nie überleben könnten. Durch das Bedienen überregionaler Märkte finden sich für Nischenprodukte so hinreichend viele Käufer, um internetbasierte Angebote darstellen zu können.

Der Markteintritt muss daher für digitale Geschäftsmodelle rasant erfolgen, weil die Netzwerkeffekte auch bedeuten, dass sich häufig die größte Plattform durchsetzt. Diese wirkt dann künftig wie ein Magnet für weiteres Wachstum. Regionale oder sachliche Teilmärkte bestehen nur vorübergehend aufgrund regulatorischer Markteintrittsbarrieren oder sprungfixer Kosten wie das notwendige Übersetzen von Plattformen für das Erobern neuer Märkte (z. B. hat sich in China aufgrund politischer Protektion die Plattform für Fahrdienstleistungen Didi durchgesetzt).

Winner-take-all-Märkte ermöglichen dem Gewinner dank der erzielbaren Größenvorteile, der Netzwerkeffekte und der geringen Grenzkosten sehr hohe Gewinne – selbst dem Zweitplatzierten droht jedoch das mittelfristige Aus. Daher könnte eine typische Strategie von neuen Unternehmen sein, dass sie schnell hinreichend groß werden, damit ein etabliertes Plattformunternehmen das Geschäftsmodell aufkauft und in das bestehende Universum integriert.

Damit jungen Unternehmen diese Wachstumsstrategie gelingt, ist das Schaffen proprietärer Daten, die für eine große Zahl möglicher Nutzer interessant sein können, der zentrale Hebel zur Umsetzung dieser Strategie.

Fast alle diese Aspekte unterscheiden sich deutlich zu der Funktionsweise auf Immobilienmärkten.

3.3 Herausforderung für die Immobilienwirtschaft

Die Akteure der Immobilienwirtschaft fühlten sich allenfalls mittelbar von den Entwicklungen in der Informations- und Kommunikationstechnologie betroffen. Für die Nutzer mag dies bereits seit Jahrzehnten Auswirkungen gehabt haben, für die Immobilienwirtschaft änderte sich am Geschäftsmodell relativ wenig. Doch nun dringen Unternehmen mit digitalen Geschäftsmodellen auf Immobilienmärkte und Immobiliendienstleistungsmärkte. Darauf sind die Akteure der Immobilienwirtschaft nicht vorbereitet und tun sich oftmals schwer, denn die Funktionsmechanismen der Immobilienwirtschaft unterscheiden sich in mindestens acht Aspekten von jenen der digitalen Wirtschaft. Diese werden in der folgenden Übersicht gegenübergestellt:

Tabelle 1: Immobilienwirtschaft versus digitale Wirtschaft

	Immobilienwirtschaft	**Digitale Wirtschaft**
Standortabhängigkeit	Sehr hoch	Sehr gering
Volumen einer Transaktion	In der Regel sehr hoch	In der Regel gering
Transaktionskosten	Sehr hoch	Sehr gering
Geschwindigkeit d. Marktes	Sehr gering	Sehr hoch
Transparenz	Relativ gering	Sehr hoch
Grenzkosten	Sehr hoch und sprungfix	Sehr gering
Zahl der Akteure je Markt	Gering	Sehr hoch
Netzwerkeffekte	Sehr gering	Sehr hoch
Verbundvorteile	Gering	Sehr hoch

Quelle: Eigene Darstellung

Der Lebenszyklus einer Immobilie wird vereinfacht in vier Phasen unterteilt: Vorbereitende Maßnahmen, Erstellung, Transaktion und Bewirtschaftung. Zu den vorbereitenden Maßnahmen gehören die Baulandschaffung, die Markt- und Wettbewerbsanalyse, die Grundstücksbewertung. Zur Erstellung gehören Projektentwicklung, Gestaltung, Bautätigkeit, Prozessmanagement und Finanzierung. Zur Transaktion zählen dann Investment, Objektbewertung sowie die Due Diligence, und schließlich gehören zur Bewirtschaftung das Property und Facility Management sowie das Asset und Portfolio Management, später vielleicht auch die nächsten Stufen einer Revitalisierung als Bestandteile des Lebenszyklus dazu. Auf allen diesen Wertschöpfungsstufen fallen in unterschiedlicher Dichte und Häufigkeit Daten an, und diese Daten sind in unterschiedlicher Intensität relevant und zugänglich.

Digitale Geschäftsmodelle entstehen nun überall dort, wo neue Technologien und neue Ideen es erlauben, dass diese Daten automatisiert erhoben, gespeichert und verarbeitet werden. Dies erlaubt Größenvorteile und führt insbesondere für die Dienstleistungen zu deutlich niedrigeren Kosten. Werden durch die digitalen Technologien entweder bisher vernachlässigte Märkte angesprochen oder neue Märkte entdeckt, so kann die Digitalisierung im Sinne der Theorie von Clayton M. Christensen einen disruptiven Charakter entfalten.[6] Wenn die Digitalisierung dann über die Netzwerkeffekte und die Verbundeffekte viel größere Märkte eröffnet, dann sind etablierte Immobiliendienstleister schnell chancenlos. Es bedeutet auch, dass die aktuelle starke Marktphase im Immobilienzyklus keinen sehr überzeugenden Schutz vor den neuen digitalen Geschäftsmodellen bietet, denn geringere Kosten sind gerade dann ein Vorteil, wenn die Immobilienpreise relativ zu den

[6] Christensen 1997.

Erträgen hoch sind. Es ist gerade aktuell so, wenn die Preise seit Jahren deutlich schneller steigen als die Mieten. Für die Marktakteure fühlt es sich nur wenig problematisch an, weil die herrschende „Technologie" noch immer sehr zufriedenstellende Gewinne ermöglicht. In einer Rezession ist der Anpassungsdruck absolut, in der Spätphase eines Aufschwungs „nur" relativ hoch.

Im Umkehrschluss bedeutet dies jedoch auch, dass alle jene Immobilienmarktsegmente, in denen die Informationen nicht in digitaler Form vorliegen und auch nicht in hinreichender Qualität geschätzt werden können, weniger Anpassungsdruck spüren.

4 Geschäftsmodelle: Definition und Übertragung auf die Digitalisierung

4.1 Übersicht über die Geschäftsmodelldiskussion

4.1.1 Hintergrund der Diskussion

Modelle sind in der Wissenschaft ein wesentlicher Teil der Arbeit, denn sie helfen, die Komplexität der Realität zu reduzieren, um so Zusammenhänge besser aufzeigen zu können. In der Betriebswirtschaftslehre werden entsprechend Modelle für Unternehmen entworfen, um diese näher zu untersuchen. Dies hat eine lange Tradition; aktuell erfährt die Diskussion um Geschäftsmodelle im Zuge des Digitalisierungstrends eine Renaissance.

Zum ersten Mal könnte der Begriff „Geschäftsmodell" dabei in einem Aufsatz über die Gestaltung einer Computersimulation eines Geschäftsspieles aus dem Jahr 1957 erwähnt worden sein.[7] Wenigstens seit 60 Jahren wird also über Geschäftsmodelle in dieser Begrifflichkeit diskutiert. Karriere machte der Begriff dann in den 1990er Jahren, als zahlreiche Internet Start-ups während der New Economy ihre neuen Geschäftsaktivitäten erläutern mussten. Hier half ein struktureller Analyserahmen. Die Erfahrungen von damals sind auch heute noch wertvoll, sowohl hinsichtlich der richtigen Lehren als auch hinsichtlich der gemachten Fehler. Die Dynamik des Neuen Marktes half auch der Forschung; die Anzahl der Aufsätze zum Thema „Geschäftsmodelle" nahm in den 1990er Jahren

[7] Bellman/Clark 1957.

sprunghaft zu. Als nach dem Platzen der New-Economy-Blase die Notwendigkeit abnahm, neue Geschäftsmodelle zu erläutern, beruhigte sich auch das Interesse der Forschenden wieder, die Zahl der Publikationen sank spürbar.[8]

Aktuell befinden sich Wirtschaft und Gesellschaft in einer neuen Welle des Digitalisierungstrends, und folgerichtig hat sich auch die Diskussion um Geschäftsmodelle wieder belebt. Besonders populär sind die anschaulichen Publikationen von Alexander Osterwalder und Yves Pigneur zu ihrem *„Business Model Canvas"*. Diese Darstellung ist nicht zuletzt wegen ihrer visuellen Kraft beliebt, denn sie ermöglicht einen raschen analytischen Zugang zu dem, was ein Unternehmen kennzeichnet. Bevor dieses Modell skizziert wird, soll der Begriff „Geschäftsmodell" definiert werden.

4.1.2 Definitionen für den Begriff der Geschäftsmodelle

Die lange Entwicklung der Geschäftsmodelldiskussion legt nahe, dass aus den zahlreichen Veröffentlichungen sehr unterschiedliche Definitionsansätze resultieren. Letztlich haben alle diese verschiedenen Ansätze drei Kernbausteine, die in der Abbildung 1 als Stufen dargestellt werden.

Abbildung 1: Modellarten

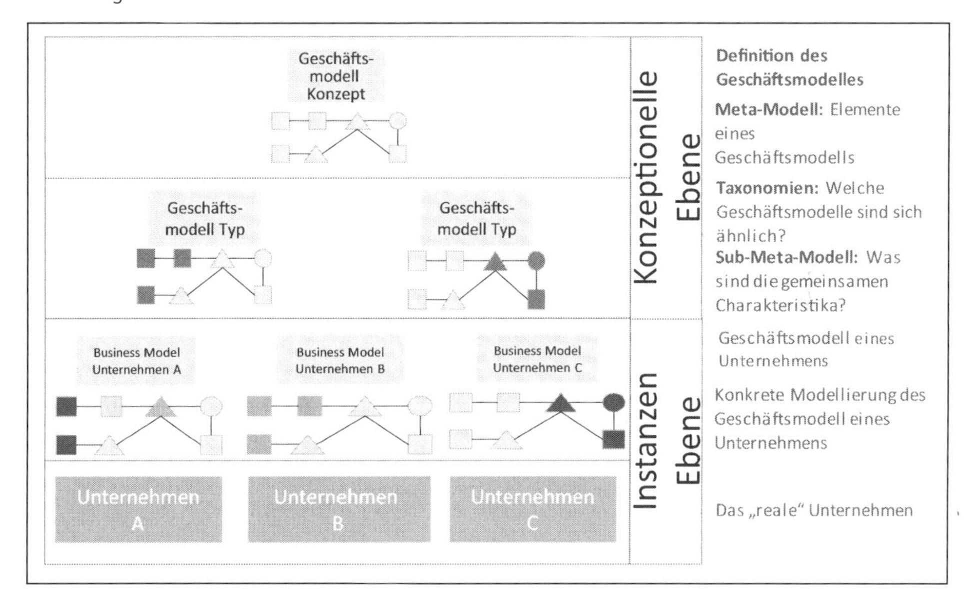

Quelle: In Anlehnung an Osterwalder/Pigneur/Tucci (2005), S. 5.

[8] Osterwalder/Pigneur/Tucci (2005), S. 3 f.

Hiernach sind nach Osterwalder/Pigneur/Tucci (2005) folgende Ebenen der Modellbildung zu unterscheiden:

- *Meta-Modelle:* Beschreiben von allgemeinen Modellelementen, die für jede Art von Geschäftsmodell relevant sind; hier geht es z.B. um die neun Bausteine des Business Model Canvas.
- *Sektor-Modell:* Beschreibungen von Modellen einer Branche. Welche Ähnlichkeiten gibt es? Welche unterschiedlichen Ausprägungen gibt es? Beispielsweise könnte man generische Business Model Canvases für Bestandshalter, Einzelhandelsunternehmen erstellen, welche die wesentlichen Gemeinsamkeiten dieser Branchen abbilden. Soll dann ein konkretes Geschäftsmodell erstellt werden, so müssen diese Branchen Business Canvases dann konkretisiert werden.
- *Unternehmensspezifische Modelle:* Beschreibung eines Geschäftsmodelles eines konkreten Unternehmens mithilfe der Elemente und möglichen Beziehungen, welche durch das Meta-Modell zur Beschreibung des Geschäftsmodelles definiert wurden.

Alexander Osterwalder und Yves Pigneur haben 2010 folgende Definition für Geschäftsmodelle geprägt, die sich weitgehend durchgesetzt hat und der die Verfasser ebenfalls folgen: *„A business model describes the rationale of how an organization creates, delivers, and captures value."*[9]

4.1.3 Vom Modell zur kundenorientierten Lösung

Bei der Gestaltung einer künftigen Geschäftsaktivität bietet ein strukturiertes Geschäftsmodell zahlreiche Vorteile:

Erstens hilft solch ein Modell, konkrete Alleinstellungsmerkmale herauszuarbeiten, die direkt auf einen Kundennutzen zielen. Dadurch wird das Risiko reduziert, sich allein auf das Produkt zu konzentrieren und nicht auf den Sinn des Produkts, nämlich das Lösen eines Kundenproblems. Hierbei hilft auch das Konzept des *Value Proposition Design*, welches diesen zentralen Aspekt des Geschäftsmodells gesondert betrachtet.[10]

Zweitens hilft ein strukturiertes Geschäftsmodell gerade in reifen Märkten, die Potenziale einer neuen Markterschließung zu erkennen. Gerade in reifen Märkten kann die von Igor Ansoff aufgezeigte Wachstumsmatrix Produkt versus Markt zu einer Beschränkung der Perspektiven führen.[11] Denn in reifen Märkten ist nicht mehr nur die Frage der Pro-

[9] Osterwalder/Pigneur (2010), S. 14.

[10] Osterwalder/Pigneur 2014.

[11] Nemeth 2011, S. 10.

duktinnovation, sondern vor allem jene der Prozessinnovation von Bedeutung. Es geht um Kundenzufriedenheit und nicht mehr ausschließlich um die reine Befriedigung von Bedürfnissen.

Drittens hilft die Strukturierung eines Geschäftsmodells dem Drang zu widerstehen, sich zu früh auf die Cashflow-Modellierung (Financial Model) zu fokussieren, sondern diese erst zu stellen, wenn die wesentlichen Aspekte zur Kundensegmentierung, zu Kundenbedürfnissen und zu den Alleinstellungsmerkmalen geklärt wurden. Dies zwingt auch dazu, die relevanten Parameter zu Preis, Margen und Leistungsumfang rechtzeitig zu schätzen.

Viertens eröffnet ein Geschäftsmodell die Möglichkeit, aus den einzelnen Bausteinen mehrere unterschiedliche Varianten zu erstellen und miteinander zu vergleichen. Durch diesen Wettbewerb der Alternativen kann leichter eine dominante Strategie „geschält" werden.

4.2 Digitalisierungsstrategie in der Immobilienwirtschaft

4.2.1 Treiber der Digitalisierung

Die fortschreitende Digitalisierung der Gesellschaft – und damit langfristig auch der Immobilienwirtschaft – wird durch vier wesentliche technologische Entwicklungen getrieben:

Erstens verdoppelt sich die Komplexität elektronischer Schaltkreise alle 12 bis 24 Monate, ohne dass sich die Komponentenkosten erheblich erhöhen. Dieser Zusammenhang wurde von Gordon Moore bereits 1965 festgestellt und beschreibt die exponenziell zunehmende Leistungsfähigkeit von Rechnern. Man spricht dann häufig auch vom Moore'schen Gesetz.[12]

Zweitens ermöglichen immer leistungsfähigere dezentrale Netzwerke mit dem standardisierten Internet-Protokoll einen umfangreichen Austausch von Informationen. Nach dem so genannten Metcalfe'schen Gesetz sind auch hier überproportionale Nutzenzuwächse sichtbar: Das Gesetz geht davon aus, dass der Nutzen eines Netzwerkes überproportional zur Anzahl der möglichen Verbindungen zwischen den Teilnehmern wächst, während die Kosten nur proportional zur Teilnehmerzahl selbst wachsen. Weil

[12] Gessler 2014, S. 15.

jeder zusätzliche Teilnehmer Verbindungen zu allen bestehenden Teilnehmern aufbauen kann, entstehen überproportionale Nutzenüberschüsse.[13]

Drittens steigt die Leistungsfähigkeit von Speichermedien bei gleichzeitiger Verbilligung der Medien und viertens hat die Verbreitung der RFID-Technologie *(„Radio-Frequency Identification“)* zu einer großen Preisreduktion von Sensoren geführt. Die RFID-Technologie ermöglicht die automatische und berührungslose Identifikation von mit entsprechenden Transpondern (Tags) versehenen Objekten (oder Lebewesen) durch ein elektrisch betriebenes Lesegerät.[14]

Diese Kombination von überproportionaler Leistungsfähigkeit von Rechnern, Netzwerken, Speichermedien und Sensoren bei gleichzeitiger kontinuierlicher Preisreduktion dieser Technologien führt zu einer hohen Verbreitung der Technologien.

Aus der resultierenden Digitalisierung von Geschäftsprozessen einerseits und Produkten und Dienstleistungen andererseits werden für Unternehmen drei wesentliche Nutzenaspekte erwartet:

Erstens wird aus der Erfassung, Verarbeitung und Auswertung digitalisierter Massendaten (Big Data) erwartet, dass sich bessere Vorhersagen und Entscheidungen treffen lassen. Dahinter steht das Versprechen, mit umfangreichen Datensätzen validere statistische Analysen zu neuen Fragestellungen durchführen zu können. Letztlich bedeutet der Zugang zu umfangreichen Datensätzen jedoch keine Garantie für bessere Analysen; wichtiger sind die intelligente Verbindung und Auswertung von Informationen, es geht eher um SMART und weniger um BIG DATA.

Zweitens, durch die Kombination klassischer Technologien mit künstlicher Intelligenz entstehen zunehmend autonom arbeitende, sich selbst organisierende Systeme, welche die Fehlerquote senken, die Geschwindigkeit erhöhen und die Betriebskosten reduzieren.

Drittens können durch die mobile oder leitungsgebundene Vernetzung der gesamten Wertschöpfungskette über hochbreitbandige Telekommunikation Lieferketten synchronisiert werden. Hierdurch können sich Produktionszeiten und Innovationszyklen verkürzen. Hierzu zählt auch, dass durch das (mobile) Internet neue Intermediäre den direkten Zugang zum Kunden erlangen und ihm vollständige Transparenz und neue Dienstleistungen bieten.

---

[13] Gilder 1993.

[14] Finkenzeller 2015, S. 9 f.

Abbildung 2: Treiber und Leistungsangebote der Digitalisierung

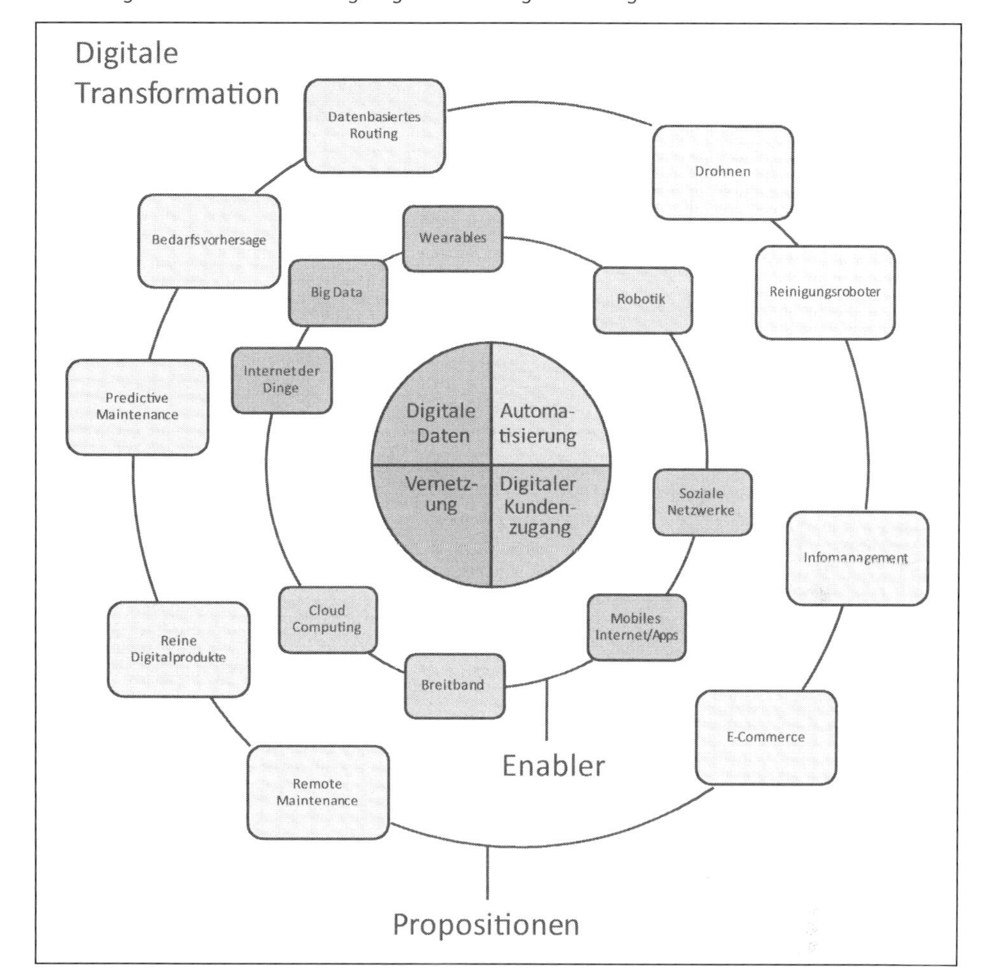

Quelle: Roland Berger/BDi (2015), S. 20

Das Potenzial der Digitalisierung liegt in neuen Produkten und Dienstleistungen, die ohne Informationstechnologie nicht erstellt werden könnten und in effizienteren Prozessen, die aus Kosten und auch Zeitgründen traditionell nicht hätten realisiert werden können. Man stelle sich beispielweise vor, dass Verbrauch und Nebenkosten jederzeit automatisch und transparent abgerechnet werden könnten und der Mieter hierauf jederzeit Zugriff hätte. Ronald Coase erklärte in einem einflussreichen Artikel 1937 die Existenz von Unternehmen durch die Höhe von Transaktionskosten der Marktnutzung. Oliver Williamson (1975) entwickelte dieses Konzept weiter: Sind diese Kosten höher als die Kosten einer internen, hierarchischen Organisation, entstehen Unternehmen zu Lasten einer Marktkoordination.[15] Die Informationstechnologie führt zu einer Senkung der Transaktionskosten und erodiert damit die Rechtfertigung für Unternehmen. Für die Immobilienwirtschaft bedeutet dies, dass sehr genau beobachtet werden muss, wo neue Marktteilnehmer aufgrund gesunkener Transaktionskosten und damit gesunkener Markteintrittsbarrieren in angestammte Geschäftsbereiche von Immobilienunternehmen eintreten.

4.2.2 Digitale Geschäftsmodelle und mögliche Ziele der Digitalisierung

Trotz aller aktuellen Begeisterung, Digitalisierung ist kein Selbstzweck, sondern die Digitalisierung muss sich – wie alle anderen Investitionen in eine Geschäftstätigkeit auch – an ihrem Beitrag zu den Unternehmenszielen wie der Eigenkapitalrendite, der Kunden- oder auch der Mitarbeiterzufriedenheit messen lassen.

Folgt man der Definition von Grassmann/Sutter (2016), so zeichnen sich digitale Geschäftsmodelle einerseits durch virtuelle Leistungsversprechen des Anbieters gegenüber den Kunden (externe Perspektive) und anderseits durch intelligente Wertschöpfungsketten (interne Perspektive) aus. Deshalb ist sowohl für den Anbieter als auch für die Nutzung die Informationstechnik erforderlich.

Das klassische Geschäftsmodell eines Immobilienbestandshalters zeichnet sich vor allem durch die zeitliche Überlassung von Immobilien aus. Insofern ist der Kern des Leistungsversprechens hier alles andere als virtuell und es stellt sich die Frage, welche Möglichkeiten einer Metamorphose für die Immobilienwirtschaft möglich sind. Das Beispiel AirbnB illustriert, dass die Veränderung nicht an der analogen Nutzung der Objekte ansetzen muss, sondern am Zugang, der Vermittlung, der Verwaltung und daraus resultierend in der Frequenz der Nutzung. Gleichzeitig zeigt das Beispiel von AirbnB, dass der Markteintritt zwar auf einem benachbarten Markt (eher jenem der Makler) erfolgte, doch dass dieser Eintritt weitreichende Effekte auf die Märkte der Bestandshalter hatte, weil eine gewaltige Flächenreserve durch die innovative Vermittlung aktiviert werden konnte. Eigentumsverhältnisse wurden nicht berührt, doch den Bestandshaltern sind umfangreiche neue Wettbewerber entstanden. Die Digitalisierung sorgte über das Schaffen einer neuen Plattform für das Aktivieren neuer Wettbewerber.

4.2.3 Dimensionen der Digitalisierungsstrategie

Mögliche Ausprägungen eines digitalen Geschäftsmodells zeigt wie in Abbildung 3 abgebildet das Modell „Internetbasierte Werteversprechen auf Grundlage intelligenter Wert-

[15] Williamson 1975.

ketten" der Universität St. Gallen auf. Je nach dem Grad der externen Leistungsversprechung gegenüber dem Kunden und der Intensität der internen Wertschöpfungsprozesse, lassen sich vier idealtypische Digitalisierungsstrategien unterscheiden. Realiter sind die Grenzen zwischen diesen Strategien natürlich nicht trennscharf.

- *E-Business* – Abbildung bestehender Prozesse und Produkte in elektronischer Form, um Zeit und Kosten zu sparen oder die Qualität der bestehenden Produkte und Dienstleistungen für den Kunden zu steigern. Für die Immobilienwirtschaft dient die Automatisierung der Nebenkostenabrechnung als Beispiel. Diese Prozessautomatisierung ist schneller und weniger fehleranfällig als die manuelle Abrechnung. Letztlich eignen sich alle regelmäßig wiederkehrenden Abläufe für solche Automatisierungen, allerdings stößt dies immer dann an Grenzen, wenn individuelle Entscheidungen getroffen werden, für die es noch keine Routine gibt.
- *Internetbasierte Wertversprechen* – Dienstleistungs- und Kundenorientierung von Produkten, Services und Geschäftsprozessen verbunden mit digitalen Technologien. Im Falle von Immobilien zählen hierzu z.B. Smart-Home-Applikationen, welche die Wohn- und Lebensqualität, die Sicherheit und eine effiziente Energienutzung auf Basis vernetzter und fernsteuerbarer Geräte und Installationen sowie automatisierbarer Abläufe ermöglichen. Dieser Mehrwert kann vor allem daraus resultieren, dass Gegenstände des täglichen Gebrauchs wie Lampen, Heizungen, Türen etc. mit Sensoren und Aktoren mit dem Internet verbunden und damit steuerbar werden („Internet der Dinge").
- *Intelligente Wertketten* – Flexible, dezentrale und effiziente Steuerung inter- und intra-organisationaler Kernprozesse bei einem gleichbleibenden Produkt. Im Rahmen dieser intelligenten Wertketten werden Wertschöpfungsfunktionen in einem Immobilienunternehmen autonom und regelbasiert gesteuert.[16] Diese Konzepte, die mit dem Stichwort „Industrie 4.0" verbunden werden, ließen sich auch in der Immobilienwirtschaft nutzen. So ist eine präventive zustandsabhängige Wartung, eine autonome restbestandsabhängige Bestellung von Verbrauchsmaterialien denkbar. Der wesentliche Unterschied der intelligenten Wertketten zum E-Business, d.h. der Prozessautomatisierung, liegt dabei in der Bedingtheit und Regelgebundenheit der Abläufe beim E-Business.
- *Digitales Geschäftsmodell* – Zusammenführung eines internetbasierten Werteversprechens auf Basis intelligenter Wertketten. In der Immobilienwirtschaft läge die Zusammenführung darin, dass sowohl interne als auch mieterbezogene Abläufe zustandsabhängig gesteuert werden und hierdurch die Dienstleistung für den Mieter spürbar verbessert werden kann, z.B. durch ersparte Zeit, verbesserte Qualität oder transparentere Entscheidungsprozesse.

[16] Kagermann et. al. 2013, S. 17.

Während Grassmann/Sutter eine allgemeine Sicht auf die Formen der Digitalisierung genommen haben, können hier die wichtigen Fragestellungen der Digitalisierung der Immobilienwirtschaft zugeordnet werden.

Abbildung 3: Formen der Digitalisierung der Wertkette

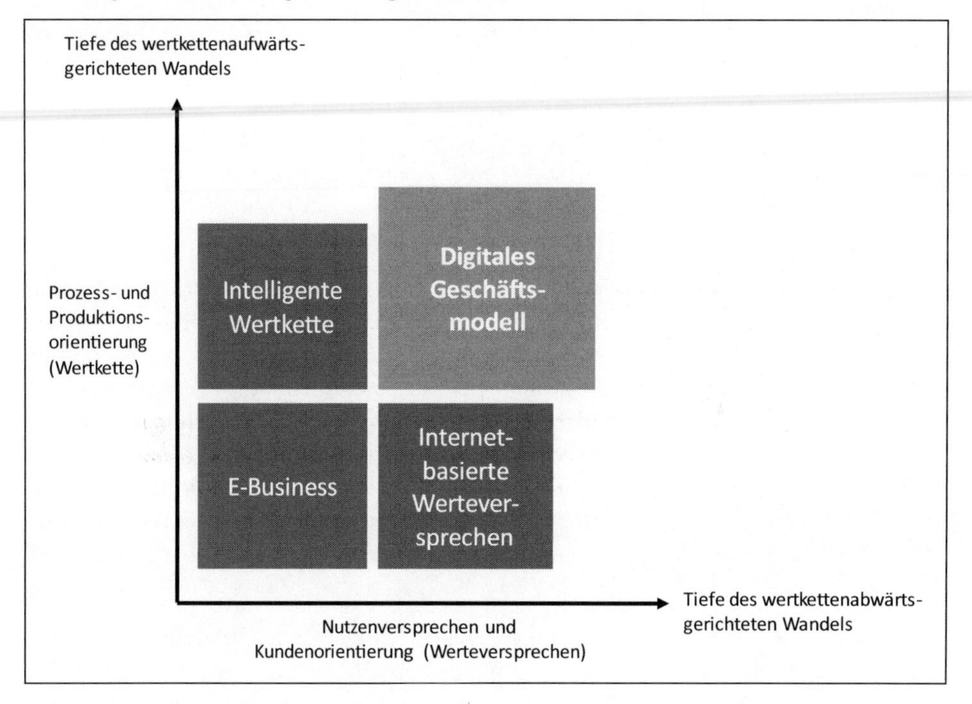

Quelle: Grassmann/Sutter (2016), S. 17.

Die Wahl der entsprechenden Digitalisierungsstrategie hängt von der Ausgangssituation und den daraus abgeleiteten Zielen des Immobilienunternehmens ab. Bisher wurde skizziert, welche grundlegenden internen und externen Strategietiefen ein Unternehmen verfolgen kann. Gerade in reifen Märkten erscheint die Orientierung an generischen Strategien, die von dem gesamten Sektor befolgt werden, nicht sinnvoll, um daraus einen Wettbewerbsvorteil zu erlangen. Hinzu kommt, dass die konkrete Strategie von zahlreichen anderen Parametern abhängt: dem Zugang zu Kapital, dem technischen Verständnis der Mitarbeiter und Kunden, der Offenheit der Mitarbeiter und Kunden für Neues, dem Zugang zu strategischen Partnern und letztlich der Belastbarkeit der Produkt- und Dienstleistungsidee. Im nächsten Kapitel werden diese Aspekte strukturiert.

4.3 Business Model Canvas als Erklärungsrahmen

Der Business Model Canvas, wie in Abbildung 4 abgebildet, ist eine Vorlage aus dem Strategischen Management, um neue Geschäftsmodelle zu entwickeln oder existierende Geschäftsmodelle zu beschreiben. Es ist eine visuelle Darstellung des Mehrwertes der Produkte und Dienstleistungen („*Value Proposition*"), der notwendigen Infrastruktur, der Kunden und der Erlöse und Kosten. Die Anwendung unterstützt Unternehmen dabei, ihre Geschäftsaktivitäten konsistent auszurichten und mögliche Zielkonflikte zu illustrieren.

Abbildung 4: Business Model Canvas

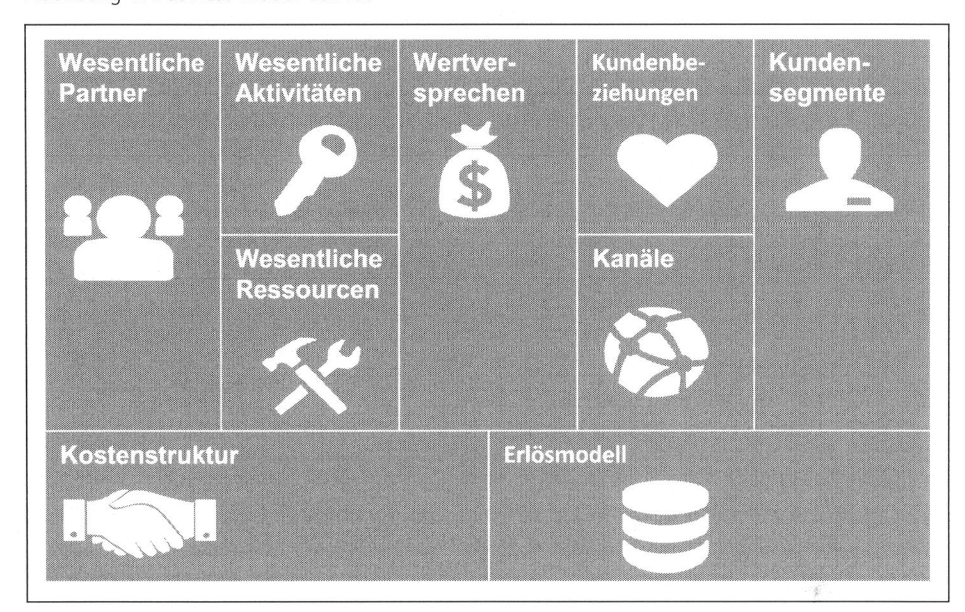

Quelle: In Anlehnung an Osterwalder/Pigneur (2014), S. xvii

Im Folgenden werden die neun Bausteine des Business Model Canvas anhand von Beispielen aus der PropTech-Szene beschrieben, um auf dieser Basis zum einen die Verwendung des Business Model Canvas zu erläutern und zum anderen die Möglichkeiten der Digitalisierung in der Immobilienwirtschaft zu skizzieren.[17] Diese Beispiele aus der PropTech-Szene wurden herangezogen, um zu zeigen, welche Möglichkeiten es für etablierte Immobilienunternehmen gibt. Hier gilt es, den Zusammenhang zwischen den von Grassmann/Sutter aufgezeigten Möglichkeiten der Digitalisierung und der Ausgestal-

[17] Für weitere Beispiele siehe unter anderem Moring/Maiwald/Kewitz 2018.

tung des Geschäftsmodells zu sehen. Die nachfolgende Tabelle zeigt auf, welche Bausteine eines Geschäftsmodelles in besonderem Maße bei den vier vorgeschlagenen Digitalisierungsstrategien eine besondere Bedeutung haben.

Tabelle 2: Einfluss der Grassmann/Sutter-Digitalisierungstrategien auf des Geschäftsmodell

Digitalisierungs-strategie	Kosten-struktur	Wesent-liche Partner	Wesent-liche Res-sourcen	Wesent-liche Aktivi-täten	Wertver-sprechen	Erlös-modell	Kanäle	Kunden-bezie-hungen	Kunden-segmente
E-Business	→	→	•						
Internetbasierte Wertversprechen		→		•	•	→	•	•	→
Intelligente Wertketten	→	→	•						
Digitales Geschäftsmodell		→	•	•	•	→	•	•	→

Quelle: Eigene Darstellung
(→ wesentlicher Einfluss; • wird durch wesentliche Aspekte beeinflusst)

Der Zuordnung von relevanten Bausteinen zu den unterschiedlichen Digitalisierungsstrategien liegen folgende Überlegungen zugrunde:

Grundsätzlich werden alle prozessualen Aspekte als Ressourcen und nicht als Aktivitätsaspekte eingeordnet, da bei Digitalisierung von bestehenden Aktivitäten, z. B. bei der E-Business-Strategie, keine neuen Aktivitäten hinzukommen, sondern lediglich bestehende Aktivitäten verändert ausgeführt werden. Anders verhält es sich hingegen bei internetbasierten Wertversprechen, im Rahmen derer es tatsächlich zu neuen Aktivitäten kommen kann.

Im Rahmen der internetbasierten Wertversprechen und des digitalen Geschäftsmodelles spielen nicht nur das Wertversprechen, sondern auch die Kanäle zur Anwerbung der Kunden sowie die Distribution des Produktes bzw. der Dienstleistungen eine Rolle. Dieses hat wiederum mittelbaren Einfluss auf die Kundensegmentierung, da mit der Digitalisierung der Kundeninteraktion nur Kunden mit einer entsprechenden IT-Affinität infrage kommen.

In allen Fällen kann die Digitalisierung auf die Geschäftspartner wirken. Je nach IT-Kompetenz können durch die Digitalisierung IT-Berater eine größere Relevanz erhalten.

Bereits mit diesen Ausführungen wird deutlich, dass die Strategie internetbasierter Wertversprechen eher auf die kundenorientierten Bausteine Wertversprechen, Kundenbeziehung und Kanäle Einfluss hat. Die E-Business-Strategie sowie die Strategie der intelligenten Wertketten beziehen sich eher auf die internen Aspekte und die Strategie des digitalen Geschäftsmodells auf alle Bausteine des Geschäftsmodells.

4.3.1 Wertversprechen („Value Proposition")

Im Zentrum jedes neuen Geschäftsmodells steht ein konkreter Mehrwert, ein spezifischer Nutzen des Produkts oder der Dienstleistung für die Kunden eines Unternehmens. Dieser Mehrwert kann für verschiedene Zielgruppen unterschiedlich sein. Dieser Mehrwert ist eng an die Definition der Kundensegmente gekoppelt, denn natürlich muss man die Probleme seiner Kunden vor Augen haben, um für diese einen Mehrwert zu konkretisieren. Oft ist es aber so, dass am Anfang eine allgemeine Idee steht, die für viele Kunden interessant sein könnte. Immer häufiger beginnen Gründer von Start-ups jedoch mit Problemen in der Anwendung, welche die Anwendung lästig machen. Hierfür werden dann Lösungen gefunden.

Es ist wichtig, dass es bei diesem Mehrwert für einen Kunden nicht nur um eine Idee geht, sondern dass dieser Mehrwert seinen Ausgang in der versuchten Lösung eines Kundenproblems hat. Während das Kundenproblem der Immobilienwirtschaft vielfach mit Fragen nach dem „Dach über dem Kopf" umrissen war, stellt sich nunmehr die Frage nach den Umrissen und Grenzen des Kundenproblems. Frei nach dem Ausspruch von Theodor Levitt *„Kunden wollen keine 10 cm Bohrer kaufen, sondern 10 cm Löcher in der Wand haben"* stellt sich die Frage, welche Probleme und Herausforderungen der Käufer oder Mieter einer Immobilie in diesem Zusammenhang hat und was die Digitalisierung daran ändert. Während klassische Segmentierungsansätze des Marketings an soziodemografischen Merkmalen anknüpfen, bezieht sich das Job-Konzept von Clayton Christensen genau auf diese Idee und segmentiert Märkte nach den Problemen oder Aufgaben, die es zu lösen gilt. Dadurch können Produkte wesentlich besser für diese Kundengruppe entwickelt und vermarket werden.[18]

Da gerade der Bereich des Wohnens alle privaten Aspekte verbindet und viele Probleme miteinander verbunden sind, kann die Definition des Wertversprechens für eine Kundengruppe auf Basis des Christensen'schen Job-Konzeptes alle Arten von Dienstleistungen wie die Raumreinigung, die Energieversorgung, Multimedia-Dienste, Concierge-Dienste, die Vermittlung von Haushaltshilfen und Babysittern bis zur Bündelung von Dienstleistungen auf Mieterplattformen, Hausnotruf, Versorgung mit Lebensmitteln, Angebot von Leihfahrrädern und -autos umfassen. Die Frage wird am Ende sein, ob das Immobilienunternehmen – ggf. auch mithilfe von Kooperationspartnern – attraktive Preise und Leistungen anbieten kann und ob diese Leistungen als ein integriertes Gesamtbündel angeboten werden können, welches aus der Integration der Leistungen einen besonderen Nutzen im Vergleich zu den einzelnen Leistungen bietet.

[18] Christensen 2016.

Sehr eng mit der Nutzung von Raum ist die damit verbundene Energieversorgung gekoppelt, die im Form von „warmen“ Betriebskosten sowie zusätzlichen Stromkosten als „zweite“ Miete den Mieter belastet. Da für einen Nutzer letztlich die Gesamtkosten der Nutzung ausschlaggebend sind, können hohe Betriebskosten das Mietpotenzial einer Fläche einengen. Aufgrund nicht hinreichender Amortisationsdauern besteht seitens der Immobilieneigentümer dabei noch große Zurückhaltung. Hier setzen einerseits Verbrauchsmessung (Smart Meter) und andererseits gebäudetechnische Lösungen an.[19] Ein wesentlicher Aspekt, um mehr Komfort für die Immobiliennutzer zu schaffen, ist die Hausautomatisierung. Anbieter wie Google Nest oder Apple HomeKit bieten hier erste Ansätze zur Automatisierung von Heimen und bieten damit den Nutzern „internetbasierte Wertversprechen“, ohne, dass diese Internetdienstleister bisher Akteure der Wohnungswirtschaft gewesen wären.[20]

Da Wohnen für die meisten Haushalte der mit Abstand größte Einzelposten im Budget darstellt, stellen Lösungen zur Verbesserung der Erschwinglichkeit gerade in den Ballungsräumen heute das vielleicht wohnungspolitisch und gleichzeitig kaufmännisch wichtigste Wachstumssegment dar. Wenn die Technologie helfen kann, die Bezahlbarkeit von Wohnen zu erhöhen, dann hätte dies aufgrund der potenziellen Marktgröße disruptive Kraft: Gerade in diesem Kundensegment können möglicherweise Ideen der *„Sharing Economy“* attraktiver sein als zusätzliche bezahlte Dienstleistungen.

Darüber hinaus verändert sich das „Kundenproblem“ als Ergebnis der Digitalisierung. Diese Entwicklung betrifft einerseits die Erwartung an die Interaktion zwischen den Parteien und die Geschwindigkeit einer (automatisierten) Durchführung und anderseits ist die Nutzung der Immobilien durch die Digitalisierung selbst betroffen: Digitale Hilfsmittel verändern auch die Art, wie und wo gearbeitet wird. Wenn sich das Nutzungsverhalten ändert, müssen sich auch die Flächen und Standorte anpassen. Dabei verschwimmen bereits heute die Grenzen von Arbeit und Wohnen. Anbieter, die diese Flexibilisierung im Nutzungsverhalten adressieren sind z.B. Plattformen wie AirbnB oder WeWork.

[19] Beretisch/Wonner-Beretisch 2017, S. 585 ff.

[20] InWiS 2016, S. 26.

In Bezug auf das verstärkte Arbeiten aus dem „Home Office" oder „Coworking Space" ergeben sich erhöhte Anforderungen an die Leistungsfähigkeit des Internetanschlusses. Arbeitnehmer befinden sich zunehmend in der Zwickmühle von unzureichend vorgehaltenem Büroraum der Arbeitgeber und unzureichender Kommunikationsinfrastruktur im Home Office, Jeremy Riffkin zeigt bereits 1995 in seinem Buch „*Das Ende der Arbeit*" die Folgen der Rationalisierung von Arbeitsplätzen aufgrund der Digitalisierung auf den Lebensunterhalt der Erwerbstätigen eindrucksvoll auf. Eine Möglichkeit mit dieser Abnahme der Erwerbstätigkeit umzugehen, sieht er einerseits in der Zunahme der Beschäftigung im Non-Profit-Sektor und andererseits in der Einführung eines steuerfinanzierten bedingungslosen Grundeinkommens.[21] Diese Überlegungen gehen zurück auf einen Bericht des Ad Hoc Committee on the Triple Revolution aus dem Jahr 1964. In diesem Bericht wird die zukünftige dritte Revolution, die Automatisierung, mit der Möglichkeit einer schier unbegrenzten Produktion von Gütern ohne Einsatz humaner Arbeit skizziert. Die Forscher dieser Arbeitsgruppe haben bereits vor über 50 Jahren über ein bedingungsloses Grundeinkommen sinniert.[22] Auch wenn diese Implikationen möglich, aber nicht zwangsläufig sind – immerhin ging den Menschen ja auch in den letzten 50 Jahren nicht die Arbeit aus – empfiehlt es sich für die Immobilienwirtschaft, auch dieses Szenario in Betracht zu ziehen.

Neben dem klassischen Produkt des „Daches über dem Kopf" stellt sich für die Immobilienwirtschaft die Frage, ob die Vielfalt der gewonnenen Daten nicht für sich selbst genommen ein interessantes Kuppelprodukt ist, welches Zugang zu neuen Erlösen und Kundengruppen ermöglicht. In der folgenden Tabelle werden mögliche Informationen zusammengefasst.

[21] Riffkin 1995.

[22] Siehe Ford, 2015, S. 30 ff.

Tabelle 3: Informationen als Produkt der Immobilienwirtschaft

Objektdaten	• Benchmarking-Daten über Kostenstrukturen • Lage, Art, Alter und Größe des Objektes
Umgebungsdaten	• Temperatur und Wetterdaten • Daten zur Luftqualität • Passentenfrequenz
Kundendaten im engeren Sinne	• Persönliche Kundendaten
Kundendaten im weiteren Sinne	• Nutzungsverhalten • Verschleiß • Verbrauchsdaten (Energie, Wasser etc.)
Qualitätsdaten über Zulieferer	• Liefertreue • Produktqualität • Zuverlässigkeit • Reklamationen
Öffentliche Daten	• Grundakten • Genehmigungsdaten • Baurechtliche Rahmenbedingungen
Prozessdaten	• Zusammenhänge • Erfolg/Misserfolg

Quelle: In Anlehnung an InWiS 2016, S. 40f.

Insbesondere im Lichte der ab Mai 2018 gültigen EU-Datenschutzgrundverordnung, müssen Mieterdaten im engeren und weiteren Sinne, also persönliche Daten, aus Datenschutzgründen ohne die explizite Zustimmung als tabu gelten. Die Darstellung macht dennoch deutlich, wie breit der Fundus an Informationen in Immobilienunternehmen ist, die für ganz andere Kunden ggf. von Interesse sein kann. Gleichwohl ist auch zu beachten, dass es bereits vielfältige Datenbanken gibt und deshalb keine überhöhten Erwartungen hinsichtlich der Potenziale in diesem Bereich gestellt werden sollten.

4.3.2 Kundensegmente

Wenn ein Mehrwert gefunden ist, gilt es, jenes Kundensegment zu erkennen, für das dieser Mehrwert am größten ist und das die höchste Zahlungsbereitschaft hat. Es gilt in Anbetracht des Leistungsangebotes, die Kundengruppen zu definieren, die für den Geschäftserfolg von besonderer Bedeutung sind. Die Segmentierung folgt sehr eng dem konkreten Mehrwertversprechen. Nur wer seinen konkreten Kunden kennt, kann seine Bedürfnisse befriedigen, und nur wer einen Mehrwert schafft, kann seinen Kunden nachhaltig erreichen.

Es ist wichtig, im Rahmen eines Business Model Canvas mit der Value Proposition und der Konkretisierung der Kundengruppen zu beginnen. In vielen Fällen dürften die Bestimmung des Mehrwerts und der Kundensegmente zwei Seiten derselben Medaille darstellen, denn nicht alle Kunden werden einen konkreten Mehrwert schätzen.

Für die Immobilienwirtschaft folgt eine erste Segmentierung der Kunden häufig direkt aus der Funktionalität der Gebäude (Wohnen, Büro, Produktion). Eine feingliedrigere Unterteilung folgt dann Lagegüteparametern und/oder Preisklassen: Eine Wohnung im Frankfurter Westend ist durch ihre Lage, ihre bauliche Qualität, ihre Größe und ihren Zuschnitt nur für eine kleine Kundengruppe ausgerichtet. Allerdings sind die Kundensegmente bei sehr generischen Objekten sehr grobkörnig, mitunter in der Erwartung, dass viele Objekte hinreichend unspezifisch sind und daher von sehr vielen unterschiedlichen Interessenten genutzt werden können.

Im Hinblick auf eine geplante Digitalisierung eines Geschäftsfelds stellt sich dann die Frage, welche Kunden- oder Mietergruppen eine Affinität oder auch Bereitschaft haben, sich auf eine neue Form der Interaktion einzulassen. Diese Frage ist für ein Seniorenheim anders zu beantworten als für ein Bürogebäude oder ein Studentenwohnheim. Eine Segmentierung im Hinblick auf die Akzeptanz von neuen Medien ist für Immobilienunternehmen vor allem dann sinnvoll, wenn die prozessualen Veränderungen eine derartige Interaktion notwendig machen.

Für einen Bestandshalter dürfte es hier wichtiger sein zu fragen, welche Informationen mithilfe einer Digitalisierungsstrategie mit Blick auf eine genauere Kundensegmentierung wertvoll werden. Wenn Massendaten die Analyse von Kunden passgenauer ermöglichen, so ist die Kundenansprache ebenfalls maßgenauer möglich. Dadurch lassen sich dann möglicherweise sogar höhere Mieten und/oder weniger Fluktuation realisieren. Nur wenn der Bestandshalter weiß, welche Kunden bereit sind, für einen zweiten Tiefgaragenplatz mehr Miete zu zahlen, kann er diese Kunden auch aktiv ansprechen.

Solche zusätzlichen Informationen sind auch für die Bestandskunden wertvoll: In Zukunft könnten klassische Mietmodelle durch Dienstleistungsmodelle („*Wohnen als Service*“) ersetzt werden.[23] Damit stünde dem Vermieter nicht mehr eine Vielzahl von Individualmietern, sondern ein Einzelmieter für ein gesamtes Gebäude gegenüber. Der Nutzer würde dann einzelne Dienstleistungspakete erwerben. Damit diese Services

[23] InWiS 2016, S. 39.

genau bepreist werden können, muss der Anbieter aber Informationen zu den Nutzern angemessen bewerten können.

4.3.3 Kundenbeziehungen

Der Baustein Kundenbeziehung beschreibt, wie die laufende Interaktion mit den Kunden bzw. den jeweiligen Zielgruppen im Laufe der Geschäftsbeziehung erfolgen soll. Es wird definiert, welche Art von Kommunikation und Beziehung die Zielkunden erwarten und wie diese konkrete Interaktion erfolgen soll. Die Möglichkeiten reichen von einer persönlichen Ansprache hin zu einer automatisierten Interaktion. Letztlich ist die Kundenbeziehung zumindest teilweise durch die spezifische Kundensegmentierung bestimmt; nur wer seine Kunden genau kennt, kann mit diesen auch angemessen kommunizieren. Hierzu gibt es mehrere Beispiele aus der Immobilienwirtschaft:

- Derzeitig sind die vielen Kommunikationslösungen von Immobilienunternehmen vor allem von organisatorischen Regeln sowie arbeitsrechtlichen Anforderungen getrieben. Während die herkömmlichen Büroöffnungszeiten eines Immobilienunternehmens für Geschäftskunden Sinn ergeben, treten viele Fragen von Wohnungsnutzern gerade außerhalb üblicher Bürozeiten auf. Neben der Art der Kommunikation ist ebenfalls zu berücksichtigen, dass sich die Bedürfnisse der Kunden und Mieter nach Partizipation, Transparenz und auch dem Wunsch nach Nachhaltigkeit verändert haben.[24] Hier können digitale Kommunikationskanäle die Erreichbarkeit und Geschwindigkeit in der Kommunikation erhöhen. Einen Ansatz zur Digitalisierung der Kundenbeziehung im Wohnbereich schlägt das Unternehmen cunio.de vor. Deren entwickelte App unterstützt die Kommunikation zwischen Mietern, Hauseigentümern, Verwaltern und Dienstleistern. Zu der Funktionalität der App zählt unter anderem die Kommunikation innerhalb der Hausgemeinschaft und zwischen Mietern und Vermieter genauso wie die Dokumentation von Schäden und das Nachverfolgen von gemeldeten Schäden.
- Eine weitere Form der Kommunikation stellen „*Digital Out of Home*“-Anwendungen dar. Es handelt sich hierbei um Bildschirmnetzwerke für die interne Gebäudekommunikation, die im Eingangsbereich oder im Fahrstuhl von Bürogebäuden aufgestellt werden. Darüber können Eigentümer und Verwalter den dort arbeitenden Personen und Besuchern Informationen als Wegweiser, Sonderinformation über das Gebäude sowie sonstige hilfreiche Informationen wie Wetter, die aktuelle Verkehrssituation, Verspätungen von öffentlichen Verkehrsmitteln sowie Kurznachrichten zur Verfügung stellen. Weiterhin können auch zusätzliche Einnahmen aus Werbung generiert werden.[25]

---

[24] InWiS 2016, S. 13.

[25] Görs 2017, S. 129.

- Viele Standardanfragen an Immobilienverwalter ließen sich auch mithilfe von Chatbots schnell und verlässlich beantworten. Chatbots sind Sprachroboter, die auf der Basis von maschinellen Lernprozessen eine Vielzahl von Standardgesprächen führen können.
- Ein anderes interessantes Beispiel für Kunden bzw. Mieterinteraktion liefert die britische Reederei Royal Carribean mit der Ende 2017 vorgestellten App Excalibur: Mit dieser App können Schiffsreisende ihre Aktivitäten planen, weitestgehend alle administrativen Angelegenheiten regeln, die Türen zu ihren Kabinen aufschließen, Einkäufe tätigen, Wetternachrichten empfangen. Durch GPS-Signale werden die Nachrichten auf den Standort bezogen und durch Gesichtserkennung wird die Sicherheit der Anwendung und der Nutzerdaten gesichert.[26] Die Funktionalität dieser App zeigt sehr gut den Gedanken des Job-Konzeptes von Clayton Christensen, da die wesentlichen Fragestellungen eines Schiffsreisenden an Board durch die App gelöst werden. Eine solche App kann man sich nun auch für die Nutzer eines Micro-Apartments oder den Mieter einer Wohnungsbaugesellschaft vorstellen.
- Hinsichtlich der vertraglichen Vereinbarung können künftig sogenannte Smart Contracts genutzt werden. Der Begriff des „Smart Contract" wurde 1994 von dem Juristen und Informatiker Nick Szabo geprägt. Er definierte einen Smart Contract als ein softwarebasiertes Transaktionsprotokoll, welches die Bedingungen eines Vertrages ausführt. Hierbei kann die Ausführung bedingt sein.[27] Da der Smart Contract noch nicht als rechtsverbindlicher Vertrag anerkannt ist, sondern lediglich als Ausführungsanweisung, ist diese Form der Kundeninteraktion derzeit noch visionär.

Jenseits dieser Digitalisierungsstrategien, die eher auf eine Verbesserung klassischer Wertschöpfungsmuster zielen, ermöglicht die Digitalisierung auch die Kreation von Plattformen, auf denen Kunden in Wechselbeziehungen treten. Dadurch werden typische Mieter-Vermieter-Beziehungen aufgebrochen oder durch Mieter-Plattform-Mieter-Beziehungen ersetzt. Die Sharing Economy verwässert die traditionellen Linien zwischen Produzenten und Konsumenten.

4.3.4 Kanäle

Der Baustein Kanäle beschreibt, wie die Kunden auf die Leistungen des Unternehmens aufmerksam werden und wie es zum Vertragsabschluss zwischen Kunden und Unternehmen kommt. Es geht dabei nicht nur um den erstmaligen Verkauf, sondern auch um das Sicherstellen des wiederholten Kaufes von Dienstleistungen.

---

[26] Green 2017.

[27] Rosic 2016.

Hier wird vor allem die Vermarktung von Immobilien zum Kauf und zur Vermietung angesprochen. Gängig ist bereits jetzt die Vermarktung der Immobilien über Portale wie Immobilienscout24. Neuerungen gibt es im Bereich von kundensegmentspezifischen Plattformen wie WohnPortal Plus, welches den Markt von Senioren oder Pflegeimmobilien adressiert oder Go Pop Up, welches Pop-Up-Stores und damit zusammenhängende Dienstleistungen vermittelt. Aufgrund der oben skizzierten Aspekte von Winner-take-all-Märkten stellt sich solchen Nischenmärkten immer die Frage nach der langfristigen Durchsetzungsfähigkeit.

Während diese Lösungen nicht mehr als Innovation zu bezeichnen sind, sind neue Angebote denkbar, die im Zusammenhang mit der Nutzung von Immobilien weitere Dienstleistungen anbieten. Gerade hier kommt es darauf an, den gewonnenen Kunden bzw. Mieter zu binden und für Wiederholungskäufe zu gewinnen.

4.3.5 Erlösmodell

In diesem Baustein geht es um die Definition des Preismodells. Zentral ist die Frage, wie die jeweiligen Zielkunden zahlen möchten und was sie bereit sind, für die Leistungen des Unternehmens zu zahlen.

Das übliche Erlösmodell der Immobilienwirtschaft impliziert die langfristige Nutzung der Immobilien durch entweder ihren Kauf oder deren langfristige Anmietung. In diesem Zusammenhang wird eine flächen- oder im Einzelhandelssegment eine umsatzabhängige Miete gezahlt. Die Ausgestaltung des Erlösmodells ist gerade im Hinblick auf Wohnimmobilien stark durch §§ 535 ff. BGB reglementiert. Die Regelungen über Nebenkosten und Vereinbarungen zu Investitionen, führen dabei zu der Risikoverteilung zwischen Eigentümer und Nutzer.[28]

Sowohl die Bedürfnisse von Mietern als auch jene von Unternehmen wandeln sich jedoch und flexiblere Nutzungsformen werden gesucht. Hier werden kurzfristige Pay-per-use-Modelle angestrebt. Denkbar sind auch Abonnement-Modelle, die z.B. einem Abonnenten den flexiblen Zugang zu Büroraum in Coworking Spaces eröffnet.

Gerade die zunehmende Flexibilisierung der Nutzung kann durch Smart Contracts künftig unterstützt werden. Mit der Möglichkeit bedingter Bepreisung und der Kopplung von Sensoren, welche die tatsächliche Nutzung sowie die davon abhängige Mietabrechnung anzeigen, können innovative Mietmodelle realisiert werden.

[28] Matzen 2017, S. 108.

Weiterhin sind zusätzliche Einnahmen aus Werbung von z.B. „Digital Out of Home"-Anwendungen sowie dem Verkauf von Daten denkbar.

4.3.6 Wesentliche Aktivitäten

Der Baustein der „wesentlichen Aktivitäten" beschreibt die Aktivitäten, die zur Erstellung der Leistung für die jeweiligen Zielgruppen erforderlich sind. Hierbei kann es sich um eigene oder um Aktivitäten von Dritten handeln. Die Aktivitäten können sich aufgrund von Assistenzsystemen, die sich neben mobiler Datenverfügbarkeit auch Aspekte der Visualisierung und Augmented Reality zu Nutze machen, vielfältig verändern. Denkbare Aufgaben sind:

- Elektronische Arbeitsanleitungen (Wegeführung, multimodale Montageanleitungen, Wartungsanleitungen etc.) können der Vermeidung von Fehlern und der Sicherung von Qualitätsstandards dienen.
- Bereitstellung von Auftrags- und Kundeninformationen können die Betreuung von Mietern personalisieren und verbessern. Allerdings sind hierbei die Anforderungen der EU-Datenschutzverordnung zu beachten, wodurch erhebliche Einschränkungen für die Personalisierung von Angeboten resultieren können
- Anpassung von Mobiliar und Software an den jeweiligen Beschäftigten (kontextsensitive Informationsbereitstellung, individuelle Arbeitsplatzanpassung wie die Tischhöhe, Sprache, Bedienoberfläche) können die Effizienz und auch das Wohlbefinden am Arbeitsplatz erhöhen.
- Kollaborationssysteme und motorische Assistenz können die Arbeit von Mitarbeitern vereinfachen.
- Der Einsatz von Robotersystemen und Drohnen können die Wartung verbessern und beschleunigen. Gleichzeitig können gefährliche Arbeiten von Robotern übernommen werden, um Unfallrisiken für Menschen zu reduzieren. Beispielsweise hat der italienische Architekt Carlo Ratti 2017 mit seinem Projekt „*Paint by Drone*" die Anwendung von Drohnen zum Anstrich eines mehrstöckigen Hauses demonstriert.[29] Während dieses Projekt zunächst künstlerischer Natur war, zeigt es dennoch die Möglichkeiten des Einsatzes von Drohnen nicht nur zur Inspektion aus der Luft, sondern zur tatsächlichen Arbeit an Fassaden und Dächern auf.
- Datengestützte, präventive Wartungsaktivitäten ermöglichen den idealen Zeitpunkt einer Erhaltungsmaßnahme zu bestimmen und helfen so Mietausfall und Leerstand zu vermeiden.

[29] Tucker 2017.

- Ersatz des Fremdbezugs von Reparaturmaterial durch 3D-Scanning und 3D-Druck[30] kann sowohl Kosten als auch den Zeitbedarf einer Reparatur verringern.
- Optimierung der Baulogistik auf Basis der RFID-Technologie.
- Elektronisch gestütztes Lernen (E-Learning) hilft distanzunabhängig, in einer Welt beschleunigter Wissensgenese die Mitarbeiter auf einem hohen Ausbildungsniveau zu halten.

4.3.7 Wesentliche Ressourcen

Dieser Baustein des Business Model Canvas erklärt, welche Ressourcen für die Erbringung der Leistungen erforderlich sind. Hierbei geht es sowohl um physische Ressourcen als auch um intellektuelle, personelle und finanzielle Ressourcen. Welche Mitarbeiter und Qualifikationen werden benötigt? Welche Hard- und Software sind wichtig? Welche Infrastruktur ist entscheidend? Gibt es Netzwerke, die für die Marktentwicklung sinnvoll sind? Wie viel Kapital wird für die Startphase benötigt? Alle diese Fragen sind wichtig und zielen auf notwendige Ressourcen. Dabei ist es unerheblich, ob sich diese Ressourcen im eigenen Besitz befinden oder geliehen werden oder durch strategische Partner zur Verfügung gestellt werden.

Wenn Immobilien die wesentliche Ressource der Immobilienwirtschaft sind, dann sind die Anforderungen an intelligente Gebäude zu definieren. Im Wohnbereich sind Smart Home und Active Assisting Living (AAL)-Systeme in die Hausinfrastruktur zu integrieren.[31] Auch die Anforderungen aufgrund der zunehmenden Vermischung von Arbeits- und Privatleben und damit die Nutzung von Heimarbeitsplätzen sind in der Kommunikationsinfrastruktur von Gebäuden zu berücksichtigen, um für die Mieter ein attraktives und sinnvolles Wohnumfeld zu schaffen. In Gewerbeimmobilien ist die Flexibilisierung der Raumnutzung zu unterstützen.[32]

Ein weiterer Aspekt der Ressource Immobilien ist die Anpassungselastizität der Ressourcen. Wie schnell müssen die Ressourcen an geänderte Marktbedingungen angepasst werden können? Die Digitalisierung bedeutet z.B. für Einzelhandelsimmobilien, dass zusätzliche Flächenkonkurrenz durch Online-Handelsplattformen entstehen. Der gesamte Einzelhandelsflächenbedarf in einem Markt könnte dadurch abnehmen. Ähnlich könnte die Automatisierung in Dienstleistungsbranchen dazu führen, dass auch die Nachfrage nach Büroräumen abnimmt oder in andere Formate umgelenkt wird. In beiden Fällen ist

[30] Fastermann 2017, S. 301 ff.

[31] InWiS 2016, S. 37.

[32] InWiS 2016, S. 37.

hohe Anpassungselastizität in der Ressourcenausstattung und Ressourcenverwendung entscheidend.

Die zunehmende Digitalisierung aller Aspekte des Geschäftsmodells stellt höhere Anforderungen an IT-Kompetenzen im eigenen Haus, um entweder externe Partner zu koordinieren oder eigene Leistungen im Zusammenhang mit der Digitalisierung zu erbringen. Gleichzeitig kann sich der Bedarf an rein administrativ tätigen Mitarbeitern deutlich verringern.

4.3.8 Wesentliche Partner

Mit den „wesentlichen Partnern", werden die Lieferanten beschrieben, die Ressourcen bereitstellen bzw. Aktivitäten ausführen, die zur Erbringung der Leistungen des Unternehmens wichtig sind. An dieser Stelle wird die Frage der externen oder internen Leistungserbringung (*„Make or buy"*) gestellt.

In dem Maße, wie den Kunden integrierte Lösungen im Sinne von Dienstleistungsbündeln zur Verfügung gestellt werden, kann es erforderlich werden, mit weiteren Partnern aus anderen Sektoren zu kooperieren, da nur auf diese Weise ein für den Nutzer attraktives Bündel strukturiert werden kann.

Wesentliche Partner können aber auch wichtige Multiplikatoren, Business Angels oder Personen an kritischen Schnittstellen und Engpassstellen sein. Es sind vorübergehende technologische Partnerschaften vorstellbar, die z.B. in einer Kooperation mit öffentlichen Stellen, Hochschulen, in Einzelfällen sogar mit Wettbewerbern münden können.

4.3.9 Kostenstruktur

Aus den Bausteinen zu Ressourcen, Aktivitäten, Kundensegmentierung, Kundenkommunikation, vor allem aber aus der Value Proposition folgt eine spezifische Kostenstruktur des Geschäftsmodells: Welche Preise wird die gewählte Kundengruppe für dieses Produkt zahlen? Welche zusätzlichen Aktivitäten erfordern zusätzliche Aufwendungen? Es geht um die Gestaltung der Struktur von variablen und fixen Kosten, die dann in der Folge zu Skaleneffekten führen können. Wettbewerbsvorteile entstehen dann, wenn ein Immobilienunternehmen bei gleicher Qualität günstigere Kostenstrukturen als die Wettbewerber aufweisen. Nun stellt sich die Frage der Kostenstrukturen des Immobilienunternehmens anders als bei einem Industrieunternehmen:

- *Umlagefähige Kosten:* Wie können umlagefähige Kosten so gesenkt werden, dass die Miete für den Nutzer bezahlbar bleibt?
- *Nicht umlagefähige Kosten:* Wie können diese Kosten optimiert werden?

- *Kapitalkosten:* Wie können diese Kosten durch innovative Finanzierungsquellen wie Crowd Financing reduziert oder flexibilisiert werden?
- *Baukosten:* Wie können diese durch Senkung der Baukosten pro m^3 oder durch eine radikale Infragestellung der benötigten Fläche, z.B. durch vermehrten Bau von Mikroapartments, reduziert werden[33]?

Die Implikationen eines zunehmend digitalisierten Geschäftsmodells liegen vor allem in gestiegenen IT-Kosten aufgrund eines höherwertigen Gebäudemanagementsystems und einer digitalen Kundeninteraktion, hieraus resultieren zusätzliche Lizenz-, Beratungskosten sowie Abschreibungen für die eingesetzten Systeme.

Die Herausforderung zusätzlicher Erlöse aus neuen Geschäftsfeldern ist oft steuerlicher Natur. Häufig wird für Bestandsimmobilien die Option der erweiterten Kürzung nach § 9 Nr. 1 Satz 2 GewStG genutzt. Um die daraus resultierende Gewerbesteuerersparnis zu realisieren, ist jedoch zwingend eine rein vermögensverwaltende Geschäftstätigkeit notwendig. Deshalb ist in diesem Zusammenhang über die entsprechende gesellschaftsrechtliche Strukturierung nachzudenken.

5 Schlussbemerkungen

In diesem Beitrag wurde gezeigt, warum sich die Akteure der Immobilienwirtschaft bisher relativ schwergetan haben, digitale Geschäftsmodelle zu entwickeln. Dies liegt in erster Linie daran, dass viele ihrer Märkte über sehr lange Zeit durch die sehr schlechte Datenlage regelrecht vor digitalen Veränderungen geschützt waren. Eine Mischung aus technischer Machbarkeit und hinreichender Qualifizierung von Mitarbeitern in der ITK-Branche sowie schließlich die Tatsache, dass die typischen IT-Märkte nun verteilt sind, sorgt dafür, dass zahlreiche Prozesse in der Immobilienwirtschaft digitalisiert werden und dass ganz neue Produkte und Dienstleistungen entstehen können.

Wie Immobilienunternehmen auf die neuen Herausforderer wie AirbnB reagieren können, ist individuell verschieden und das Modell „Internetbasierte Werteversprechen auf Grundlage intelligenter Wertketten“, der Universität St. Gallen kann hier lediglich eine erste Orientierung bieten. Weiterhin wurde gezeigt, dass die Digitalisierung in quasi alle Bauelemente des Geschäftsmodell-Canvas hineinreicht, es wäre daher sträflich für ein Immobilienunternehmen, nicht eine eigene Digitalisierungsstrategie zu konzipieren, denn ansonsten besteht die Gefahr, dass neue Wettbewerber vor allem aus dem IT-Sektor die Oberhand über die Kommunikation mit dem Mieter und damit auch über die Vertei-

[33] Ponnewitz/Kienzler (2016), S. 3 ff.

lung seines verfügbaren Einkommens gewinnen. Da die Markteintrittsbarrieren für IT-Unternehmen niedrig sind, ist Abwarten im Hinblick auf die Neugestaltung von Geschäftsmodellen für Immobilienunternehmen keine Option mehr.

Aus der Skizze ausgewählter Beispiele für die Immobilienwirtschaft lassen sich vier Kernbotschaften ableiten: Erstens, sehr viele datennahe Wertschöpfungsstufen in der Immobilienwirtschaft bieten gleichermaßen Chancen und Angriffspunkte für neue digitale Geschäftsmodelle. Hierbei ist zu berücksichtigen, dass die Chancen erst einmal bei dem Datenbesitzer/Dateneigentümer liegen, da es schwer ist, als Branchenfremder Entwicklungen von neuen Anwendungen zu gestalten, ohne über Daten zu verfügen. Zweitens, dies wird dazu führen, dass viele repetitive Tätigkeiten verändert werden oder sogar vollständig entfallen können. Drittens, dafür entstehen auch in der Immobilienwirtschaft neue Berufsfelder wie der Immobilieninformatiker, welche die Wechselwirkungen zwischen Immobilien und Digitalisierung widerspiegeln. Inwiefern der Saldo aus den Punkten zwei und drei für die Mitarbeiter von Immobilienunternehmen und die Mieter positiv oder negativ ausfällt, ist offen. In jedem Fall ist von einer strukturellen Veränderung im Hinblick auf die Anforderungsprofile an die Mitarbeiter auszugehen. Viertens, die Digitalisierung bedeutet auch, dass sehr viele Geschäftsmodelle von Immobiliennutzern auf dem Prüfstand stehen. Daraus entstehen neue Anforderungen an neue und bestehende Gebäude. Da viele dieser Anforderungen noch nicht bekannt sind bzw. sich Technologien rasant entwickeln, Gebäude aber für Jahrzehnte entstehen, ist Flexibilität das Gebot der Stunde, eigentlich der nächsten Jahre.

Literatur

Andrews, Dan/Caldera, Sánchez Aida/Johansson, Åsa (2011): Housing Markets and Structural Policies in OECD Countries, in: OECD Economics Department Working Papers, No. 836, OECD Publishing. Paris.

BDI/Roland Berger (Hrsg.) (2015): Die Digitale Transformation der Industrie – Was sie bedeutet, wer gewinnt, was jetzt zu tun ist, URL. https://bdi.eu/media/user_upload/Digitale_Transformation.pdf – abgerufen am 03.01.2018.

Bellman, Richard/Clark, Charles/Cliff Craft/Malcolm, Don O./Ricciardi, Franc (1957): On the construction of a multi-stage multi-person Business Game, The RAND Corporation.

Beretisch, Stefan/Wonner-Beretisch, Stefanie (2017): Energieeffizienz im industriellen Immobilienportfolio, in: Matzen, Frank J./Tesch, Ralf (Hrsg.): Industrielle Energiestrategie – Praxishandbuch für Entscheider des produzierenden Gewerbes, Wiesbaden 2017, S. 571-599.

Christensen, Clayton M. (1997): The Innovator's Dilemma: When new Technologies cause Great Firms to Fail. Harvard Business Review Press. New York.

Christensen, Clayton M./Hall, Taddy/Dillon, Karen/Duncan, David S. (2016): Competing Against Luck: The Story of Innovation and Customer Choice, New York.

Christensen, Clayton M./Raynor, Michael/McDonald, Rory (2015): What is disruptive Innovation? – Twenty Years after the introduction of the theory, we revisited what it does – and doesn't – explain; in: Harvard Business Manager, December 2015, p. 2-11.

Coase, Ronald (1937): The Nature of the Firm. In Economica. 4 (16), S. 386-405.

Fastermann, Petra (2017): 3D Druck eine nachhaltige und Energieeffizienz fördernde Technologie, in: Matzen, Frank J./Tesch, Ralf (Hrsg.): Industrielle Energiestrategie – Praxishandbuch für Entscheider des produzierenden Gewerbes, Wiesbaden 2017, S. 301-316.

Finkenzeller, Klaus (2015): RFID-Handbuch: Grundlagen und praktische Anwendungen von Transpondern, kontaktlosen Chipkarten und NFC, München 2015.

Ford, Martin (2015). Rise of the Robots. Technology and the Threat of Mass Unemployment. Oneworld. London.

Frank, Robert H./Cook, Phillip J. (1991): Winner-Take-All Markets. Political Economy Research Group. Papers in Political Economy, 18. London, ON: Department of Economics, University of Western Ontario.

Franz, Mirjam/Just, Tobias/Maurin, Mark/Müller, Michael/Wörner, Heike C. (2015): IREBS Innovation Monitor 2.0: Innovationsmanagement in der Immobilienwirtschaft – eine empirische Untersuchung. IREBS Beiträge zur Immobilienwirtschaft 11, Regensburg.

Gessler, Ralf (2014): Entwicklung Eingebetteter Systeme, Berlin 2014.

Gilder, George (1993): Metcalf's Law and Legacy, URL: https://web.archive.org/web/20160402225847/http://www.seas.upenn.edu/~gaj1/metgg.html, abgerufen am 20.03.2018.

Görs, Daniel (2017): Digitale Lichtblicke, in: Technologie, IT & Energie, H. 9, S. 128-120.

Grassmann, Oliver/Sutter, Philipp (2016): Digitale Transformation im Unternehmen gestalten: Geschäftsmodelle Erfolgsfaktoren Fallstudien Handlungsanweisungen, München.

Green, Marilyn (2017): Royal Caribbean Debuts Cutting-Edge Excalibur App – The new Excalibur app allows guests to use their smartphones to check in at home, open their staterooms, make purchases, find family members and more, online 11. Dezember 2017, URL: http://www.travelagewest.com/Travel/Cruise/Royal-Caribbean-Debuts-Cutting-Edge-Excalibur-App/#.WrP9RpXfNmM, abgerufen am 21.03.2017.

InWis (2016): Digitalisierung der Immobilienwirtschaft – Chancen und Risiken, Studie im Auftrag der Bundesarbeitsgemeinschaft Immobilienwirtschaft Deutschland in Kooperation mit der EBZ Business School, Bochum, URL. https://www.bfw-bund.de/api/downloads/view/15659, abgerufen am 13.02.2018.

Just, Tobias et al. (2017): Wirtschaftsfaktor Immobilien. Gutachten erstellt im Auftrag der gif, Deutscher Verband, BID, Haus und Grund, Berlin und Wiesbaden.

Just, Tobias/Uttich, Steffen (2018): Es sind nicht nur Gebäude. 2. Auflage. Frankfurt.

Kagermann, Henning/Helbig, Johannes/Wahlster, Wolfgang (Hrsg.) (2013): Umsetzungsempfehlungen für das Zukunftsprojekt Industrie 4.0: Deutschlands Zukunft als Produktionsstandort sichern; Abschlussbericht des Arbeitskreises Industrie 4.0: Forschungsunion, 2013.

Matzen, Frank J. (2017): Financial Due Diligence, in; Just, Tobias/Stapenhorst, Hermann (Hrsg.) Real Estate Due Diligence – A guideline for Practicioners, Wiesbaden, S. 89-146.

Matzen, Frank J./Tesch, Ralf (2017): Entwicklung einer Energiestrategie – Normstrategien oder Lösungsmuster, in: Matzen, Frank J./Tesch, Ralf (Hrsg.): Industrielle Energiestrategie – Praxishandbuch für Entscheider des produzierenden Gewerbes, Wiesbaden, S. 779-806.

Mitropoulos, Stephan/Siegel, Carl-Christian/Funk, Bernhard (2000): E-Immobilien. Immobilienwirtschaft im Internet-Zeitalter. Deutsche Bank Research, Frankfurt.

Moring, Andreas/Maiwald, Lukas/Kewitz, Timo (2018): Bits and Bricks: Digitalisierung von Geschäftsmodellen in der Immobilienbranche. SpringerGabler, Wiesbaden.

Nemeth, Alexander (2011): Geschäftsmodellinnovation – Theorie und Praxis der erfolgreichen Realisierung von strategischen Innovationen in Großunternehmen, Diss. Uni St. Gallen.

Osterwalder, Alexander (2004): The Business Model Ontology: A proposition in design science approach, Diss., Universität Lausanne, 2004. URL www.hec.unil.ch/aosterwa/PhD/Osterwalder_PhD_BM_Ontology.pdf abgerufen am 20.03.2018

Osterwalder, Alexander/Pigneur, Ives/Tucci, Christopher L. (2005): Clarifying Business Models: Origins, Present and Future of the Concept. – URL https://www.researchgate.net/publication/37426694_Clarifying_Business_Models_Origins_Present_and_Future_of_the_Concept. abgerufen am 20.03.2018.

Osterwalder, Alexander/Pigneur, Ives (2011): Business Model Generation: ein Handbuch für Visionäre, Spielveränderer und Herausforderer.

Osterwalder, Alexander/Pigneur, Ives (2014): Value Proposition Design; How to create products and servcies customers want.

Ponnewitz, Judith/Kienzler, Tobias (2016): Marktfähigkeit von Mikroapartments – Ein Leitfaden zur Projektentwicklung, Köln.

Riffkin, Jeremy (1995): Das Ende der Arbeit, Frankfurt am Main/New York 1995.

Rosic, Ameer (2017): A Beginner‘s Guide to Smart Contracts, Online 20.3.2017, URL: https://blockgeeks.com/guides/smart-contracts/, abgerufen am 20.03.2018.

Tucker, Emma (2017): Carlo Ratti designs graffiti-painting drones to safely make multistorey artworks, online 15 Mai 2017, URL: https://www.dezeen.com/2017/05/15/carlo-ratti-graffiti-painting-drones-multistorey-artworks-design-products-technology-robots/, abgerufen am 21.03.2018.

Williamson, Oliver E. (1975): Markets and hierarchies, analysis and antitrust implications: a study in the economics of internal organization. Free Press, New York.

Applications of Blockchain Technology in the Real Estate Sector

Philipp Sandner[1]/Maria Maier[2]/Sebastian Gustke[3]

[1] email@philipp-sandner.de – Frankfurt School Blockchain Center, Frankfurt School of Finance & Management gGmbH

[2] maria.k.maier@tum.de – Technische Universität München

[3] SG@SebastianGustke.de

1 Introduction

Blockchain represents an emerging technology, that is among the most promising and potentially most disruptive technologies in the future (OECD, 2016). Blockchain technology allows for transaction platforms, that will not only change the interaction of individuals with organizations, but also the collaboration between businesses as well as the productivity of our economy (Deloitte, 2016). In parallel, for example, through the rise of IoT, more and more everyday objects are able to capture and store data from the physical world digitally while being connected to each other. With this trend moving forward, an overarching, real-time global exchange of information between devices is just around the corner (Ernst & Young, 2011).

Due to the novelty of blockchain technology, research is still limited. The main focus of current research is on scalability, security and privacy issues of the blockchain. At the same time, there are a few major research gaps which have not been properly addressed yet. One of the identified gaps is, that „the majority of current research is conducted in the Bitcoin environment, rather than in other blockchain environments" (Yli-Huumo, Ko, Choi, Park, & Smolander, 2016, p. 21). As the technology has its origin in the cryptocurrency environment, potential applications in other environments have not been sufficiently investigated yet. Concrete use cases have primarily been deeply investigated for the banking sector, which results in the necessity to conduct research on blockchain in other industries.

The traditional real estate industry is facing a disruptive fusion with blockchain technology. The real estate market is still burdened with legal regulations and administrative boundaries. In almost all sectors of the real estate industry, the blockchain technology could provide disruptive changes and offer new ways to invest, transfer or register real estate assets. The synergy of blockchain and the real estate industry is already becoming evident in some areas where it is seeing a practical application. In Dubai, for example, the Land Department has announced that it will perform all transactions via a blockchain by 2020. It will utilize a specifically designed blockchain to include lease registrations, contracts and even links to the power and water utilities (Dubai Land Department, 2017). This early adoption shows one of many potential applications of the blockchain technology in the real estate industry. This paper will, therefore, address the need for more research on blockchain application possibilities in the area of real estate.

This paper is structured as follows. The next section provides a description of the key characteristics of blockchain technology, as well as of the main challenges, with which the technologies are currently involved and that comes along with their implementation. Furthermore, it will be evaluated, how blockchain and real estate can be combined with each other and what advantages, as well as application possibilities, might result from this. The paper closes with a brief conclusion.

2 Blockchain Technology

The blockchain technology was first introduced in October 2008 by an unknown person or entity using the alias Satoshi Nakamoto, who presented it as part of the proposal for Bitcoin, being the first suggested application (Lansiti & Lakhani, 2017; Nakamoto, 2008; Swan, 2015). Bitcoin represents the „world's first completely decentralized digital currency" (Ramachandran, Saketh, & Vaibhav, 2015, p. 63). It was revolutionary, as it was not backed or issued by a central authority, but instead, by an automatically created consensus among different networked users.

Since its introduction, it experienced such rapid growth, that today it is not only the first but also the most successful digital currency. In the past, Bitcoin has gained a lot of interest, while its underlying blockchain technology stayed largely unnoticed. But in the last few years, this changed significantly. People started to realize that blockchain application possibilities go far beyond the digital currency and identified its revolutionary potential.

The definition of the term blockchain is not quite clear and rather ambiguous (Brandon, Naucler, Evans, Bernard, & Manning, 2016; Mattila, 2016). When Nakamoto (2008) introduced Bitcoin, the word blockchain was not specifically mentioned. But, the technological component underlying the introduced cryptocurrency, was described „as series of data blocks that are cryptographically chained together", which most likely represents the origin of the term (Mattila, 2016, p. 5). As the technology became widely spread and known, more and more definitions arose. According to Lorenz et al. (2016) for example, „a blockchain is a distributed register to store static records and/or dynamic transaction data without central coordination by using a consensus-based mechanism to check the validity of transactions" (p. 1). In simple words, a blockchain is a database in which transactions are recorded and it is simultaneously shared among and maintained by all parties in a participating network. Thereby, data is stored in fixed structures, „blocks", which are always linked to the latest block that has been added to the database. As all blocks are linked together in a chain, the entire history of transactions can be accessed and retraced. The verification of each one of the transactions results from the consensus of a majority of the participants in the network, without any intermediary involved. All in all, „the goal of blockchain technology is to create a decentralized environment where no third party is in control of the transactions and data" (Yli-Huumo et al., 2016, p. 2).

2.1 Key Characteristics

Although there can be different kinds of blockchains, the technology owns some key characteristics, which all blockchains have in common. First, this chapter presents and explains these key characteristics: distributiveness, consensus mechanism, encryption, immutability, time-stamping, programmability. Afterwards, three different kinds of blockchains are introduced: public, private and hybrid blockchains.

The technology's distributiveness derives from the fact, that every blockchain uses a decentralized approach, meaning that transactions are both registered and stored in a peer-to-peer network. In this network, each user and participant owns a copy of the entire data record. Instead of having a central authority maintaining the database and ensuring its correctness, the participants do it by themselves, which eliminates the need for both central authorities and trusted intermediaries. Furthermore, the parties involved do not even need to trust each other, as transactions unfold before the entire network, making deception very difficult (Deloitte, 2016; Mattila, 2016).

The authenticity and correctness of the blockchain are managed via a consensus-based mechanism. New data can only be added to the blockchain after the network achieves a consensus over the validity of the action. Whenever a new transaction occurs, its details are broadcasted network-wide. A specific set of transactions made over a period is collected and forms a block. The validation process of the transactions begins with the participants' comparison of their database versions. A continuous process of voting follows and the version with the majority of the votes is accepted as being authentic (Mattila, 2016). All copies of the blockchain that the individual participants store will then be updated simultaneously. This means, that the network consensus is created through the synchronization of all individual copies. In technical terms, the voting process is called mining and the participants involved are called miners, but not all blockchain systems rely on mining (Mattila, 2016). In the Bitcoin world, for example, miners are rewarded for their computing power being put into the validation process.

"Distributed, trustless consensus is impossible without the cryptographic mechanism embedded within the blockchain" (J. J. Xu, 2016, p. 3). In a blockchain, digital signatures are used, which are based on pairs of cryptographic private and public keys. If a person wants to do a transaction, a message which contains all necessary transaction details is created and encrypted using the person's private key. In the next step, miners use the persons' public key, which has been mathematically derived from the private key previously, to check the validity of the transaction. If the transaction is valid, it is executed. The cryptographic keys basically allow to trace transactions back to the respective cryptographic identities, which are anonymous, and in parallel to tie them back to real identities (Deloitte, 2016). With this, users' transactions are traceable and visible for the network community, while the user does not have to reveal private information (Xu, 2016). The use of cryptography allows for various blockchain applications: It can be used as a system for static record keeping, for dynamic registry of the exchange of both assets and payments, as well as for the verification of dynamic information (Lorenz et al., 2016).

Data that is stored in the blockchain is immutable. As already mentioned, each block is linked to the previous one in the chain. This makes it almost impossible to change any of them. In order to do that, one would have to change any succeeding block as well as the majority of their replications. Additionally, any attempt to change blocks will be immediately visible, because new digital fingerprints would not match the previous ones. These digital fingerprints for each transaction and block are created using of date and time stamps. Not only does stamping enable an easy detection of changing attempts, but also, does it enable an easier tracking and verification of information.

Furthermore, blockchain transactions can be tied to computational logic and are programmable, meaning that instructions can be embedded within blocks. This allows for having transactions only carried out, if certain pre-defined conditions are met (Crosby, Nachiappan, Pattanayak, Verma, & Kalyanaraman, 2016; Deloitte, 2016; Lansiti & Lakhani, 2017). Because of this programming ability, the blockchain technology can serve as a platform for smart contracts, „which are small programs running on a blockchain and initiating certain actions when predefined conditions are met" (Lorenz et al., 2016, p. 3). These so-called smart contracts are tamper-proof, self-executing and automatically enforceable, which makes the entire process of contracting less risky and more cost-efficient (Mattila, 2016).

Apart from these characteristics, that all blockchains have in common, there are three blockchain types that can be differentiated: public, private and hybrid blockchains (Siba & Prakash, 2016). In a public blockchain, the database is completely decentralized and anyone can participate freely and in any capacity. On the contrary, participation permissions are controlled and restricted in a private blockchain. Here, the permission to modify or to only read the blockchain is granted by a central authority. While modification permissions are usually restricted to only a specific number of users, reading permissions can be granted to either a discretionary extent or the blockchain can be open to all users. The third type, a hybrid or so-called consortium blockchain, lies between these two extremes. It can be described as partially decentralized, which means that they enable a hybrid between a low-trust and a single trusted entity model (Siba & Prakash, 2016).

2.2 Challenges

Although blockchain is much acclaimed and has the potential to deliver solutions for multiple issues, the adoption of the technology comes along with significant risks and challenges. In the following, several challenges that blockchain includes and for which a high awareness is necessary will be investigated: Governmental regulations, technical challenges, cultural adoption, security, and control.

One of the most significant risks for the success of the blockchain technology is how governmental regulation will unfold. This factor will play a crucial role regarding to whether the blockchain industry is going to flourish or not (Swan, 2015). Governmental agencies might introduce several laws being aimed at monitoring and regulating the blockchain industry for compliance (Crosby et al., 2016). For example, governments want to „collect taxes, prosecute crimes and limit the use of a distributed ledger for criminal purposes" (Walport, 2015, p. 44). In addition, regulators have an interest in ensuring the system's resilience against systematic risks and market failure (Walport, 2015). Either these new laws will result in slowed-down adoption process or they will speed it up, as customer worries regarding the security of the technology are eradicated (Crosby et al., 2016; Swan, 2015).

Swan (2015) identified several technical challenges and limitations which need to be addressed in the future. One limitation is the currently possible throughput of issues in the blockchain network in terms of transactions, number and time until transaction finality. Therefore, scalability represents an important challenge. The consensus-based validation mechanism that belongs to the technology, as well as the high amounts of data that are stored within the blockchain are causing problems. If someone wants to become part of a blockchain network, he must download the entire blockchain, before he can participate. As the stored data is exponentially growing at a high speed, this might take much time and is far from convenient (Crosby et al., 2016; Lorenz et al., 2016; Swan, 2015).

If the blockchain technology is adopted in a financial context, one should be aware of customers' resistance to change and the issue of cultural adoption. In today's financial world, where people are used to intermediaries that they trust, a sudden disappearance of them might lead to scepticism (Crosby et al., 2016). Regarding cryptocurrencies operated via blockchain, participants are typically concerned about insecure transactions. People are worried about passwords getting lost, malicious hacker attacks, human errors which cannot be corrected due to the irreversibility of transactions and about the dishonesty of the transaction partner (Sas & Khairuddin, 2017). It will take some time until the public perception changes and customers have fully adopted themselves to the new technology (Crosby et al., 2016; Swan, 2015).

Peoples' concerns regarding the technology's security are not fully unsubstantiated. Xu (2016) identified different types of fraud and maliciousness, which blockchain is not entirely resistant against: the 51% attack, digital identity theft, money laundering and hacking. The 51% attack can occur, if one node owns more than half (> 51%) of the network's processing power and thus is able to dominate the transaction verification process and control the content of the respective blockchain. This enables the dominant node to „manipulate the blockchain, insert fraudulent transactions, double-spend funds, or even steal assets from others" (Xu, 2016). The probability of this attack is especially high for blockchains with small networks. The issue of identity theft is closely linked to the private key. If this key is stolen, it cannot be recovered, which means that all assets which were stored in the blockchain are lost. This threat is becoming increasingly realistic. With the advent of quantum computing, cryptographic keys can be cracked quickly, which, if no stronger keys are introduced, would make the technology fail (Crosby et al., 2016; Xu, 2016). Additionally, the blockchain technology enables the creation of channels for illegal movements, which leads to a facilitation of money laundering. Furthermore, while the hacking of the stored data is rather difficult, the hacking of programming codes and systems is much more likely. Thus, software vulnerabilities can cause painfully high losses.

3 Applications in the Real Estate Sector

There is still considerable uncertainty regarding to the potential possibilities of using blockchain in the real estate sector. The disruptive character of the technology introduced a wide and unknown field to the sector and recent developments in this field have led to an increased interested in well-established and small companies. So far, the knowledge about the potential use cases of blockchain in the real estate sector is still low, however, the amount of research is small but the usage is increasing. Trending and existing use cases in the real estate sector are evolving and creating different subgroups of applications. The following provides an overview of potential use cases and potential applications.

3.1 Financing in Real Estate

The technology of blockchain with its potential to disrupt the classical banking system and the way we use money also has a very high potential to change real estate financing. Blockchain offers a new type of financial transaction by introducing new currencies like Bitcoin or Ethereum and creates an alternative financial market. New ways of lending and investing occur, based on different digital cryptocurrencies which are based and originated from the blockchain technology. Real estate will be one of the industries most impacted by innovations in blockchain technology. In the Western world, there might be an advent of products like transparent mortgage-backed securities traded on blockchain-enabled exchanges. Blockchains hold the promise to free capital and increase trade in the real estate sector (Laurence, 2017).

Real estate markets are regional and fragmented. There is no homogenous central real estate market which results in a mostly non-transparent sector (K.-W. Schulte, Haarmann, Allendorf, Bergmann & Bach, 2008) for experienced big institutions, where private investors must invest large amounts of equity, leading to high barriers to market entry. Even if a private investor is acquiring real estate, he almost always is going to accommodate debt capital to optimize his financing costs or leverage his equity. In addition, there are intermediaries like mortgage brokers connecting supply and demand of the different parties in real estate.

To achieve a successful investment in real estate, a certain level of transparency on the market is essential (K. Schulte, Rottke & Pitschke, 2005). There is an ongoing change towards an improved transparency, which has occurred during the last decade in several countries. Due to the increased globalization, and the resulting spread of transactions and movement of corporations, the request for market information has increased sufficiently (Farzanegan & Fereidouni, 2014). Increased real estate transparency has the potential to reduce speculations on the property market, which in turn entails e.g. property bubbles or other negative effects on national economies (Corluka & Lindh, 2017). In the real estate industry, access to market information is tightly controlled by brokerage firms, institutional investors, and expensive market data providers. Investment brokers play a critical role because of their relationships with buyers and sellers and the ability to gather information from these participants. On the other hand, given all the administrative and legal hurdles associated with trading real estate assets, transactions are slow and costly (Malviya, 2017).

To solve the problem of barriers to market entry for small investors, new ways of funding, so-called crowd investing platforms, emerged in the US as well as in Europe and other regions. Crowd investing enables the aggregation of small investments. The platforms act as intermediaries and usually keep a percentage of the allocated funds as processing fee (Matthiesen & Steininger, 2017). This is an example, where the blockchain technology could offer decentralized and highly efficient solutions, preventing fraud, hacking and the abuse of data, thus replacing the need for a crowd investing platform as intermediary. Instead of investing via these platforms, investors would acquire tokens which mirror the value of a specific property or even an entire portfolio. The blockchain will enable real estate assets to be tokenized and traded similarly to Bitcoin. The tokenization of assets or portfolios are the digital valuation of a real estate comparable to the pricing through a fiat currency. It generates the possibility to invest into tokens which represent a digitalized share of a real estate so the value of a token is asset-backed by a physical property. It can provide a simplified peer-to-peer method to trade shares of a real estate via a smart contract. The real estate market nowadays is decelerated by many administrative regulations which consume a lot of time to transfer property. A blockchain-based platform can allow users to transfer their tokens among each other in real time and without any further bureaucracy (Kurniawan, Chandra & Tan, 2017). Consequently, the transaction details will be fully recorded on the blockchain and offer a transparent way to transfer physical properties or property rights (Malviya, 2017).

The combination of blockchain and crowd investing lead to an alternative investment method by avoiding traditional trusts and investment funds. Investments can be undertaken without any minimum investment barriers whereby small amounts of money can be invested. Furthermore, traditional cross-border investments and transactions of property usually involves regulatory restrictions on a legal and administrative basis (Kejriwal & Mahajan, 2017). Investors are located worldwide so it is even more complicated to register and verify identities. Blockchain might provide an easier way to increase the degree of security, by recording personal details, share or money transfers, and asset details. The blockchain tracks every financial transaction and may provide a trustless transfer from investor to fundraiser thereby supplementing the cycle of crowdfunding investments. A setup of personal accounts might support the degree of transparency, as it might be requested, and could overcome compliance problems (Zhu & Zhou, 2016).

In terms of how the marketplace infrastructure could evolve, an exchange platform could be built as an application on top of a universal real estate blockchain, which would allow two parties to make real estate trades in a much more time efficient and less costly manner. Real estate could be traded similarly to equities. Transaction times will be reduced from weeks or months to minutes as described in chapter 3.6. Peer-to-peer real estate trading will become a reality as blockchain technology erodes the information advantage of commercial brokers and operational impediments are reduced. Real estate will become a much more liquid and actively traded asset class (Malviya, 2017). But the adoption of this comparatively young technology in the traditional sector of real estate could take some time and effort. It will probably happen as a staged process. Innovative Corporations or technology-savvy private investors will try to implement the technology early on, while the technology could be more and more spread out through the finance sector itself, thus increasing the acceptance in real estate and speeding up the development.

In addition to debt and equity financing of real estate, there is also the possibility of real estate leasing. For the real estate sector, the traditional lease contract can morph into a smart tenancy contract. The use of a smart tenancy contract on a blockchain platform would enable transparency in lease terms and transactions. The contract could use rent or bonds for automated payments to real estate owners, property managers, and other stakeholders along with near real-time reconciliation (Kejriwal & Mahajan, 2017).

In conclusion, the technology of blockchain will change the financial sector as well as the real estate sector and the way these branches interact. As stated above there is a high potential for increasing transparency by offering consistent information and reducing fraud by blockchain-based land registries. In addition, new peer-to-peer technologies can be enhanced by the blockchain to further lower the access to market, free capital and increase trade in the real estate sector.

3.2 Real Estate Management

In the real estate sector, there exists a management hierarchy from portfolio, over asset to property management. The overall portfolio management relies on complex investment decisions and tries to reduce the portfolio risks by spreading the investments across different classes of assets. Nowadays, those decisions are made by brokers or the asset-managers, which rely on asymmetric information. The market insights and information are neither available nor equally distributed to everyone even though many different platforms exist; the information is controlled by data providers, institutional investors or brokers.

By its very nature, blockchain provides the possibility to reduce the complexity of management processes. To evaluate a portfolio, it is necessary to estimate the investment risk of every single asset, therefore, the information about the specific asset and its condition could be saved in the blockchain by generating a digital address. The blockchain could provide details about performance, financial transactions and even occupancy rates of commercial building (Malviya, 2017). The grading of a portfolio could thus be based on recorded facts and be evaluated through a consistent method. In case of public access to a specific digital stamp, market participants and shareholders might have the opportunity to get access to a wider range of information and a deep insight into the portfolio. A new blockchain-based management infrastructure might dissolve the information asymmetry by offering a transparent and public track record of a specific asset and could, therefore, provide an added value for owners or prospective buyers.

The property-management's duty is to maintain and manage a specific property as well as reciprocally report to a higher hierarchy level. These reports could be stored in the blockchain and generate the track record of a building and thus, might be used for the evaluation of an asset's condition. The result could be a comprehensive track record of costs and revenues, including unforeseen expenses or maintenance work, provided by lower levels in the hierarchy. The physical condition of the structural components, standard of facilities or outstanding characteristics could be stored as well. The tracked overall performance could cause a potential increase in value by offering a transparent insight into the history of a property so management or market participants can estimate the value of the asset more easily.

3.3 Disintermediation and Fraud Prevention

Blockchain technology could lead to an equal and transparent distribution of information in the real estate market. Nowadays, you need a middleman to receive information about the asset transaction ecosystem. Legal licenses and know-how are vital to participate in this system and brokers, escrow agents, notary, appraisers or banks are middlemen and currently play an important role in any real estate transaction. A public blockchain-based platform could dissolve the information asymmetry advantage of those third parties (Karajovic, Narula, Pandya, Patel & Warring, 2017). If the external influence and the number of participants decreases, the cases of fraud might be reduced and create the possibility of an open real estate market.

By offering a digital stamp for every property on a public blockchain, including the essential information, trading and investing in real estate assets becomes more transparent. The blockchain mediates directly without any middlemen, so in case of trading an asset, real-time tracking could be possible, which promotes time-saving and an increase in efficiency for every party. The cost reduction for market participants to find or sell the matching asset is achieved by avoiding the necessity of human oversight and analysis. By implementing self-executing smart contracts into the blockchain it might be possible to avoid other legal parties like a notary. In case of a linked land register, the trading process could be completed in a reduced period.

Some market participants of the ecosystem of private investment funds use blockchain to automate hedge funds (Kaal, 2017). Investing into private funds and portfolios relies on intermediaries and often creates a lack of knowledge between investor and broker, often in favour of the broker. The introduction of a blockchain-based platform disconnects investor and broker and refills this gap with its functionalities by facilitating and optimizing the investment process. It might even simplify the analysis of tracked equity deals so users could compare previously completed deals by utilizing the open ledger-based system. Blockchain-based trading systems which store the user's risk preference and execute trades automatically based thereon already exist (Kaal, 2017). Regarding the former impact of human error in the real estate market, blockchain might offer the possibility to analyse and process information to avoid misinterpretation.

3.4 Internet of Things and Smart Home

The Internet of Things (IoT) represents the connection of physical devices to the internet or a local network by a wired or wireless connection such as Bluetooth or WiFi. These devices connect automatically to each other and their respective services. They aggregate or process data for the accomplishment of a predetermined task. These include smart home devices such as fridges which order groceries, over voice-controlled speakers or automated vacuum cleaners. By offering automated processes the devices are meant to work more efficiently and thereby generate an added value to its user.

The smart home sector shows a high potential and is flooded with many devices enabling a smarter living experience. A McKinsey study estimates the economic impact of the IoT to be 350 billion a year and in 2025 the estimated value of time invested on domestic chores will exceed 23 trillion dollars (Manyika et al., 2015). This highlights the possibilities for a more efficient living or working space but also the huge potential of the IoT market and consumption of IoT products.

A challenge of the smart home sector is that the security is not currently standardised across manufacturers and an appropriate level of security is not currently enforced. Current cloud-based systems contain many known and unknown security flaws and vulnerabilities because of insecure passwords or even servers. The general weakness of the IoT lies in the exploitation of the integrated sensors due to their subpar security protocols as well as little to no enforcement of basic security, like forcing a user to change the default password on the first activation. Devices are thus potentially easy to hack and could, for example, be used to create a botnet. These botnets intend to affect a targeted resource using a Distributed-Denial-of-Service (DDoS) attack to flood systems or to interrupt requests of legitimate users.

The introduction of one centralised blockchain which is operated by a private computer would reduce the unwanted external influence on the network. A combination of smart devices, a local miner, and local storage are fundamental for IoT on a blockchain secured network (Dorri, Kanhere, Jurdak & Gauravaram, 2017).

Smart devices communicate through transactions. These transactions can store data, allow access to cloud storage, supervise and add or remove devices. The transactions between different smart devices can be controlled and a policy header of this blockchain ensures that there are no unwanted transactions. To ensure an immutable private blockchain all transactions are processed and secured by the local miner (e.g. a smart home hub). The smart home miner computes the centralized transactions and mines the blockchain and the local storage records the gathered data. This setup enables the system to offer automated and locally operated processes. These processes can enable that transactions between the smart home devices are interlinked and perform a predefined sequence of tasks. As an example, when the user arrives at home a smart lock could unlock the entrance door via a blockchain-based transaction and communicate with the climate control or specific lighting could activate based on point of entry (Dorri et al., 2017). A predefined setup of use cases for smart devices enables the user to personalise the settings of their home and create an enhanced user experience.

Considering the idea of a blockchain-based solution it is possible to set up a secure network. Currently, smart home devices include externally centralised software which generates high costs due to maintenance and updates (Christidis & Devetsikiotis, 2016). A centralised, private blockchain can minimize external influences by manufacturers and providers. Automated updates can lead to unwanted exchanges of private data between a home and the smart home device producer. The necessity of the update could be verified by the private blockchain before it is pushed to the devices in order to ascertain if it is necessary. Examples of necessary updates would be security fixes whereas unnecessary ones would be new or changed functionality which can have unwanted side effects. The hashes of the update could be stored in the private blockchain and if the update is necessary it can proceed. The list of necessary fixes could be published in a smart contract by the manufacturer (Christidis & Devetsikiotis, 2016).

In the end the question of who is held liable for system failures emerges. The complexity entails most of the participants, from users, manufacturers and software producers. The concerns about safety and system vulnerabilities are rationalized due to the fact that smart devices are installed at home and include cameras, audio-recorders or motion detectors but the disadvantages of reduced privacy caused by smart devices can be justified by the convenience they offer.

3.5 Processing and Smart Contracts

The Greek mathematician Hero of Alexandria invented a machine which dispensed holy water after inserting a coin, this was the first vending machine and is comparable to a smart contract. Even if this process was triggered by the physical weight of a coin, the automated process is comparable to a blockchain-based smart contract. The digital and smart version of a sales contract includes the same elements as a traditional version where offer and acceptance are the basic concepts. If the participants agree to the predefined conditions, the smart contract acts automatically and autonomously.

Smart contracts can be used for a wide range of use cases and can simplify many different transactions for example: A public platform based on blockchain technology could automatically execute the sale of a property. By publishing the digital stamp of a property for sale, a smart contract could complete the transaction without any third parties. As soon as a buyer accepted the offer for a specific digital address and transferred the money, the blockchain would subsequently complete the transaction thus the smart contract is concluded without any external interactions. The transaction will be self-executing and entirely recorded in the blockchain, and thus the necessity of notarial acts, governmental deeds or intermediary bankers disappear. When comparing a transfer via smart contract as opposed to a traditional transfer, the time efficiency, decrease in complexity and cost reduction are highly apparent. A fully automated process and the reduction of third parties could lead to less exterior intervention and subsequently fewer cases of fraud.

Transactions based on smart contracts are not necessarily only meant for purchases; lending or leasing property is also viable therefore renting living or working space might become easier. The demand for coworking is rising, i.e. renting work desks or work space on a daily or monthly basis. There are currently many platforms offering this service, but a public platform including all local coworking spaces might lead to a more efficient and user-friendlier experience. The process of booking a work space could be mediated by an online platform. The renter finds a suitable location in real time and transfers a digital payment via blockchain. Afterwards, the smart contract secures the availability of a desk or office for the paid amount of time. It turns on the power and internet for the rented workspace and automatically transfers the codes for accessing the entrance door. Short-term investment costs for physical devices are necessary to fulfil the contract, but the advantage of a transparent and highly automated process holds the potential to decrease costs on a long-term basis.

A comparable scenario could change the way of renting living space. Hotels or rental apartments could circumvent online travel agencies or travel websites via a public blockchain-based platform. High commissions to an intermediary would disappear and the pressure of offering lower prices to cover the expenses of being represented by an online travel agency could be reduced or completely avoided. Private rentals could be made more efficient as the identity of the guests are recorded in the blockchain, thus the smart contract can be concluded after certain data, such as personal details are transmitted. After the payment is transferred, the system enables the guest to use the rented space. Hotels or even individuals who lease living space could potentially increase their margin and wouldn't need to pay any commission to a third party.

3.6 Land Titles and Land Registries

A free land market is the engine of economic development. But providing the infrastructure for such a land market to operate requires a significant effort in the area of land registration. This infrastructure facilitates the first registration of newly created rights as well as the subsequent transfer of these rights (Barnes, Stanfield & Barthel, 1999). Owning land with a secure title and the right to sell it is essential for it to be used as collateral for loans. Without these features, no lender would accept land as security, as it could not be sold to repay the debt in case of the lender having to foreclose on the borrower. In history, owners having access to clear and transferable land titles, standardised measurements and recognized legal institutions, opened the way to vastly expand the creation of bank and other forms of credit. This was a critical factor in the development of modern finance, and a vital condition for the economic transformation of the industrial revolution and capitalist production (Ryan-Collins, Lloyd & Macfarlane, 2017).

Byamugisha (1999) showed that land titling and public expenditure on land registration – an indicator of the quality of land registration services – have strongly significant and positive long run effects on financial development as well as economic growth. Karel Bos described the failure of conventional (Western) tenure concepts and its inability to meet the needs of the poor in the context the urban population growing at a dramatic pace, plus the inability of the poor to enter the formal land market. The situation in the urban areas of developing countries had become extremely complex, with land held under different tenure systems and, in some cases, without any clear status (Bos, 1991). In many places, the status quo is unstable and is built of conflicting claims around land. For example, the land tenure status quo in many parts of contemporary Africa is a tenuous and contentious one (Boone, 2017).

Even in developed countries, the process of transferring ownership of land titles is very non-transparent and inefficient. The Swedish mapping, cadastral and land registration agency Lantmäteriet stated in a project report, that the agency is only involved in a few steps at the end of real estate transactions. Because of this most of the process is not transparent and not visible to the public or other stakeholders. The system is slow at registering real estate transactions. The time between the signing of a legally binding purchasing contract and when the agency receives the bill of sale and makes the approval of the title is often three to six months. These issues have resulted in sellers, buyers, banks and real estate agents being forced to create their own complex processes for agreements leading to significant inefficiencies.

"Blockchain technology provides the opportunity to solve many of these issues. In the long run, there is also great value if a solution can be developed and shared, or provide a framework and support for multiple government agencies where appropriate" (Lantmäteriet et al., 2017). With the technology of blockchain, it is possible to increase efficiency and lower costs, while simultaneously reducing potential fraud or contentious states of land titles. This can possibly create the conditions for prosperity for potentially billions of people (Tapscott, 2016), similar to the historical developments in Europe and North America.

The key characteristics of the blockchain technology (distributiveness, consensus mechanism, encryption, immutability, time-stamping, programmability, as described in chapter 2.1) can lead to solving a majority of the problems stated above. The use of cryptography (i.e., encryption) allows for various blockchain applications, as a system for static record keeping, for dynamic registry of the exchange of both assets and payments, as well as for the verification of dynamic information. Blockchain technology makes it possible to make verification records accessible without jeopardizing the security of the original documents (Lantmäteriet et al., 2017). The consensus mechanism ensures that new data can only be added to the blockchain after the network achieves a consensus over the validity of the action. Like cryptocurrencies, where the double spending problem is solved, this prevents fraud in selling land titles, not owned by a party or being sold twice, deceiving banks regarding the height of mortgages already being lent against a property, et cetera. Data then added and stored in the blockchain is immutable, protecting the ownership of land titles. In addition, time-stamping enables an easy detection of changing attempts, and easier tracking and verification of information. The programmability allows for having transactions only carried out, if certain pre-defined conditions are met, thus increasing the automation of processes possibly leading to significantly reducing the time span of a real estate transaction from three to six months, to probably a few days or even hours, additionally lowering the level of error as described above. Such a smart contract can be used to confirm a real estate transfer playing the role of the notary (Foroglou & Tsilidou, 2015).

The distributiveness (decentralized approach) eliminates the need for both central authorities and trusted intermediaries. Instead of having a central authority maintaining the database and ensuring its correctness, the participants do it by themselves. In the long run, it could, therefore, be possible to implement a land registry with no need for a central authority due to this distributiveness paired with the consensus mechanisms, thus probably being one of the only real disruptive innovations in the real estate sector.

Challenges and obstacles for the adaption of blockchain technologies for land titles are mainly privacy, digital signatures as well as technical issues and securities. The Swedish mapping, cadastral and land registration agency does not expect the legal aspects regarding privacy and compliance to be more complicated with a blockchain solution, this having to be differentiated depending on the respective country and its regulatory boundaries. Regulation of and securing personal data is a problem for any technology. One main difference with the blockchain is that it is very difficult to delete information. There may be conflicts between public registries and deleting personal information, but the conflict is then primarily with the digital files in general and not with the blockchain technology. If personal data is going to be deleted the person behind a public key stored in a contract in the blockchain must be unknown to outsiders. The main concern so far is legal uncertainty about when digital signatures on a real estate contract become valid. European law in this area is becoming more oriented towards electronic identification. In Sweden Lantmäteriet already receives most of the contracts for real estate transactions in digital formats from banks and agents. In 2017 this will be made possible for all citizens (Lantmäteriet et al., 2017). The agency also is confident that the technical solution will improve security compared with other digital solutions seen in the market. A solution with a centralized database would be less costly but would offer vastly reduced security and minimal improvements over current processes. In summary, the blockchain has three significant and until now unique advantages for land registries, digital units are impossible to copy, digital files cannot be manipulated and digital processes that cannot be manipulated. All involved actors in a real estate transaction will have a digital file representing the agreement of ownership of the real estate, mortgage deeds and the transaction process. The authenticity of the process, the signatures, the file confirming ownership, mortgage deeds etc. will be secured with a blockchain. It will be easy for authorized third parties to verify information. It is possible, that the records and files that should be public according to regional regulations will be public and those which should be confidential will stay confidential. The only way to steal a property is through entering a new real estate transaction process with stolen or forged identification. The security of the ID solution can be improved according to the requirements of the system in question.

The Swedish agency states, that they may not be able to make a fully digital solution comparable to land titles etc. without using the blockchain. Looking at the world as a whole, the value of creating a transparent and easy to prove real estate ownership and transaction system is beyond imagination. As described above, in countries where the enforcement of land ownership is difficult, providing security for the buyer of a property has very high costs. The cost of insurance safeguarding a real estate can be 10% of the purchasing value. If these costs could be reduced to 1%, the value for the economy is enormous. For countries without a trustworthy real estate ownership record and land registry, a blockchain may be the easiest, most cost-efficient and fastest way to increase GDP in the medium term. It will serve as a foundation for better investments in land, enable the development of a mortgage market and a credit market in general, and become an institution for trust in one of the most fundamental parts of an economy: land and real estate (Lantmäteriet et al., 2017). But it will still be necessary to have an organization, to assign the representation of the property so that it can be identified in the blockchain, linking real estate and the digital world together. A blockchain title recording system is the future of title record keeping and would provide immediate benefits over current title recording system, with additional benefits accruing in the future as blockchain technology grows in acceptance (Spielman, 2016).

4 Conclusion

A disruptive innovation underperforms with regard to the performance dimension, which is most appreciated by customers of the mainstream market (Christensen, 1997). But, the innovation may perform better on a different dimension and thus succeeds through the opening of a new market, through a simpler usage or through an offering at a lower cost. Over time, the innovation will improve with regard to the most appreciated performance dimension until it appeals to the customers that had refused it at first. Furthermore, it is claimed that incumbent firms often fail to recognize threats which are posed by disruptive innovations and that it is critical for success, that managers recognize disruptive innovations when they come across one.

In some cases, new technologies unleash disruptive change (Manyika et al., 2013). Lyytinen & Rose (2003) define a disruptive IT innovation as „a necessary but not sufficient architectural innovation originating in the IT base that radically and pervasively impacts systems development processes and services" (p. 563). As these innovations have the power to change our lives, business leaders and policymakers have to be aware of disruptive technologies and their respective potential, before they unleash their power in both economy and society (Manyika et al., 2013). For businesses, the early identification of disruptive technology is crucial, as being unable to respond to innovators may force them to declare bankruptcy (Lucas Jr., Agarwal, Clemons, El Sawy & Weber, 2013).

This disruptive potential is also assigned to both blockchain and IoT. Blockchain is said to hold a massive disruptive power and researchers predict groundbreaking changes in numerous aspects of our lives (Brandon et al., 2016; Crosby et al., 2016; Deloitte, 2016; Mattila, 2016; Swan, 2015; Walport, 2015). In contrast, Lansiti & Lakhani (2017) have a different opinion. Although they agree on the potential impact that blockchain might have, they do not see it as a disruptive technology. They rather describe it as a foundational technology, which has the ability to build new foundations for both our economic and social system. There are widespread application possibilities and IoT has disruptive potential in each application area (Vermesan & Friess, 2014). Regarding its potential and applicability, IoT is seen as a disruptive technology that will have a huge impact (Bonomi, Milito, Natarajan & Zhu, 2014; Lee & Lee, 2015; OECD, 2016; Vermesan & Friess, 2014).

Blockchain is still in an early stage and not very well-known to the public. Even if its security is highly rated, the concerns about safety and privacy shouldn't be ignored. Cryptocurrencies which defraud investors already exist, however it is important to realize that this is most likely unavoidable due to the fact that money will always attract abuse. For blockchain to become part of daily life including the real estate market more research and development as well as time are necessary. The hurdle of a general acceptance in the real estate industry must be overcome so it can evolve into an integrated system for use. The before mentioned advantages like disintermediation, transparency, cost and time reduction and many more are a strong basis for accepting this new technology.

References

Barnes, G., Stanfield, D., & Barthel, K. (1999). Land Registration Modernization In Developing Economies: A Discussion Of The Main Problems In Central/Eastern Europe, Latin America, And The Caribbean. URISA Annual Conference, (June), 1–13.

Bonomi, F., Milito, R., Natarajan, P., & Zhu, J. (2014). Fog Computing: A Platform for Internet of Things and Analytics. In Big Data and Internet of Things: A Roadmap for Smart Environments (Vol. 546, pp. 169–186). Cham: Springer International Publishing.

Boone, C. (2017). Legal empowerment of the poor through property rights reform: Tensions and trade-offs of land registration and titling in sub-Saharan Africa. Retrieved from https://www.econstor.eu/handle/10419/161602

Bos, K. (1991). Land tenure in Developing Countries - The role of land ownership, land tenure and land allocation strategies in the production of equitable urban housing in developing countries. Norderstedt.

Brandon, D., Naucler, C., Evans, M., Bernard, S. A., & Manning, M. (2016). Industrial Blockchain Platforms?: An Exercise in Use Case Development in the Energy Industry. International Journal of the Academic Business World, 2420(3), 25.

Byamugisha, F. F. K. (1999). How Land Registration Affects Financial Development and Economic Growth in Thailand.

Christensen, C. M. (1997). The Innovator's Dilemma: When New Technologies Cause Great Firms to Fail. Boston: Harvard Business School Press.

Christidis, K., & Devetsikiotis, M. (2016). Blockchains and Smart Contracts for the Internet of Things. IEEE Access, 4, 2292–2303.
https://doi.org/10.1109/ACCESS. 2016.2566339

Corluka, D., & Lindh, U. (2017). Blockchain?: A new technology that will transform the real estate market. Retrieved from
http://www.diva-portal.org/smash/record.jsf?pid=diva2%3A1124675&dswid=-9177

Crosby, M., Nachiappan, Pattanayak, P., Verma, S., & Kalyanaraman, V. (2016). Block-Chain Technology: Beyond Bitcoin. Applied Innovation Review, (2), 6–19.

Deloitte. (2016). Blockchain - Enigma, Paradox, Opportunity.

Dubai Land Department. (2017). Dubai Land Department becomes world's first government entity to conduct all transactions through Blockchain network. Retrieved from http://mediaoffice.ae/en/media-center/news/7/10/2017/dubai-land-department.aspx

Dorri, A., Kanhere, S. S., Jurdak, R., & Gauravaram, P. (2017). Blockchain for IoT security and privacy: The case study of a smart home. 2017 IEEE International Conference on Pervasive Computing and Communications Workshops. https://doi.org/10.1109/PERCOMW.2017.7917634

Ernst & Young. (2011). The digitisation of everything: How organisations must adapt to changing consumer behaviour. Ernst & Young LLP.

Farzanegan, M. R., & Fereidouni, H. G. (2014). Does real estate transparency matter for foreign real estate investments? International Journal of Strategic Property Management, 18(4), 317–331. https://doi.org/10.3846/1648715X.2014.969793

Foroglou, G., & Tsilidou, A. L. (2015). Further applications of the blockchain. Conference: 12th Student Conference on Managerial Science and Technology, At Athens, (MAY). Retrieved from https://doi.org/10.13140/RG.2.1.2350.8568

Kaal, W. A. (2017). Blockchain Innovation for Private Investment Funds, 1–36. Retrieved from https://papers.ssrn.com/sol3/papers.cfm?abstract_id=2998033

Karajovic, M., Narula, H., Pandya, K., Patel, J., & Warring, I. (2017). Blockchain: A Manager's Guide. Toronto.

Kurniawan, D., Chandra, D., & Tan, H. T. (2017). Digitizing Real Estate Ownership. Reidao.

Lansiti, M., & Lakhani, K. R. (2017). The truth about Blockchain. Harvard Business Review, 95(1), 119–127.

Lantmäteriet, Landshypotek Bank, SBAB, Telia comany, ChromaWay, & Kairos Future. (2017). The Land Registry in the blockchain. Retrieved from https://chromaway.com/papers/Blockchain_Landregistry_Report_2017.pdf

Laurence, T. (2017). Blockchain for dummies. New Jersey.

Lee, I., & Lee, K. (2015). The Internet of Things (IoT): Applications, investments, and challenges for enterprises. Business Horizons, 58(4), 431–440.

Lorenz, J.-T., Münstermann, B., Higginson, M., Olesen, P. B., Bohlken, N., & Ricciardi, V. (2016). Blockchain in insurance – opportunity or threat? McKinsey & Company.

Lucas Jr., H. C., Agarwal, R., Clemons, E. K., El Sawy, O. A., & Weber, B. (2013). Impactful Research on Transformational Information Technology?: An Opportunity to Inform New Audiences. MIS Quarterly, 37(2), 371–382.

Lyytinen, K., & Rose, G. M. (2003). The Disruptive Nature of Information Technology Innovations: The Case of Internet Computing in Systems Development Organizations. MIS Quarterly, 27(4), 557–595.

Malviya, H. (2017). Blockchain for Real Estate.

Manyika, J., Chui, M., Bisson, P., Woetzel, J., Dobbs, R., Bughin, J., & Aharon, D. (2015). The Internet of Things: Mapping the value beyond the hype. McKinsey Global Institute. Retrieved from https://doi.org/10.1007/978-3-319-05029-4_7

Manyika, J., Chui, M., Bughin, J., Dobbs, R., Bisson, P., & Marrs. (2013). Disruptive technologies: Advances that will transform life, business, and the global economy. McKinsey Global Institute.

Matthiesen, M., & Steininger, B. (2017). Finanzinnovation: Crowdfunding für die Immobilienwirtschaft.

Mattila, J. (2016). The Blockchain Phenomenon – The Disruptive Potential of Distributed Consensus Architectures. ETLA Working Papers.

Nakamoto, S. (2008). Bitcoin: A Peer-to-Peer Electronic Cash System.

OECD. (2016). Future Technology Trends. In OECD Science, Technology and Innovation Outlook 2016 (pp. 77–125).

Ramachandran, H. K., Saketh, S., & Vaibhav, M. V. T. (2015). Bitcoin Mining: Transition to Cloud. International Journal of Cloud Applications and Computing, 5(4), 56–87.

Ryan-Collins, J., Lloyd, T., & Macfarlane, L. (2017). Rethinking the Economics of Land and Housing. London.

Sas, C., & Khairuddin, I.E. (2017). Design for Trust?: An Exploration of the Challenges and Opportunities of Bitcoin Users. In Proceedings of the SIGCHI Conference on Human Factors in Computing Systems (p. 12).

Schulte, K.-W., Haarmann, W., Allendorf, G. J., Bergmann, E., & Bach, H. (2008). Immobilienökonomie. Band 4: Volkswirtschaftliche Grundlagen. 4. Ouldenbourg.

Schulte, K., Rottke, N., & Pitschke, C. (2005). Transparency in the German real estate market. Journal of Property Investment & Finance, 23(1), 90–108. https://doi.org/10.1108/14635780510575111

Siba, T. K., & Prakash, A. (2016). Block-Chain: An Evolving Technology. Global Journal of Enterprise Information System, 8(4), 29–35.

Spielman, A. (2016). Blockchain: digitally rebuilding the real estate industry, 1–78. Retrieved from https://dspace.mit.edu/handle/1721.1/106753

Kejriwal, S. & Mahajan, S. (2017). Blockchain in commercial real estate The future is here! Retrieved from
https://www2.deloitte.com/content/dam/Deloitte/us/Documents/financial-services/us-fsi-rec-blockchain-in-commercial-real-estate.pdf

Swan, M. (2015). Blockchain - Blueprint for a new economy. Sebastopol: O'Reilly Media, Inc.

Tapscott, D. (2016). How the blockchain is changing money and business [Video]. Retrieved from https://www.ted.com/talks/don_tapscott_how_the_blockchain_is_changing_money_and_business

Vermesan, O., & Friess, P. (2014). Internet of Things Applications – From Research and Innovation to Market Deployment. Aalborg: River Publishers.

Walport, M. (2015). Distributed ledger technology: Beyond block chain. Government Office for Science.

Xu, J. J. (2016). Are blockchains immune to all malicious attacks? Financial Innovation, 2(1), 25.

Yli-Huumo, J., Ko, D., Choi, S., Park, S., & Smolander, K. (2016). Where is current research on Blockchain technology? - A systematic review. PLoS ONE, 11(10), 1–27.

Zhu, H., & Zhou, Z.Z. (2016). Analysis and outlook of applications of blockchain technology to equity crowdfunding in China. Financial Innovation, 2(1), 29. https://doi.org/10.1186/s40854-016-0044-7

Building Information Modeling – Digital planen, real profitieren

Jürgen M. Volm/Peter Liebsch

1 Einführung

Die Digitalisierung im deutschen Bausektor schreitet immer weiter voran. Diese Entwicklung wird zusätzlich von verschiedenen Ministerien des Bundes unterstützt und vorangetrieben.[1] Dennoch nutzen bis dato eher wenige deutsche, österreichische oder schweizerische Bauherren durchgehend digitale Tools und Methoden. Dasselbe gilt für Building Information Modeling, kurz BIM. Diese Planungsmethode findet im deutschsprachigen Raum noch keine flächendeckende Anwendung.[2] Entsprechend groß ist der Informationsbedarf der Bauherren, Planer und ausführenden Firmen im Hinblick auf den Nutzwert und die Vorteile, die mit dieser Methode generiert werden.

Der vorliegende Beitrag thematisiert daher BIM als Planungsmethode und beschäftigt sich insbesondere mit den Rollen, Verantwortlichkeiten und Leistungsbildern der BIM-Methode. Darüber hinaus legt er dar, welche Sachverhalte der Bauherr für eine geeignete BIM-Strategie klarstellen muss, und skizziert die Notwendigkeit von BIM-Standards für den deutschsprachigen Raum. Das erfolgreiche Projektbeispiel „Bau 2" der F. Hoffmann-La Roche AG in Basel vermittelt praktische Erfahrungen mit der Planung von BIM-Projekten und rundet den Beitrag ab.

2 Vom bloßen 3D-Softwareeinsatz zur durchgängigen Datenmodellierung

Building Information Modeling lässt sich am ehesten mit dem Begriff Bauwerksdatenmodellierung übersetzen. BIM aber lediglich auf den Einsatz der passenden Software zu reduzieren, wäre falsch. Vielmehr handelt es sich bei BIM um Planungsmethoden und Prozesse, mit deren Hilfe sich für alle Bauakteure zugängliche, digitale Gebäudedatenmodelle erstellen, koordinieren und übergeben lassen. BIM ist damit vor allem eine Informations-, Koordinations- und Managementmethode, die es möglich macht, planungs-, ausführungs- und nutzungsrelevante Bauwerksinformationen disziplinübergreifend verfügbar zu machen.[3]

[1] BMVI, 2017.

[2] Wobst & Volm, 2017.

[3] Drees & Sommer, 2018.

Abbildung 1: Kooperatives Arbeiten und integrierte Planung

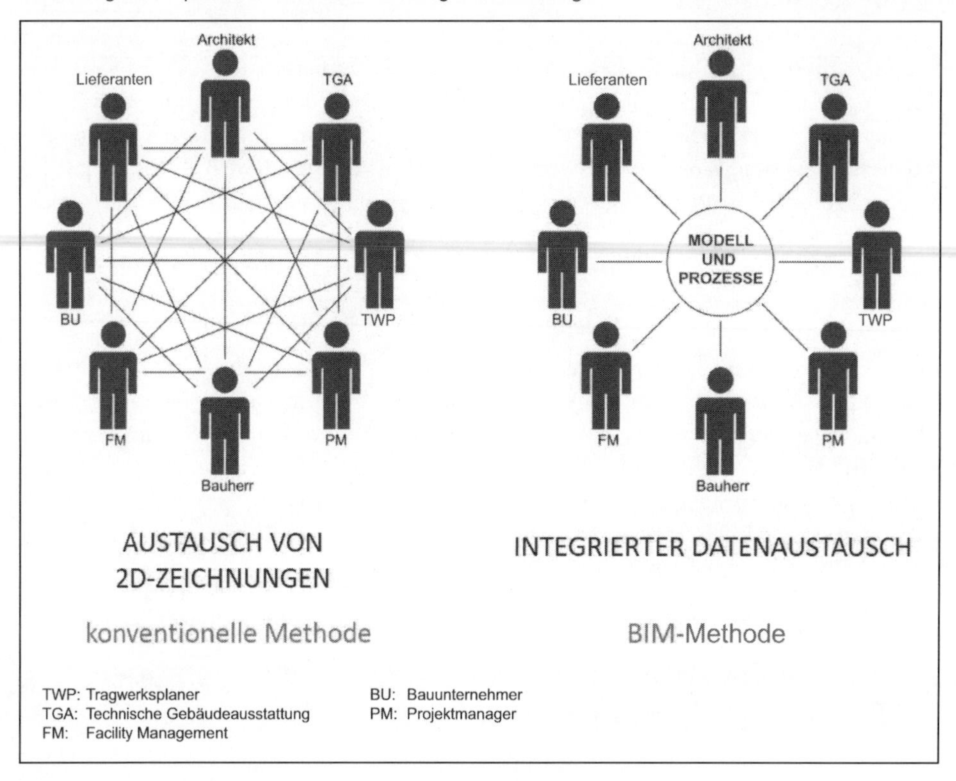

Quelle: Drees & Sommer

Betroffen sind davon verschiedene Planungsbereiche wie Architektur, Tragwerk oder TGA. Bei BIM werden nicht einfach 2D-Plangrafiken mithilfe von CAD-Werkzeugen erstellt. Stattdessen wird aus einzelnen Elementen ein digitales Modell des späteren Gebäudes konstruiert, ähnlich wie es in der Automobilproduktion üblich ist.

„Erst digital, dann real“: So lässt sich das Motto von BIM am einfachsten übersetzen. Ein Bauherr lässt sein Bauvorhaben also zunächst virtuell „bauen“ und dabei alle Prozesse in Simulationen abbilden. Im Anschluss wird das Projekt in der Realität umgesetzt.

Abbildung 2: Mittels BIM wird das Gebäude zunächst als digitaler Prototyp „gebaut" und dann erst real

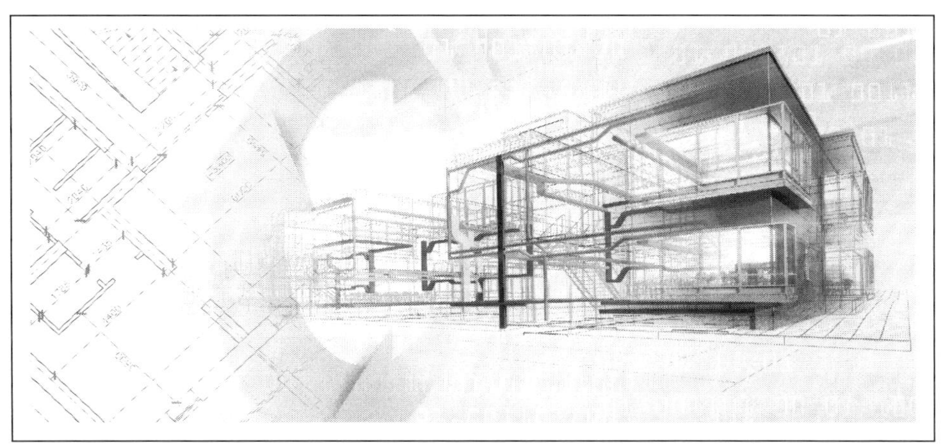

Quelle: Drees & Sommer

Im Vergleich zu dem herkömmlichen, rein zweidimensionalen Planungsprozess ermöglicht es BIM, das digitale Abbild eines Bauwerks mit zahlreichen relevanten Informationen auszustatten. Neben der virtuellen Beschreibung der Geometrie einer Konstruktion beinhalten die erstellten Modelle beispielsweise Daten der einzelnen Gebäudeelemente wie Material, Gewicht, Oberfläche, Volumen und Name sowie die Funktion und die Verortung in der Gebäudegeometrie. Auch Informationen zur Lebensdauer des Materials, zur Schallabsorption, zum Feuerwiderstand oder zu den Kosten können den jeweiligen Elementen in Form von Attributen zugeordnet werden. Im Idealfall wird mit BIM zudem der gesamte Lebenszyklus eines Bauwerks ganzheitlich erfasst – von der Planung über den Bau bis zum Betrieb/Facility Management und nicht zuletzt der Entsorgung oder besser noch der Wiederverwertung.

3 BIM verringert Termin-, Kosten- und Qualitätsrisiken

Mit BIM lassen sich Planungsfehler frühzeitig erkennen und eliminieren, so dass sie im Bauablauf gar nicht erst zum Tragen kommen. So wird es möglich, teure Fehlentscheidungen bzw. Planungsunstimmigkeiten bereits im Vorfeld zu vermeiden. Wer als Bauherr BIM richtig einsetzt bzw. einsetzen lässt, kann somit Termin-, Kosten- und Qualitätsrisiken verringern. Darüber hinaus überzeugen Vorteile wie die Konsistenz, die Eindeutigkeit und die Möglichkeit der Mehrfachverwendung der BIM-Modell-Daten.

Auftraggeber profitieren zudem von effizienten Arbeitsabläufen und die Planungs- und Ausführungsqualität erhöht sich. Die Kosten der Bauvorhaben lassen sich durch die Anwendung von BIM genauer vorhersagen und die Bauzeiten verlässlicher planen. So können an Kosten- und Termine gekoppelte Entwurfsvarianten bereits in einer sehr frühen Phase durchgespielt werden.[4] Nicht zuletzt können geometrische Kollisionen zwischen den Gebäudemodellen der verschiedenen Planer frühzeitig festgestellt und somit zu geringen Kosten behoben werden. Simulierte Bau- und Montageabläufe bieten Schutz vor unangenehmen Überraschungen auf der Baustelle.

3.1 BIM-Kompetenz entscheidend für den Bauerfolg

Diese und weitere Vorteile kann ein Auftraggeber jedoch nur realisieren, wenn BIM bei seinem Bauvorhaben richtig aufgesetzt und professionell betrieben wird. Die Kompetenz der Projektbeteiligten sowie die Prozesse haben dabei einen weit größeren Einfluss auf das Ergebnis der BIM-Planung als die technische Ausrüstung. Sowohl auf Seiten des Bauherrn als auch beim Projektmanagement sowie bei den Planern sind daher entsprechende BIM-Experten unerlässlich. Diese müssen nicht nur die dazu notwendige Software beherrschen, sondern sich auch gemeinsam auf BIM-Kommunikations-, Koordinations- und Informationsstandards einigen und diese konsequent im Projekt umsetzen.

Abbildung 3: Gemeinsames Arbeiten am digitalen Modell

Quelle: Drees & Sommer

[4] Bryde et al., 2013.

Daher ist es für alle unumgänglich, BIM-Know-how aufzubauen, Verantwortlichkeiten zu definieren und Rollen neu zu verteilen. Beteiligte – vom Bauherrn über den Architekten bis zu den diversen Planern – müssen finanzielle Mittel und vor allem Zeit investieren, um die Mitarbeiter zu schulen und ihnen Aus- und Weiterbildungsmaßnahmen anzubieten bzw. die BIM-Kenntnisse mithilfe von Pilotprojekten in die Praxis umzusetzen.

3.2 BIM verlagert den Aufwand auf frühe Projektphasen

Ein Bauherr, der sich erstmalig bzw. anhand eines ersten Pilotprojektes für BIM entscheidet, muss zunächst eine ganze Reihe von Fragen klären: Was ist die Zielsetzung von BIM und damit einer durchgängig digitalisierten Projektentwicklung? Wie genau sehen die Unternehmensprozesse für Entscheidungen aus? Wer übernimmt welche Rollen, Verantwortlichkeiten und Leistungsbilder der BIM-Methode? Welche BIM- und IT-Standards gibt es? Wie sieht jeweils der Informationsbedarf des organisatorischen und technischen Gebäudemanagements aus? Welche Ausschreibungs- und Vergabestrategie ist vorgesehen?

Sind diese Fragen erst einmal beantwortet, dürfen sich Bauherren allerdings schon in sehr frühen Projektphasen auf die Vorzüge BIM-basierter Arbeitsweisen freuen. Das beginnt mit der Grundlagenermittlung und der Vorentwurfsphase, in der mit BIM Massenmodelle in 3D erstellt werden können. Dank BIM haben Projektbeteiligte von Anfang an beispielsweise Zugriff auf die Gebäudekennwerte nach DIN 277 wie Bruttorauminhalt oder Bruttogrundfläche.

Abbildung 4: BIM als ganzheitlicher Ansatz zur Planung und Realisierung eines Projekts

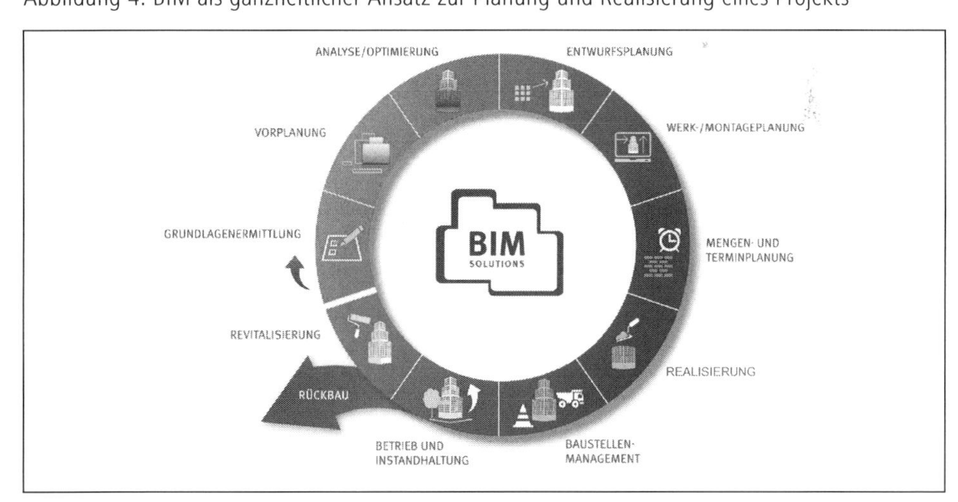

Quelle: Drees & Sommer

In der Folge können sie dem Auftraggeber unter Einbeziehung von Mengen- und Kostenanalysen mehrere, einfach visualisierte Entwurfsalternativen als gute Entscheidungsgrundlage vorstellen. Der Auftraggeber wiederum kann auf dieser Basis die Kostenunterschiede der zum Beispiel in Gebäudeform, Material und Ausstattung veränderten Alternativen einfach miteinander vergleichen. So kann er in der frühen Planungsphase beispielsweise die Gebäudeform im Hinblick auf die spätere Funktion des Gebäudes optimal abstimmen.

Zwar sind sowohl der Aufbau als auch die Pflege des BIM-Datenmodells gerade in den frühen Projektphasen aufwändiger als bei der herkömmlichen 2D-Planung, doch das lohnt sich schon deshalb, weil in den folgenden Phasen der Genehmigungs- und Ausführungsplanung vieles halbautomatisiert aus dem Modell abgeleitet werden kann.

4 Ohne Strategie geht es nicht: BIM-Level

Welche BIM-Strategie ein Bauherr verfolgen sollte, hängt vor allem von seiner Zielsetzung ab. Wer etwa ein energieoptimiertes Gebäude realisieren möchte, profitiert von modellgestützten Energiesimulationen. Wer ein Gebäude im Bestand behalten und betreiben möchte, ist mit einem frühzeitig in BIM eingebundenen Computer-Aided-Facility-Management, kurz CAFM, gut bedient. Wer Veranstaltungsstätten baut, schätzt wiederum Simulationen von Personenbewegungen und Varianten der Raumkonditionierung.

Für den Bauherrn ist es daher wichtig, die anzuwendende Komplexität der BIM-Methode rechtzeitig festzulegen. Will er von Vorteilen wie einer automatisierten Datenübergabe, der Verringerung der Planungszeit und -kosten oder der Kollisionsprüfung und Minimierung von Fehlern profitieren, so muss er auf eine disziplinübergreifende Standardisierung der BIM-Modellierung zurückgreifen können.

Solche BIM-Standards dienen dem Zweck, Modell- und Planungsinhalte sowie die mit den Modellelementen assoziierten alphanumerischen Informationen in den Projekten klar zu strukturieren. Darüber hinaus ist die Definition der Prozesse für die Planungskoordination notwendig, um die Vorteile der BIM-Planungsmethode in den verschiedenen Projekten voll ausschöpfen zu können.

Während Deutschland noch keine einheitlichen Standards vorweisen kann, haben die skandinavischen Länder und auch Großbritannien in dieser Hinsicht eine Vorreiterrolle eingenommen. Bereits im Sommer 2015 hat die englische Regierung unter der Bezeichnung PAS1192 eine Richtlinie für die Vermittlung des notwendigen Know-hows der

BIM-Methodik erstellt.[5] Damit hat sie einen Bezugsrahmen geschaffen, auf den sich alle am Bau Beteiligten beziehen können. Dieser Bezugsrahmen definiert unter anderem vier Stufen bzw. Levels, die wiederum kategorisieren, auf welchem BIM-Niveau das Projekt bearbeitet wird. In Anlehnung an die PAS 1192 und mangels nationaler Vorgaben hat Drees & Sommer die verschiedenen Levels der digitalen Planungsweise in Abbildung 5, definiert.

4.1 Von CAD-Level 0 zu BIM-Level 1

Level 0 beschreibt die aktuelle Projektabwicklung entsprechend der bisherigen Standards und Vorgehensweisen mit CAD in 2D. Digitalisierung erfolgt in Form einer CAD-Lösung, mit der Zeichnungen und Pläne erstellt werden. Zwischen den Projektbeteiligten erfolgt kein Austausch von digitalen Informationen – es findet keine Kollaboration statt. Damit entspricht Level 0 eigentlich nicht der BIM-Methode.

Abbildung 5: Die verschiedenen Level der digitalen Planung

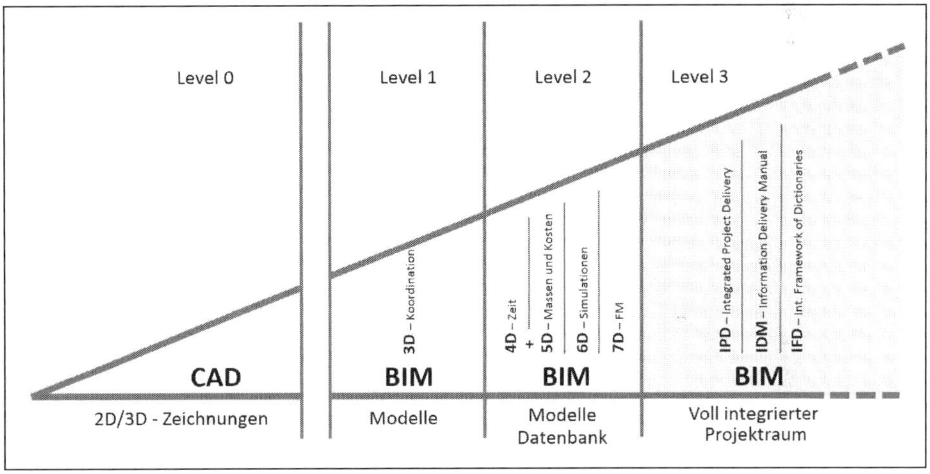

Quelle: Drees & Sommer

In Level 1 werden 3D-CAD-Modelle generiert. Auf dieser Basis können die Projektbeteiligten auf 3D-Planungsdaten sowie auf die daraus extrahierten 2D-Plandarstellungen zugreifen. Die Planungsbeteiligten verwalten und nutzen die Daten und Informationen hauptsächlich für ihre eigene Disziplin.

[5] PAS 1192-2, 2013.

4.2 Level 2: 4D bis 7D

Erfüllt ein Bauherr bzw. Projekt die Kriterien von Level 2, erfolgt die Planung in Form von 3D-BIM-Modellen. Von den einzelnen Planungsdisziplinen werden Fachmodelle erstellt. Diese Fachmodelle und damit auch die Informationen in den Fachmodellen werden zwischen den Planern ausgetauscht – die Planer kollaborieren also. Dabei kommen weiter spezialisierte BIM-Strukturen zum Einsatz. Dies sind beispielsweise Objekte und Planungselemente, die nicht mehr nur rein grafische Attribute beinhalten. Stattdessen treten die Modellinformationen für weiterführende Anwendungen in den Vordergrund, die in weitere BIM-Dimensionen kategorisiert sind.

4D-BIM (Zeit) bedeutet, dass sowohl der Bauablauf als auch die Baustellenlogistik in das 3D-Modell einbezogen werden. Es wird konkretisiert und durch Simulationen optimiert, wann und wo welche Arbeiten ausgeübt werden. Weiterführend können Bau-, Montage- und Installationsprozesse vorab virtuell dargestellt werden. Damit können Abläufe und Termine präziser festgelegt werden, so dass Kollisionen und Probleme frühzeitig verhindert werden können.

Die nächste Stufe 5D-BIM (Massen & Kosten) beinhaltet die Kostenplanung. Damit wird das Gebäudemodell um Informationen zu Baukosten und Material erweitert. Zudem können Angaben bezüglich des Ressourceneinsatzes für Fertigung, Lieferung und Montage ergänzt werden, so dass eine genauere Kostenkontrolle möglich wird.

Wer 6D-BIM (Simulationen) nutzt, verbindet mit dem Gebäudemodell alle Arten der Prüfung und Validierung. Neben Berechnungen und Simulationen wie Tageslicht- und Verschattungssimulationen, Beleuchtungs-, Energie- und Strömungsanalysen gehören auch Erdbebensimulationen, Evakuierungsplanung, Berechnungen der Haustechnik oder Prozesswegeermittlungen dazu.

In Form von 7D-BIM (FM) eingesetzte Daten dienen bei entsprechender Strukturierung als hervorragende Basis für den späteren Gebäudebetrieb. Sie können z.B. als Raumbuch und Basis für Wartung und Instandhaltung verwendet werden. Diese Informationen erleichtern das spätere Facility Management erheblich, so dass der Betrieb und der Unterhalt des Gebäudes mit 7D-BIM sowohl besser gestaltet als auch kontrolliert werden können.

4.3 Noch in der Entwicklung: Level 3

Level 3 ist derzeit im BIM-Alltag in der Regel eher theoretisches Wunschdenken als praktische Wirklichkeit. Auf dieser Stufe nutzen alle Beteiligten ein gemeinsames Gebäudemodell. Ziel ist dabei kein Netz aus einzelnen ineinander referenzierten Fachmodellen, sondern ein einziges, webbasiertes Gesamtmodell, das mittels kompatibler Schnittstellen von allen Planern parallel bearbeitet werden kann – es herrscht die vollständige Kollaboration.

Dieses Gesamtmodell dient nach Abschluss des Bauvorhabens als Informationsbasis für das Facility- und Life-Cycle-Management. Um Level 3 zu erreichen, muss die Bauwelt noch einige technische Hürden überwinden. Zudem sind die Haftungsfragen und somit die vertragliche Situation für dieses Level noch weitestgehend ungeklärt.

4.4 Die strategischen Softwaremodelle Closed und Open BIM

Neben den inhaltlichen Schwerpunkten und dem Umfang des zur Anwendung kommenden BIM unterscheidet die Fachwelt zwischen Open BIM und Closed BIM. Beim sogenannten Open BIM handelt es sich um einen offenen Austausch der Daten-Modelle, die auf jeweils verschiedenen Softwarelösungen basieren. Um sie zusammenzuführen, wird meist das Austauschformat Industry Foundation Classes, kurz IFC, eingesetzt. IFC hat sich als internationaler Standard etabliert und erlaubt es, BIM-Daten herstellerneutral weiterzugeben. Auf diese Weise können die entsprechenden Planer mit der für ihre jeweilige Disziplin besten Softwarelösung arbeiten. Davon profitieren vor allem projektbezogen zusammengestellte Planungsteams, die häufig wechseln. Gerade dem Daten- und Informationsaustausch zwischen den Beteiligten ist allerdings beim Open BIM besondere Aufmerksamkeit zu schenken. Sehr häufig resultiert daraus ein koordinativer Aufwand, der nicht zu unterschätzen ist.

Beim Closed BIM hingegen arbeiten alle Planer mit einer einheitlichen Software. Diese wird in der Regel vom Bauherrn vorgeschrieben. Insbesondere Auftraggeber, die viel und oft bauen, haben häufig spezielle und detaillierte Anforderungen an den internen BIM-Standard. Indem sie die Software vorschreiben, können sie den Informationsverlust durch Schnittstellen eliminieren und somit dem Projektteam ermöglichen, immer im nativen und editierbaren Format zu arbeiten. Dabei besteht allerdings die Gefahr, dass die Zusammenstellung des Projektteams durch die Wahl der Softwarelösung bestimmt wird. Planer, die ansonsten mit der Software anderer Hersteller arbeiten, diese eventuell aus Leistungsgründen auch bevorzugen oder parallel verwenden, müssen bei solchen Projekten mitunter mit einem höheren Einarbeitungsaufwand rechnen. Die Entscheidung, ob in einer Closed-BIM-Umgebung gearbeitet werden soll, muss daher wohl überlegt sein, da dadurch unter Umständen eine Einschränkung der zur Verfügung stehenden Planer und ausführenden Firmen erfolgt.

5 Der nächste Schritt im deutschsprachigen Raum: Standards schaffen

Anders als Großbritannien verfügt Deutschland bisher noch nicht über nationale BIM-Standards. Noch fehlt daher eine Grundlage, die nicht nur eine einheitliche Definition der Methodik bietet, sondern auch die Verantwortlichkeiten und Funktionsweise von BIM sowohl im Planungs- als auch im Geschäftsprozess genau beschreibt. Im Jahr 2015 hat der Verein Deutscher Ingenieure (VDI) die Richtlinienreihe VDI 2552 zum Thema BIM initiiert.[6] Gleichzeitig wurde ein fachbereichsübergreifender VDI-Koordinierungskreis BIM gebildet. Dieser macht es sich zur Aufgabe, Richtlinienthemen herauszuarbeiten und den nationalen Standpunkt BIM mit den internationalen Standardisierungsgremien zu spiegeln. Die Grundlage bzw. den Rahmen der BIM-Richtlinienarbeit VDI 2552 bilden die „BIM – Rahmenrichtlinie“ sowie „BIM – Begriffe und Definitionen“. Zeitgleich erfolgt die Erarbeitung von neun weiteren Blättern eines nationalen BIM-Standards mit dem Fokus auf die vier Handlungsfelder Mensch, Technologie, Prozesse und Rahmenbedingungen.

Jener fehlende BIM-Standard hat auch zur Folge, dass es keine organisierte oder zertifizierte Ausbildung gibt. Ein erster Vordruck, der eine Grundstruktur für eine Basisausbildung BIM vorgeben soll, stellt VDI Richtlinie 2552 Blatt 8 dar.[7] So bieten im deutschsprachigen Raum bisher nur wenige Anbieter wie TÜV SÜD und einige Hochschulen eine BIM-Aus- oder Weiterbildung an. Dies erschwert hierzulande noch die Regelung der durch die BIM-Anwendung entstandenen, neuen Prozesse und Abläufe. Abhilfe schaffen Leitfäden oder Handbücher verschiedener Interessens- und Arbeitsgruppen. Sie halten zumindest die Begrifflichkeiten sowie ein einheitliches Rollenverständnis und die Hauptprinzipien der Methode fest.

5.1 Zwischenbilanz

Jenen Unklarheiten zum Trotz gilt BIM für viele Bauexperten vor allem bei Großprojekten als neues Wundermittel gegen Kostenexplosionen und Terminverzug. Sie unterschätzen dabei allerdings vielfach, welche Prozesse und Vorgänge hinter den Kulissen stattfinden und welche Herausforderungen die Beteiligten bewältigen müssen, bevor sie überhaupt mit BIM arbeiten können. Schließlich verändert die Arbeit mit BIM die jahrzehntelang festgelegten Abläufe eines Bauvorhabens. Dies gilt nicht nur in technischer, sondern auch in organisatorischer und personeller Hinsicht.

---

[6] VDI, 2017.

[7] VDI, 2017.

Insbesondere bei der praktischen Anwendung der BIM-Methode gibt es daher noch viele Unterschiede. In der Minderzahl haben ausführende Firmen, Architekten und Planer die Vorteile erkannt und nutzen zumindest Teilfunktionen. Allerdings gilt dies noch für eine verhältnismäßig geringe Anzahl von Projekten. Ursache dafür sind die bereits erwähnten fehlenden Standards sowie die mangelnde Erfahrung vieler Beteiligter, sodass es unerlässlich ist, die entsprechende Qualifizierung für Fachkräfte voranzutreiben. Darüber hinaus stellen der Datenumfang und das Datenmanagement insbesondere bei Großprojekten für Auftragnehmer mitunter noch hohe Hürden dar.

5.2 BIM in der Politik

Die Immobilienwirtschaft hat die zunehmende Bedeutung digitaler Planungsmethoden erkannt und setzt sich verstärkt damit auseinander. Der deutsche Gesetzgeber ist mittlerweile ebenfalls von den Vorteilen der BIM-Methode überzeugt: Ab 2020 wird die Nutzung von BIM bei öffentlichen Infrastrukturprojekten in Deutschland verbindlich sein. Die dafür erforderlichen rechtlichen und technischen Rahmenbedingungen werden im Vorfeld geschaffen und Standards festgelegt.

Schon heute müssen die Bauverantwortlichen bei Hochbauprojekten des Bundes ab einer Bausumme von mehr als 5 Millionen Euro prüfen, ob das jeweilige Vorhaben BIM-geeignet ist. So lautet eine Verfügung des deutschen Bundesbauministeriums per Erlass im Januar 2017.[8]

Bereits zum Jahresanfang 2018 hat das Bundesministerium für Verkehr und digitale Infrastruktur (BMVI) zudem eine europaweite Ausschreibung für ein nationales BIM-Kompetenzzentrum angekündigt. Ziel ist es, für die gesamte Bauwirtschaft eine breite Implementierung und Marktdurchdringung der BIM-Methode zu etablieren. In diesem Kompetenzzentrum sollen daher alle Erfahrungen und Erkenntnisse aus der digitalen Planungs- und Ausführungsmethode gebündelt werden. Ferner sollen die Verantwortlichen Leitfäden entwickeln und Schulungen sowie Informationsveranstaltungen koordinieren.

[8] buildingsmart, 2017.

6 BIM in der Praxis: „Bau 2" F. Hoffmann-La Roche AG – ein Erfahrungsbericht

Eine Reihe von Bauherren und Projekten setzt BIM in der Praxis mittlerweile erfolgreich um und schafft damit Vorreiterprojekte für die gesamte Baubranche. Dazu gehört auch das Hochhausprojekt Bau 2 der F. Hoffmann-La Roche AG in Basel. Erste Erfahrungen beweisen die positiven Effekte der qualitätsverbesserten Projektabwicklung auf der Basis von BIM. Das Zwillingsgebäude des 2015 fertiggestellten Bau 1 der F. Hoffmann-La Roche AG in Basel soll in Bezug auf seine Qualität und die technische Ausstattung der hier entstehenden Arbeitsplätze denen des prominenten Nachbarn entsprechen. Dabei sollen die Erfahrungen aus dem Vorgängerprojekt bestmöglich und effizient genutzt werden.

Abbildung 6: Roche Bau 1 in Basel: 178 Meter hohes Bürohochhaus mit rund 2000 Büroarbeitsplätzen, Außenterrassen und Kommunikationszonen

Quelle: Roche Herzog & de Meuron

Bereits 2014 hat der Pharmakonzern festgelegt, dass künftige Bauprojekte mit Building Information Modeling abgewickelt werden, und den Aufbau eines „Owner's BIM" gestartet. Damit verbindet der Bauherr zwei strategische Zielsetzungen – eine spürbare Verbesserung der Planungs- und Realisierungsqualität sowie eine höhere Effizienz bei reduzierten Planungs- und Baukosten.

6.1 Bestimmende Faktoren: Richtlinien, Technologien, Prozesse und Menschen

Im Hinblick auf eine erfolgreiche Umsetzung von BIM erweiterte der Bauherr zunächst bestehende Konzern-Normen und CAD-Systemvorgaben. Mittels einer Kollaborationslandschaft, der sog. „ProjectCLOUD“, wurden die technologischen Randbedingungen für die modellbasierte Zusammenarbeit der Planungsteams geschaffen. Sie enthält drei miteinander verknüpfte Datenplattformen mit den unterschiedlichen Informationsformaten Geometriemodelle, Alphanumerik sowie 2D-Dokumente (z.B. Schriftverkehr und noch weitere.

Grundlage für die vom Bauherrn eingeforderte verbesserte Produktqualität ist eine höhere Prozessqualität. Sie soll durch die zentrale Verwaltung der Informationen erreicht werden. Die Arbeit an direkt verknüpften Modellen und eine Parallelisierung der Planung erfordern darüber hinaus präzise Koordinationsabläufe, die sich teils grundlegend von etablierten Verhaltens- und Planungsmustern abheben. Diese Rahmenbedingungen mussten aufeinander abgestimmt werden und sollen langfristig gefördert werden.

Es gibt daher klar formulierte Regeln der Zusammenarbeit, des Modellaustauschs sowie des technischen Rahmens. Die erfolgreiche Zusammenarbeit erfordert zudem eine aufgeschlossene Haltung der Projektbeteiligten gegenüber neuen Abläufen. Daher wurden jene von Anfang an darauf eingestimmt, dass BIM-Projekte gesteigerte Anforderungen an die Zusammenarbeit sowie an kontinuierliches, diszipliniertes und strukturiertes Arbeiten benötigen.

6.2 Grundlagen und Ziele

Mit diesem Planungsauftrag ausgestattet, traten Herzog & de Meuron für die Architektur und Drees & Sommer für die Generalplanung und Gesamtkoordination des Projektes am 1. Januar 2015 an. Als Softwaremodell wählten die Partner zwei direkt kompatible Software-Lösungen mit Revit und TriCAD, um den Modell-Austausch mit möglichst geringen Verzögerungen und Verlusten zu gestalten.

Eine direkte Referenzierung der einzelnen Fachmodelle über einen Modellserver gewährleistet jederzeit aktuelle Planungsgrundlagen. Allerdings stellt sich mit fortschreitendem Modellierungsgrad heraus, dass Upload-, Referenzierungs- und Bearbeitungszeiten zunehmen. Hier zeigen Software und Infrastruktur die Grenzen der aktuellen Technik auf.

Die eigentliche Herausforderung bei der Einführung der BIM-Methode besteht jedoch in der Entwicklung und im kontinuierlichen Einsatz veränderter Anwendungsfälle und der daraus abgeleiteten Planungsprozesse. Im Fokus des Projekts stehen dabei jeweils die strategischen BIM-Ziele: Steigerung der Effizienz und der Qualität. Die modellgestützte Planungskoordination, eine transparente Schnittstellendefinition, die wirksame Verknüpfung aller vorliegenden Informationen sowie klar definierte Planungsabläufe bilden die für das Erreichen dieser Ziele notwendige Grundlage.

6.3 Digitale Planungskoordination als Rückgrat der Planung

Rückgrat der modellgestützten Planung ist die wöchentlich stattfindende digitale Koordinationssitzung. Im eigens eingerichteten BIM-Koordinationsraum hat die vollständige Digitalisierung bereits Einzug gehalten: Papier gibt es nur noch vereinzelt in Form von Notizblättern oder Übersichtsplänen. Drei große Touch-Screens ermöglichen es, Modelle mit unterschiedlichen Inhalten und aus verschiedenen Perspektiven zu betrachten. Ergänzend hierzu zeigt der dritte Bildschirm eine datenbankgestützte Aufgabenliste. Sie listet alle identifizierten Planungsaufgaben mit Terminen und Zuständigkeiten hierarchisch auf und erlaubt so die transparente Steuerung des Projektfortschritts.

Der thematisch definierte Zwei-Wochen-Zyklus der digitalen Koordinationssitzung beginnt jeweils mit der Abgabe der Fachmodelle der Planer, dem sogenannten Datadrop. Der BIM-Koordinator führt in einem nächsten Schritt die Teilmodelle zu einem Koordinationsmodell zusammen und bereitet die Koordinationssitzung vor. Dabei überprüft der BIM-Koordinator die Modellierungsqualitäten und die Vollständigkeit des Modellinformationsstandes der Fachmodelle. Anhand vordefinierter Planungsthemen werden vom BIM-Koordinator Modellansichten vorbereitet, mit deren Hilfe sich die zu besprechenden Punkte effizient koordinieren lassen. So profitiert die eigentliche Koordinationssitzung vom formalisierten Vorbereitungslauf aus Prüfungsergebnissen, vorangemeldeten Planungskonzepten und einer straffen Sitzungsstruktur. Vom BIM-Koordinator identifizierte Kollisionen werden im Rahmen der digitalen Koordinationssitzung mit den Beteiligten besprochen. Es werden Aufgaben definiert, die dann von den Planern im Nachgang zur Sitzung in das jeweilige Fachmodell bis zum nächsten Datadrop eingearbeitet werden.

Abbildung 7: Zusammenspiel der Fachmodelle zu einem Gesamt-Koordinationsmodell

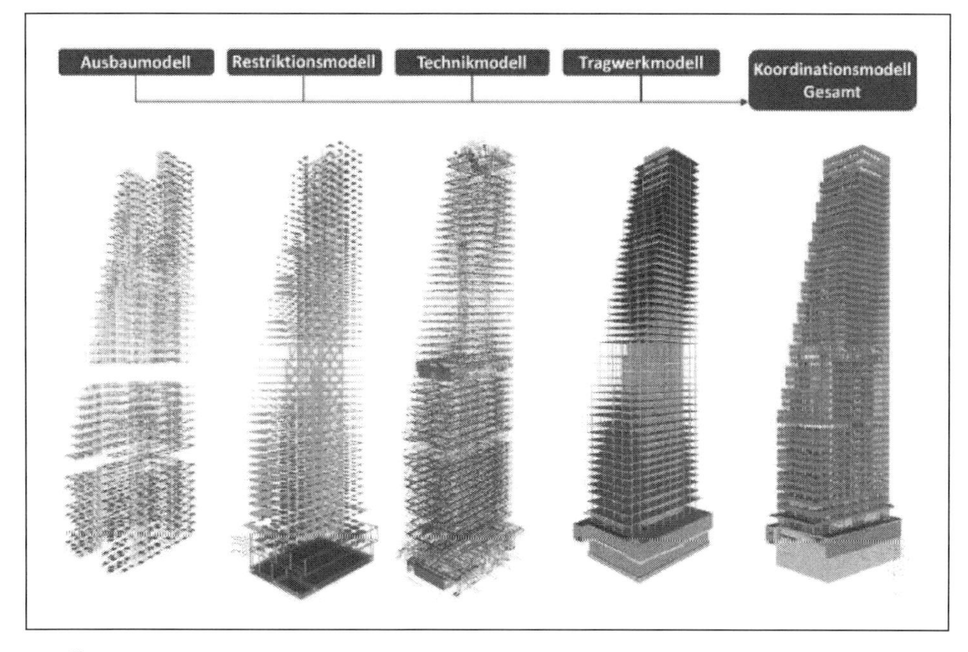

Quelle: Drees & Sommer

6.4 Agiles Projektmanagement als Arbeitsmethode

Für die Planung komplexer Themenbereiche bedient sich das Projektteam einer bereits in der Software-Entwicklung etablierten Methode – dem agilen Projektmanagement. Es folgt dem Konzept eines flexiblen und schlanken Entwicklungsprozesses, bei dem sich selbst organisierende Teams kontinuierlich Zwischenergebnisse erarbeiten, überprüfen und weiterentwickeln und so systematisch einen Lösungsansatz herbeiführen.

Alle themenbezogenen Planungsaktivitäten werden transparent kommuniziert. Fortschritte und neu entstehende Fragestellungen kommen dabei ebenso zur Sprache wie Hindernisse. Für die einzelnen Aufgabenteile erarbeitet das Team jeweils innerhalb von zwei bis drei Wochen Zwischenlösungen und überprüft diese mit den kompetent besetzten Bauherren-Fachstellen. Diese Gliederung in kleinere, weniger komplexe Aufgabenteile reduziert die Komplexität und die Reaktionszeit auf sich verändernde Anforderungen (Agilität).

6.5 Informationsmanagement in Modell und Datenbank: Umdenken erforderlich

Mit konsequenter Umsetzung der Anwendungsfälle rückt die zentrale Idee des Building Information Modelings in den Fokus – die modellgestützte Verknüpfung von Projektinformationen. Der vollständige Paradigmenwechsel im Umgang mit Angaben zu Bauteilen, Apparaten, Flächen und Räumen erfordert ein Umdenken bei den Planungsbeteiligten – hierin liegt sicherlich die größte Herausforderung für das Planungsteam. Klar zugewiesene Zuständigkeiten und Quellorte im „Information Delivery Manual" tragen einer zentralen Idee von BIM, der „Single Source of Truth", Rechnung. Die redundanzfreie Organisation der Projektinformationen gewährleistet widerspruchsfreie Angaben sowie die Aktualität der Planung.

Die schnittstellenfreie Verknüpfung von Informationen aus verschiedenen Ablageorten, Fachmodellen und der Datenbank bringt den Mehrwert der transparenten Planung. Diese garantiert in Anwendungsfällen wie der Türenplanung, technischen Apparateabstimmungen zwischen Heizung/Lüftung/Klimatechnik/Sanitär (HLKS)- und Elektroplanung, der Gebäudeautomation und gewerkeübergreifenden Festlegungen von Bauteilqualitäten und Raumausstattungen eine verbesserte Prozessqualität.

Die ergänzende Attribuierung von Wänden und Decken im Architekturmodell mit bauphysikalischen Informationen dient beispielsweise als Grundlage von energetischen Gebäudeberechnungen. Angaben zu Schallschutz- und Brandschutzqualitäten werden in der gebäudetechnischen Planung direkt aus den Modellvorlagen ausgewertet und in der Schottplanung von Kabel- und Rohrleitungsdurchführungen berücksichtigt. Zur Qualitätssicherung können die Bauteileigenschaften von Wänden, Rohrdurchführungen und Brandschutzklappen sowie von weiteren durchdringenden Installationen über Prüfsoftware abgeglichen werden. Mithilfe von automatisch erzeugten Durchbruchs- und Schottkatastern einschließlich Verortungs-Codierungen erfolgen die quantitativen Auswertungen über die Datenbank.

Damit die Mehrwerte aus dem informationsgestützten Planungsprozess gezogen werden können, ist ein konsequentes Pflegen der Modellinformationen von allen Beteiligten unerlässlich. Nur wenn die für die Anwendungsfälle benötigten Attribute vollständig und korrekt zur Verfügung gestellt wurden, kann die BIM-Planung ihre Vorteile entfalten. Dies setzt ein Umdenken bei den Planern voraus: Je richtiger und vollständiger die vom jeweiligen Planer zur Verfügung gestellten Informationen sind, desto besser kann ein anderer Planer seine Aufgaben bewerkstelligen – Kollaboration in Höchstform.

6.6 Nutzen der Bauwerksmodelle: Drei Phasen von der Einführung bis zur Routine

Bei der Einführung und Anwendung des Building Information Modelings als Methode können im Zusammenspiel der Projektbeteiligten drei Phasen deutlich identifiziert werden:

In der ersten Phase bzw. der Anfangsphase eines neuen BIM-Projekts lösen Publikationen in der Fachpresse zum Thema BIM in der Regel eine hohe Erwartungshaltung aus. Das ist der Grundstock der Anfangsmotivation, die notwendig ist, um die Mitwirkenden mit den neuen Technologien vertraut zu machen. Die schnellstmögliche Vermittlung der notwendigen Zusammenhänge zwischen Modellierungsqualitäten, Informationsdichte und Anwendungsfällen stellt bei der Überwindung einer einsetzenden Ernüchterung einen kritischen Erfolgsfaktor dar.

Die Erfahrung im Projekt Bau 2 zeigt auf, dass in dieser zweiten, nüchternen „Arbeits- und Lernphase" allen Projektbeteiligten deutlich dargelegt werden muss, dass die effiziente und mithin erfolgreiche Anwendung der BIM-Methode in der Einhaltung definierter Projekt-Strukturen und Standards besteht. Die Notwendigkeit zu einer kooperativen Zusammenarbeit zeigt sich darin, dass der Planungsfortschritt maßgeblich vom einheitlichen Qualitätsniveau der einzelnen Planer bestimmt wird. Insbesondere die Abkehr von einer sequenziellen Planung und Parallelisierung der Abläufe erfordert von den technischen Fachplanern eine aktivere und vorverlagerte Einbringung ihrer Inhalte.

Nach einer kritischen Überprüfung der Planungsabläufe und inhaltlichen Anpassungen zeichnet sich für alle deutlich spürbar der Nutzen des neuen Planungsansatzes ab. Die dritte Phase ist erreicht. Insbesondere die verbesserte Visualisierung der Planungszusammenhänge und der deutlich höhere Informationsgehalt unterstützen den zügigen Projektfortschritt. Entscheidungen können transparent herbeigeführt werden. Die verbesserte Verbindlichkeit dieser, einhergehend mit einem deutlich verbesserten Verständnis der Planungspartner für die Planungszusammenhänge, reduziert den zeit- und kostenintensiven Änderungsaufwand deutlich. Die einfacher zugänglichen Informationen unterstützen eine zielgerichtete Planung und vermeiden Fehler. Automatisierte Auswertungen und Prüfungen von Projektinformationen unterstützen das Projektcontrolling, tragen aber auch frühzeitig zu Fehlerkorrekturen und mithin zu einer verbesserten Planungsqualität bei.

Aus dem Ziel eines durchgängigen und verlustfreien Informationsflusses ohne aufwändige Datenermittlung bzw. Neueingabe hat sich der Anwendungsfall der modell- und datenbankgestützten Ausschreibung abgeleitet, also automatisch verknüpfte Leistungspositionen mit den modellierten Bauteilen. Folgt man dem Leitgedanken des Building Information Modelings nach Abbildung des gesamten Lebenszyklus, stehen die nächsten

Herausforderungen mit der Ansprache des Bauunternehmer-Marktes sowie der abschließenden schnittstellenfreien Überführung des Gebäudeinformationsmodells in den Betrieb an.

7 Erfahrungen und Lehren für die weitere Anwendung: Software

Neben den positiven Erkenntnissen bei der erfolgreichen Einführung und Umsetzung der BIM-Methode – sowohl im Bauherren-geführten Owner-BIM-Kontext als auch innerhalb des Referenzprojektes – lassen sich zahlreiche Erfahrungen zur Weiterentwicklung der Methode feststellen.

Für die 3D-Planung stehen sehr weit entwickelte Software-Systeme bereit, die für den Datenaustausch eine vernünftige Kompatibilität aufweisen. Für Anwendungsfälle in den Bereichen 4D bis 7D, also der informationsgestützten Verknüpfung von Planungsmodellen mit Terminen, Kosten, Aspekten der Nachhaltigkeit und Gebäudebetrieb, gestaltet sich die Software-Landschaft geeigneter Systeme derzeit jedoch noch recht heterogen. Um möglichst viele Anwendungsfälle bedienen zu können, muss auf verschiedene Produkte zurückgegriffen werden, die größtenteils (noch) nicht kompatibel sind bzw. aufwändige Verknüpfungs- und Konvertierungsprozesse erfordern. Die Softwarehersteller sind hier gefordert, Produkte zur Verfügung zu stellen, mit denen die Schnittstellen zwischen den Systemen einfacher überwunden werden können.

7.1 Erfahrungen und Lehren für die weitere Anwendung: Detaillierungsgrad

Die mit BIM angestoßene Entwicklung vom 2D- oder 3D-Planungsalltag zum voll-digitalisierten Planungs- und Ausführungsprozess muss zudem kritisch begleitet werden. Nicht jede Änderung von konventionellen, zweidimensionalen und sequenziellen Planungsmethoden in die voll-integrierte, parallele 3D-Planung bringt die erwartete Effizienzsteigerung.

In der Fläche zu planende Inhalte wie Boden- und Deckenspiegel können auf 2D-Basis bedeutend schneller koordiniert werden. In der Detaillierung des 3D-Gebäudemodells muss für jedes Bauteil anhand der Anwendungsfälle individuell der Detaillierungsgrad bestimmt werden. Dieser kann in der inhaltlichen Tiefe stark variieren.

Fassadenelemente oder Schreinerarbeiten, die einer späteren detaillierten Ausplanung durch Unternehmer unterliegen, können im Planungsmodell abstrakter gehalten werden. Ein höherer Detaillierungsgrad hat keinen weitergehenden Nutzen, wenn die Ausführungsqualität sowie technische Lösungen in einer zweidimensionalen Detailplanung beschrieben werden können.

Das 3D-Modell dient in diesem Fall im Wesentlichen der Beschreibung geometrischer und technischer Schnittstellen, als Träger alphanumerischer Bauteilinformationen sowie ggf. der Simulation technischer Berechnungen. Ein höherer Detaillierungsgrad steigert den Aufwand, belastet die Datengröße der Modelle und wird in der weitergehenden Nutzung für die Ausführung ggf. gar nicht benötigt.

Als Gegenbeispiel für einen höheren erforderlichen Detaillierungsgrad in der gleichen Planungsphase können Trockenbaukonstruktionen angeführt werden, die bei hoher technischer Installationsdichte eine umfassende Ausplanung im Modell bis hin zu Unterkonstruktionen, Verstärkungsprofilen und Abhängungen erfordern, um möglichen Kollisionen vorzubeugen und präzise Konstruktionslösungen für den Erstellungsprozess vorzugeben.

7.2 Erfahrungen und Lehren für die weitere Anwendung: Datenqualität

Die Erfassung alphanumerischer Daten in einer Datenbank sollte auf jeden Fall einer Effizienzprüfung unterliegen und aus den vordefinierten Anwendungsfällen abgeleitet werden. Sind Austauschprozesse und Datenbank erst einmal aufgesetzt, kann die teils automatisierte Erfassung von Informationen zu einem sehr großen Datenbestand führen.

Dieser generiert geringen Nutzen, weil die Daten für konkrete Planungsabläufe, die Gebäudeerstellung oder den Betrieb nicht unmittelbar notwendig sind. Gleichzeitig müssen diese Daten kontinuierlich aktuell gehalten und einer Qualitätsprüfung unterzogen werden, da selbst ein geringer Anteil falscher oder veralteter Angaben zum sofortigen Hinterfragen aller vorliegenden Informationen führt. Daher ist zu einem möglichst frühen Zeitpunkt zu klären, welche Anwendungsfälle im Projekt verfolgt werden sollen und welche alphanumerischen Daten hierfür erforderlich sind. Nur so lässt sich der Aufwand für die Datenpflege in einem vertretbaren Rahmen halten.

7.3 Erfahrungen und Lehren für die weitere Anwendung: Faktor Mensch

Der wesentliche und sich am kritischsten auswirkende Faktor im Transformationsprozess vom herkömmlichen zum informationsbasierten Planen ist der Mensch. Die große Vernetzung und abgebaute Redundanzen führen dazu, dass sich eine inkorrekte Umsetzung von Planungsprozessen unmittelbar auf das gesamte Team auswirkt. Falsch referenzierte Modelle, unvollständige Attribuierung, nicht eingehaltene Datadrops und eine Abweichung von den Elementnamenskonventionen beeinflussen sämtliche Projektbeteiligte negativ.

Daher ist neben dem gekonnten Einsatz der zur Verfügung stehenden Software vor allem das Einhalten der definierten Prozesse und Strukturen essenziell. Insbesondere bei großen Projektteams müssen sämtliche Beteiligten vom Projektleiter über die BIM-Manager der einzelnen Planungspartner bis hin zum einzelnen Konstrukteur mit den Zielen und Anwendungsprinzipien der BIM-Methode vertraut gemacht werden.

Literatur

BIM Task Group (2013) – Strategiepapier für die Britische Regierung: http://www.bimtaskgroup.org/wp-content/uploads/2012/03/BIS-BIM-strategy-Report.pdf

BIM-Blog: http://www.bim-blog.de

Bryde, D./Broquetas, M./Volm, J. M. (2013): The project benefits of building information modelling (BIM). International Journal of Project Management, 31(7), 971-980.

buildingsmart (2017) BMUB-Erlass: Bei Hochbauprojekten des Bundes ab 5 Mio. Bausumme. https://www.buildingsmart.de/kos/WNetz?art=News.show&id=600

Drees & Sommer (2018): Building Information Modeling. https://www.dreso.com/de/themen/building-information-modeling/

MVI (2017): Umsetzung des Stufenplans Digitales Planen und Bauen. https://www.bmvi.de/SharedDocs/DE/Publikationen/DG/bim-umsetzung-stufenplan-erster-fortschrittsbe.pdf?__blob=publicationFile

Egger, Martin/Hausknecht, Kerstin/Liebich, Thomas/Przybylo, Jakob (2014): BIM-Leitfaden für Deutschland, Endbericht, Forschungsprogramm im Auftrag des Bundesinstituts für Bau-, Stadt- und Raumforschung (BBSR) im Bundesamt für Bauwesen und Raumentwicklung (BBR), Download: http://bit.ly/1tDYG5Y

PAS 1192-2 (2013): Specification for information management for the capital/delivery phase of construction projects using building information modelling. https://www.bimhealth.co.uk/uploads/pdfs/PAS_1192_2_2013.pdf

Preussig, J. (2015): Agiles Projektmanagement. Scrum, Use Cases, Task Boards & Co. Freiburg: Haufe-Lexware GmbH.

Richtlinienreihe VDI 2552 „Building Information Modeling (BIM)" (2017): https://www.vdi.de/technik/fachthemen/bauen-und-gebaeudetechnik/fachbereiche/bautechnik/richtlinien/richtlinienreihe-vdi-2552-building-information-modeling/

Sommer, Hans (2016): Projektmanagement im Hochbau mit BIM und Lean Management, 4. Auflage, Berlin/Heidelberg: Springer Vieweg.

VDI-Agenda „Building Information Modelling (BIM): https://www.vdi.de/presse/publikationen/publikationen-details/pubid/vdi-agenda-building-information-modelling-bim/

Die Welt wird Netz – Zum aktuellen Stand der IoT-Technologien in Deutschland

Martin Rodeck/Erik Ubels

1 Die nächste Stufe der digitalen Revolution

Im Jahr 1941, mitten im Zweiten Weltkrieg, stellte der deutsche Bauingenieur Konrad Zuse (1910-1995) mit der Zuse Z3 die erste programmgesteuerte binäre Rechenmaschine und damit den ersten funktionstüchtigen Computer der Welt fertig. Man könnte sagen, diese Erfindung war der Startschuss für die digitale Revolution, die heutzutage in rasender Geschwindigkeit alle Lebensbereiche der Menschen erfasst, wirtschaftliche Strukturen verändert oder beschleunigt und die Arbeitswelt – ja, sogar die Arbeit selbst – ebenso transformiert wie Kommunikation, Verkehr, Freizeit- und Konsumverhalten.

Tatsächlich aber verlief der Beginn der digitalen Revolution (vergleichbar mit der industriellen Revolution ab dem späten 18. Jahrhundert) eher langsam. Zwar gab es schon 1949 mit ACMs[1] „Simon" in den USA einen ersten programmierbaren Computer für den Hausgebrauch, der als Bauplan für Bastler vertrieben wurde, und bald darauf entwickelte IBM auch erste Großcomputer. Aber es sollte bis Ende der 1960er Jahre dauern, bis eine computergesteuerte Datenverarbeitung mittels des Nixdorf 820 in die normale Arbeitswelt der Menschen Einzug fand. Vom Personal Computer (PC), wie er heute in jedem Haushalt vorhanden ist, war jedoch auch dieses Gerät noch weit entfernt. Erst in den 1980er Jahren – immerhin vierzig Jahre nach Konrad Zuses Erfindung – erreichten erste Computer, vorwiegend als Spielekisten missverstanden, die Kinderzimmer. Und wer diese Zeit erlebt hat, der wird sich erinnern, dass die Early Adopters dieser scheinbar neuen Technologie keineswegs die Helden der Schulhöfe waren. Der Computer schien in jenen Jahren weiterhin ein Nischenprodukt zu sein, und auch die in den späten Achtzigern an vielen Schulen angebotenen freiwilligen Kurse für verschiedene Programmiersprachen waren für die Mehrzahl der Schüler deutlich weniger attraktiv als Sport-, Theater- oder Kunst-AGs. Der Begriff Internet wurde zwar bereits seit 1983 verwendet, aber kaum jemand wusste, was das genau sein sollte oder gar welche Potenziale darin stecken könnten. Erst in den frühen 1990er Jahren erreichten PCs Massenverbreitung, wenngleich sie meist nur wie bessere elektronische Schreibmaschinen verwendet wurden, und ab Mitte der 1990er Jahre begann der Siegeszug des World Wide Web als Hauptkatalysator der digitalen Revolution. Heute – nur 20 Jahre später – können wir uns längst nicht mehr vorstellen, auf E-Mail, Smartphones, Online-Banking, Ticket-Apps oder den Bordcomputer unseres Autos zu verzichten.

Warum dieser kurze historische Abriss? An ihm wird dreierlei klar: Zum ersten, welche Beschleunigung technologische Innovationen erfahren, sobald sie die akademisch-bürokratische Sphäre der Labore und Patentämter verlassen und ihre Weiterentwicklung nicht

[1] Die Association for Computing Machinery (ACM) wurde 1947 als erste wissenschaftliche Gesellschaft für Informatik gegründet und ist heute mit rund 78.000 Mitgliedern in über 100 Ländern tätig.

mehr vorrangig von den Visionen der Entwickler, sondern von den konkreten Bedarfen der Mehrheit der Menschen vorangetrieben wird. Zum zweiten, welche Hemmnisse neue Technologien überwinden müssen, um diesen Punkt zu erreichen – allen voran Spott („Wozu soll das schon gut sein?") und ängstliche Abwehr („Was wird das mit unserem Leben machen?"). Zuletzt zeigt uns die kurze Historie des Computers, welch unterschiedliche Erscheinungsformen eine neue Technologie im Laufe der Zeit annehmen kann, welche Transformationen sie selbst durchläuft, bevor sie beginnt, nachhaltig gesellschaftliche Strukturen zu transformieren.

Selbst der PC befindet sich in einem fortdauernden Transformationsprozess, ist erst als Notebook mobil geworden und kann nun als Tablet auch ohne größere Schutzvorkehrungen in jeden Rucksack gesteckt werden. Wichtiger aber ist, dass er in seiner Eigenschaft als Haupttor zum World Wide Web mittlerweile durch neue Generationen immer leistungsfähiger Smartphones abgelöst wurde. Mit ihnen haben wir ein leicht portables Steuerungsmedium für eine nahezu unbegrenzte Anzahl hilfreicher digitaler Prozesse gewonnen, eine schlanke Schnittstelle zu einer Vielzahl immer kleiner werdender Computer in der uns umgebenden Welt, deren Aufgabe es ist, uns von zeitraubenden alltäglichen Verrichtungen zu entbinden, Dienstleistungen auf der Grundlage personalisierter Algorithmen zu automatisieren, Verbrauchs- und Kostendaten transparent zur Verfügung zu stellen und vieles mehr.

Dieses neue Computernetzwerk nennt sich Internet der Dinge bzw. Internet of Things (IoT). Es besteht kein Zweifel daran, dass es unsere moderne Welt noch schneller und umfangreicher verändern wird als seinerzeit das World Wide Web. Und obwohl es nun wieder aus verschiedensten Ecken tönt: „Wozu soll das schon gut sein?", bzw.: „Was wird das mit unserem Leben machen?", hat diese nächste Transformation längst begonnen. Weshalb das IoT ein zentraler und somit unverzichtbarer Baustein der weiteren Digitalisierung ist, welche gesellschaftliche und soziale Sinnhaftigkeit darin liegt, welche immensen Chancen für unser künftiges Leben und Arbeiten, und weshalb es gerade für die Immobilienbranche unausweichlich ist, diese Technologie in jeder neuen Projektentwicklung mitzudenken bzw. den nachträglichen Einsatz in bestehenden Gebäuden zu prüfen, das soll hier im Folgenden ausgeführt werden.

2 Internet of Things – was genau ist das eigentlich?

Das Internet, wie wir es seit den 1990er Jahren kennen, ist in seiner vielfältigen Funktionalität aus unserem heutigen Alltag längst nicht mehr wegzudenken. Wir kommunizieren darüber, informieren uns, buchen, kaufen und verkaufen, tätigen unsere Bankgeschäfte. Damit erleichtert es schon allein deswegen unseren Alltag, weil viele dieser Tätigkeiten deutlich mehr wertvolle Lebenszeit in Anspruch nahmen, als wir sie noch analog ausführen und für unsere Anliegen die diversen Geschäfte und Bankfilialen körperlich aufsuchen mussten. In den allermeisten Fällen entbindet uns das Internet allerdings nicht davon, dass wir selbst immer wieder aufs Neue Entscheidungen treffen müssen, die wir schon unzählige Male zuvor getroffen haben. Wir müssen aktiv bestimmte Seiten besuchen, uns registrieren, einloggen und Bestellvorgänge durchführen. Damit bindet das Internet dauerhaft unsere Aufmerksamkeit. Mit dem Internet of Things (IoT) wird es nun möglich, diese zeitfressende Effizienzbremse auszuschalten. Mit ihm folgt auf die Phase der Übersetzung analoger in digitale Verfahrensweisen der logische nächste Schritt: die Automatisierung manueller Prozesse.

Das Kernanliegen der IoT-Technologie ist es, unsere Aufmerksamkeit dauerhaft von möglichst vielen alltäglichen (d.h. standardisierbaren) Verrichtungen zu befreien, indem sie eine Infrastruktur schafft, innerhalb derer physische und virtuelle Gegenstände automatisiert (also ohne unser Zutun) miteinander kommunizieren. Um das zu ermöglichen, werden die physischen Gegenstände und ihr jeweiliger aktueller Zustand mittels winziger Computer so umfassend erfasst, dass im IoT virtuelle Abbilder ihrer selbst entstehen. Diese Abbilder sind nicht statisch, sondern entwickeln sich durch permanente Zustandsmeldungen des physischen Originals in Echtzeit mit diesem mit. Der jeweilige Gegenstand wird damit für eine Internet-ähnliche Struktur „sichtbar", die sich von dem uns vertrauten Internet vor allem dadurch unterscheidet, dass die Kommunikation nicht zwischen Menschen, sondern zwischen Dingen stattfindet. Ein klassisches Beispiel dafür ist etwa der selbsttätig nachbestellende Kühlschrank. Entsprechend seiner personalisierten Konfiguration sorgt ein solcher Kühlschrank ohne menschliches Zutun dafür, dass alle Waren, die man täglich braucht, auch immer in ausreichender Menge vorhanden sind, ohne dass der Mensch daran auch nur einen Gedanken verschwenden müsste. Doch nicht nur das, auch der Zustand des Kühlschranks selbst aktualisiert sich stetig an seinem virtuellen Abbild, sodass Funktionsstörungen sofort sichtbar werden und zu einem entsprechenden Reparaturauftrag führen. Dieses Prinzip lässt sich auf praktisch alle Gegenstände unserer physischen Welt übertragen: Kaffeemaschinen, Fernseher, Straßenlaternen, Autos, Parkplätze, Möbel, Häuser und ganze Städte.

Abbildung 1: Das Internet der Dinge

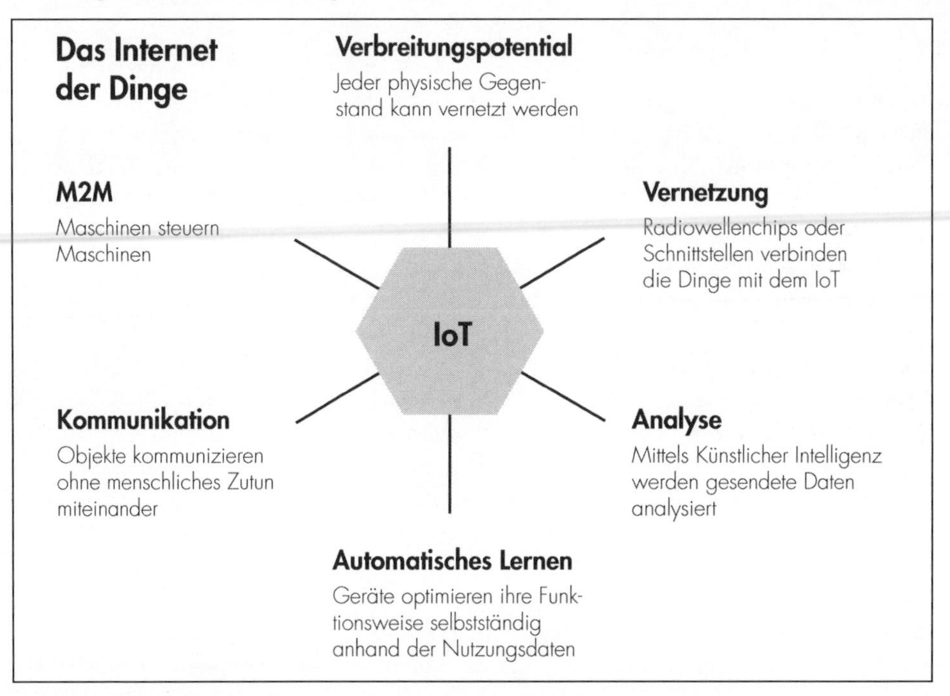

Quelle: STÖBE.Kommunikation

Obschon der Begriff Internet oft Things erst 1999 von Technologie-Pionier Kevin Ashton[2] eingeführt wurde, ist die Vision einer kontinuierlich kommunizierenden gegenständlichen Welt (selbst ohne Rückgriff auf die diesbezüglich oft sehr weitsichtige Science-Fiction-Literatur der 1950er und 1960er Jahre) deutlich älter. Vorformen dieses Prinzips sind uns allen bereits seit Jahrzehnten geläufig. Die Scanner-Kasse im Supermarkt beispielsweise erspart nicht nur den Verkäufern das lästige Eintippen der Preise, über sie wird auch registriert, welche Produkte zur Neige gehen und nachbestellt werden müssen. Zudem liefert der Strichcode, der die Waren für die Scanner-Kasse sichtbar macht, neben der Preisangabe weiterführende Informationen über den Herstellungsort des Produkts, seine Haltbarkeit usw. Dennoch sind in diesem System weiterhin vielfältige analoge Tätigkeiten nötig, begonnen mit dem manuellen Scannen der Ware. Im Sinne der IoT-Technologie weitergedacht, bräuchte es nicht einmal mehr die Kasse. Jeder könnte die Waren direkt aus dem Regal in seinen Einkaufsbeutel packen und würde mit dem bloßen Verlassen des Ladens automatisch sowohl einen digitalen Bezahlvorgang als auch eine

2 Kevin Ashton: „How To Fly A Horse: The Secret History of Creation, Invention, and Discovery", New York 2016.

Nachbestellung beim Großhändler sowie Einträge in den entsprechenden Bilanzen auslösen – all das völlig ohne Einsatz weiterer menschlicher Arbeitskraft und Zeit. Aufpassen müsste man nur, dass man nichts einkauft, was nicht schon zu Hause vom Kühlschrank selbstständig bestellt wurde.

Dieses Beispiel zeigt, dass wir uns keineswegs über Zukunftsmusik unterhalten, wenn wir vom IoT sprechen. Die nötigen technologischen Grundlagen wie W-Lan, Bluetooth, Sensoren, Scanner, Analyse-Software etc. sind längst verfügbar. Bereits seit Anfang der 2000er erleichtern etwa die von Kevin Ashton mitentwickelten RFID-Chips die Waren-Logistik, weil sie jeden Gegenstand mit einem Mausklick unproblematisch auffindbar machen. Auch der Aufbau des nötigen weltweit verfügbaren virtuellen Netzwerks ist bereits im vollen Gange. IoT ist somit zwar ein bedeutender Schritt in der digitalen Revolution, selbst jedoch eigentlich „keine" Revolution. Die Veränderungen vollziehen sich graduell und über Jahre. Immer mehr und immer bessere Sensoren sammeln immer präzisere Daten, die mit Hilfe von Algorithmen immer besser verstanden werden. Erst im Rückblick wird einem bewusst, welches Ausmaß die Transformation tatsächlich hat."[3]

Grenzen werden dem Einsatz von IoT-Technologie momentan nur dadurch gesetzt, dass sie noch von zu wenigen Unternehmen prozessual passend unterstützt werden, bzw. dadurch, dass wir Bearbeitungs- und Verarbeitungsmöglichkeiten schaffen müssen, die unseren Vorstellungen von Privatheit, Datensicherheit und Datenschutz entsprechen. Um das Beispiel des Kühlschranks noch einmal aufzunehmen: Er kann zwar Bedarfe erkennen und Bestellungen durchführen, aber um die Lieferung entgegenzunehmen, muss weiterhin jemand zu Hause sein, der dem Boten die Tür öffnet. Doch auch dafür werden sich Lösungen finden. Der Internet-Bestellservice Amazon etwa testet neuerdings unter dem Titel „Amazon-Key" eine Zustellung direkt in die Wohnung, auch in Abwesenheit des Kunden. Wer an diesem Programm teilnehmen möchte, erhält ein vernetztes Türschloss, das der Bote selbstständig öffnen kann, sowie eine Kamera, die den korrekten Ablauf filmt. Per App wird der Kunde dann von der vollzogenen Lieferung und dem ordnungsgemäßen Wiederverschließen der Haustür unterrichtet.

Mit Sicherheit handelt es sich dabei noch nicht um eine Best-Practice-Lösung. Bei einer vollzogenen umfassenden Vernetzung von Wohnungen mit dem IoT wären beispielsweise keine an spezielle Anbieter gebundenen technologischen Hilfsmittel mehr nötig. Zuweilen werden in neuen Gebäuden bereits Lieferboxen direkt in die Hauswände integriert, die dann (abermals mittels IoT) auch selbstständig erkennen, welche gelieferten Waren zwischenzeitlich gekühlt werden müssen. An solchen Fallbeispielen zeigt sich bereits die bedeutende Rolle, die der Immobilienbranche künftig in dieser Frage zukommt.

[3] Kevin Ashton im Interview mit der Frankfurter Allgemeinen Zeitung, 08.10.2017.

Zuerst einmal ist es jedoch wichtig, sich bewusst zu machen, dass die meisten von uns das IoT bereits heute nutzen. Ob mobile Navigationsprogramme, Fahrdienste wie Uber oder Mietwagenkonzepte à la Car2go – das alles sind IoT-Technologien die über Sensoren, GPS und Vernetzung funktionieren. Rasant verbreiten sich auch Sprachsysteme wie Alexa, die in der Lage sind, im Haushalt Lampen oder Thermostate zu steuern, und die Automobilindustrie bringt aktuell nicht nur die E-Mobil-Technologie in großen Schritten voran, sondern fördert parallel auch das autonome Fahren mittels Car to Car Communication (C2C) sowie Car to Infrastructure Communication (C2I). Seit Januar 2014 gibt es die SAE-Norm[4] J3016, die für die Automatisierung von Kraftfahrzeugen sechs Levels festlegt – von SAE 0 bis SAE 5, wobei letzteres das vollständig autonome Fahren beschreibt. Und bereits seit Oktober 2016 enthalten alle Tesla-Automobile Hardware für vollautonomes Fahren nach SAE Level 5. Diese Hardware greift zwar noch nicht in den Fahrbetrieb ein, sendet aber kontinuierlich Daten an Tesla, um das System weiter zu verbessern. Auch das ist IoT.[5]

Anhand solcher Beispiele wird klar, dass es sich hier nicht um Gadgets handelt, lustige Spielereien, um Freunde und Nachbarn zu beeindrucken, sondern um gesellschaftlich relevante Innovationen, die in der Lage sind, Energieverbrauch und Umweltverschmutzung massiv zu reduzieren, den Straßenverkehr sicherer zu machen, ökonomische Effizienz zu steigern und zur Gesundheit der Menschen auch darüber beizutragen, dass sich die Masse unnötiger alltäglicher Verrichtungen zugunsten von mehr Lebensqualität reduzieren.

3 Schmalspurbahn in die Zukunft – Technologische Grundlagen des IoT

Im Dezember 2017 war in der Tageszeitung Die Welt etwas zu lesen, was die meisten Menschen erst einmal irritiert haben dürfte: „Während Deutschland noch über den Breitbandausbau und das Verlegen blitzschneller Glasfaserkabel debattiert, bauen die Mobilfunker hierzulande an einem ganz anderen Netz, dessen Geschwindigkeit einem Internetnutzer Tränen in die Augen treiben würde. Statt 50, 100 oder gar 400 Megabit pro Sekunde überträgt das neue Netz künftig seine Inhalte nur mit einem winzigen Bruchteil davon – höchstens 250 Kilobit pro Sekunde.“[6] Diese Irritation war natürlich bewusst

[4] Die als Society of Automotive Engineers gegründete SAE International ist eine gemeinnützige Organisation für Technik und Wissenschaft, die sich dem Fortschritt der Mobilitätstechnologie widmet.

[5] Siehe: https://arstechnica.com/cars/2016/10/tesla-says-all-its-cars-will-ship-with-hardware-for-level-5-autonomy/.

[6] Thomas Heuzeroth in Die Welt. 18.12.2017.

gesetzt, denn tatsächlich bedeutet der Ausbau dieses Netzes keinen Rückschritt, ganz im Gegenteil. Das Schmalbandnetz, das hier gerade entsteht, benötigt nämlich gar keine höheren Geschwindigkeiten. Es ist das IoT.

Wie jeder Smartphone-Nutzer weiß, ist die Nutzung von Funkfrequenzen für schnelle Datenübertragung sowohl teuer als auch immer noch nicht wirklich flächendeckend verfügbar. In Fahrstühlen oder Kellern beispielsweise ist das Surfen oft nicht möglich. Aufgabe des IoT ist es jedoch, Gegenstände kontinuierlich und überall zu vernetzen. Folglich muss es günstiger sein und wirklich überall verfügbar. Die Übertragungsgeschwindigkeit der Daten spielt dagegen eine untergeordnete Rolle, und das liegt am geringen Datenvolumen. Im Gegensatz zur menschlichen Kommunikation mit dem Internet, müssen die vernetzten Gegenstände nur minimale Datenmengen übertragen, die ihren Zustand als binären Code melden. Technologische Grundlage dafür ist meist die als Narrowband IoT (NB-IoT) bekannte Spezifikation des LTE-Mobilfunkstandards, der im Gegensatz zum älteren UMTS verschiedene Bandbreiten (von 1,4 bis 20 Megahertz) unterstützt und dadurch flexibler einsetzbar ist. NB-IoT wird entweder im freien Bereich zwischen Up- und Downlink eines LTE-Kanals (Guard-Band) oder in einer 200-Kilohertz-Lücke im Frequenzbereich eines LTE-Trägers betrieben und belastet dadurch nicht den sonstigen Datenverkehr.

Mit dem Ausbau dieses Schmalbandnetzes (in den Niederlanden ist er bereits vollzogen, die Deutsche Telekom will es bis Ende 2018 auch hierzulande flächendeckend zur Verfügung stellen), steht dem umfassenden Einsatz von IoT-Technologien nichts mehr im Wege. Doch bereits heute bringt beispielsweise Vodafone nach eigenen Angaben Monat für Monat mehr Maschinen als Menschen ins Netz.

Damit wären wir bei der zweiten Grundlage für ein funktionierendes IoT: Der Nutzen des Netzes ist letztlich (ähnlich wie beim herkömmlichen Internet) abhängig von der Anzahl seiner Teilnehmer. Je mehr Dinge wir vernetzen, desto mehr Möglichkeiten bietet uns die IoT-Technologie. Autonom fahrende Kraftfahrzeuge zum Beispiel werden so lange nicht wirklich relevant sein, wie ihre Steuerung ausschließlich auf selbst ermittelten Daten basiert. Ihr volles Potenzial entfalten sie erst, wenn sie mittels Car to Car Communication (C2C) und Car to Infrastructure Communication (C2I) auf ein umfassendes virtuelles Abbild der Realität zurückgreifen können – wenn also das Auto schon vor dem Erreichen einer Adresse über den nächsten verfügbaren Parkplatz informiert ist oder das Herannahen eines anderen Fahrzeugs an eine Kreuzung schon berücksichtigen kann, bevor dieses durch das integrierte Kamerasystem erfasst wird. Seine volle Funktionsfähigkeit wird das IoT also erst dann erreichen, wenn wir wirklich jeden Gegenstand in der uns umgebenden Welt mit den entsprechenden Sensoren ausgerüstet, ihm eine eigene IP-Adresse zugewiesen und ihm so ein Abbild in der virtuellen Welt verschafft haben.

Das mag sich erst einmal nach weit entfernter Zukunftsmusik anhören, doch tatsächlich sind diese Sensoren nicht nur winzig und günstig in der Anschaffung. Auch ihr Energieverbrauch ist ebenso gering wie das Datenvolumen, das sie aussenden. Einer entsprechenden Nachrüstung vorhandener Gegenstände steht also wenig entgegen. Hinzu kommt, dass laut der Ende 2017 erschienen Studie „Patents and the Fourth Industrial Revolution", herausgegeben vom Europäischen Patentamt (EPA) und dem Forschungsinstitut des Handelsblatts, in den vergangenen drei Jahren im IoT-Bereich 54 Prozent mehr Patentanmeldungen eingereicht wurden, während die Gesamtantragsrate für Industriepatente nur um 7,65 Prozent zunahm. Ganze 5.000 IoT-Patentanmeldungen gingen allein 2016 ein. Durchschnittlich stieg die Antragsrate im Vergleichszeitraum um insgesamt 7,6 Prozent. Der Großteil davon zielt auf die Vernetzung von Objekten, künstliche Intelligenz (KI), Benutzerschnittstellen und Anwendungen dieser Technik in Fahrzeugen, Unternehmen und Haushalten. Die höchsten Wachstumsraten sind im Feld der unterstützenden Technik rund um 3D-Systeme, im Bereich Energieversorgung und wiederum bei KI zu beobachten.[7]

Nach Netz und Sensoren ist das dritte technologische Grundlagenfeld zur Nutzung des IoT der Bereich Datenanalyse. Auch dieses Segment boomt, allerdings erfordert der Aufbau eines eigenen Big-Data-Analysesystems derzeit noch viel Know-how. Zwar stehen diverse leistungsfähige und ausgereifte Software-Lösungen zur Verfügung, ihre Implementierung und die Interpretation der Ergebnisse ist bislang ohne den Einsatz von Experten, sogenannten Data Scientists, aber vielfach kaum möglich. Deren Gehaltsvorstellungen stellen für viele kleine und mittelständische Unternehmen derzeit noch eine größere Hürde dar. Laut einer Umfrage des Branchenverbandes Bitkom aus dem Jahr 2014 nutzten damals nur sieben Prozent der Mittelständler mit 50 bis 499 Mitarbeitern Big-Data-Lösungen, in größeren Unternehmen mit 500 und mehr Mitarbeitern waren es bereits 27 Prozent.[8] Big-Data-Tools aus der Cloud können den Einstieg jedoch erleichtern. Sie erfordern keine Vorabinvestitionen im fünf- oder sechsstelligen Bereich und besitzen teilweise grafische Benutzeroberflächen, die es auch weniger versierten Anwendern ermöglichen, Analyseprozeduren zu erstellen, die zu aussagefähigen Ergebnissen führen. Auch Branchenriese Microsoft hat dieses Wachstumsfeld inzwischen erkannt und bietet neuerdings mit „IoT Central" eine Software aus der Cloud an, die unkompliziert Geräte vernetzt, überwacht und steuert und damit Unternehmen den Einstieg ins IoT erleichtert. Die Software verbindet sich automatisch mit vernetzten Geräten, bietet Masken für zeitabhängige Analysen und kann die Steuerung der Komponenten übernehmen. Mit den von den Geräten gesendeten Daten lassen sich Regeln erstellen, die zum

[7] „Patents and the Fourth Industrial Revolution" European Patent Office, München, Dezember 2017.

[8] Siehe: https://www.bitkom.org/Presse/Presseinformation/Grosses-Wachstum-bei-Big-Data.html.

Beispiel eine Mail versenden, einen WebHook[9] oder eine Azure Function[10] ansprechen. Nur die jeweiligen Geräteeigenschaften müssen zuvor noch per Hand eingegeben werden.[11]

Insgesamt lässt sich also feststellen, dass alle technologischen Grundlagen für den flächendeckenden Einsatz von IoT heute bereits vorhanden sind. Im Vergleich mit der Entstehungsgeschichte des uns vertrauten Internets könnte man sagen: Endgeräte, Netzwerk, Browser und eine Vielzahl von Anwendungsoptionen liegen bereits vollständig oder zumindest in Basis-Versionen vor, nur die Anzahl der Teilnehmer ist derzeit noch begrenzt. Sie wächst jedoch rasant an. Nach Berechnungen des Statistik-Portals Statista werden bis 2020 rund 50 Milliarden Geräte weltweit vernetzt sein – das sind rund sieben Geräte pro Mensch.[12]

4 Abseits der Kühlschränke – Nutzwerte des IoT

Das oben genannte Beispiel des selbstständig nachbestellenden Kühlschranks ist ein klassisches Bild zur Erläuterung von IoT-Technologien. Gleichzeitig sind solche Geräte, obschon bereits im Handel verfügbar, letztlich ein Nebenprodukt des IoT. Die übergeordnete Sinnhaftigkeit der neuen Technologie erschließt sich vor allem in den Bereichen Ökonomie, Ökologie und Lebensqualität. Ihre momentan größte Verbreitung findet sie folglich a) in der Produktion (deutschlandweit 26 Prozent), b) in der Mobilität (17,8 Prozent), c) in Gebäudetechnologien (17,4 Prozent) und d) in der Energiewirtschaft (11,4 Prozent).[13] Ihre darüber hinaus größten Wachstumspotenziale liegen e) in der Gesundheitswirtschaft und f) in der städtischen Infrastruktur.

[9] „WebHook" bezeichnet ein nicht-standardisiertes Verfahren zur Kommunikation von Servern, das im Rahmen des verteilten Rechnens stattfindet. WebHooks ermöglichen es, einer Server-Software mitzuteilen, dass ein bestimmtes Ereignis eingetreten ist und eine Reaktion auf das Ereignis auszulösen.

[10] „Azure" ist Microsofts Cloud-Computing-Plattform, die zahlreiche Funktionen insbesondere für Softwareentwickler bietet.

[11] Siehe: https://www.heise.de/ix/meldung/Microsoft-IoT-Central-soll-Einstieg-ins-Internet-der-Dinge-erleichtern-3908647.html.

[12] Siehe: https://de.statista.com/statistik/daten/studie/479023/umfrage/prognose-zur-anzahl-der-vernetzten-geraete-weltweit/.

[13] Quelle: IoT-Analytics GmbH.

Abbildung 2: Wachstum der in Smart Buildings vernetzten Geräte (in Millionen)

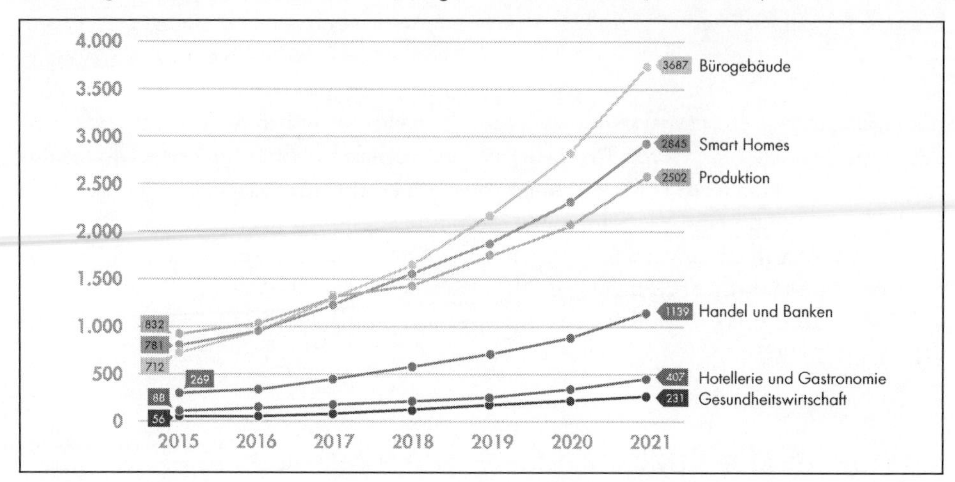

Quelle: Memoori, „The Internet of Things in Smart Buildings 2016 to 2021", lizenziert für OVG Real Estate

a) Produktion

Die Integration von Produktionsanlagen in das IoT ist die technologische Voraussetzung für die Realisierung der Industrie 4.0. Dabei werden Daten der gesamten Produktionsumgebung sowie der Maschinenzustände in das IoT eingespeist und analysiert. Das ermöglicht die Optimierung von Produktionsabläufen, die vorausschauende Instandhaltung der Produktionsanlagen sowie kürzere Produktzyklen bei wachsenden Produktvarianten in geringen Losgrößen.

b) Mobilität

IoT ermöglicht eine kontinuierliche umfassende Überwachung von Verkehrsdaten, Verkehrsströmen sowie dem Zustand von Verkehrsmitteln in Echtzeit. Staus werden vermieden, die Sicherheit im Verkehr wird signifikant verbessert. Im öffentlichen Verkehr können schnelle Routen anhand der übermittelten Verkehrsdaten sekundenschnell neu berechnet werden. Das private Kfz erkennt eigenständig Störungen oder Wartungsbedarf und kann diese automatisch der Vertragswerkstatt melden. Darüber hinaus werden neue Mobilitätsangebote, etwa im Car-Sharing-Bereich begünstigt.

c) Gebäudetechnologien

Smart Home und Smart Office sind Sammelbegriffe für IoT-Lösungen in Wohnungen und Büros. Im Wesentlichen ist darunter die Vernetzung von technischen Komponenten innerhalb eines Gebäudes zu verstehen, die dazu dienen, die Lebens- und Arbeitsqualität zu verbessern, Energieeffizienz zu steigern, Energiekosten zu senken, manuelle Verrichtungen zu automatisieren und die menschliche Produktivität zu fördern.

d) Energiewirtschaft

Das IoT hat eine Schlüsselrolle für die Sicherung einer zukunftsfähigen Energieversorgung. Nicht nur in Wohnungen und Gebäuden kann die Vernetzung erhebliche Effizienzsteigerungen bewirken (etwa durch Smart Metering), sie bildet darüber hinaus die Grundlage für die Realisierung von intelligenten Netzen (Smart Grids), d.h. die automatische Koordination von Informations- und Energieflüssen. Systemstabilität und -qualität werden verbessert, die Energiezufuhr aus einer Vielzahl dezentraler Quellen wird effektiv und bedarfsgerecht gesteuert, Engpässe und Lastspitzen werden vermieden.

e) Gesundheitswirtschaft

Auch in der Gesundheitswirtschaft bieten sich für intelligente Produkte und Dienstleistungen vielfältige Anknüpfungspunkte. Bekannt sind bereits die „Wearables“ – elektronische Geräte, die in miniaturisierter Form in Kleidung, Uhren oder Schmuckstücke eingebaut werden. Diese finden schon heute Anwendung in der kontinuierlichen Überwachung von Körperfunktionen, etwa für Diabetiker oder beim Sport. Große IoT-Potenziale liegen hier in einer automatisierten Diagnostik, die auch zur Entlastung der Arztpraxen beitragen kann. Maria Pfeifer, Zukunftsforscherin am Ars Electronica Futurelab: „Ärzte werden als Diagnostiker entbehrlich, weil digitale Gesundheitssysteme besser und preiswerter sein werden.“[14]

f) Städtische Infrastruktur/Smart City

Über Mobilitätsaspekte hinaus eröffnet die Einführung von IoT neue Anwendungsmöglichkeiten in der Vernetzung von städtischen Infrastrukturen und Ressourcen. So können vernetzte Sensorsystemen beispielsweise Daten wie zum CO_2-Ausstoß oder zur Luft- und Wasserqualität in Echtzeit analysieren. Gleiches gilt für die Zustandsüberwachung

[14] „Wie wir 2037 leben werden“, Spiegel Online, Dezember 2017.

von Infrastrukturen wie Straßen, Beleuchtungs- und Lichtsignalanlagen oder sogar Mülleimern. Öffentliche Dienstleistungen und soziale Steuerungssysteme können so ohne Zeitverluste passgenau geplant werden.[15]

Dies alles ist nur ein kleiner Ausschnitt aus dem weiten Feld der Möglichkeiten, das sich hinter dem Begriff IoT verbirgt. Beinahe täglich erschließen sich neue Nutzwerte, die nahezu alle Aspekte unseres Lebens berühren. Woran es derzeit allerdings noch mangelt, ist die Bereitschaft, wirklich alle Elemente der uns umgebenden physischen Welt als Hardwarekomponenten im IoT zu begreifen und entsprechend auszurüsten. Das gilt nicht zuletzt auch für die Immobilienbranche.

5 Keine Smart City ohne IoT

Seit einigen Jahren ist das Wort Smart City in aller Munde und doch ist sich kaum jemand der realen Potenziale bewusst. Man verbindet damit Begrifflichkeiten wie Nachhaltigkeit, Energieeffizienz, geringere Luftverschmutzung, neue Mobilitätskonzepte, bessere Work-Life-Balance oder ganz vage: Zukunftsfähigkeit. Aber auf welchem Wege soll das alles erreicht werden? Die technologische Antwort lautet: IoT. Doch wie bereits ausgeführt, ist die Funktionsweise dieses Netzwerks abhängig von der Anzahl seiner Teilnehmer. Wer heute noch ein Auto, eine Heizanlage oder auch nur eine Straßenlaterne ohne Schnittstelle zum IoT baut, der baut nicht zukunftsfähig und sollte den Begriff Smart City besser nicht im Munde führen. Im besonderen Maße trifft das auf die Entwicklung von Gebäuden zu, denn sie stellen den Hauptlebensraum aller Menschen und damit die wichtigste Hardware für das IoT dar. Ohne Smart Buildings wird es nie eine Smart City geben.

Für viele Projektentwickler bestehen jedoch weiterhin Gebäude hauptsächlich aus vier Wänden und einem Dach. Nachhaltigkeitstechnologien kommen nur in dem Maße zum Einsatz, wie es nötig ist, um Vorgaben des Gesetzgebers zu erfüllen, von entsprechenden Förderungen zu profitieren oder Nachhaltigkeitszertifikate zu erhalten, die sich positiv auf das Marketing auswirken. Darüber hinausreichende digitale Innovationen werden erst auf konkreten Kundenwunsch hin umgesetzt. Ansprüche an die technologische Ausstattung des Gebäudes können jedoch nur jene Nutzer stellen, die bauen lassen. Die überwältigende Mehrzahl kauft oder mietet bestehende Flächen und muss daher eigene Ansprüche dem vorhandenen Angebot unterordnen. So ist eine Situation entstanden, die der Idee Smart City diametral entgegenläuft: Statt das Gebäude mittels eines Smart Grids als

[15] Vergleiche: VDE – Verband der Elektrotechnik Elektronik Informationstechnik e. V. (Hrsg.): „DKE/DIN ROADMAP Version 1.0. Die deutsche Normungs-Roadmap Smart City“ Frankfurt/Main, 2014.

Hardware zur zentralen Einbindung aller Mieter ins IoT zu nutzen, sorgt jeder eigenständig für die entsprechenden technischen Geräte. Wie rasant sich dieser nutzerseitige Bedarf entwickelt, zeigen die Verkaufszahlen: Laut einem aktuellen Report von IoT-Analytics ist der World Smart Home Market allein vom zweiten Quartal 2016 bis zum zweiten Quartal 2017 um 95 Prozent gewachsen, wobei etwa Gateways um 134 Prozent zulegten und smarte Haushaltsgeräte sogar um 349 Prozent.[16] In der Entwicklung neuer Gebäude dagegen ist der Trend noch immer nicht angekommen. Ein passendes Vergleichsbild für diese Paradoxie, geben jene Wohnblocks ab, in denen von jedem einzelnen Balkon eine Satellitenschüssel in den Stadtraum ragt. Nachhaltigkeit sieht anders aus. Weitsichtiges Wirtschaften auch.

Nicht nur, dass mittelfristig jene Vermieter einen klaren Wettbewerbsvorteil haben werden, die ihren Mietern, die passende technologische Ausstattung zu dieser neuen Stufe der digitalen Revolution bieten können. Es ist vielmehr auch heute schon ein geldwerter Vorteil, wenn die eigenen Bestandsgebäude kontinuierlich und automatisiert Zustandsdaten und Informationen über Energieverbrauch bzw. -einsparungsoptionen senden. Und wer diesen konkreten Nutzen nicht wahrnimmt, beraubt sich zudem um den daraus erwachsenden Lerneffekt. Denn die gelieferten Daten zeigen ja nicht nur Handlungsoptionen für das Objekt selbst auf, sondern auch Potenziale für künftige Entwicklungen. Deshalb werden solche Immobilien auch als intelligente bzw. lernende Gebäude bezeichnet.

Besonders eklatant wirkt die Nichtanwendung von IoT-Technologien bei Projektentwicklungen im Büro-Segment. Schließlich bringen die Nutzer hier in der Regel ohnehin höhere technologische Ansprüche mit und profitieren unternehmerisch auch von IoT-Anwendungen, die im privaten Raum vielleicht noch als verzichtbar angesehen werden können. Das beginnt mit der energiesparenden Kontrolle über aktuelle Raumbelegungen, Lüftungsanlagen und Sonnenschutz und endet beim Kaffeeautomaten, der seine Auffüllung und Wartung selbstständig veranlasst und somit Arbeitszeit von Mitarbeitern spart. Die Analyse von Raumnutzungsfrequenzen liefert darüber hinaus Erkenntnisse darüber, welche Flächen von den Mitarbeitern bevorzugt genutzt werden und ermöglicht dadurch eine passgenaue Ausdifferenzierung des Flächenangebots. Temperatur und Licht-Level lassen sich für jeden Arbeitsplatz individuell regeln, und aktuell wird daran gearbeitet, dasselbe auch für den Bereich der Umgebungslautstärke zu ermöglichen. Das IoT verbindet also nicht nur Geräte- und Gebäudefunktionen untereinander, sondern letztlich auch diese mit dem Nutzer. Im Büro-Segment können damit große Potenziale zur Effizienzsteigerung erschlossen werden.

Laut einer aktuellen Studie der International Data Group (IDG) bewerten derzeit 47 Prozent der Unternehmen die Relevanz des IoT für das eigene Geschäftsfeld als sehr

[16] Quelle: IoT-Analytics GmbH.

hoch oder hoch, nur 23 Prozent noch als eher niedrig oder niedrig. 78 Prozent der Firmen gehen davon aus, dass das IoT innerhalb der nächsten drei Jahre für sie wichtig oder sehr wichtig wird. 2016 waren es 72 Prozent. Nur noch ein Prozent der Firmen stuft die künftige Bedeutung des IoT als eher niedrig oder niedrig ein. 2016 waren es noch sieben Prozent.[17] Es ist folglich an der Zeit, dass die Immobilienbranche auf diese Entwicklung und die daraus resultierenden Ansprüche reagiert und passende Gebäude entwickelt.

Abbildung 3: Big Data in Smart Buildings

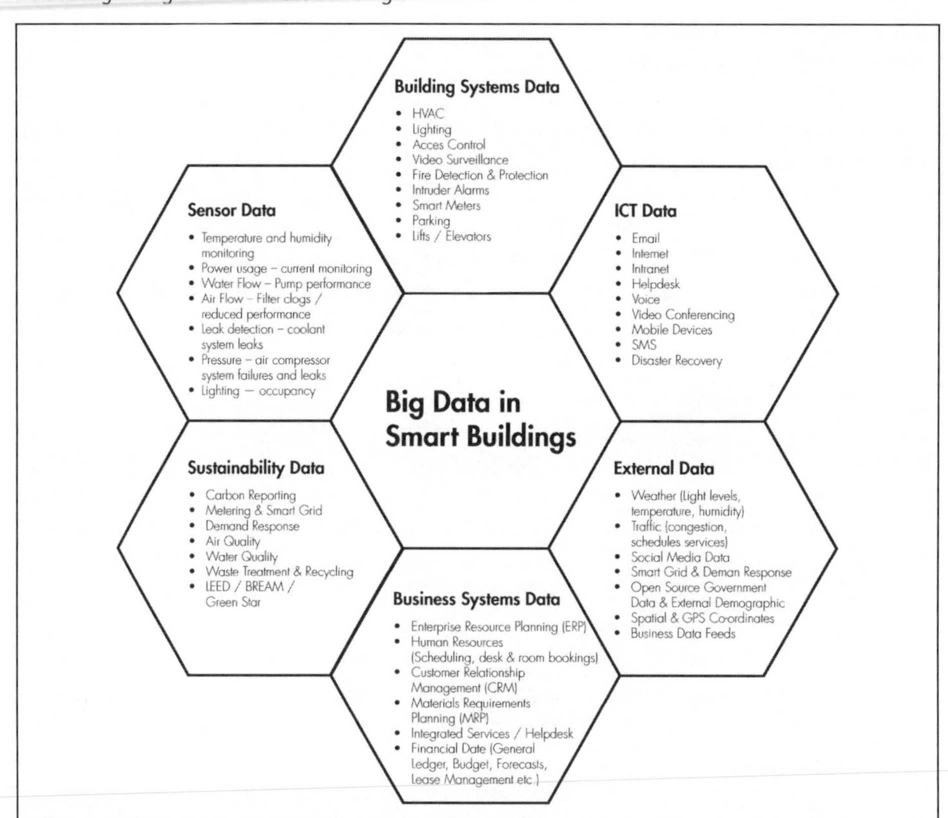

Quelle: Memoori, „The Internet of Things in Smart Buildings 2016 to 2021", lizenziert für OVG Real Estate

---

[17] Die IDG-Studie „Internet of Things 2018" basiert auf einer Online-Befragung in der DACH-Region, in deren Rahmen im Zeitraum vom 21. September bis 5. Oktober 2017 insgesamt 385 abgeschlossene und qualifizierte Interviews durchgeführt wurden. Grundgesamtheit sind Oberste (IT-)Verantwortliche von Unternehmen in der DACH-Region: strategische (IT-) Entscheider im C-Level-Bereich und in den Fachbereichen (LoBs), IT-Entscheider und IT-Spezialisten aus dem IT-Bereich.

Mit dem seit 2011 entwickelten zukunftsweisenden Amsterdamer Projekt „The Edge“ wurde im Jahr 2014 ein Bürogebäude[18] fertiggestellt, das all diesen Anforderungen gerecht wird und dabei nicht nur energieneutral ist, sondern tatsächlich mehr Energie produziert, als für seine Heiz- und Kühlanlagen sowie die Smartphones, Laptops und Elektrofahrzeuge der Mitarbeiter benötigt wird.[19] Damit entspricht The Edge bereits auch weitreichendsten Smart-City-Visionen, nach denen die städtischen Gebäude in naher Zukunft selbst zu Kraftwerken im Energiekreislauf werden. Vor allem aber profitiert nicht nur der Mieter[20], mit dem dieses Gebäude partnerschaftlich entwickelt wurde, von den Daten, die The Edge permanent liefert, sondern eben auch der Projektentwickler, der dadurch nachfolgende Projekte weiter optimieren kann. 28.000 Sensoren wurden in den Decken von The Edge verbaut, diese Zahl wird sich bei künftigen Projekten noch deutlich erhöhen. Nur wer IoT bereits in der Projektentwicklung mitdenkt, baut auch für die Zukunft

6 Dialektik der Digitalisierung – Das Big-Data-Problem

Wenn die Dinge der uns umgebenden Welt im IoT Daten erfassen, speichern und untereinander austauschen, dann wird damit ein gewaltiges und komplexes Datenvolumen erzeugt, das gemeinhin als Big Data bezeichnet wird. Dieses Datenvolumen bringt auch Probleme mit sich, allen voran die Tatsache, dass eine umfassende Analyse durch Menschen schier unmöglich ist. Es braucht dafür Software-Anwendungen, die weit in den Sektor künstliche Intelligenz (KI) hineinreichen. Solche Lösungen zur Automatisierung intelligenten Verhaltens stehen bereits zur Verfügung und werden kontinuierlich weiter verbessert. IoT und KI bedingen einander und werden entsprechend auch parallel weiterentwickelt. Statista prognostiziert Unternehmensanwendungen im KI-Bereich für das Jahr 2020 weltweite Umsätze in Höhe von rund 4,8 Milliarden US-Dollar und für das Jahr 2025 bereits 31,24 Milliarden.[21] Dass der Begriff Big Data häufig in negativen Kontexten gebraucht wird, hat also nichts mit dem bloßen Datenvolumen, sondern vielmehr mit der Qualität der Daten zu tun.

Mit der Erfassung von Geräte- oder Gebäudedaten werden zwangsläufig auch Informationen über die Nutzer und Anwender gesammelt. Aus diesen Daten ließen sich poten-

[18] Projektentwickler ist die OVG Real Estate.

[19] Das vielfach ausgezeichnete Projekt The Edge erhielt mit 98,36 Prozent die bis dahin höchste jemals nach dem Nachhaltigkeitsbewertungssystem Building Research Establishment Environmental Assessment Methodology (BREEAM) vergebene Punktzahl und galt somit bei Fertigstellung als nachhaltigstes Gebäude der Welt.

[20] Deloitte.

[21] Statista: „Dossier Künstliche Intelligenz“, Hamburg 2017.

ziell differenzierte Bewegungsprofile nicht nur für das Surfen im Internet, sondern eben auch für unser komplettes Leben in der physischen Welt erstellen. Die negative Konnotation des Begriffs Big Data geht also einher mit der Schreckensvision vom „gläsernen Menschen", die schon die Entwicklung des herkömmlichen Internets begleitete und weiter begleitet. Die in diesem Kontext entstandenen Schutzmaßnahmen auf der Software- und Netzwerkebene, die unerlaubte Zugriffe auf persönliche Datensätze verhindern, wie etwa Verschlüsselung, Passwortschutz oder Anonymisierung, greifen jedoch ebenfalls im IoT.

Dennoch ist nicht abzustreiten, dass die bloße Vielzahl der IoT-Geräte auch die Angriffsfläche für Schadprogramme wie Viren, Trojaner oder Spyware vergrößert. Schon vor zwei Jahren zeigte eine Studie von HP Security Research zahlreiche Schwachstellen bei den Top-Ten-Verbraucher-Geräten auf, u.a. fehlende Transport-Verschlüsselung, unsichere Web-Schnittstellen, Autorisierungs- und Software-Schutz-Probleme. Einige Sicherheitslücken entstehen schlicht dadurch, dass Embedded-Systeme aus Bereichen wie Herstellung oder Transport, die ursprünglich durch Air-Gaps, also bewusst gesetzte Verbindungslücken, von IP-Netzwerken isoliert waren, nun ins IoT überführt werden.

Die Gefahr von Cyberattacken auf das IoT ist durchaus real und kann nicht ernst genug genommen werden. Man stelle sich nur einen gezielten Angriff auf unsere Stromnetze vor. Doch wie schon für das herkömmliche Internet, ist auch für das IoT ein breites und weiter wachsendes Spektrum an Security-Konzepten entstanden, und so gilt auch hier jener der gesamten digitalen Revolution inhärente Grundsatz, dass es für alle digitalen Probleme digitale Lösungen gibt.

Was nun aber den Datenschutz betrifft (und damit die zweite eingangs erwähnte Fragestellung: „Was wird das mit unserem Leben machen?"), so können wir nach mehr als zwanzig Jahren wachsender Internetnutzung feststellen, dass sich unsere Ansprüche an Privatheit und Transparenz über das Medium verändert haben. Die GPS-Ortung von Handys etwa wurde anfänglich von den meisten Menschen überaus kritisch gesehen, inzwischen haben wir die Vorteile schätzen gelernt. Gleiches gilt für die mit den Suchmaschinen verknüpften Algorithmen. Zwar kann es weiterhin enervierend sein, dass man, nachdem man einmal online eine Städtereise gebucht hat, teilweise noch Monate später bis hinein in die Sozialen Netzwerke mit entsprechenden Angeboten überhäuft wird. Aber kaum jemand würde deshalb noch die oft so nützlichen Algorithmen in ihrer Gesamtheit verteufeln. Und sogar höchst sensible Bereiche des Datenverkehrs wie Online- oder Mobile-Banking, bei denen Deutschland im internationalen Vergleich lange hinterher hinkte, haben sich inzwischen flächendeckend durchgesetzt. Nach einer Hochrechnung von Bitkom Research lag die Zahl der Online-Banking-Nutzer in Deutschland im Jahr 2017 bei rund 42 Millionen und 52 Prozent der Bankkunden nutzen dafür inzwischen auch mobile Geräte.[22] Im Vergleich zu solchen Daten erscheinen Information über unseren Strom- oder Wasserverbrauch, unsere Kfz-Nutzung oder unser Einkaufsverhalten im Supermarkt doch deutlich weniger sensibel – insbesondere, wenn man die bereits beschriebenen Vorteile ihrer Analyse für Ökologie und Lebensqualität bedenkt. So ist es etwa in der digitalen Überwachung und Steuerung des Straßenverkehrs überhaupt nicht von Belang, welcher Mensch da gerade mit welchem Auto vor der Ampel steht. Die entscheidende Information ist, dass da ein Auto steht, bzw. wie viele es insgesamt zu welcher Uhrzeit sind. Die faszinierenden Möglichkeiten, die das IoT in Gebäuden bietet, sind zudem immer optional. Genau wie Internet-Cookies kann man sie aktivieren oder deaktivieren. Jedem ist also freigestellt, ob er möchte, dass das Gebäude ihn anhand seines Smartphones identifiziert, automatisch die Schranke zum Parkhaus öffnet und den Fahrstuhl bereitstellt, der bereits weiß, auf welche Etage der Mitarbeiter möchte, oder ob er diese Prozesse weiterhin manuell auslösen möchte.

Die Sicherheit persönlicher Daten ist selbstverständlich ernst zu nehmen, aber es ist schon heute absehbar, dass die derzeitigen strengen Datenschutzvorschriften, dem immer progressiveren Umgang der Menschen mit Internet und IoT folgend, früher oder später modifiziert werden müssen.

7 Fazit: Es gibt kein Zurück

Die letzten 20 Jahre haben gezeigt, dass die Veränderungen der Lebens- und Arbeitswelt der Menschen im Zuge der Aufhebung der Grenzen zwischen physischer und digitaler Welt auf absehbare Zeit ein Haupttreiber für die ökonomische und gesellschaftliche Entwicklung bleiben werden. Dem IoT kommt dabei eine Schlüsselrolle zu. Es ist in der Lage, die Lebensqualität der Menschen eklatant und in nahezu jedem Lebensbereich zu verbessern sowie insbesondere ökologische Technologien massiv voranzubringen. Gleichzeitig schafft es ökonomische Mehrwerte nicht nur im damit verbundenen digitalen Wachstumssektor, sondern auch für alle anderen Branchen. Dabei ist das IoT, bei aller Innovationskraft, im Kern keine neue Technologie, sondern nur der nächste große Schritt im Rahmen der Digitalen Revolution. Wie hier ausgeführt, handelt es sich beim IoT auch längst nicht mehr um eine Zukunftstechnologie im eigentlichen Sinne. Alle wesentlichen technologischen Komponenten und die damit verbundenen Dienste sind bereits vorhanden, wenngleich wir das ganze Ausmaß ihrer zukünftigen Möglichkeiten heute noch kaum erahnen können. Auch der nötige Ausbau der Mobilfunk-Netze schreitet rasant voran.

[22] Repräsentative Umfrage von Bitkom Bundesverband Informationswirtschaft, Telekommunikation und neue Medien e.V., August 2017.

Aufgrund der kontinuierlich steigenden Nutzung von mobilen und Internet-Diensten, die, laut einer Deloitte-Studie, bis 2020 den gewaltigen Umfang von 44 Zettabytes an Daten generieren werden (das entspricht 44 Billionen Gigabytes bzw. 44.000.000.000.000.000.000.000 Bytes), ist der zügige Ausbau des IoT zudem unvermeidlich. Denn dieses Datenvolumen lässt sich nur durch performante Analytics- und Big-Data-Technologien analysieren und auswerten. Rund 10 Prozent dieser Daten werden dann bereits direkt aus dem IoT-Kontext stammen.[23]

Insgesamt bietet das IoT, je umfassender es eingesetzt wird, Lösungen für eine Vielzahl von gesellschaftlich relevanten Aufgaben – von der Warenproduktion über Logistik und Energiewirtschaft bis hin sogar zum Gesundheitswesen. Insbesondere aber liefert es uns die technologische Grundlage zur dringend notwendigen Neuorganisation unseres urbanen Zusammenlebens, die wir gemeinhin unter dem Begriff Smart City subsumieren. Was dem heute noch entgegensteht, sind weder Fragen der Machbarkeit noch Fragen der Wirtschaftlichkeit. Technologieaffine Branchen wie die Automobilwirtschaft haben längst Konzepte auf den Weg gebracht, die dem Smart-City-Anspruch in absehbarer Zeit gerecht werden. Was bislang jedoch fehlt, ist zum einen der politische Wille, die damit verbundenen umfassenden infrastrukturellen Investitionen zu tätigen. Zum anderen mangelt es in Teilen der Immobilienbranche weiterhin an der Bereitschaft, vorausschauend IoT-Technologien in ihre Projekte und Bestände zu integrieren.

Während in Ländern wie Großbritannien oder den Niederlanden sich beispielsweise das Building Information Modelling (BIM) längst flächendeckend durchgesetzt hat, verwendete einer Studie des Fraunhofer IAO zufolge noch im Jahr 2015 nur etwa jedes dritte deutsche Unternehmen mit Projektvolumen von über 25 Millionen Euro BIM und kaum eines davon vollumfänglich.[24] Zwar setzt sich langsam die Erkenntnis durch, dass die BIM-Methode den Planungs- und Bauprozess transparenter und damit auch schneller und günstiger macht, aber nur wenige Unternehmen sind bislang soweit in das Thema vorgedrungen, dass sie auch von den darin angelegten Vorteilen für den späteren Gebäudebetrieb profitieren könnten. Kein Wunder also, dass auch weiterführende IoT-Technologien in der Projektentwicklung weiterhin oft vernachlässigt werden.

Die Probleme, die sich daraus mittelfristig ergeben, liegen einerseits auf der Kostenebene, weil die Nachrüstung von Bestandsgebäuden deutlich teurer ausfallen wird. Andererseits besteht auch die Gefahr der Disruption. Denn im selben Maßstab, in dem für vorausschauende Projektentwickler die Grenze zum Technologiesektor verschwimmt, ist das

[23] Deloitte-Studie „Industrielles Internet der Dinge und die Rolle von Telekommunikationsunternehmen", März 2016.

[24] Fraunhofer IAO-Studie „Digitale Planungs- und Fertigungsmethoden", Stuttgart 2015.

auch umgekehrt der Fall. Mithin ist es nur eine Frage der Zeit, wann Technologieunternehmen ihrerseits in die Immobilienbranche vorstoßen.

Für das universelle Ziel der sich seit Konrad Zuses bahnbrechender Erfindung 1941 immer weiter beschleunigenden digitalen Revolution – nämlich die Schaffung einer besseren Lebensqualität bei gleichzeitiger Steigerung ökonomischer Effizienz – spielen solche Überlegungen allerdings keine Rolle. Aus dieser übergeordneten Perspektive ist es belanglos, welche Unternehmen von den IoT-Technologien profitieren und welche nicht. Wichtig ist allein, dass ihre Potenziale ausgeschöpft werden. Und das werden sie.

Literatur

Andelfinger, V.P./Hänisch, T. (Hrsg.) (2015): Internet der Dinge. Technik, Trends und Geschäftsmodelle, Wiesbaden.

Ashton, K. (2016): How To Fly A Horse: The Secret History of Creation, Invention, and Discovery, New York.

Bosch Software Innovations GmbH (2014): Connected World. White Paper Series. Part I: The Internet of Things Strategy. Berlin.

Deloitte (2016): Industrielles Internet der Dinge und die Rolle von Telekommunikationsunternehmen, Berlin.

European Patent Office (2017): Patents and the Fourth Industrial Revolution, München.

Fraunhofer IAO (2015): Digitale Planungs- und Fertigungsmethoden, Stuttgart.

International Data Group IDG u.a. (2017): Internet of Things 2018, Boston.

Internet Society (2015): The Internet of Things: An Overview. Understanding the Issues and Challenges of a More Connected World. Reston.

Memoori (2016): The Internet of Things in Smart Buildings 2016 to 2021, Stockholm.

VDE – Verband der Elektrotechnik Elektronik Informationstechnik e.V. (Hrsg.) (2014): DKE/DIN ROADMAP Version 1.0. Die deutsche Normungs-Roadmap Smart City. Konzept. Frankfurt/Main.

II
Investition und Finanzierung

Digitalisierungsperspektiven eines Immobilienfinanzierers

Gerhard Kebbel/Philipp Kaiser/Robert Wassmer

1 Einleitung

Die Immobilienfinanzierung ist auf den ersten Blick nur ein einzelner Baustein der Wertschöpfung der Immobilienwirtschaft. Direkt drängt sich ihre Relevanz nur bei einer Immobilientransaktion auf, wenn es die Frage der bestmöglichen Finanzierung zu klären gilt. Aber auch nach Abschluss der Finanzierung bleibt die Bank ein stetiger Begleiter. Zum einen ist sie mit ihren Finanzierungsraten für eine laufende Belastung des Cash Flows „verantwortlich“, zum anderen stellt und überwacht sie im Sinne der Covenant Reportings dauerhaft wirkende Anforderungen an die Wertentwicklung, die Wirtschaftlichkeit und das Risiko der Immobilie. Dabei steht sie nicht nur mit dem Eigentümer im stetigen Kontakt, sondern auch indirekt mit Mietern sowie den bestellten Asset Managern, Fonds Managern und anderen Dienstleistern. Wenn im Folgenden über die Digitalisierung der Immobilienfinanzierung gesprochen wird, ist dies als Thema nicht nur mit punktueller Auswirkung, sondern strahlt in die meisten Komponenten der Wertschöpfung der Immobilienwirtschaft mit aus.

Doch was bedeutet nun die Digitalisierung für die Immobilienwirtschaft? Diese Frage soll im Folgenden aus der Perspektive einer international führenden Immobilienfinanzierungsbank für gewerbliche Immobilienfinanzierung erörtert werden.

2 Was erwartet die Immobilienwirtschaft von der Digitalisierung?

Dies ist eine Frage, die sich auch eine Landesbank täglich aufs Neue stellt – nicht zuletzt, weil sie die Antwort darauf stetig fortentwickelt. Was heute noch Stand der Technik ist und alle gängigen Anforderungen erfüllt, kann in weniger als einem Jahr bereits veraltet und vom Markt nicht mehr akzeptiert sein.

Begonnen wurde dabei zunächst Anfang 2016, indem Kunden direkt nach ihren Erwartungen gefragt wurden. Zahlreiche Kundeninterviews über alle Kundensegmente hinweg wurden durchgeführt. Im Bereich Immobilien wurden als Gesprächspartner die Geschäftsführer oder Finanzverantwortlichen der Kunden der Immobilienwirtschaft ausgewählt. Die Rückmeldungen waren ebenso eindeutig wie einstimmig. Erwartet wird von der Digitalisierung eine deutliche Steigerung der Effizienz und der Transparenz. Dabei bezogen die Gesprächspartner diese Erwartung zunächst auf ihr eigenes direktes Arbeitsfeld. Da jedoch eine Landesbank mit ihren Finanzdienstleistungen Teil dieses Arbeitsfeldes ist, betrifft diese Erwartung im gleichen Maße die Bankdienstleistungen. Notwendig sind zunehmende Effizienz und Transparenz, weil täglich neue Komplexität, Regulierung und Veränderung zum Arbeitsumfeld hinzukommen. Diese neuen Herausforderungen erfordern Zeit und Ressourcen und erhöhen somit die Arbeitsbelastung sowie auch die Kostenbasis. Damit diese Aufgaben insgesamt weiterhin bewältigt werden können, müssen die bisherigen Arbeitsinhalte kontinuierlich leichter und effizienter werden. Hierzu muss laufend auf Basis von Digitalisierung und Optimierung nach Transparenz und Effizienz gestrebt werden.

Generell sind dabei alle Beteiligten der Immobilienwirtschaft in der Pflicht. Aber speziell bei Finanzierungsprozessen wird die Bringschuld von den Kunden eindeutig bei den Banken gesehen, die mit den Finanzierungen „schließlich Geld verdienen wollen". Damit sich für eine bestimmte Bank und gegen den Wettbewerb entschieden wird, muss diese neben klassischen Bank-Kompetenzen in Zukunft auch kontinuierlich auf den Effizienz- und Transparenz-Gewinn ihrer Kunden hin arbeiten. Dass dabei die verlässlichen und belastbaren Prozesse aufrecht erhalten bleiben müssen, ist natürlich eine wesentliche Grundvoraussetzung. Die Bank soll hierfür selbstständig mit sinnvollen Vorschlägen, neuen Lösungen sowie innovativen Produkten kommen und diese dem Kunden vorschlagen. Beim Status quo des Bank-Leistungsangebots zu verharren, bedeutet den Verlust des Wettbewerbsvorteils und damit der Kundenbeziehung.

Der Wunsch nach Effizienz bezogen auf Immobilienfinanzierung bedeutet, dass jeder einzelne Schritt des Immobilienfinanzierungsprozesses – vom Anfang bei der Erstellung einer Finanzierungsanfrage bis hin zur laufenden Kreditbetreuung – schneller und einfacher gestaltet und soweit wie möglich automatisiert werden muss. Von einem schnellen, einfachen und automatischen Prozess ist die Immobilienfinanzierung heute aus Sicht der Kunden noch weit entfernt. Durch die Vielzahl an involvierten Parteien bei einer Immobilienfinanzierung – wie den Darlehensnehmern, den Banken, den Gutachtern, externen Rechtanwaltskanzleien und weiteren Parteien – liegen eine Vielzahl an Schnittstellen vor. Heute dominieren an diesen Schnittstellen noch wenig effizient E-Mail-Ketten, Word-Markup-Versionen und die allseits wohlbekannte „stille Post". Auch nach Unterschrift des Kreditvertrags und bei anstehender Auszahlung gilt es bislang, die vereinbarten, oft vielzähligen Auszahlungsvoraussetzungen zu prüfen, nachzufragen, abzustimmen und zu dokumentieren. Dies erfolgt bislang ebenfalls händisch, langwierig und arbeitsintensiv. Nach Auszahlung des Kredits schließlich beginnt die Kreditbetreuung. Hier befindet sich der aktuell größte Block an denkbarer Effizienzoptimierung. Im Idealfall bestünde kein menschlicher Arbeitsbedarf – so zumindest die Wunschvorstellung. Dass hierfür noch einige formale wie technische Voraussetzungen zu erfüllen sind, versteht sich. Die Maschine sollte dann alle Überwachungsdaten automatisch übermitteln und die Verarbeitung ebenfalls in einer Dunkelverarbeitung erfolgen. Doch bislang sind auch dies manuelle, zeitaufwändige und häufig ineffiziente Tätigkeiten. Die Aufbereitung und Übermittlung sowie die Auswertung ist meist händisch, Fristen verstreichen, Nachfragen werden nötig und die Informationspakete sind vielfach höher als tatsächlich notwendig, um die vertraglich fixierten Covenants ausreichend zu prüfen.

Der Wunsch nach Transparenz bezieht sich auf eine verbesserte Informationslage, um besser entscheiden zu können, Aufwände bei der Informationsbeschaffung einzusparen sowie unnötige oder fehlerhafte Arbeit unterlassen zu können. Das kann zwar auch innerhalb eines Unternehmens relevant sein, kommt aber noch stärker in der Zusammenarbeit zwischen mehreren Parteien des Immobilienfinanzierungsprozesses zum Tragen. Wenn z.B. mehrere Banken mit dem Entwickler sowie mehreren Parteien an Dienstleistern wie Beratern und Rechtsanwälten gemeinsam an einer Finanzierung arbeiten, kommt es bislang häufig vor, dass nicht jede Partei stets auf dem neuesten Stand ist, an der richtigen Version eines Vertrages arbeitet oder die relevanten Informationen bereits im Datenraum zur Verfügung hat. Ebenso kann es in der laufenden Kreditbetreuung vorkommen, dass der Kreditnehmer gar nicht genau weiß, was die Bank wann und wie an Dokumenten benötigt, und diese jeweils immer wieder aufs Neue anfragen muss, oder er einfach auf gut Glück eine Auswahl an Dokumenten übersendet, die hoffentlich von der Bank benötigt werden – oder auch nicht.

3 Neue Rolle eines Immobilienfinanzierers

Für die Rolle eines Immobilienfinanzierers ergibt sich dadurch ein gewandeltes Bild: Die klassischen Kompetenzen bei der Immobilienfinanzierung wie Strukturierung, Transaktionsabwicklung und Risikomanagement werden ergänzt um neue Fähigkeiten wie IT-Systemvernetzung, Prozessautomatisierung sowie Innovationsentwicklung.

Grundlage der IT-Systemvernetzung ist die Ablösung der bislang dezentralen Arbeit an der Immobilienfinanzierung bei Banken, Entwicklern, Anwälten und vielen anderen durch gemeinsame digitale Systeme und Datenbestände. Die bislang vorherrschenden Abstimmungswege Papier und E-Mail werden Schritt für Schritt ersetzt durch integrierte Plattformen, an die alle Teilnehmer IT-seitig angeschlossen sind und gemeinsam auf einem Daten- und Informationsstand arbeiten. Zwar arbeitet auch heute schon jede der Parteien des Immobilienfinanzierungsprozesses intern auf digitalen Systemen wie Microsoft Office oder einem ERP-System, diese sind aber nicht zwischen den Akteuren digital vernetzt. Eine Lösung kann in einem ersten Schritt in einer frühen, einfachen Lösung vergleichbar zu gemeinsamer Dokumentbearbeitung z.B. in Office 365 oder einem Datenraum mit Bearbeitungs- und Revisionsfunktion liegen. In späteren Schritten sind gemeinsame IT-Systeme oder Plattformen naheliegend, so dass alle Parteien direkt auf dem gleichen IT-System arbeiten. Ein manueller Datenaustausch oder Abgleich wird somit unnötig und die Informationssicherheit steigt, da Medienwechsel in unsicherere Übertragungswege wie E-Mail, Post oder telefonischen Zuruf entfallen.

Als Immobilienfinanzierer mit der Fähigkeit zur Prozesseffizienz erscheint es zunächst naheliegend, interne Effizienzgewinne anderen Parteien in Form einer günstigeren Preisgestaltung weitergeben zu können. Aber es sind auch andere Modelle möglich. Das wird klar, wenn man durchspielt, was für Folgen es haben kann, nicht nur eigene, sondern auch Effizienzgewinne für Geschäftspartner zu realisieren. Dabei sind Schnittstellen zu Zulieferern und Kunden zu optimieren sowie die Arbeitsschritte, die auf Basis von Zuarbeit oder Anforderungen rein innerhalb der Sphäre von anderen Parteien ablaufen. Denn ein Immobilienfinanzierungsangebot, dass für alle daran mitwirkenden Partnern Effizienz schafft – sei es in Form von niedrigeren Kosten, aber auch kürzeren Durchlaufzeiten, höherer Prozessqualität oder Sicherheitsaspekten – kann über einen Wettbewerbsvorteil verfügen. Die Ansätze zum Effizienzgewinn sind wieder erprobtes Handwerk: Es gilt, sich selbst und anderen unnötige Arbeitsschritte zu ersparen, zu automatisieren, zu digitalisieren sowie Tätigkeiten insgesamt zu den dafür am besten qualifizierten Parteien zu verlagern. Das gilt besonders für Wartezeit und Nachfragetätigkeiten. Dabei ist wichtig, dies als kontinuierlichen Prozess zu verstehen und kulturell entsprechend zu etablieren, da sich im Laufe der Zeit immer wieder, z.B. auf Basis regulatorischer Änderungen, Ineffizienzen in Prozesse einschleichen, die aufs Neue eliminiert werden müssen. Ein weiteres Ergebnis der Prozessoptimierung kann darin liegen, dass Geschäftspartner, bei denen im Leistungsangebot Kosten durch höhere Effizienz eingespart werden können, diese in Form höherer Gebühren weitergegeben werden. Dies ist ein nicht zu unterschätzender Aspekt: In Kunden-Interviews wurde dieser Aspekt mehrfach ohne Nachfrage genannt. In Zeiten sinkender Margen und zunehmenden Wettbewerbs kann das neben der Wettbewerbsperspektive zur Sicherung der Erträge auch ein Preishebel sein, um das eigene Geschäft weiterhin auskömmlich gestalten zu können.

Die Fähigkeit zur Innovationsentwicklung beschreibt die Fähigkeit, im Einklang mit den Kundenbedürfnissen bestehende Leistungen auf Basis neuer Technologien oder Ressourcen zu verbessern sowie grundlegend neue Leistungen zu entwickeln. Dabei sind Kundenbedürfnisse nicht von Dauer, sondern verändern sich im Laufe der Zeit, sowie auch Ressourcen und Technologien sich immer schneller weiterentwickeln und entstehen bzw. obsolet werden und somit der konstanten Aufmerksamkeit bedürfen. Im Kontext der Immobilienwirtschaft wird diese Fähigkeit Wettbewerbsvorteil und Daseinsberechtigung zugleich werden. Einzelne Teilnehmer des Immobilienfinanzierungsprozesses werden Schritt für Schritt ihre Leistungen digitalisieren und dadurch einen Grad an Transparenz und Effizienz schaffen, den es bei anderen Marktteilnehmern nicht gibt. Zudem werden sie aktiv nach externen Partnern mit hilfreichen Ressourcen und Lösungen suchen und diese mit in ihr eigenes Leistungsangebot integrieren. Der traditionelle Selbstanspruch, Leistungen möglichst vollständig selbst erbringen zu wollen, wird abgelöst. Es zählt nicht mehr der selbst erbrachte Anteil an der Wertschöpfung, sondern die Wettbewerbsfähigkeit in jedem einzelnen Element der angebotenen Leistung. Zudem wird die Fähigkeit zur Steuerung und Orchestrierung von Dienstleistern und Zulieferern von wesentlicher Bedeutung werden. Es stellt eine Öffnung nach außen dar, die so zuvor zumindest bei Banken nicht üblich war. Es ist zu erwarten, dass Akteure, die sich dieser Veränderung verschließen, zunächst ihre Wettbewerbsfähigkeit und anschließend ihre wirtschaftliche Daseinsberechtigung verlieren werden. Sie werden zu Verlierern des

Wandels, wenn sie nicht in der Lage sind, selbst Innovationen zu entwickeln oder diese zu übernehmen und zu integrieren. Innovative Akteure profitieren und werden zunehmend Erträge der Wertschöpfung der Immobilienwirtschaft zu sich lenken können.

4 Finanzierungsstruktur der Zukunft

Wie im Vorangegangenen ausgeführt, sind im Rahmen der Digitalisierung die Steigerung von Transparenz und Effizienz sowie Innovation in der Zusammenarbeit aller Beteiligten während des Transaktionsprozesses naheliegend. Aber neben dieser Prozessoptimierung stellt sich auch die Frage, wie die eigentliche Finanzierung durch die Digitalisierung beeinflusst wird oder beeinflusst werden kann.

Derzeit zeigt sich recht häufig eine hohe Komplexität der Finanzierungsstrukturen, die nicht selten einem kleinen Kunstwerk ähneln. Dadurch kann zwar den jeweiligen besonderen Charakteristika der Immobilie wie auch den Bedürfnissen der Vertragspartner bestmöglich Rechnung getragen werden. Durch die starke Individualisierung ist jedoch der grundsätzliche Aufwand bei der Entwicklung der Struktur und Betreuung der laufenden Finanzierung sehr hoch und bedarf häufig manueller Tätigkeiten. Vielfach zeigt sich jedoch in verschiedenen Bereichen des Wirtschaftslebens ein Trend zur Reduzierung von Komplexität, insbesondere durch Standardisierung. Solche Wünsche nach einfacheren Produkten bekommt man selbst von Immobilienkunden, für die diese Komplexität keinerlei Problem darstellt, zu hören. Denn eine einfachere Struktur würde Zeit und Aufwand reduzieren und eine Abbildung in IT-Systemen und Plattformen deutlich erleichtern.

So ist durchaus vorstellbar, dass sich zwei grundlegende Arten von Finanzierungen entwickeln. Eine Variante wäre die Fortführung des bisherigen individuellen Ansatzes unter Zuhilfenahme optimierter Prozesse und Kommunikationsmöglichkeiten. Die Finanzierung wäre wie bisher eine Einzelanfertigung und Maßarbeit, würde aber effizienter digital abgewickelt werden als bisher. Dies würde insbesondere bei den Aspekten Kommunikation, Datenaustausch und Informationsverarbeitung zum Tragen kommen. Daneben könnte sich aber auch eine zweite Variante entwickeln, die sich durch eine geringere Individualisierung bei gleichzeitig niedrigeren Kosten auszeichnet. Für Immobilientransaktionen mit weniger komplexen Anforderungen könnte eine Finanzierung über ein Baukastensystem denkbar sein. Einzelne Finanzierungscharakteristika wie Laufzeit, Zinsgestaltung und Covenants könnten aus einem vorgegebenen Set an Varianten ausgewählt werden. Ein erfahrener Nutzer kann sich so selbst den für ihn geeigneten Kredit zusammenbauen. Doch da der typische gewerbliche Immobilienfinanzierungskunde routiniert ist, sollte dies beim Großteil der Finanzierungsanfragen keine Hürde darstellen. So ließe sich ein gewisses Maß an Individualisierbarkeit trotz Standardisierung dennoch erhalten.

Die bisherigen Ausführungen zu den Auswirkungen der Digitalisierung auf die Immobilienfinanzierung bezogen sich einerseits auf die Prozessgestaltung und die Zusammenarbeit der involvierten Parteien und andererseits auf die Möglichkeiten zur Gestaltung der Fremdkapitalfinanzierung. Bereits seit einiger Zeit sind am Markt aber auch neue Teilnehmer in der Bereitstellung von Mezzanine-Tranchen aktiv, die nicht aus altbekannten und etablierten Quellen stammen. Als alternative Anlageform bieten inzwischen eine Reihe von Start-ups Privatanlegern die Möglichkeit, in die Projektentwicklung einzelner Objekte in Form von Mezzanine-Finanzierungen zu investieren. Dabei stellt die relativ hohe Verzinsung dieser meist kurz- bis mittelfristigen Mittelbereitstellung gerade in Zeiten niedriger Zinsen eine interessante Alternative zu sonstigen Anlageformen dar, was sicherlich einen positiven Einfluss auf die erfolgreiche Entwicklung dieser Investitionsmöglichkeit in der jüngsten Vergangenheit gehabt hat. Inwieweit die Verzinsung auch dem jeweiligen Risiko angemessen ist, lässt sich verständlicherweise immer nur am einzelnen Projekt mit seinen individuellen Parametern feststellen. Insgesamt betrachtet stellen diese Anbieter von Crowdinvesting-Mitteln eine interessante Erweiterung der Investoren- bzw. Finanzierungsbasis dar, da eine weitere Streuung des Risikos auf neue Teilnehmergruppen erfolgt.

Aus Sicht eines Finanzierungspartners bietet diese neue Gruppe von Marktteilnehmern eine weitere Möglichkeit, die Kundenerfahrung zu verbessern. Durch die Kooperation von Crowdinvesting-Anbietern mit einer Bank lassen sich direkt aus einer Hand kombinierte Lösungen für die individuelle Finanzierungsanfrage eines Kunden erstellen. So lassen sich bei Bedarf bestimmte Anteile des Eigenkapitalanteils einer Projektfinanzierung durch Mittel aus einer Crowdinvesting-Initiative substituieren oder ergänzen. Eine solche Ergänzung der bisherigen Finanzierungsquellen ist bei entsprechender Ausgestaltung für die Finanzierungspartner aus Risikogesichtspunkten stets vorteilhaft. Natürlich spielt das Risiko auch für die neuen Investoren aus den Crowdinvesting-Initiativen eine große Rolle; einerseits für die bereits in dem jeweiligen Projekt investierten Anleger, aber auch für den nachhaltigen Erfolg dieser Anlageklasse. So sind bei einem großen Teil der Crowdinvesting-Anbieter erfahrene Immobilienexperten eingebunden, die als direkte Mitarbeiter oder als Teil eines Investment-Komitees ihre Expertise bei der Auswahl der zu finanzierenden Projekte einbringen. Nichtsdestotrotz muss sich ein potenzieller Investor hierbei sicher sein, die Risikoklasse der Mezzanine-Finanzierung richtig einzuschätzen. Das Ausfallrisiko ist trotz aller Maßnahmen durch die Seniorität der Tranche nicht zu unterschätzen und spiegelt sich auch entsprechend in der eingangs genannten hohen Verzinsung wider.

5 Lösungselemente einer Landesbank

Im Einklang mit den genannten Stoßrichtungen Transparenz, Effizienz und Innovation entwickelt die Landesbank Helaba aktiv für ihre Kunden, Partner und natürlich auch sich selbst neue Ansätze und Lösungen im Immobiliengeschäft.

Mit dem Immobilienkundenportal entwickelt sie eine Prozessplattform, auf der die am Immobilienfinanzierungsprozess Beteiligten Transparenz über die jeweils notwendigen Schritte, Dokumente und Beistellleistungen erhalten. Damit ist für jeden Prozessbeteiligten stets ersichtlich, welche Schritte bis hin zur Unterschrift bzw. der Auszahlung noch zu erbringen sind, wer hierfür in der Verantwortung ist und ob dafür Zulieferleistungen noch ausstehen. Zudem steht ein gemeinsamer Datenraum für Dokumente zur Verfügung, in dem von allen involvierten Parteien gemeinsam z.B. an Verträgen gearbeitet werden kann. Das Aufsetzen auf veralteten Ständen von Verträgen oder das kontinuierliche Anfragen einzelner Dokumente sowie das Verstopfen von E-Mail-Postfächern sollten damit nicht mehr auftreten. Dadurch kann bei Finanzierungen unter Mitwirkung der Helaba für alle daran beteiligen Parteien die Transparenz und Effizienz erhöht werden. Dabei sind dies nur die Funktionalitäten des ersten Releases – weitere Funktionalitäten sind schon geplant, damit eine Immobilienfinanzierung mit der Landesbank Hessen-Thüringen möglichst effizient und zielführend ist.

Abbildung 1: Helaba-Kundenportal für Immobilienkunden

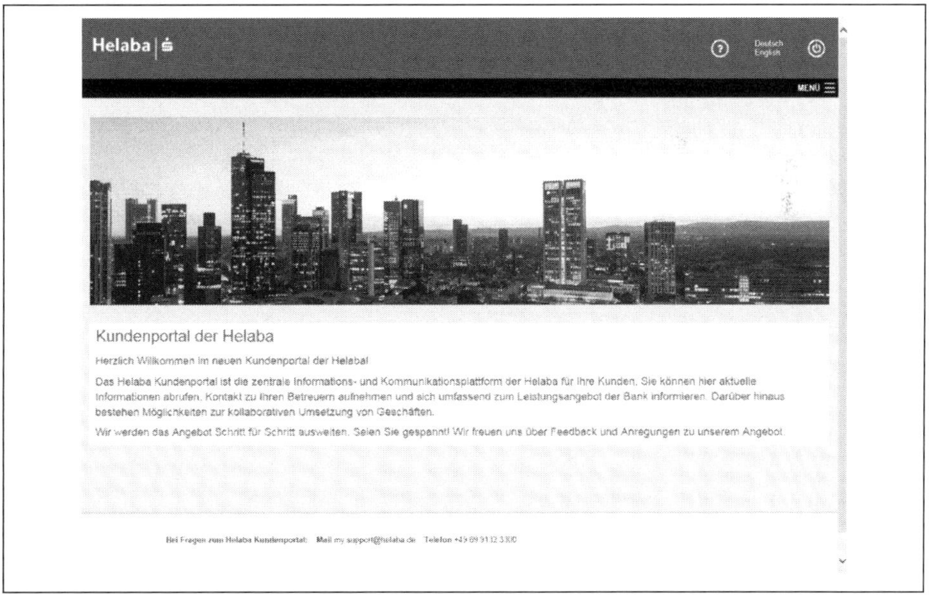

Quelle: Eigene Darstellung

Zudem testet die Helaba erste Anwendungen künstlicher Intelligenz zur Auswertung und Verarbeitung von Dokumenten. So soll die Dokumentenflut, die es insbesondere bei einer Immobilienfinanzierung zu bewältigen gilt, möglichst stark durch den Computer erkannt, eingelesen und vorbearbeitet werden und für den Menschen nur noch im Wesentlichen die Interpretation der Daten als Arbeit verbleiben.

Die Landesbank Hessen-Thüringen vollzieht einen Kulturwandel, um die Innovationskraft und die Veränderungsfähigkeit der Bank zu erhöhen. Hierzu wurde ein Netzwerk „Digitale Kompetenz" gegründet, dem ca. 80 Mitarbeiter über alle Bereiche der Bank beigetreten sind und die zu Multiplikatoren entwickelt werden sollen, um die Fähigkeit zur Veränderung und für digitale Lösungen überall in der Bank verfügbar zu machen. Dies wird ergänzt um Entwicklungsmaßnahmen für die Bereichsleiter – die erste Führungsebene unter dem Vorstand –, um deren Veränderungswillen und Veränderungsbedürfnis zu erhöhen. Eine wesentliche Maßnahme ist hier die „Digital Learning Journey", bei der eine Gruppe von 20 Bereichsleitern anderthalb Tage lang mit Start-up-Gründern diskutieren, um auf diese Weise Einblicke in eine ihnen weitgehend noch unbekannte Welt zu erhalten und selbst eigene Digitalisierungsideen für ihre Bereiche zu entwickeln – die von ihnen im Anschluss auch abgefordert werden. Ziele sind damit eine erhöhte Anpassungs- und Veränderungskompetenz der Bank sowie eine noch stärkere Kundenorientierung über die gesamte Bank hinweg. Diese ist notwendig, um die Bank noch stärker als digitalen Lösungsanbieter auszugestalten, damit sich die Bank und ihre Leistungen im Einklang mit sich verändernden Kundenbedürfnissen konstant neu erfinden kann.

Des Weiteren öffnet sich die Bank für externe Innovationen und Partner. Ziele sind dabei zum einen, in Zukunft auch aus einem breiten Portfolio von externen Leistungen schöpfen zu können, um kundenindividuell stets die beste Lösung und Ausgestaltung anbieten zu können. Zum anderen soll an den Stellen, an denen eine externe Erbringung effizienter ist, dieser Vorteil auch realisiert werden. Schließlich sollen die Leistungen der Helaba bei übergreifenden Initiativen wie z.B. Plattformen vertreten sein, wenn dies für die Kunden Sinn macht. In der Umsetzung geschieht dies unter anderem durch Vernetzung mit Start-ups und anderen Finanzdienstleistungsanbietern z.B. im TechQuartier in Frankfurt, in dem zahlreiche FinTechs und PropTechs ansässig sind und sich zahlreiche weitere Banken ebenfalls einbringen. Zudem hat sich die Landesbank an einem Venture-Capital-Fonds beteiligt, um darüber einen systematischen Marktüberblick der innovativen Internetszene zu erlangen. Beide Zugangswege schaffen Voraussetzungen dafür, sich an externen Partnern beteiligen zu können, so dies für die gemeinsame Zusammenarbeit förderlich oder erforderlich ist. Dabei sucht die Helaba aktiv nach Lösungsanbietern, die der strategischen Weiterentwicklung der Bank nützen können.

Real Estate Crowdfunding in Deutschland

Carsten Kotas

1 Einleitung und Problemstellung

Von intelligenten Gebäuden („Smart Buildings"), betrieblichen Optimierungen (z.B. Cloud Services), neuen Formen der Kundenansprache (z.B. Vermarktung von Objekten über mobile Endgeräte, Online-Immobilientransaktionen, 3D-Visualisierungen), individualisierter Nutzung (z.B. Wohnen als Service), bis hin zu „Big Data": die Immobilienbranche muss sich mit neuen Geschäftsmodellen auseinandersetzen[1,2,3]. Dazu gehören auch die disruptiven Technologien und Geschäftsmodelle von FinTech-Unternehmen, die die integrierten Wertschöpfungsketten von Universalbanken aufbrechen und für Immobilienunternehmen[4] Finanzierungsalternativen jenseits der traditionell dominierenden Bankkredite bereitstellen.[5]

Immobilien sind eine sehr alte Form der Kapitalanlage, deren Marktsegmente nach unterschiedlichen Nutzungsarten wie Gewerbeimmobilien, Wohnimmobilien oder Sondernutzungen (Infrastruktur, Freizeit etc.) differenziert werden und aus Investorensicht eigene Assetklassen darstellen. Immobilien als Teil eines Portfolios bieten eine Reihe von Vorteilen, zu denen insbesondere Kapitalerhalt, Diversifikations- und Wertsteigerungspotenzial, Steuervorteile, laufende (Miet-) Erträge und Inflationsschutz gehören.[6] Aufgrund hoher Minimuminvestments und anderer charakteristischen Eigenschaften[7] blieben Direktinvestitionen in Immobilien bisher überwiegend vermögenden Privat- und insti-

[1] Vgl. Bölting, T., Königsmann, T. Neitzel, M. (2016): Digitalisierung in der Immobilienwirtschaft. Chancen und Risiken. Studie im Auftrag der Bundesarbeitsgemeinschaft Immobilienwirtschaft Deutschland (BID), Berlin (www.bid.info). Abgerufen am 03.07.2017 unter https://www.bfw-bund.de/api/downloads/view/15659.

[2] Vgl. ZIA (Der Zentrale Immobilien Ausschuss), Ernst & Young (2016): Einsatz digitaler Technologien in der Immobilienwirtschaft. Abgerufen am 03.07.2017 unter http://www.zia-deutschland.de/fileadmin/Redaktion/Positionen/Studie_Digitalisierung_27.09.16.pdf.

[3] Vgl. Samtani, H. (2014): Real estate's big ideas. The latest batch of innovative ideas – from Google Glass to condo-ing building's signage — gaining industry traction. Abgerufen am 20.07.2017 unter https://therealdeal.com/issues_articles/real-estates-big-ideas/.

[4] Immobilienunternehmen können diesem Zusammenhang z.B. Bauträger, Projektentwickler oder für ein Immobilienprojekt eigens genutzte/gegründete Projektgesellschaften sein.

[5] Disruptive Technologien sind weniger durch Neuartigkeit sondern durch ihre revolutionäre Veränderungskraft im Markt, der Gesellschaft oder der Umwelt gekennzeichnet. Maßgebend ist die Wirkung im engeren Sinne. Ein typisches Beispiel mit Immobilienbezug ist das Geschäftsmodell von AirbnB.

[6] Vgl. z.B. Cohen, J. (2016): A Study on the History and Functionality of Real Estate Crowdfunding. Joseph Wharton Research Scholars. S. 9 ff. Abgerufen am 29.06.2017 unter http://repository.upenn.edu/joseph_wharton_scholars/19.

[7] Z.B. Standortgebundenheit, Heterogenität und „Knappheit", lange Lebens-, Planungs- und Erstellungsdauer, hoher Kapitaleinsatz, hohe Transaktionskosten/laufende Kosten, starke Abhängigkeit von Umweltfaktoren insbesondere Lage und restriktive regulatorische Investitionsbedingungen.

tutionellen Investoren vorbehalten[8], Retail-Investoren mussten bisher auf indirekte Beteiligungsformen „ausweichen“.[9]

Im Mittelpunkt dieses Beitrags steht das sog. „Real Estate Crowdfunding“ (RECF), das aus der Sicht von Immobilienunternehmen und Projektentwicklern die Vorteile von direkten und indirekten Immobilieninvestments miteinander verbindet.[10]

Abbildung 1: Eigenschaften unterschiedlicher Investitionsformen

	Direktinvestitionen	Nicht-gelistete Immobilien-Fonds*	Immobilien AGs und REITs**	RECF***	Immobilienindex-Derivate
Leichter Zugang	**nein** Objektsuche, Due Diligence etc.	**mittel** fondsabhängig, Analyse Prospekt	**ja** Depot ,Analyse Aktie bzw. Prospekt	**ja** CF-Plattformanmeldung, Prospekt	**mittel** Depot, Rahmenvereinbarung etc.
Minimum-Investment	**hoch**	**niedrig - mittel**	**niedrig**	**niedrig**	**niedrig - mittel**
Transparenz	**hoch** 1 bekanntes Investitionsobjekt	**wenig - mittel** Fondsbestandteile ex post transparent	**mittel** Fondsbestandteile zeitnah transparent	**hoch** 1 bekanntes Investitionsobjekt	**wenig - hoch** indexabhängig, Pricing z.T. komplex
Liquidität	**gering** typischerweise mehrere Monate bis zum Kauf/Verkauf	**gering - mittel** Kündigungsfristen, Prämie/Abschlag ggü. NAV	**mittel - hoch** börsengehandelt Prämie/Abschlag ggü. NAV	**gering** objektabhängig, z.T. (illiquider) Sekundärmarkt	**mittel - hoch** abhängig vom Basiswert, OTC börsengehandelt
Volatilität	**niedrig** Rendite/Vola's ex ante kalkulierbar	**niedrig - mittel** abhängig von individuellem Fonds	**hoch** stark abhängig von Aktienmarkt	**niedrig** Rendite/Vola's ex ante kalkulierbar	**sehr hoch** abhängig von Delta, i.d.R. Leverage
Spezifisches Projektrisiko	**hoch** 1 Investitionsobjekt, deswegen keine/geringe Diversifikation	**gering - mittel** fondsabhängig, Diversifikation durch mehrere Investitionsobjekte	**gering - mittel** fondsabhängig, Diversifikation durch mehrere Investitionsobjekte	**hoch** 1 Investitionsobjekt, deswegen keine/geringe Diversifikation	**niedrig** Basiswert i.d.R. diversifizierter Immobilienindex, Diversifikation
Korrelation ggü. Direktinvestitionen	**n/a**	**mittel - hoch** fondsabhängig, NAVs ähnlich Immobilienindex	**niedrig** Kursverlauf mit hoher Korrelation zu Aktienindex	**hoch** Instrumentab-hängig, ähnlich Direktinvestition	**niedrig** Renditen ähnlich Immobilienindex zzgl. Leverage
Transaktionskosten	**hoch** typischerweise bei Kauf 6%+, Verkauf 1%+	**hoch** Projektierungskosten, versteckte Kosten, Bid-Offer Spread, Ausgabeaufschlag, Mgmt. Fees etc.	**niedrig** Bid-Offer Spread, Broker Fee, Verwaltungs-/lfd. Kosten AG bzw Mgmt. Fees bei REITs etc.	**mittel** u.U. Weitergabe von Kosten der CF-Plattform an Investor, illiquider Sekundärmarkt	**Niedrig - mittel** versteckte Kosten infolge intransparenten Pricings, Bid-Offer Spread, Broker Fee

*Quelle: Vgl. Investment Property Forum, S. 3, eigene, erweiterte Darstellung (*offene und geschlossene, **Real Estate Investment Trusts, ***Real Estate Crowdfunding)*

[8] Vgl. Goins, S. (2014): Real Estate Crowdfunding. Alternative Finance Sector Report. S. 1. Abgerufen am 21.06.2017 unter http://www.altfi.com/downloads/real-estate-crowdfunding-report.pdf.

[9] Indirekte Beteiligungsmöglichkeiten sind beispielsweise offene und geschlossene Immobilienfonds, Immobilien-AGs oder REITs (Real Estate Investment Trusts).

[10] Zum Investorenverhalten beim RECF vgl. z.B. Hervé, F. et al. (2017): Determinants of Individual Investment Decisions in Investment-Based Crowdfunding. Abgerufen am 27.07.2017 unter https://ssrn.com/abstract=2746398.

Als Hauptvorteile von RECF werden insbesondere der leichte Zugang zur Assetklasse „Immobilien“[11], niedrige Minimuminvestments und geringe Transaktionskosten genannt. Abbildung 1 gibt einen Überblick über die Eigenschaften typischer Investitionsformen aus Anlegersicht.[12] RECF hat in den letzten Jahren international stark an Bedeutung gewonnen, führt aber in Deutschland immer noch ein „Schattendasein“ bei der Projektfinanzierung[13], obwohl es aus Sicht von Immobilienunternehmen eine interessante Finanzierungsvariante darstellen kann.

In den USA wurde das erste (gewinnorientierte) Immobilienprojekt über eine Crowdfunding-Plattform im Jahr 2012 durch die Fundrise LLC (fundrise.com) realisiert[14].[15] Die Kapitalfreunde GmbH startete im November 2012 die erste Plattform für Immobilien in Deutschland (kapitalfreunde.de).[16] Mittlerweile entwickelt sich RECF schnell und mit enormen Wachstumsraten.

Ziel dieses Beitrags ist die Klärung der Frage, ob es sich bei RECF um eine disruptive Finanzierungsform handelt, die die Dominanz des in Deutschland traditionell dominierenden Bankkredits mittelfristig infrage stellen könnte. Dazu werden zunächst die rechtlichen Rahmenbedingungen für RECF in Deutschland aufgezeigt. Entscheidungen von Investoren werden grundsätzlich aufgrund individueller Rendite-Risikoabwägungen getroffen. Innovative Geschäftsmodelle können ihr Potenzial nur dann voll entfalten, wenn die angebotenen Investitionsmöglichkeiten aus Sicht der Kapitalgeber (hier: Crowd-Investoren) dem Fremdvergleich standhalten. Deswegen sollen die in Deutschland über RECF finanzierten Projekte nach einheitlichen Kriterien analysiert und die Crowd-

[11] Athwal, N. (2015): How Crowdfunding Has Changed Real Estate Investing. Abgerufen am 20.07.2017 unter https://www.forbes.com/sites/navathwal/2015/12/02/how-crowdfunding-has-changed-real-estate-investing/#1debd88126cc.

[12] Zu Formen wie „Seller Financing“, „Sale-Leaseback“ und „Ground Leases“ vgl. z.B. Berrie, P. (2009): Alternative Financing Structures for Real Estate Deals. Abgerufen am 03.07.2017 unter https://www.faegrebd.com/alternative-financing-structures-for-real-estate-deals.

[13] Ein Immobilienprojekt ist von einem Immobilienunternehmen betriebenes Projekt und beinhaltet insbesondere die Finanzierung, die Re- und Umfinanzierung, den Erwerb, die Entwicklung und/oder die Sanierung/Renovierung von Immobilien.

[14] RECF aus „nicht-gewinnorientierten Motiven“ geht in den USA bis auf das Jahr 2012 zurück, als für die Konstruktion des Sockels der Freiheitsstatue von Joseph Pulitzer über seine Zeitung „The New York World“, US-Dollar 2,5 Mio. eingeworben wurden.

[15] Hurst, S. (2015): First-Ever Crowdfunded Real Estate Project on Fundrise Opens Up Business in DC. Abgerufen am 04.07.2017 unter https://www.crowdfundinsider.com/2015/04/66016-first-ever-crowdfunded-real-estate-project-on-fundrise-opens-up-business-in-dc/.

[16] Köllen, K. (2015): Wie Crowdfunding den Immobilienmarkt revolutioniert. Abgerufen am 04.07.2017 über http://gruender.wiwo.de/wie-crowdfunding-den-immobilienmarkt-revolutionieren-kann/.

funding-Plattformen (nachfolgend: CF-Plattformen) aus Investorensicht miteinander verglichen werden.

2 Kategorien, Begriffe und Abgrenzungen

Unter Crowdfunding (Schwarmfinanzierung) versteht man das systematische Einwerben relativ niedriger Geldbeträge (Funding) bei vielen Internetnutzern (Crowd) insbesondere zur Finanzierung sozialer, karitativer oder kreativer Projekte. Auch Unternehmen nutzen Crowdfunding zur Kapitalbeschaffung.[17] Die Projekte werden über die jeweilige Crowdfunding-Plattform sowie i.d.R. zusätzlich über individuelle Websites, soziale Netzwerke, Blogs und sonstige Kanäle beworben. Der virale Effekt solcher Vermarktungsstrategien ermöglicht die kostengünstige und zeitnahe Ansprache vieler potenzieller Geldgeber sowie die vergleichsweise schnelle Bereitstellung von Geldmitteln.[18]

Die klassischen Formen des Crowdfunding (Donation-Reward-, Lending- und Equity-based) werden mittlerweile in zusätzliche Sub-Kategorien aufgeteilt, das „Real Estate Crowdfunding" (RECF), d.h. die Schwarmfinanzierung von Immobilienprojekten hat sich dabei als eigenständige, alternative Finanzierungsform etabliert (vgl. Abbildung 2).[19] Bei den Varianten „Balance Sheet Business Lending" (gängig) und „Balance Sheet Consumer Lending" (selten) handelt es sich nicht um Crowdfunding, weil die Plattform oder eine von ihr zwischengeschaltete Zweckgesellschaft selbst als Kreditgeber auftritt und deswegen die Finanzierung nicht durch die „Crowd" erfolgt.

Bei RECF in der hier verwendeten Begriffsdefinition wird die Gewinnerzielungsabsicht der Investoren unterstellt (Investment-based Crowdfunding). Der genaue Verwendungszweck der eingeworbenen Mittel (z.B. Finanzierung, Re- und Umfinanzierung, Erwerb, Modernisierung, Sanierung, Revitalisierung etc.) interessiert dagegen nicht, solange die

[17] BaFin (2016): Crowdfunding und der graue Kapitalmarkt. Abgerufen am 01.07.2017 unter https://www.bafin.de/DE/Verbraucher/GeldanlageWertpapiere/Investieren/Crowdfunding/crowdfunding_node.html.

[18] Wolf, L.M. (2012): Das Schneeball-Prinzip. In: Die Stiftung. Magazin für das Stiftungswesen und Private Wealth. Ausgabe 04/12. S. 24. Abgerufen am 01.07.17 unter http://www.urselmann.de/fileadmin/urselmann/presse/print/die_stiftung_heft_04-2012.pdf.

[19] Donation-Based Crowdfunding: Spendenbasierte Schwarmfinanzierung auf Spendenplattformen, in der Regel für karitative Projekte. Reward-Based Crowdfunding: Gegenleistungsbasierte Schwarmfinanzierung, in der Regel durch den Vorverkauf von Produkten oder Dienstleistungen. Vgl. z.B. Bundesverband Crowdfunding (2016): Alternative Finance Industry Survey: Taxonomien des Crowdfunding. Abgerufen am 01.08.2017 unter http://www.bundesverband-crowdfunding.de/2016/09/alternative-finance-industry-survey-taxonomien-des-crowdfunding/.

eingeworbenen Gelder für eine bestimmte, im Vertrag zwischen Kapitalgeber und Kapitalnehmer konkret benannte Immobilie verwendet werden. P2P-Lending-Varianten ohne konkrete Nennung einer Immobilie im Vertragsverhältnis[20] sowie Modelle, bei denen Darlehen zwar mit einer Immobilie besichert, die eingeworbenen Gelder aber für andere Zwecke verwendet werden (z.B. Marketplace/Peer-to-Peer (P2P) Property Lending[21]), werden nachfolgend nicht als RECF klassifiziert.

Abbildung 2: Formen des Crowdfunding

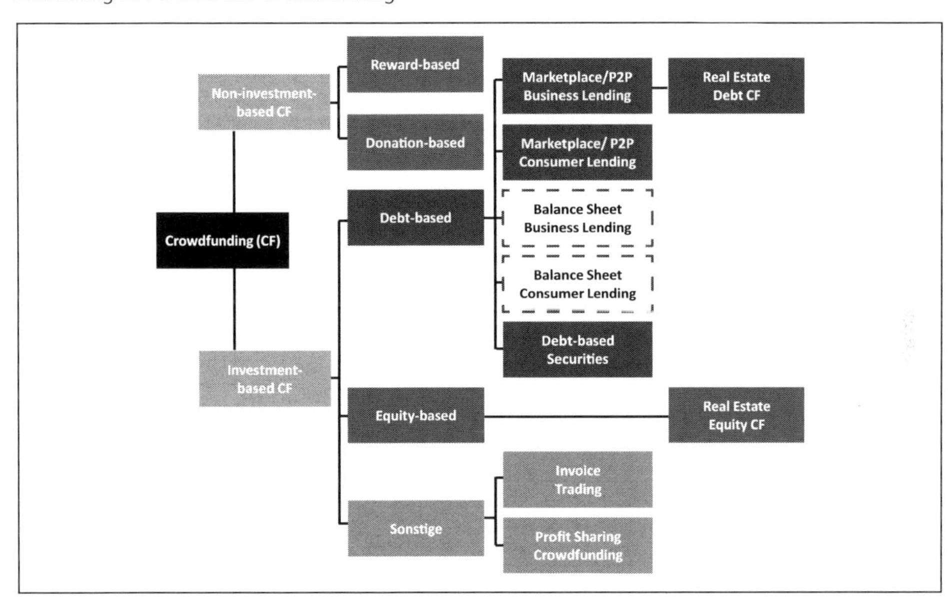

Quelle: Bundesverband Crowdfunding e.V.[22], Cambridge Centre for Alternative Finance/ KPMG[23], eigene Darstellung

[20] Beim P2P-Consumer Lending werden die eingeworbenen Mittel auch zum Kauf oder zur Renovierung von selbstgenutzten Immobilien verwendet. Die konkrete Immobilie wird dabei jedoch weder benannt noch in das Vertragsverhältnis zwischen Kreditgeber und -nehmer einbezogen.

[21] Unterkategorie des Marketplace/P2P Business oder Marketplace/P2P Consumer Lending.

[22] Bundesverband Crowdfunding (2016): Alternative Finance Industry Survey: Taxonomien des Crowdfunding. Abgerufen am 01.08.2017 unter http://www.bundesverband-crowdfunding.de/2016/09/alternative-finance-industry-survey-taxonomien-des-crowdfunding/.

[23] Cambridge Centre for Alternative Finance, KPMG, CME Group Foundation (2016); Sustaining momentum – The 2nd European Alternative Finance Industry Report. S. 31. Abgerufen am 12.08.2017 unter https://www.jbs.cam.ac.uk/fileadmin/user_upload/research/centres/alternative-finance/downloads/2016-european-alternative-finance-report-sustaining-momentum.pdf.

RECF kann Eigen- und/oder Fremdkapitalcharakter aufweisen und deswegen entweder als Sub-Kategorie des P2P/Marketplace Business Lending[24] oder des Equity-based Crowdfunding[25] aufgefasst werden.[26]

Immobilien sind leere Grundstücke oder Grundstücke mit bestehenden oder geplanten Gebäuden, die für die gewerbliche oder private Nutzung vorgesehen sind. Die Finanzierung von Solaranlagen, Windparks oder anderen (immobilen) Anlagen zur Generierung von Erträgen zählen deswegen nicht zum RECF in der hier verwendeten Definition.

International haben sich beim RECF zwei Varianten etabliert: das sog. Real Estate Equity Crowdfunding (nachfolgend RE Equity CF) und das Real Estate Debt Crowdfunding (nachfolgend RE Debt CF). Bei beiden Ausgestaltungen werden die Investoren i.d.R. nicht zu Eigentümern der Immobilie[27], sondern eine zwischengeschaltete Projekt- oder Zweckgesellschaft (SPV = Special Purpose Vehicle), die die individuellen Anlagen der (Einzel-) Investoren bündelt.[28] Die Projektgesellschaft wird in den meisten Fällen als Gesellschaft mit beschränkter Haftung konzipiert.

Im Gegenzug für ihr Investment erhalten die Investoren beim RE Equity CF Aktien/Anteile an der Projektgesellschaft jeweils in Höhe (pro rata) der individuell investierten Geldsummen. In vielen Jurisdiktionen erfordern die Regularien eine juristische Trennung zwischen CF-Plattform und Projektgesellschaft, um sicherzustellen, dass die investierten Gelder unabhängig verwaltet und etwaigem Missbrauch vorgebeugt wird. Diese Struktur bietet dem Projektsponsor außerdem eine vereinfachte Möglichkeit der Berichterstattung sowie vereinfachte Arbeitsabläufe, da Ein- und Auszahlungen aus dem Immobilienprojekt an eine einzige Wirtschaftseinheit erfolgen. Die Crowdfunding-Plattform agiert beim Real Estate Equity Crowdfunding als der eigentliche Investment Manager,

---

[24] P2P/Marketplace Business Lending: Kreditvermittlung zwischen Privatpersonen/institutionellen Geldgebern und Unternehmen auf digitalen Marktplätzen.

[25] Equity-based Crowdfunding: Schwarmfinanzierung von Unternehmen/Projekten durch die Vermittlung von Investitionen und Beteiligungen am Gewinn und Unternehmenswert.

[26] Zur Finanzierung von Immobilienprojekten sind in Deutschland Mischformen aus Eigen- und Fremdkapital (sog. Mezzanine-Kapital) üblich, die aus Gründen der Übersichtlichkeit nicht als eigenständige Kategorie in Abb. 2 aufgenommen wurden.

[27] Athwal, N. (2014): The Investor's Guide To Real Estate Crowdfunding. Abgerufen am 20.07.2017 unter https://www.forbes.com/sites/groupthink/2014/08/19/the-investors-guide-to-real-estate-crowdfunding/#173e2ffb6d32.

[28] Geschäftsmodelle, die Direktinvestitionen von Einzelinvestoren in eine Immobilie OHNE Zwischenschaltung einer Projektgesellschaft anbieten sind eher selten. Dieses Geschäftsmodell besitzt aus Sicht der Investoren u.a. den Vorteil, dass sie selbst Eigentümer der Immobilie sind und nicht die Projektgesellschaft. In diesem Fall wird jeder einzelne Investor – mit jeweiligen Rechten und Pflichten – im Grundbuch als Eigentümer eingetragen (vgl. beispielsweise crowdhouse.ch).

der auch nach erfolgter Finanzierung für das Monitoring und Management des gesamten Projekts verantwortlich bleibt und am Ende die Aufgabe hat, die Projektgesellschaft zu liquidieren.[29]

Die nachfolgend abgebildete RE Equity CF-Struktur ist im UK sehr häufig anzutreffen. Es existieren zahlreiche Variationen. Beispielsweise könnte die Projektgesellschaft Eigentümerin mehrerer Immobilienprojekte sein, oder es könnten zusätzliche Dienstleister involviert werden (z.B. Investment Advisor, Verwalter etc.). RE Equity CF beinhaltet sowohl die gesellschaftsrechtliche Beteiligung inklusive (pro rata) Mitspracherechten sowie eine Beteiligung an Gewinnen und Verlusten der Projektgesellschaft.

Abbildung 3: Grundstruktur Real Estate Equity Crowdfunding

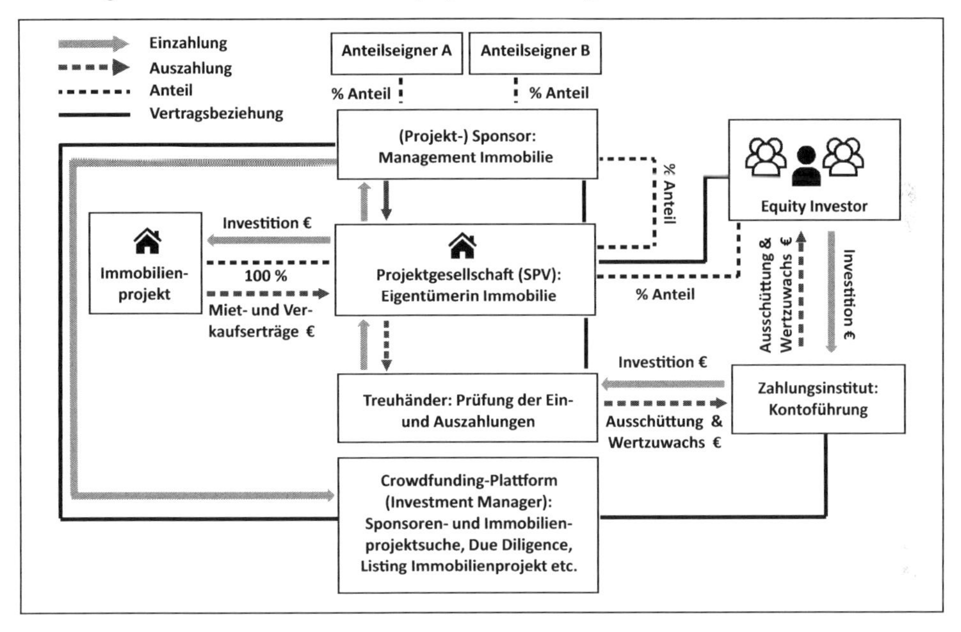

Quelle: Eigene Darstellung

Abbildung 4 zeigt eine mögliche Grundstruktur des RE Debt CF. In Deutschland stellen Mezzanine-Finanzierungen insbesondere fremdkapitalnahe Nachrangdarlehen die häufigste Finanzierungsform dar. Sie sind zweckgebunden und dürfen i.d.R. nur für die im Vertrag genannten Zwecke verwendet werden. Nachrangdarlehen (junior debt) werden

[29] O'Roarty, B. (2016): Real Estate Crowdfunding: Gimmick or Game Changer? S. 23f. In: IPF Research. Abgerufen am 25.07.2017 unter http://www.ipf.org.uk/resourceLibrary/real-estate-crowdfunding-gimmick-or-game-changer-november-2016-report.html.

im Liquidations- oder Insolvenzfall nachrangig, d.h. nach den „normalen" Verbindlichkeiten (z.B. Lieferanten, Banken: senior debt), aber noch vor Gesellschafterdarlehen bedient.[30] Der Darlehensvertrag wird zwischen Nachrangdarlehensgeber (Einzelinvestor) und Nachrangdarlehensnehmer (i.d.R. Emittent = Anbieter) abgeschlossen. Die CF-Plattform agiert als Kreditvermittler. Der Anleger zahlt die Investitionssumme (= pro rata Anteil am gesamten Nachrangdarlehen) auf das Konto eines Zahlungsinstituts ein, welches den Gesamtbetrag nach erfolgreicher Erreichung des Finanzierungsziels und nach Prüfung der Auszahlungsvoraussetzungen durch einen Treuhänder an den Emittenten weiterleitet.

Abbildung 4: Grundstruktur Real Estate Debt Crowdfunding

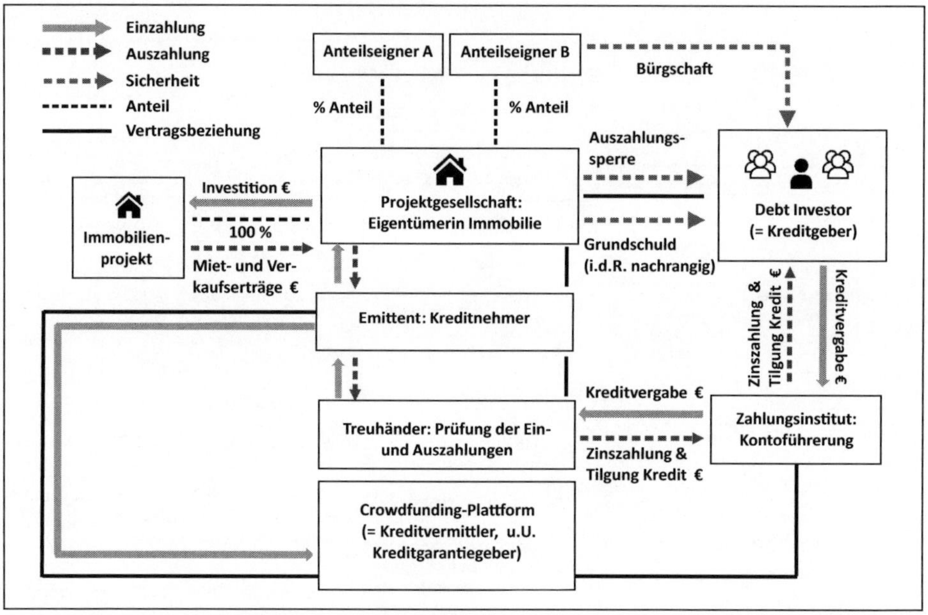

Einzahlung
Auszahlung
Sicherheit
Anteil
Vertragsbeziehung
Anteilseigner A
Anteilseigner B
Bürgschaft
% Anteil
% Anteil
Auszahlungs-sperre
Debt Investor (= Kreditgeber)
Investition €
Projektgesellschaft: Eigentümerin Immobilie
Immobilien-projekt
100 %
Miet- und Verkaufserträge €
Grundschuld (i.d.R. nachrangig)
Emittent: Kreditnehmer
Zinszahlung & Tilgung Kredit €
Kreditvergabe €
Kreditvergabe €
Treuhänder: Prüfung der Ein- und Auszahlungen
Zahlungsinstitut: Kontoführerung
Zinszahlung & Tilgung Kredit €
Crowdfunding-Plattform (= Kreditvermittler, u.U. Kreditgarantiegeber)

Quelle: Eigene Darstellung

Auch beim RE Debt Crowdfunding wird häufig eine Projektgesellschaft „zwischengeschaltet", die auch die Eigentümerin der Immobilie ist. Der Emittent erwirbt mit dem Nachrangdarlehenskapital eine – gegenüber der Projektgesellschaft – bestehende Kreditforderung in Höhe des Nachrangdarlehenskapitals zzgl. einer vertraglich festgelegten Verzinsung.

[30] Der Darlehensgeber verzichtet solange auf Rückzahlung seiner Forderungen bis eine bestimmte Gläubigerforderung vorrangig beglichen ist (einfacher Rangrücktritt) oder bis alle anderen Gläubiger vollständig bedient wurden (qualifizierter Rangrücktritt).

Nachrangdarlehen vermitteln keine gesellschaftsrechtliche Beteiligung und keine Mitwirkungsrechte an Emittent oder Projektgesellschaft. Der Anleger ist weder an Verlusten noch am Gewinn des Emittenten oder der Projektgesellschaft beteiligt, sondern hat die Chance, über die Vertragslaufzeit eine bestimmte Verzinsung auf sein eingesetztes Kapital zu erzielen, das i.d.R. durch Mieterträge und spätere Veräußerung der Immobilie entsteht.

Der Zeitraum zwischen Listing des Projekts auf der Plattform und dem Erreichen des Finanzierungsziels verzögert die wertschöpfende Tätigkeit des Emittenten. Deswegen versuchen viele CF-Plattformen mittlerweile die Geschäftstätigkeiten vorzufinanzieren, was sowohl als wichtiger Qualitätsbestandteil für die gelisteten Projekte selbst als auch als Voraussetzung für das zukünftige Wachstum dieser Finanzierungsform gesehen wird. Umgekehrt verringert, die von der Plattform (im Eigeninteresse) durchgeführte Due-Diligence das Risiko der Investoren.

3 Rechtliche Rahmenbedingungen

Seit Aufnahme der ersten Geschäftstätigkeiten von Crowdfunding-Plattformen in Deutschland im Jahr 2010 wurde immer wieder der mangelnde Anlegerschutz kritisiert.[31] Der Gesetzgeber reagierte 2015 mit der Einführung des Kleinanlegerschutzgesetzes (KASG). Dabei wurden folgende wesentliche Neuerungen eingeführt [32,33,34,35]:

[31] Vgl. z.B. Klöhn, L.; Hornus, L: Crowdinvesting in Deutschland: Markt, Rechtslage und Regulierungsperspektiven, in: Zeitschrift für Bankrecht und Bankwirtschaft (ZBB), 15.08.2012, Heft 4, S. 237-320. Abgerufen am 14.07.2017 unter https://www.researchgate.net/profile/Lars_Hornuf/publication/233832253_Crowdinvesting_in_Deutschland_-_Markt_Rechtslage_und_Regulierungsperspektiven/links/0fcfd512dc9d781599000000/Crowdinvesting-in-Deutschland-Markt-Rechtslage-und-Regulierungsperspektiven.pdf.

[32] Schulte, D. (2015): Das Kleinanlegerschutzgesetz (KASG) und seine Auswirkungen auf die Crowdfunding-Szene. Abgerufen am 14.07.2017 unter https://lambertschuster.de/existenzgruender/kleinanlegerschutzgesetz-kasg-crowdfunding/.

[33] Wullbrandt, T. (2015): Crowdfunding vs. Kleinanlegerschutz – was sich ab 01. Juli 2015 alles ändert. Abgerufen am 14.07.2017 unter https://rhein-main-startups.com/2015/05/18/crowdfunding-vs-kleinanlegerschutz-was-sich-ab-01-juli-2015-alles-andert/.

[34] Für aufsichtsrechtliche Fragestellungen vgl. z.B. Begner, J. (2012): Crowdfunding im Licht des Aufsichtsrechts, in: BaFin Journal, 2012, Nr. 9, S. 11-15. Abgerufen am 14.07.2017 unter http://www.bafin.de/SharedDocs/Downloads/DE/BaFinJournal/2012/bj_1209.pdf?__blob=publicationFile&v=2 oder Dörner, B. (2012): Aufsichtsrechtliche Fragen bei Crowd-Finanzierungen. S. 7-8. Abgerufen am 12.07.2017 unter http://www.mzs-recht.de/fileadmin/user_upload/PDF Dateien/AssCompact_D_Oktober_2012_Steuern_Recht_01.pdf.

[35] Kleinanlegerschutzgesetz (KASG) vom 3. Juli 2015. Abgerufen am 14.07.17 unter http://www.bundesfinanzministerium.de/Content/DE/Downloads/Gesetze/2015-07-09-kleinanlegerschutzgesetz.pdf?__blob=publicationFile&v=3.

- Artikel 2 § 1a Abs. 2: Ausdehnung des Anlegerschutzes auf partiarische Darlehen, Nachrangdarlehen, und sonstige Anlagen, die einen Anspruch auf Verzinsung und Rückzahlung gewähren oder im Austausch für die zeitweise Überlassung von Geld einen vermögenswerten, auf Barausgleich gerichteten Anspruch vermitteln.
- § 2a (1): Finanzierungsrunden ab einem Investitionsvolumen von 2,5 Millionen Euro unterliegen der Prospektpflicht.
- § 2a (3): grundsätzlich besteht eine Obergrenze für Einzelinvestments von Privatpersonen in Höhe von 10.000 Euro. Investments über 1.000 Euro bedürfen einer Selbstauskunft des Investors. Mit dieser muss er versichern, über ein freies Vermögen in Höhe von mindestens 100.000 Euro zu verfügen oder aber bestätigen, dass er nicht mehr als das Doppelte seines monatlichen Nettoeinkommens investiert.
- § 2d (3): Investoren haben eine 14-tägige Widerrufsfrist.
- § 12: Werbemaßnahmen im Rahmen von Crowdfunding-Kampagnen müssen zwingend mit einem Warn- und Risikohinweis in Bezug auf die Verlustrisiken versehen werden.

Das seit Juli 2015 geltende Gesetz erhöhte für die Crowdfunding-Plattformen den Zeitaufwand und damit die Kosten. Von den Plattformbetreibern wurde anfangs vor allem die mangelnde Harmonisierung der Regularien auf EU-Ebene bemängelt, die zu einer Benachteiligung von CF-Plattformen mit Sitz in Deutschland führen könnte.[36] Mittlerweile hat sich die Aufregung auf Seiten der Plattformbetreiber gelegt. Aus Investorensicht ist das Gesetz ein Erfolg, was durch die Wachstumsraten der Investitionsvolumina eindrucksvoll bewiesen wurde.

4 Marktentwicklung

4.1 Untersuchungszeitraum und Datenmaterial

Analysiert wurden insgesamt 188 Immobilienprojekte. Die Datensätze umfassen alle vollständig finanzierten RECF-Projekte vom 01.01.2012 bis zum 31.12.2017 gemäß „RECF“-Definition (s. Abschnitt 2) unter der Voraussetzung, dass Emittenten UND Crowdfunding-Plattformen zum Zeitpunkt der Finanzierung über (Haupt-) Geschäfts-

[36] AssCompac (2017): Crowdinvesting trotz Kleinanlegerschutzgesetz auf Wachstumskurs. Abgerufen am 14.07.2017 unter http://www.asscompact.de/nachrichten/crowdinvesting-trotz-kleinanlegerschutzgesetz-auf-wachstumskurs.

sitze in Deutschland verfügten[37] und außerdem auf ihrer Website öffentliche Informationen zu ihren Projekten zur Verfügung stellten. Projekte, für die die entsprechenden Informationen nicht zur Verfügung gestellt wurden, konnten bei der Analyse nicht berücksichtigt werden.[38]

Analysiert wurden insgesamt 16 CF-Plattformen: Bergfürst, Companisto, Econeers, Engel & Völkers Capital, Exporo, Funder Nation, GLS Crowd, Home Rocket, iFunded, Kapitalfreunde (nicht mehr aktiv), LeihDeinerUmweltGeld, Mezzany, ReaCapital, Renditefokus, Zinsbaustein und Zinsland. CF-Plattformen, die unter den o.g.Voraussetzungen innerhalb des Untersuchungszeitraums aktiv waren, aber noch kein Projekt abgeschlossen hatten[39] sowie sog. „Reseller"[40] wurden nicht berücksichtigt.

Angaben zu den einzelnen Projekten wurden über die jeweiligen CF-Plattformen, Datenbanken (insbesondere crowdinvest.de), Medienberichte und/oder die Websites der Sponsoren/Emittenten erhoben. Fehlende Daten konnten nach Anfrage bei den betreffenden CF-Plattformen integriert werden. Die Investitionsvolumina der einzelnen Projekte wurden jeweils komplett dem Jahr zugerechnet, in dem die Crowdfinanzierung erfolgreich abgeschlossen wurde.

[37] Nicht berücksichtigt wurden daher Projekte von CF-Plattformen mit Sitz im Ausland (vorwiegend Österreich), die Investitionen in deutsche Immobilienprojekte ermöglichten (bspw. 1000x1000.at, dagobertinvest.at, HomeRocket.at, immofunding.at, Rendity.at und RE-VAL.at).

[38] Darunter fallen 5 Projekte von Exporo.de (Mein Ohmmor, Drosselgärten, Barrio E, Holz 5 ¼ und 7 Eichen), die zeitlich vor Freischaltung der CF-Plattform finanziert wurden, 1 Projekt von Crowdstein.de (ETW Berlin-Friedenau; Website nicht erreichbar), 1 Projekt von Raumrendite.de (ETW Berlin-Wedding; Website nicht erreichbar), 1 Projekt von easy-crowdfunding.de (Grundschule Söllichau; Website nicht erreichbar), 1 (Sonder-)Projekt mit Finanzierung ohne CF-Plattform (EBA51.de; Studentendorf Berlin „Plänterwald/Eichbuschallee"), 2 Projekte von Grundag.de (Leopold Palais Rastatt und Rebland Quartier Baden-Baden, beide Finanzierungen ohne CF-Plattform), mehrere Projekte von Sarego.de (Anmeldung zur Website nur unter Nennung der IBAN), 1 Projekt („Julianapark") von Vestinas, 1 Projekt (Energieeffizienzhaus Lübeck) von Greenvesting UND ZinsCrowd sowie 2 intransparente Projekte (sog. „Club Deals") von Zinsland.de („München Nymphenburg" und „Schleusenredder").

[39] Darunter fallen geseka-kapitalanlagen.de (weder abeschlossene noch aktuelle Projekte auf Website der Gesellschaft), immorocks.com (abgeschlossene Projekte nicht ersichtlich) sowie today-capital.de (bei Projekt „TodayHouse" nicht ersichtlich ob dieses erfolgreich abgeschlossen wurde).

[40] „Wiederverkäufer" von Projekten über sog. Affiliate-Programme wie beispielsweise investofolio.de.

4.2 Investitionsvolumina

Nach „holprigen" Anfangsjahren 2012 bis 2014 mit jeweils einem einzigen finanzierten Immobilienprojekt weisen die Investitionsvolumina seit 2015 exponenzielle Wachstumsraten auf. Im Jahr 2017 wurde Kapital in Höhe von über 134 Millionen Euro eingeworben. Damit wurde das Gesamtvolumen aller Projekte der Vorjahre deutlich übertroffen. Seit 2012 investierte die „Crowd" insgesamt 197,97 Millionen Euro in 188 Immobilienprojekte. 38 dieser Projekte wurden zwischenzeitlich abgeschlossen und die investierten Beträge nebst Verzinsung an die Investoren zurückbezahlt, 149 Projekte sind noch „aktiv". Bis dato kam es erst bei einem der untersuchten Projekte zu einem Zahlungsausfall.[41] Abbildung 5 gibt einen Überblick über das Investitionsvolumen im Zeitablauf sowie die Anzahl der finanzierten Projekte.

Abbildung 5: Investitionsvolumen und Anzahl der Projekte

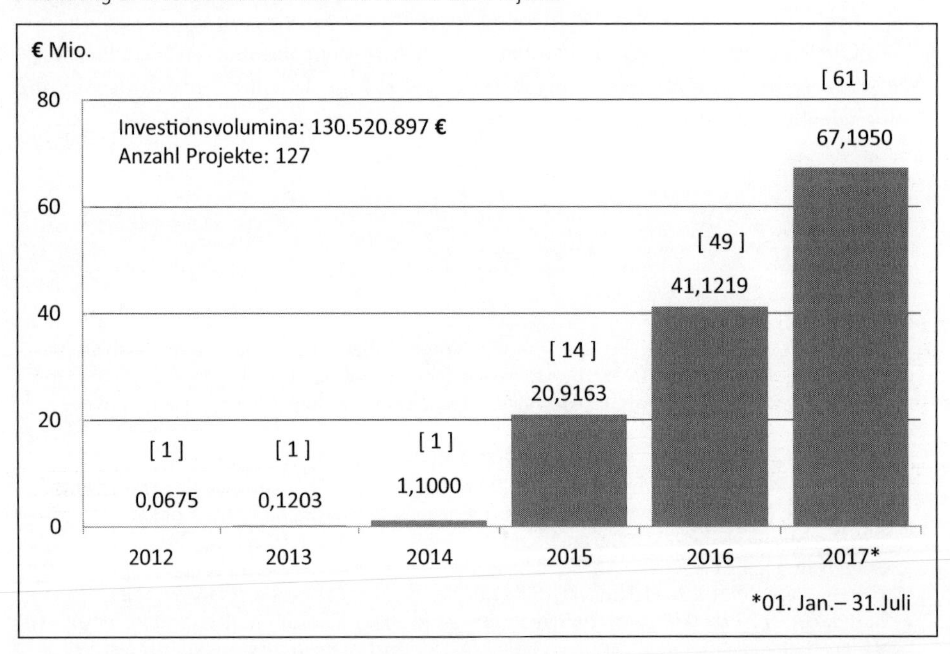

Quelle: Eigene Darstellung, Anzahl der Projekte [188]

[41] Stand 16.01.2018. Dabei handelt es sich um das Berliner Projekt „Luvebelle", welches über die CF-Plattform Zinsland finanziert wurde. Der Projektentwickler, die Münchener Arplan-Projektgesellschaft Alpha 1, und die Muttergesellschaft Conrem-Ingenieure haben Insolvenzantrag gestellt.

4.3 Standorte

Die Investitionsvolumina waren ungleich verteilt. Allein auf die fünf Bundesländer Berlin, Bayern, Hamburg, Nordrhein-Westfalen und Hessen entfielen 64,23% (127.154.896 EUR) des gesamten Investitionsvolumens. Die durchschnittlichen Investitionsvolumina pro Projekt waren mit 1.936.071 Euro in Schleswig-Holstein am höchsten, gefolgt von Baden-Württemberg (1.661.658 EUR), Sachsen-Anhalt (1.384.960 EUR) und Berlin (1.331.587 EUR). Die Daten für Schleswig-Holstein beinhalten ein Großprojekt der Gemeinde Weißenhaus, bei dem 7,5 Millionen Euro für den Ausbau eines Luxushotels über die CF-Plattform Companisto eingesammelt wurden. Es ist das bisher größte RECF-Projekt, das in Deutschland realisiert wurde (Weißenhaus Grand Village Resort & Spa).

Berlin ist „Hauptstadt des RECF", gefolgt von den Standorten Hamburg, Weißenhaus, Leipzig, München, Dresden und Hannover.

Tabelle 1: „Top 7-Standorte" nach Investitionsvolumen

	01.01.12-31.07.17 Anzahl Projekte	Investitions-volumen in €	01.01.17-31.12.17 Anzahl Projekte	Investitions-volumen in €
Berlin	29	38.616.019	19	24.323.115
Hamburg	20	20.669.446	11	10.800.511
Weißenhaus*	1	7.500.000	1	7.500.000
Leipzig	9	6.313.736	4	2.491.000
München	4	6.141.592	4	6.141.592
Dresden	4	3.826.549	2	1.895.492
Hannover	4	3.050.500	4	3.050.500
Σ Top 7	71	86.117.842	45	56.202.210
Rest	117	111.850.094	77	78.439.838
Gesamt	188	197.967.936	122	134.642.048

*Quelle: Eigene Berechnungen, *Einzelprojekt*

Von 01.01.2017 bis 31.12.2017 wurden in die „Top 7-Standorte" mehr als 56 von insgesamt knapp 135 Millionen Euro investiert. Andere attraktive Standorte in Großstädten wie Stuttgart, Köln und Düsseldorf spielen bisher bei RECF-Finanzierungen eine eher untergeordnete Rolle.

4.4 Nutzungsarten und Projekttypen

Wohnimmobilien sind mit etwa 134,87 Millionen Euro (68,13%) eingeworbenem Kapital beliebteste Nutzungsart. Investitionen in Gewerbeimmobilien beliefen sich im Untersuchungszeitraum auf 31,28 Millionen Euro (15,80%) und gemischte Nutzungen (Gewerbe und Wohnen) auf 31,81 Millionen Euro (16,07%).

Tabelle 2: RECF Investitionsvolumen nach Nutzungsart (01.01.12-31.12.17)

	Anzahl Projekte	Projekte in %	Investitionsvolumen in €	Investitionsvolumen in %	Ø Investitionsvolumen in €
Gewerbe	22	11,70	31.280.782	15,80	1.421.854
Wohnen	135	71,81	134.872.334	68,13	999.054
Mix (Gewerbe und Wohnen)	31	16,49	31.814.820	16,07	1.026.285
Gesamt	188	100,00	197.967.936	100,00	1.053.021

Quelle: Eigene Berechnungen

Die durchschnittlichen Investitionsvolumina waren bei Wohnimmobilien mit ca. 1 Million Euro deutlich niedriger als Gewerbeimmobilien mit Durchschnittswerten von ca. 1,42 Millionen Euro. Das Hotelprojekt in Weißenhaus mit eingeworbenem Kapital i.H.v. 7,5 Millionen Euro hebt dabei den Durchschnittswert für Gewerbeimmobilien deutlich nach oben an.

Abbildung 6: RECF-Investitionsvolumen nach Projekttyp (01.01.12-31.12.17)

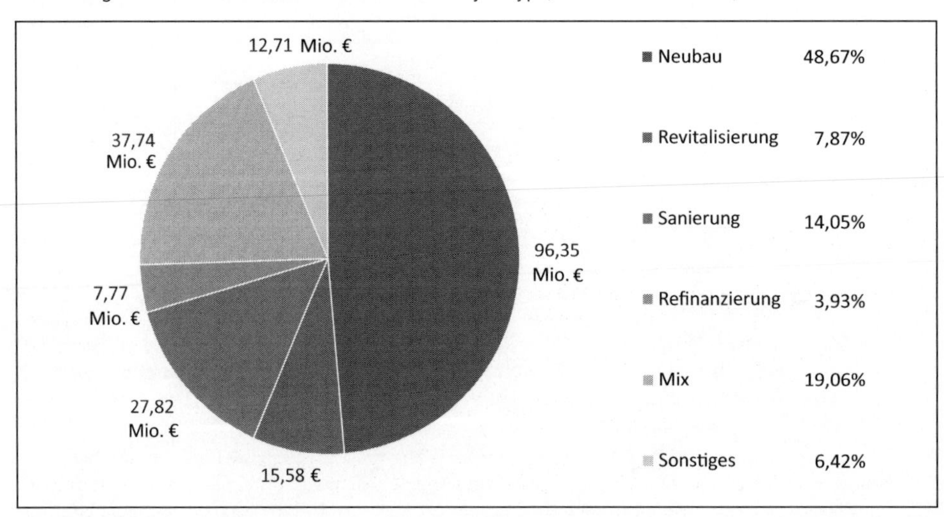

Quelle: Eigene Berechnungen

Der Neubau stellt den beliebtesten Projekttyp beim RECF dar. Knapp die Hälfte der Investitionsvolumina (96,35 Millionen Euro; 48,67%) flossen in Neubauprojekte. 15,58 Millionen Euro wurden für Revitalisierungs[42]- und 27,82 Millionen Euro Sanierungsprojekte eingesetzt. Auf gemischte und sonstige Nutzungen entfielen zusammen 50,45 Millionen Euro (25,48%). Refinanzierungen beliefen sich auf 7,77 Millionen Euro (3,93%).

4.5 Finanzierungsinstrumente

Die in Deutschland beim RECF zur Finanzierung genutzten Vertragsformen beruhten bis auf eine einzige Ausnahme (Genussschein[43]) auf Schuldverhältnissen (Anleihen oder Darlehen) oder Mezzanine-Finanzierungen mit Fremdkapitalcharakter (Partiarisches Darlehen, Nachrangdarlehen, Partiarisches Nachrangdarlehen). Mitsprache- und Nachschusspflichten werden in diesen Vertragsverhältnissen nicht begründet. In der bisherigen Praxis überwogen Nachrangdarlehen.

Tabelle 3: Typische Vertragsformen des RECF in Deutschland

Formen	Beschreibung
Anleihen (Bonds)	Als Wertpapier verbriefte Forderung einer juristischen Person, durch die ein Kredit am Kapitalmarkt aufgenommen wird.
Darlehen	Schuldrechtlicher Vertrag. Forderung auf Rückzahlung und Verzinsung eines geliehenen Geldbetrages. Die Forderung ist prinzipiell gleichrangig mit Forderungen anderer Gläubiger.
Partiarisches Darlehen[a]	Darlehen an ein Unternehmen, bei dem der Gläubiger statt Zinszahlungen einen bestimmten Anteil vom Gewinn oder Umsatz erhält.

[42] Die Revitalisierung von Immobilien umfasst Maßnahmen, die deutlich über eine reine Sanierung hinausgehen. Sie beinhalten nicht nur eine Anpassung der Gebäude an eine zeitgemäße Nutzung sondern auch Strategien, die das Projektmanagement einer Immobilienprojektentwicklung nutzt, um das jeweilige Gebäude für den Markt wieder wettbewerbsfähig zu machen.

[43] Genussscheine stellen eine Mezzanine-Finanzierung mit Eigenkapitalcharakter dar. Sie können als Wertpapiere verbrieft werden und können Ansprüche auf Gewinnbeteiligungen enthalten. Das Immobilienprojekt „Middendorf-Haus – Hamburg“ wurde über eine Genussschein-Emission i.H.v. 1,1 Millionen Euro finanziert.

Formen	Beschreibung
Nachrangdarlehen[b]	Dem Darlehensgeber wird eine feste Mindestverzinsung garantiert, die um eine variable Komponente ergänzt werden kann. Im Fall der Insolvenz oder der Liquidation des Kreditnehmers müssen Nachrangdarlehen erst nach der Befriedigung anderer (vorrangiger) Gläubigerforderungen getilgt werden. Der Darlehensgeber verzichtet solange auf die Forderung zur Rückzahlung, bis entweder eine bestimmte Gläubigerforderung vorrangig beglichen ist (einfacher Rangrücktritt) oder bis alle anderen Gläubiger vollständig beglichen wurden (qualifizierter Rangrücktritt).
Partiarisches Nachrangdarlehen	Kombination zwischen Partiarischem Darlehen und Nachrangdarlehen.

a) Dörner, B. (2011): Das partiarische Darlehen – weiterhin prospekt- und aufsichtsfrei. S. 180. Abgerufen am 11.07.2017 unter http://www.partiarische-darlehen.de/fileadmin/resources/ AssCompact_partiarisches_Darlehen_Doerner_mzs_Oktober_2011.pdf.

b) Bußalb, J.-P. (2015): Nachrang- und partiarische Darlehen: BaFin mahnt bei Kapitalbeschaffung zur Vorsicht. Abgerufen am 11.07.2017 unter https://www.bafin.de/SharedDocs/Veroeffentlichungen/DE/Fachartikel/2015/fa_bj_1503_nachrangdarlehen.

Quelle: Eigene Darstellung

4.6 Laufzeiten, Verzinsung und Mindestanlage

Die Finanzierungslaufzeiten lagen zwischen 10 (Minimum) und 84 (Maximum) Monaten. Die durchschnittliche Laufzeit (arithmetisches Mittel[44]) betrug 22,48 Monate, der Median 20 Monate. Das Gros der Projekte hatte eine Laufzeit von 1 bis 2 Jahren.

Abbildung 7: Laufzeiten der Finanzierungen in Monaten (01.01.12-31.12.17)

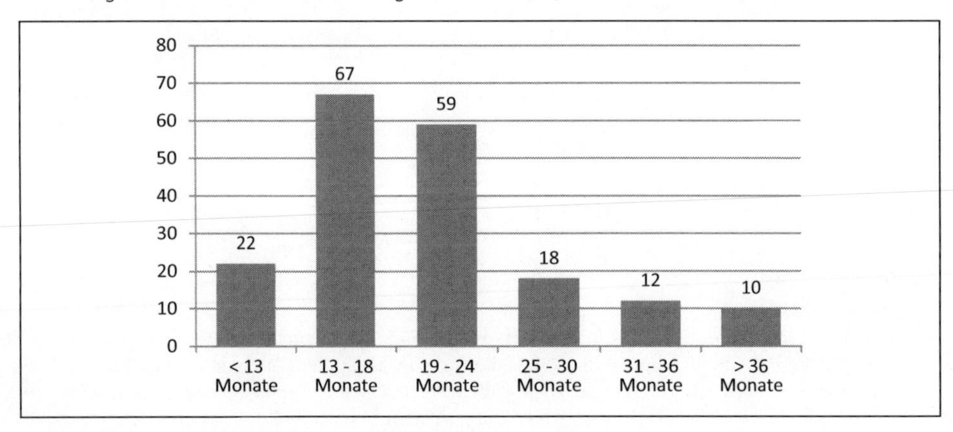

Quelle: Eigene Berechnungen

44 Keine Gewichtung nach Volumen der Investmentrunden.

Abbildung 8: Verzinsung der Finanzierungen p. a. (01.01.12-31.12.17)

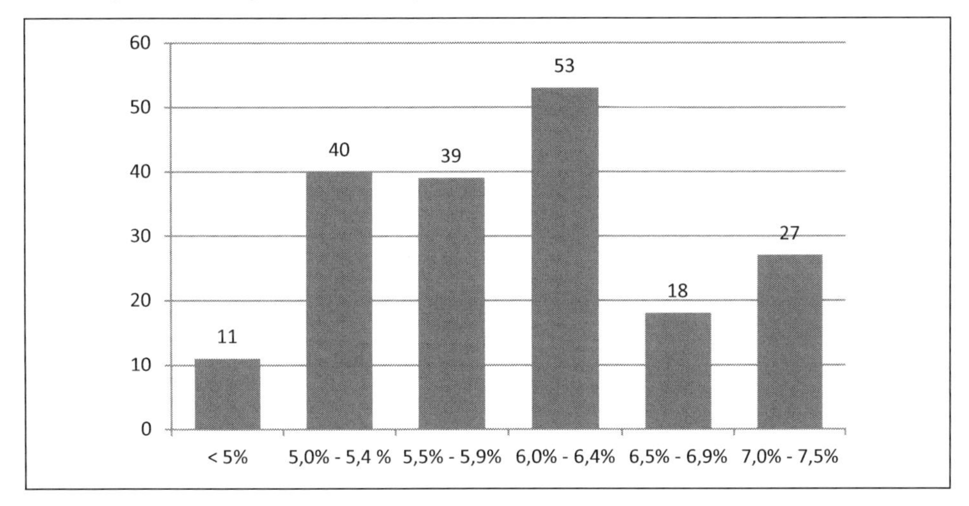

Quelle. Eigene Berechnungen

Die feste Verzinsung der Schuldverhältnisse und Mezzanine-Finanzierungen betrug minimal 3,5% und maximal 7,25% pro Jahr. Im Durchschnitt (arithmetisches Mittel[45]) wurde zu 5,82% investiert, der Median lag bei 6% pro Jahr. Bei 8 der 188 Projekte wurden zusätzliche Bonusverzinsungen in Aussicht gestellt bzw. ausbezahlt.

Die Wahl der Plattform könnte augenscheinlich maßgebend für die Höhe des Zinssatzes sein. Eine statistische Signifikanz konnte aufgrund der geringen Anzahl realisierter Projekte nicht nachgewiesen werden.

Die Minimuminvestments sind plattformabhängig und reichen von minimal 10 Euro (Bergfürst) über 100 Euro (LeihDeinerUmweltGeld, Funder Nation, Engel & Völkers Capital), 250 Euro (Econeers, GLS Crowd, Home Rocket, Kapitalfreunde, Mezzany, ReaCapital) bis maximal 500 Euro (Exporo, Zinsland, Zinsbaustein, iFunded, Renditefokus, Companisto)[46].

[45] Keine Gewichtung nach Volumen der Investmentrunden.

[46] Die Minimuminvestments beziehen sich auf Nachrangdarlehen als Anlageinstrumente. Höhere Mindestinvestitionen sind bei Anleihen üblich (z. B. Projekt „Glockengießerei Neukölln"; CF-Plattform Mezzany; Mindestanlage: Euro 1000,–).

4.7 Sicherheiten

Sponsoren/Emittenten boten „ihren" Investoren bisher eine höchst unterschiedliche „Palette" an Sicherheiten an. Diese waren projekt- und plattformabhängig. Üblich waren einzelne oder die Kombination folgender Maßnahmen:

- Kontrolle der Ein- und Auszahlungen an die/aus der Projektgesellschaft durch einen externen Treuhänder,
- selbstschuldnerische (und ggf. notariell beglaubigte) Bürgschaft über die Gesamtsumme (über eine Teilsumme) des Darlehens zzgl. Zinsen und Kosten,
- (notariell beglaubigtes) Schuldanerkenntnis von Geschäftsführern der Projektgesellschaft,
- Patronatserklärung (Willenserklärung) einer Gesellschaft[47], die Verpflichtungen der Projektgesellschaft zu erfüllen,
- aus der Projektgesellschaft dürfen erst dann Gewinne oder Liquidität entnommen werden, wenn das gesamte Kapital der Investoren (= Gesamtsumme des Darlehens zzgl. Zinsen und Kosten) vollständig an die Investoren zurückbezahlt wurde, Ausnahmen (z.B. Auszahlungen für Projektsteuerungskosten vor Abschluss des Projekts) können vereinbart werden,
- Abtretung der Rechte und Ansprüche der Projektgesellschaft aus zukünftigen Verkaufsverträgen mit den Enderwerbern der Immobilie an die Investoren,
- nachrangig vollstreckbare Grundschuld,
- erstrangig vollstreckbare Grundschuld.

Die derzeit dominierende Finanzierungsform beim RECF ist das Nachrangdarlehen. Aus Investorensicht ist die Sicherheitenstellung bei Nachrangdarlehen von zentraler Bedeutung, weil die Kapitalgeber im Fall der Liquidation oder Insolvenz im Rang hinter andere Forderungen zurücktreten und damit das Risiko eines Totalverlusts ihrer Investition tragen. Es gehört deswegen zu den vorrangigen Aufgaben der CF-Plattform, geeignete Vertragsgestaltungen vorzugeben und darüber hinaus durch eine Due Diligence die Qualität von Sponsor/Emittent und Immobilienprojekt sicherzustellen.

---

[47] Z.T. Muttergesellschaft der Projektgesellschaft.

4.8 Risiken

Crowdfunding-Plattformen sind verpflichtet, potenzielle Investoren über alle wesentliche Projektrisiken zu informieren. Wesentliche Risiken werden u.a. im Vermögensanlagen-Informationsblatt (VIB) zugänglich gemacht. Beispielhaft und ohne Anspruch auf Vollständigkeit sollen an dieser Stelle die wesentlichen Risiken eines Nachrangdarlehens dargestellt werden.

Ein Nachrangdarlehen entspricht aus Investorensicht einer unternehmerischen Beteiligung mit z.T. eigenkapitalähnlicher Haftungsfunktion. Es bestehen eine Vielzahl von Risiken, die im Grenzfall einen Totalverlust des Investments nach sich ziehen können.[48] Weiterhin ist der Erfolg der Vermögensanlage davon abhängig, ob bzw. inwieweit der Emittent den Kapitaldienst gegenüber vorrangigen Fremdkapitalgebern bedienen kann.

Hat der Anleger seine Investition (= Nachrangdarlehen) selbst fremdfinanziert, besteht für ihn über das Risiko des Totalverlusts des eingesetzten Kapitals hinaus das Risiko, dass er dem Fremdkapitalgeber gegenüber mit seinem Privatvermögen – bis hin zur Privatinsolvenz – haftet.

Der Emittent kann insolvent werden (Eintritt der Zahlungsunfähigkeit oder Überschuldung). Dies kann der Fall sein, wenn er geringere Einnahmen und/oder höhere Ausgaben als erwartet zu verzeichnen hat. Aufgrund des qualifizierten/einfachen Rangrücktritts sind im Fall der Insolvenz oder der Liquidation des Emittenten die Forderungen des Anlegers aus dem Nachrangdarlehen erst nach allen/bestimmten anderen Gläubigern des Emittenten, die insofern vorrangig zu befriedigen sind, zu erfüllen.

Ein liquider Markt für den Handel mit den Nachrangdarlehen existiert nicht. Daher unterliegt der Investor zusätzlich einem Fungibilitäts-/Liquiditätsrisiko, falls er sein investiertes Kapital unplanmäßig vorzeitig zurück benötigt.

[48] Z.B. der Entwicklung verschiedener zukünftiger Marktbedingungen (u.a. Verkaufspreise, Zins-, Mietpreise und Baukosten), dem Nicht-/Eintritt von Projektrisiken (z.B. Planungs- oder Materialfehler, Altlasten, Bauverzögerungen oder -unterbrechungen, gestiegene Projektkosten, Ausfall bzw. Schlecht- oder Nichtleistung von Projektpartnern, Nichtbestehen oder Uneinbringlichkeit von Gewährleistungsansprüchen etc.).

5 Crowdfunding-Plattformen im Vergleich

Im Untersuchungszeitraum wurde über 16 CF-Plattformen mit Sitz in Deutschland in insgesamt 188 Immobilienprojekte investiert. Die Kapitalfreunde GmbH – der „First Mover" in Deutschland – hat ihre Geschäftsaktivitäten eingestellt, der Rest der nachfolgenden CF-Plattformen ist in Deutschland aktiv. Die Anteile am Investitionsvolumen innerhalb des Untersuchungszeitraums verteilten sich wie folgt:

Tabelle 4: CF-Plattformen – Projektanzahl und Investitionsvolumina (Stand 31.12.2017)

Crowdfunding-Plattform	Anzahl Projekte		Investitons-volumen		Marktanteil
	01.01.12-31.12.17	**01.01.17-31.12.17**	**01.01.12-31.07.17**	**01.01.17-31.12.17**	**01.01.12-31.07.17**
Bergfürst	27	18	18.735.000	12.694.660	9,46
Companisto	1	0	7.500.000	0	3,79
Econeers	2	1	712.500	372.250	0,36
EV Capital*	1	1	1.551.000	1.551.000	0,78
Exporo	86	59	111.091.013	84.076.598	56,12
FunderNation	2	0	3.280.600	0	1,66
GLS Crowd	1	1	600.000	600.000	0,30
Home Rocket	2	2	962.340	962.340	0,49
iFunded	4	2	2.949.033	1.198.000	1,49
Kapitalfreunde	2	0	187.750	0	0,09
LDUG**	2	2	900.000	900.000	0,45
Mezzany	2	1	2.955.000	500.000	1,49
ReaCapital	4	4	2.552.500	2.552.500	1,29
Renditefokus	2	1	342.200	135.700	0,17
Zinsbaustein	15	10	18.150.000	12.000.000	9,17
Zinsland	35	20	25.499.000	17.099.000	12,88
Gesamt	188	122	197.967.936	134.642.048	100,00

*Quelle: Eigene Berechnungen, * Engel & Völkers Capital, **LeihDeinerUmweltGeld*

Der Marktführer ist die Exporo AG mit einem Anteil am gesamten Investitionsvolumen i.H.v. 111.091.013 Euro (56,12%). Zinsland, Bergfürst und Zinsbaustein sind die stärksten Wettbewerber mit Anteilen zwischen 9 und 13%.

Es ist zu vermuten, dass die Marktstellung der jeweiligen Plattformen auch von der Servicequalität (z.B. Gestaltung der Projektbeschreibungen, Transparenz, Mitarbeiterqualität etc.) abhängt, die potenziellen und existierenden Investoren angeboten wird. Aufgrund mangelnder Projektanzahl konnte dieser Zusammenhang statistisch jedoch nicht belegt werden.

Auf die über die Plattform ausgezahlten Zinsen wird grundsätzlich eine Abgeltungssteuer fällig. Diese Steuer setzt sich aus der Kapitalertragsteuer und dem Solidaritätszuschlag (i.H.v. 5,5% der Kapitalertragsteuer) zusammen. Insgesamt beträgt die Abgeltungssteuer somit etwa 26,38%. Hinzu kommt ggf. noch eine Kirchensteuer (i.H.v. 8 bzw. 9% der Kapitalertragsteuer). Nur Zinsland und Bergfürst berechnen die Abgeltungssteuer und führen diese direkt an das Finanzamt ab.[49]

Bergfürst verfügt als einzige CF-Plattform über einen integrierten Zweitmarkt für Nachrangdarlehen. Mit einer Telefonhotline und/oder Rückrufservice werben Exporo, Zinsland, Zinsbaustein, iFunded und Renditefokus.

6 Ergebnis

RECF ist durch eine Lücke in der Bereitstellung von Kapital und steigendem Anlagedruck im Niedrigzinsumfeld entstanden. Investoren wurden durch den leichten Zugang und vergleichsweise hohe Renditen bei niedrigen Minimalinvestments angezogen. Die zukünftige Marktentwicklung beim RECF wird langfristig insbesondere von der Kreditvergabebereitschaft der Banken, der Attraktivität der Assetklasse „Immobilie", dem Zinsniveau, den regulatorischen Anforderungen (z.B. Basel III) sowie Sonderfaktoren (z.B. umfangreiche Re- und Umfinanzierungen) abhängen.[50]

RECF stellt für Immobilienunternehmen eine effiziente Möglichkeit dar, ihre „Marke" bekannt zu machen und mit Hilfe transparenter Vertragsmodalitäten und Online-Vertriebswegen neue Kundengruppen zu erschließen. Die verstärkte Präsenz von institutio-

[49] Vgl. z.B. Sixt, E.; Eckl, P.; Berka, D. (2014): Crowdfunding und Steuern. Die steuerliche Behandlung im Donation-Based-, Reward-Based-, Equity-Based und Lending-Based-Crowdfunding im deutschen und österreichischen Rechtsrahmen. In: Wenzlaff, K., German Crowdfunding Network im Deutschen Crowdsourcing Verband e.V. (hrsg.). S. 9 ff. Abgerufen am 01.07.2017 unter http://www.crowdfunding.de/wp-content/uploads/2016/05/GCN-Crowdfunding-Steuern.pdf.

[50] Volquarts, M., Radner, P. (2011): Finanzierungsalternativen für die deutsche Immobilienwirtschaft. Relevanz und Marktstruktur. In: EBS Diskussionspapiere zur Immobilienwirtschaft Nr. 2. (Hrsg.) Rottke, N.B. Abgerufen am 03.07.2017 unter http://www.ebs-remi.de/diskussionspapiere2/.

nellen Investoren auf CF-Plattformen könnte jedoch kleinere Investoren mittelfristig verdrängen. Auch Geschäftsbanken haben das Innovationspotenzial von RECF „entdeckt" und beginnen zunehmend, Finanzierungen über das Internet, z.T. in Kooperation mit Fintech-Unternehmen, anzubieten.[51]

Die Entwicklung von RECF hängt stark von der jeweiligen Jurisdiktion ab.[52] Die stark ansteigenden Investitionsvolumina in Deutschland deuten zwar darauf hin, dass RECF unter bestimmten Voraussetzungen disruptives Potenzial entfalten könnte, momentan ist es jedoch noch zu früh für eindeutige Prognosen. Im Vergleich zum traditionell dominierenden Bankkredit führt RECF bis dato ein „Schattendasein" bei der Immobilienfinanzierung. Nach Schätzungen wurden 2015 insgesamt 219,4 Milliarden Euro in deutsche Wohn- und Gewerbeimmobilien investiert.[53] Etwa 70 Prozent (154 Milliarden) davon dürften über Bankkredite finanziert worden sein. Der Anteil von Real Estate Crowdfunding hätte 2015 damit lediglich 0,085 Prozent betragen. Für Immobilienunternehmen wäre es viel zu teuer, komplette Projekte über RECF mit Zinssätzen von etwa 6 Prozent zuzüglich Plattformgebühren von 5 Prozent und mehr zu finanzieren. Die steigenden Investitionsvolumina lassen momentan lediglich den Schluss zu, dass RECF in Form von Nachrangdarlehen eine sinnvolle Ergänzung für fehlendes Eigenkapital der Anbieter (Immobilienunternehmen) darstellen könnte.[54] Umstritten bleibt, ob die Anleger beim RECF eine adäquate Rendite für ihr Risiko erhalten, da sie bei den momentan gängigen Instrumenten (Nachrangdarlehen) letztendlich das Risiko eines Totalverlusts tragen. Empirische Untersuchungen stellen die Qualität der auf CF-Plattformen finanzierten Immobilienprojekte deswegen z.T. infrage.[55]

[51] Iblher, F., Lucius, D.L. (2003): Innovative real estate financing in Germany – a financial desert? Property Management Vol. 21, S. 82-96. Abgerufen am 31.07.2017 unter http://www.emeraldinsight.com/doi/abs/10.1108/02637470310464490.

[52] Vgl. z.B. CrowdfundingHub 2016: Current State of Crowdfunding in Europe. An Overview of the Crowdfunding Industry in more than 25 Countries: Trends, Volumes & Regulations. Abgerufen am 20.07.2017 unter http://www.crowdfundinghub.eu/the-current-state-of-crowdfunding-in-europe/.

[53] Vgl. Haimann, R. (2017): Wenn der Schwarm ein Luxushotel finanziert. Abgerufen am 12.08.2017 unter https://www.welt.de/finanzen/immobilien/article161972326/Wenn-der-Schwarm-ein-Luxushotel-finanziert.html.

[54] Vgl. hierzu z.B. Matthiesen, Marie-Louise and Steininger, Bertram I., Finanzinnovation: Crowdfunding für die Immobilienwirtschaft (Financial Innovation: Crowdfunding for the Real Estate Market) (April 4, 2017). Abgerufen am 29.06.17 unter https://ssrn.com/abstract=2946171 or http://dx.doi.org/10.2139/ssrn.2946171.

[55] Vgl. z.B. zum US-Markt Ding, Y. (2016): Quality of Real Estate Crowdfunding. Master Thesis, Concordia University. http://spectrum.library.concordia.ca/981413/1/Ding_MSc_F2016.pdf.

In der Literatur wird die zukünftige Entwicklung von RECF überwiegend positiv eingeschätzt. Es wird mit weiterhin stark steigenden Investitionsvolumina gerechnet.[56] Dadurch werden c.p. die Anzahl und der Umfang von Schäden infolge operationeller Plattformrisiken und krimineller Aktivitäten (z.B. durch Cyber Risks, Betrug) zunehmen. Auch die Verluste aufgrund allgemeiner Geschäftsrisiken und/oder spezieller Risiken einzelner Immobilienprojekte dürften zukünftig ansteigen. Kritische Kommentare, die gesamtwirtschaftliche Gefahren des RECF thematisieren, sind bis dato eher selten anzutreffen.[57]

Anmerkung: Dieser Beitrag wurde bereits publiziert unter: Kotas, Carsten (2018): Real Estate Crowdfunding in Deutschland – Eine empirische Untersuchung vom 01.01.2012 – 31.12.2017. Arbeitspapiere der FOM, Band Nr. 69, ISSN 1865-5610 (Print) – ISSN 2569-5800 (eBook). Essen: MA Akademie- und Verlagsdruckgesellschaft mbH.

[56] Massolution (2015): Crowdfunding for Real Estate. Abgerufen am 20.07.2017 unter http://reports.crowdsourcing.org/index.php?route=product/product&search=real%20estate&product_id=52.

[57] Vgl. z.B. Bieri, David S., Crowdfunding the City: The End of 'Cataclysmic Money'? (December 4, 2015). Abgerufen am 15.08.2017 unter https://papers.ssrn.com/sol3/papers.cfm?abstract_id=2684923.

Praxisorientierte Anwendungsmöglichkeiten von Real Estate Crowdinvesting

Julian Oertzen/Jan Schroff

1 Einleitung

Innovative, disruptive, digitale Technologien wie Kryptowährungen und künstliche Intelligenz erobern durch FinTech-Start-ups die Finanzwirtschaft. Zudem ermöglicht eine zunehmend digitalisierte Welt, die Bündelung eines Schwarms von Kleininvestoren, die Finanzierung großer Projekte per Mausklick. Diese alternative Finanzierungsmöglichkeit nutzen zunehmend Projektentwickler zur Realisierung ihrer Immobilienprojekte. Der Aufstieg von Crowdinvesting-Plattformen für Immobilienprojekte hat inzwischen auch politische Aufmerksamkeit erhalten, weshalb manche Strömung zur stärkeren Regulierung drängt. Dabei stellt sich aus einem praktischen, immobilienwirtschaftlichen Blickwinkel die Frage nach den Vorzügen der Finanzierung durch Kapital aus dem Schwarm.

Getrieben durch eine potenzielle gesetzliche Regulierung, entsteht eine Bewegung einiger Crowdinvesting-Plattformen, sich zu einem von der Bundesanstalt für Finanzdienstleistungsaufsicht lizenzierten Finanzdienstleistungsinstitut zu entwickeln. Aufgrund der damit verbundenen Option zur Anleiheemission existieren Möglichkeiten zur Finanzierung größerer Volumen, welche die aktuelle Grenze von 2,5 Millionen Euro übersteigt.[1, 2] Darüber hinaus ergeben sich mit der Finanzierung höherer Volumen der Plattformen Chancen für Projektentwickler, Crowdinvesting auch für größere Projekte einzusetzen oder eine alleinige Finanzierung per Real Estate Crowdinvesting für bestimmte Projekte zu erhalten.

Die Finanzierungsstruktur hat Auswirkungen auf die Rendite eines Projektes. Mit einem immer diversifizierter werdenden Angebot auf dem Kapitalbeschaffungsmarkt stehen Projektentwickler vermehrt vor der Entscheidungsfrage, wie ihr Projekt am kostengünstigsten finanziell strukturiert bzw. wie die Eigenkapitalrendite erhöht werden kann.

Im Rahmen dieses Beitrages werden drei Beispielprojekte von Real Estate Crowdinvesting bei Immobilienfinanzierungen aus der Praxis vorgestellt, um die Vorteile der Integration von Mezzanine-Kapital in die Finanzierungsstruktur aufzuzeigen.

[1] Vgl. § 1(a) Kreditwesengesetz in der Fassung vom 17.07.2017 (BGBl. I S. 2446).

[2] Vgl. Bundesanstalt für Finanzdienstleistungsaufsicht (2013): Merkblatt Platzierungsgeschäft abgerufen am 05.09.2017 unter https://www.bafin.de/SharedDocs/Veroeffentlichungen/DE/Merkblatt/mb_091211_tatbestand_platzierungsgeschaeft.html.

2 Praxisbeispiele

2.1 Projekt A

Bei dem Projekt A handelt es sich um einen Neubau von mehreren Wohnhäusern in einer ruhigen Lage nahe einer Metropole. Ziel dieser Projektentwicklung ist die Errichtung von ca. 50 Eigentumswohnungen mit Terrasse und zugehörigem Tiefgaragenstellplatz. Die Wohneinheiten werden einzeln nach Makler- und Bauträgerverordnung verkauft, zu einem prognostizierten Gesamtverkaufserlös von 16 Millionen Euro. Der kalkulierte Rohertrag beträgt 1,5 Millionen Euro. Die Laufzeit für das Mezzanine-Darlehen der Crowd über 1 Millionen Euro beträgt 18 Monate.

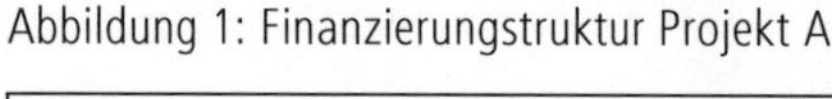
Abbildung 1: Finanzierungstruktur Projekt A

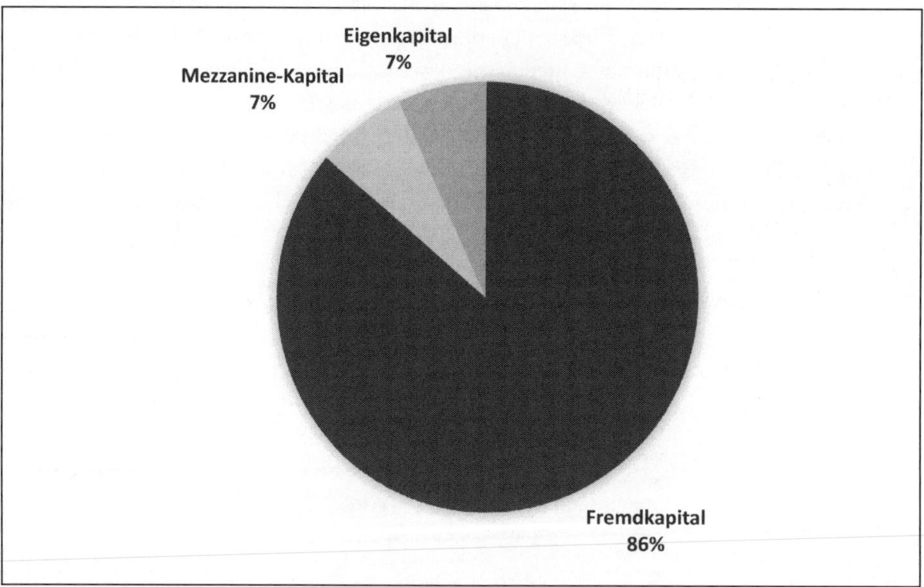

Quelle: Exporo

Wie aus Abbildung 1 zu entnehmen ist, bringt der Projektentwickler 1 Millionen Euro als Eigenkapital ein, was einem Anteil von 7 Prozent der Gesamtinvestitionssumme entspricht. Das Mezzanine-Kapital der Kunden der Crowdinvesting-Plattform beträgt ebenfalls 1 Millionen Euro und wird zu 9,50 Prozent effektiv für diese Laufzeit verzinst. Der Mezzanine-Kapital-Anteil in der Finanzierungsstruktur beträgt 7 Prozent. Das Fremdkapitalvolumen beträgt 12,5 Millionen Euro, dies entspricht einem Anteil in der Finanzierungstruktur von 86 Prozent.

Das Fremdkapital wird durch einen Kontokorrentkredit einer Bank bereitgestellt. Abgerufen werden können nur Tranchen, die größer als 0,5 Millionen Euro sind und solche, die durch 50.000 Euro teilbar sind. Diese Tranchen sind innerhalb von 60 bzw. 90 Tagen zurückzuführen. Als Zinssatz ist eine Marge von 2,0 Prozent p.a. zuzüglich des 3-Monats-EURIBORs vereinbart. Sofern der EURIBOR negativ sein sollte, wird der Wert des EURIBORs mit null angenommen. Zuzüglich zu den Zinsvereinbarungen fällt eine Bearbeitungsgebühr von 125.000 Euro an. Als Auszahlungsbedingung ist vereinbart, dass vor Beginn des Hochbaus eine Vorverkaufsquote von 30 Prozent zu erreichen ist, gemessen an dem Gesamterlös.

Abbildung 2: Kreditauslastung Projekt A

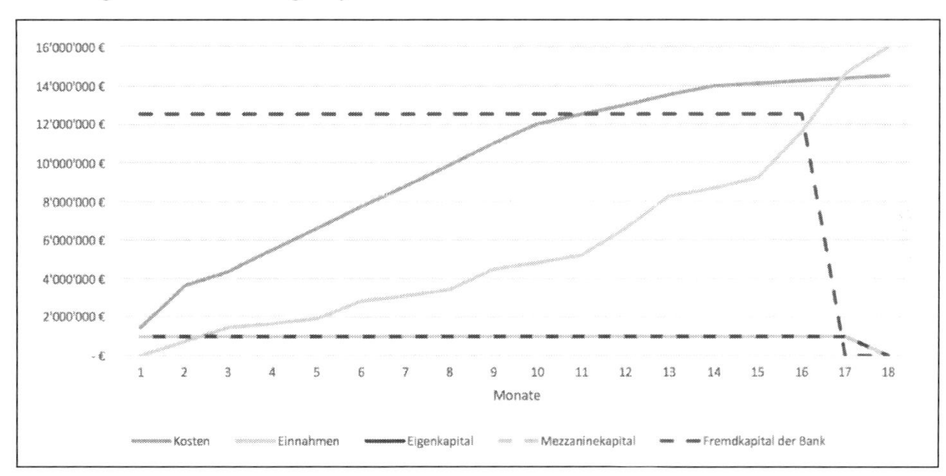

Quelle: Exporo

Wie in Abbildung 2 zu erkennen ist, nähern sich Einnahmen- und Kostengraphen im Verlauf des Projektes relativ spät aneinander an. Begründbar ist dies durch die niedrige Vorverkaufsquote und dem Verkauf nach Makler- und Bauträgerverordnung.

Durch die äußerst preiswerten Konditionen der Bank sind die Kapitalkosten für dieses Projekt verhältnismäßig gering. Dennoch muss der Projektentwickler einen Eigenkapitalanteil der Bank für den Erhalt der günstigen Konditionen vorweisen. Dafür bietet sich Mezzanine-Kapital in diesem Projekt an. Der Projektentwickler kann durch dessen Integration in seine Finanzierungstruktur seine Eigenkapitalrendite hebeln, in dem er bis zu 93 Prozent nach dem Loan-to-Cost-Ansatz finanzieren kann. Sofern der Projektentwickler anstatt der Integration von Mezzanine-Kapital zusätzliches Eigenkapital investieren würde, wäre das Projekt A nur bis zu 86 Prozent nach dem Loan-to Cost-Ansatz finanziert. Dementsprechend würde die Eigenkapitalrendite verhältnismäßig sinken.

Die Entscheidung des Projektentwicklers, bei Projekt A Mezzanine-Kapital aus dem Schwarm in die Finanzierungsstruktur zu integrieren, maximiert somit seine Eigenkapitalrendite, durch Ausnutzung des Leverage-Effektes. Zusätzlich hat der Projektentwickler aufgrund der günstigen Konditionen des Fremdkapitals der Bank geringe Kapitalkosten und erhält ausreichend Liquiditätspuffer in dem Projekt, um etwaige unvorhergesehene Risiken kompensieren zu können. Aus diesen Gründen ist die gewählte Finanzierungsstruktur für das Projekt A passend.

Neben den finanziellen Vorteilen gibt es einen weiteren Vorteil für den Projektentwickler: den Marketingeffekt. Um die Vorverkaufsquote schneller zu erfüllen, wird die Reichweite der Crowdinvesting-Plattform genutzt, um neben den privaten Kapitalgebern auch potenzielle Wohnungskäufer anzusprechen. Die Käuferanfragen werden direkt an den Vertrieb des Projektentwicklers weitergeleitet.

2.2 Projekt B

Projekt B ist eine Aufteilung einer Bestandsimmobilie über eine Laufzeit von 24 Monaten. Im Rahmen dieses Aufteilungsprojektes entstehen ca. 50 Eigentumswohnungen, welche einzeln verkauft werden. Der prognostizierte Verkaufserlös ist 11,5 Millionen Euro und führt zu einem kalkulierten Rohertrag von 1,5 Millionen Euro.

Abbildung 3: Finanzierungsstruktur Projekt B

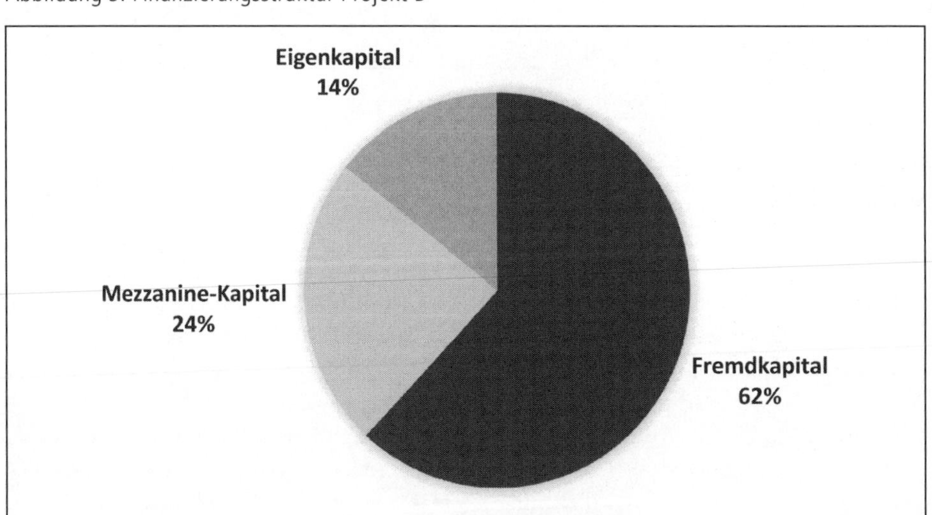

Quelle: Exporo

Der Finanzierungsstruktur in Abbildung 3 ist zu entnehmen, dass der Eigenkapitalanteil 14 Prozent der Gesamtinvestitionskosten beträgt, was einem absoluten Wert von 1,5 Millionen Euro entspricht. Der Mezzanine-Kapital-Anteil durch Kunden der Crowdinvesting-Plattform beträgt ca. 2,5 Millionen Euro und wird zu 10 Prozent über die Projektlaufzeit verzinst. Dieser Anteil gleicht 24 Prozent der Gesamtinvestitionskosten. Die weiteren 62 Prozent mit einer Darlehenshöhe von 6 Millionen Euro sind durch Fremdkapital einer Geschäftsbank finanziert.

Für den Kontokorrentkredit der Bank ist ein flexibler Zinssatz von 5,5 Prozent p.a. zzgl. 3-Monats-EURIBOR vereinbart. Zudem beträgt die Bearbeitungsgebühr 1,25 Prozent der Kredithöhe von 6 Millionen Euro.

Der verhältnismäßig große Anteil an Eigen- und Mezzanine-Kapital in der Finanzierungsstruktur ist durch die limitierten Finanzierungsmöglichkeiten der Bank nach dem Loan-to-Value-Ansatz bei Aufteilungsprojekten und die damit entstehende Kapitallücke begründet. Eine Bank veranlasst bei einer Immobilienfinanzierung zur Kreditbewertung in der Regel die Berechnung des Ertrags und Verkehrswertes, basierend auf den Begebenheiten beim Erwerb des Objektes.[3, 4] Durch die Vermietung existieren nur niedrige Erträge, weshalb der Ertragswert recht niedrig ist. Aufgrund der oftmals ausschließlichen Restrukturierung der Wohnfläche und der geringen Ertüchtigung des Gebäudes, steigt der Verkehrswert zudem unerheblich im Vergleich zu Revitalisierungs- und Neubauprojekten. Banken sind an die ermittelten Ergebniswerte dieses Verfahrens (Loan-to-Value-Ansatz) gebunden und können in der Regel nicht nur auf Grundlage von potenziellen Verkaufserlösen oder anfallenden Kosten finanzieren (Loan-to-Cost-Ansatz). Darum ist die Fremdkapitalquote in der Finanzierungsstruktur von Aufteilungsprojekten meistens geringer als bei anderen Projektarten im Bereich Wohnen.

Für das betrachtete Projekt B wird das Fremdkapital der Bank für den Ankauf und das Mietermanagement der Immobilie verwendet, diese Phase überdauert die ersten 10 Monate von Projekt B. Alle weiteren Maßnahmen, wie beispielsweise die Restrukturierung der Wohneinheiten, sind durch Eigen- und Mezzanine-Kapital zu finanzieren.

[3] Vgl. § 8 Immobilienwertermittlungsverordnung in der Fassung vom 19.05.2010 (BGBl. 2010 I S. 639).

[4] Vgl. § 17 ebd.

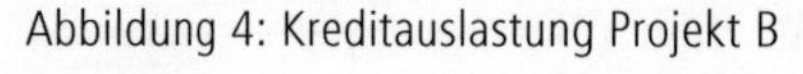
Abbildung 4: Kreditauslastung Projekt B

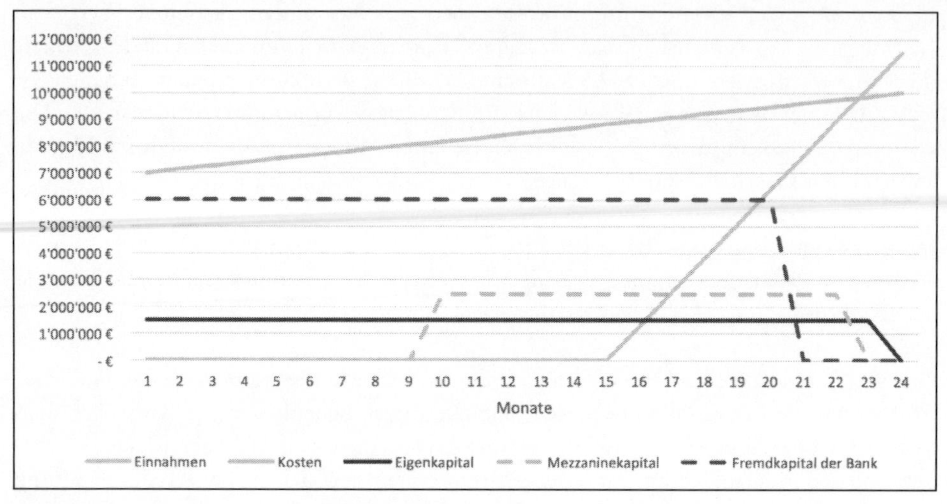

Quelle: Exporo

Bei der Betrachtung von Abbildung 4 zeigt sich, dass das Fremdkapital der Bank ausschließlich für die Ankaufs- und Mietermanagement-Phase in dem Projekt verwendet wird. Für diesen Zeitraum ist das Fremdkapital vollkommen ausgelastet. Der Anteil von Eigenkapital und Mezzanine-Kapital in dieser Phase ist, verglichen mit den folgenden 14 Monaten, geringer.

Alle weiteren Kosten im Verlauf des Projektes wie beispielsweise für die Restrukturierung der Wohnfläche, einen neuen Fassadenanstrich oder die Installation von Balkonen, sind durch Eigenkapital oder Mezzanine-Kapital zu bezahlen. Deshalb werden diese Kapitalanteile in der Finanzierungsstruktur für den weiteren Verlauf ab dem 10. Monat aufgestockt. Durch die Vorrangigkeit des Fremdkapitals der Bank werden anfallende Verkaufserlöse zuerst zur Tilgung des Kontokorrentkredites verwendet, bevor die Crowd-Kapitalgeber bedient werden.

Mit der Integration von Mezzanine-Kapital aus dem Schwarm in Projekt B bewirkt der Projektentwickler eine Finanzierung von bis zu 84 Prozent der Gesamtkosten und vergrößert damit seine Eigenkapitalrendite durch das Ausnutzen des Leverage-Effektes. Zudem schließt er die vorhandene Kapitallücke aus den begrenzten Finanzierungsmöglichkeiten der Bank mit einer preiswerten alternativen Finanzierungsmöglichkeit, die ihm zusätzlich über die Projektlaufzeit ausreichend Liquidität verschafft, unvorhergesehene Kosten zu kompensieren.

2.3 Projekt C

Projekt C ist die Revitalisierung eines denkmalgeschützten Mehrfamilienhauses in einer Großstadt. Im Rahmen der Baumaßnahmen entstehen ca. 20 Wohneinheiten. Die Wohneinheiten werden einzeln nach Makler- und Bauträgerverordnung verkauft, über eine Laufzeit von 18 Monaten. Der prognostizierte Verkaufserlös beträgt 5,4 Millionen Euro, was zu einem kalkulierten Rohertrag von 0,8 Millionen Euro führt.

Abbildung 5: Finanzierungsstruktur Projekt C

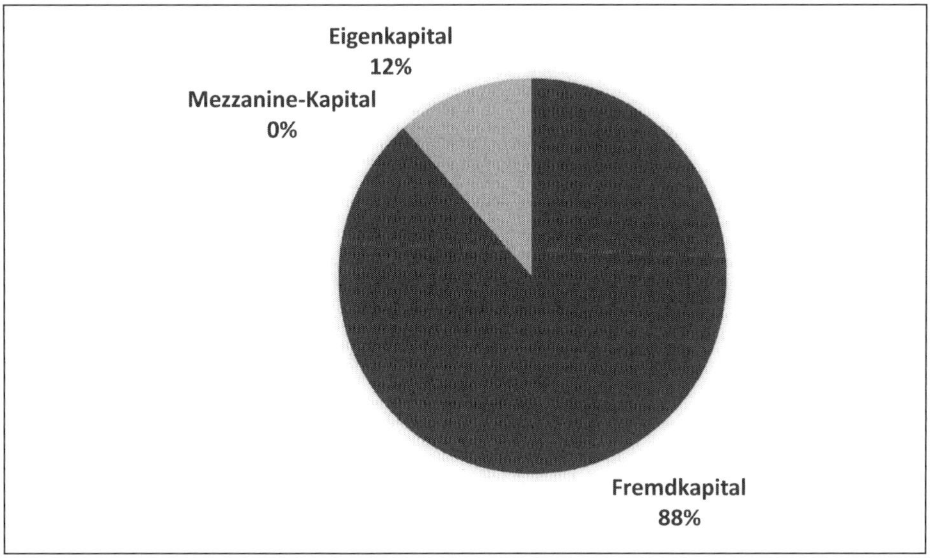

Eigenkapital 12%
Mezzanine-Kapital 0%
Fremdkapital 88%

Quelle: Exporo

Die Finanzierungsstruktur des Projektes C beinhaltet aufgrund der geringen Projektgröße kein nachrangiges Mezzanine-Kapital, wie in Abbildung 5 zu sehen. Der Eigenkapitalanteil des Projektentwicklers in Höhe von 0,3 Millionen Euro entspricht 12 Prozent der Gesamtinvestitionskosten. Die vorhandenen 88 Prozent des Gesamtinvestitionsvolumens sind dagegen Fremdkapital von Kunden der Crowdinvesting-Plattform. Das entspricht einem absoluten Wert von 2,3 Millionen Euro. Verzinst wird dieses Darlehen, welches als Spitzenfinanzierung ausgelegt ist, mit einem effektiven Zinssatz für die Projektlaufzeit von 8 Prozent.

Aufgrund des Denkmalschutzes kann der Kaufbetrag von den zukünftigen Eigentümern der Wohneinheiten nach den Tabellen der allgemeinen verwendbaren Anlagegüter (AFA-Tabellen) des Bundesfinanzministeriums von der Steuer abgeschrieben werden, sofern die Sanierungsarbeiten erst nach dem Erwerb des Objektes beginnen.[5] Deshalb ist eine Vorverkaufsquote von 100 Prozent für das Projekt C veranschlagt.

Abbildung 6: Kreditauslastung Projekt C

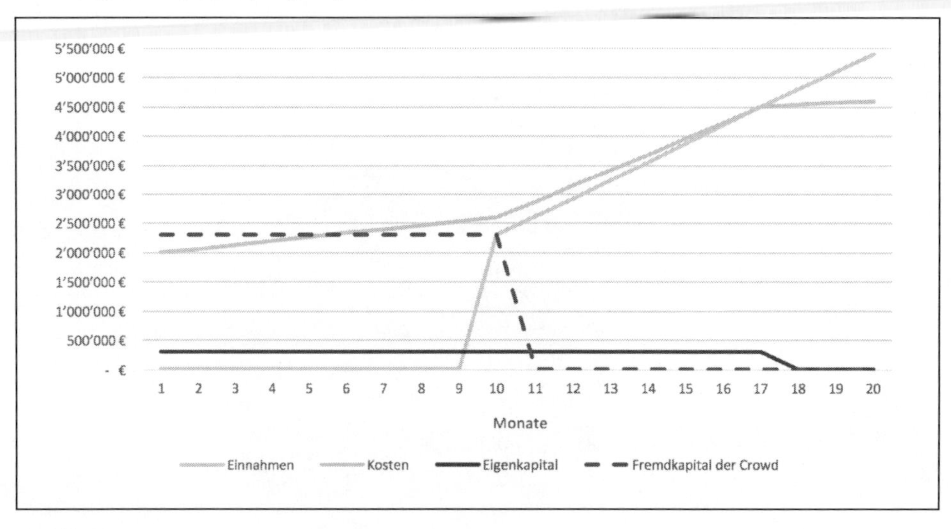

Quelle: Exporo

Mit dem Erreichen der Vorverkaufsquote entstehen in den darauffolgenden 10 Monaten Bauphase keine weiteren Kostenspitzen, wie in Abbildung 6 erkennbar ist, da alle anfallenden Kosten aus dem Eigenkapital und den Einnahmen nach Makler- und Bauträgerverordnung kompensiert werden.

Um diesen Verkaufsstand innerhalb eines bestimmten Zeitraums zu erreichen, entstehen hohe Vertriebskosten vor dem Start der Bauphase. Zudem hat der Projektentwickler für die Projektierungskosten in Vorleistung zu gehen. Da das Eigenkapital in diesem Projekt nicht ausreicht, um die Kosten für den Ankauf, die Vertriebs- und Projektierungsphase zu decken, benötigt er für diesen Zeitraum eine Finanzierung. Das benötigte Kapital für die Vertriebskosten dient nicht direkt der Wertsteigerung der Immobilie. Eine Bankenfinanzierung erfolgt in der Regel nach dem Loan-to-Value-Ansatz. So würde sich eine relativ niedrige Finanzierung bezogen auf die Projektkosten durch eine Bank ergeben.

[5] Vgl. § 7 Einkommensteuergesetz in der Fassung vom 14.08.2017 (BGBl. I S. 3214).

Crowdinvesting-Plattformen sind aufgrund der Eigenkapitalhinterlegung durch die Crowd flexibler und können das Projekt C nach dem Loan-to-Cost-Ansatz finanzieren.

Aus diesem Grund eignet sich das Projekt C für eine Fremdkapitalfinanzierung durch die Crowdinvesting-Plattform, da eine höhere und damit eigenkapitalschonende Finanzierung möglich ist. Deshalb ist der Projektentwickler bereit, einen leicht höheren effektiven Zinssatz als bei einer Bank zu bezahlen.

3 Schlussfolgerungen

Als Resümee aus den vorgestellten Beispielprojekten kann für Mezzanine-Kapital von Crowdinvesting-Plattformen schlussgefolgert werden, dass dessen Integration in die Finanzierungsstruktur von Immobilienprojektenwicklungen verschiedene Vorteile für den Projektentwickler schafft. Durch die Eigenschaft von Mezzanine-Kapital als Eigenkapitalersatz ist weniger Eigenkapital in dem Projekt gebunden, womit der Projektentwickler entweder noch zur Verfügung stehendes Kapital zum Realisieren weiterer Projekte nutzen kann oder in der Lage ist, Projekte umzusetzen, für die ansonsten das nötige Kapital fehlen würde. Zudem erwirkt diese eigenkapitalschonende Finanzierungsstruktur eine größere Ausnutzung des Leverage-Effektes.

Weiterhin bietet Mezzanine-Kapital aus dem Schwarm eine preiswerte Möglichkeit zum Schließen von Kapitallücken in der Finanzierungsstruktur – im Fall von gesetzlichen Regulierungszwängen der Banken – und ergänzt damit die von den Banken offerierten Finanzierungsangebote. Dabei sind in der Praxis meistens Finanzierungen bis zu 95 Prozent Loan-to-Cost durchführbar. In einzelnen Fällen kann Mezzanine-Kapital einer Crowdinvesting-Plattform auch den gesamten Kapitalbedarf des Projektentwicklers decken, vor allem wenn sich aufgrund des Projektcharakters eine Spitzenfinanzierung anbietet. Grundlegend ist Kapital aus dem Schwarm aber als Ergänzung zu den bestehenden Finanzierungsmöglichkeiten zu betrachten.

Anhand der vorgestellten Beispielprojekte zeigt sich, dass eine Finanzierung von Immobilienprojektentwicklungen über eine Crowdinvesting-Plattform eine gute Ergänzung zur Fremdkapitalfinanzierung von Banken bietet. Der durch die Digitalisierung vorangetriebene Innovationsdrang dieser jungen Unternehmen, verbunden mit dem zunehmenden Interesse von Investoren, lässt den Markt aktuell rasant wachsen. Zukünftig werden sich weitere Chancen für Projektentwickler ergeben, um ihre Finanzierungsstruktur durch die alternative Finanzierungsart Crowdinvesting zu optimieren.

III
Bewertung und Vermarktung

Digitalisierung in der Immobilienbewertung

Brigitte Adam

1 Wo bleibt der Sachverstand?

Digitalisierung – ein Begriff, der sich wie selbstverständlich in unseren Wortschatz gedrängt hat. Nahezu alle Unternehmen in der Immobilienbranche beschäftigen sich damit, experimentieren mit Ideen und erproben sich an der Umsetzung. Prozesse, Arbeitsabläufe, Datenmanagement, neue Geschäftsideen mit modernsten Informations- und Kommunikationsmodellen sollen zeitliche Ressourcen und Rentabilität optimieren sowie Ineffizienzen und Fehlerquellen vermeiden.

Doch wie weit ist die Entwicklung im Bereich Immobilienwirtschaft bei diesem Thema vorangeschritten? Die anlässlich der Digitalisierungsstudie von Ernst & Young gemeinsam mit dem Zentralen Immobilien Ausschuss (ZIA) geführten Interviews führen zu der Einschätzung, dass etwa 20 Prozent der deutschen Immobilienunternehmen über die Basisinfrastruktur der Digitalisierung verfügen. Über 90 Prozent der Unternehmen beschäftigen sich mit diesem Thema und wissen ob der zukunftsweisenden Herausforderungen.

Es ist bekannt, dass die Immobilienwirtschaft nicht gerade der Vorreiter im Einsatz und in der Entwicklung neuer Technologien ist, da sind andere Branchen bereits einige Schritte weiter. Erkennbar sind derzeit eher unterschiedliche Insellösungen, die auf die jeweiligen Unternehmen zugeschnitten werden bzw. sind.

Digitalisierung ist ein Megatrend, es wird ihm marktverändernde Kraft zugetraut bis hin zur Transformation ganzer Unternehmenskulturen. Ob die infrastrukturellen Bedingungen für die gewünschte Veränderung bereits ausreichen, sei infrage gestellt – und ob die politischen Rahmenbedingungen zukünftig innovativ genug sein werden, wird derzeit auch öffentlich bezweifelt.

Der Mensch wäre nicht der Mensch, wenn er nicht auf diese Veränderungen und Entwicklungen ambivalent reagieren würde. Stand doch im September 2016 auf dem Titelblatt eines Wochenmagazins in großen Lettern und mit beeindruckender Illustration: „Sie sind entlassen! Wie uns Computer und Roboter die Arbeit wegnehmen und welche Berufe morgen noch sicher sind“.[1] Zunächst ist der Inhalt dieser Schlagzeile nicht wirklich neu, die industrielle Revolution im 19. Jahrhundert wurde im Rahmen der damaligen Möglichkeiten vergleichbar kommentiert. Und auch heute bringt diese verordnete Verunsicherung keinen Fortschritt – aber sie enthält das Potenzial für positive Impulse.

[1] Siehe DER SPIEGEL, Nr. 36, 2016.

2 Was ist, was kommt?

Wie sieht es im Bereich der Immobilienbewertung aus? Property Technology, oder in der Kurzform auch „PropTech“ genannt, steht für moderne technologische Entwicklungen in der Immobilienbranche. Hinter dem Begriff Smart Home steht die Steuerung der Gebäudetechnik über mobile Endgeräte, Property Glasses sollen Gebäudebeschreibungen aufnehmen und Bauschäden identifizieren. Die ersten großen Asset-Managementgesellschaften lassen die Zielobjekte für Ankaufseinschätzungen mit Drohnen überfliegen. Daten werden gesammelt und in Algorithmen einer Klassifizierung zugeführt. Banken haben im „Kleindarlehensbereich“ bereits voll automatisierte Bewertungstools eingeführt. Mit „Online-Immobilienbewertungen“ können Immobilien auf Knopfdruck bewertet werden.

Voll automatisierte Bewertungen sind in der Praxis des Immobilienbewerters bereits angekommen, sogenannte „Standardimmobilien“ im Kleindarlehensbereich, also Einfamilienhäuser und/oder Eigentumswohnungen bis zu einem Wert von etwa 400.000 Euro, werden über automatische Modelle zukünftig nahezu vollständig bewertet werden können. Gerade für die Beleihungswertermittlung wird dies aktuell vielseitig diskutiert. Diese Modelle sind erschaffen worden, um Immobilien unabhängig von einer Person zu bewerten. Gleichzeitig aber wird dies durch die Gesetzes- und Verordnungsgeber, genannt sei hier die Beleihungswertermittlungsverordnung, das Capital Regulations Requirement (CRR) oder die Wohnimmobilienkreditrichtlinie, untersagt bzw. die Hinzuziehung eines unabhängigen Gutachters gefordert.

Das Kapitalanlagegesetzbuch (KAGB) hat mit Blick auf den Anlegerschutz die Bedingungen an die Immobilienbewertung verändert. Zwar sind Sachverständigenausschüsse mit zwei oder mehr voneinander unabhängig agierenden Sachverständigen nicht mehr überall und zwingend erforderlich, jedoch ist der unabhängige Immobilienbewerter in seiner Höchstpersönlichkeit, auch aus Haftungsgründen, unabdingbar. Die Bewertung soll, je nach Anlagetyp, quartalsweise erfolgen. Gleichzeitig gibt es bereits institutionelle Investoren und Bestandshalter, die ihre Immobilien nur noch alle drei Jahre vom Bewerter besichtigen lassen.

Damit ist erkennbar, dass noch erhebliche Unsicherheiten im Umgang zwischen Effizienzsteigerung und Risikominimierung bestehen, die sich auf das Tagesgeschäft des Sachverständigen direkt auswirken.

3 Big Data in der Immobilienbewertung

Das Herz und auch das Begehrenswerte sind in allen Bereichen der Digitalisierung die Daten. Definiert werden sie als „Angaben, Werte oder formulierbare Befunde, die durch Messung, Beobachtung u. a. gewonnen wurden.“[2]

In der Wirtschaftstheorie bedeuten Daten eine Bezeichnung für volkswirtschaftliche Gegebenheiten, die den Wirtschaftsablauf beeinflussen, ohne von diesem selbst – zumindest unmittelbar und kurzfristig – beeinflusst zu werden.[3]

Daten sind somit die Beschreibung eines Status quo und zunächst wertfrei. Erst die Dynamisierung von Daten, das Ins-Verhältnis-Setzen mit Benchmarks geben Daten ihren Wert.

Wie werden Daten zur Verfügung gestellt? Sogenannte Datenräume für Objektunterlagen sind seit Jahren in der Praxis angekommen und haben aktuell noch vielfach sehr „analoge“ Eigenschaften. Doch zunächst zur Begrifflichkeit: Im Grunde sind das keine Datenräume, sondern Dokumentenräume, also eine Ansammlung von Unterlagen, mehr oder weniger strukturiert, zum Zweck u. a. der Due Diligence. Wenn ein „Datenraum“ betreten wird, ist noch nicht bekannt, in welcher Ordnung sich die Dokumente befinden. Die qualitativen Unterschiede in der Strukturierung von Dokumenten sind erheblich. Teilweise wird man an das klassische Archiv erinnert: Welche Unterlagen befinden sich in welchem Ordner? Wie sind sie benannt? Welche Relevanz haben die Daten für die jeweiligen Themen? Wie aktuell sind die Dokumente? Wie viel Zeit benötigt der Anwender für die Identifizierung der für seinen Anlass erforderlichen Unterlagen? Hier gilt, dass die Qualität des „Dokumentenraums“ stark vom Ersteller abhängig ist, dabei ist aus der Praxis heraus noch viel Entwicklungspotenzial erkennbar.

Ergänzend sind für den Bereich der Immobilienbewertung selbstverständlich noch die Bedeutung von Wirtschaftsdaten, Markt- und Standortdaten, sozio-ökonomischen Daten usw. zu nennen.

Zwei Eigenschaften haben alle Daten, in welcher Weise sie auch immer abgeleitet wurden, wie sie aufbewahrt oder veröffentlicht werden: Sie tragen den Stempel der Vergangenheit und sind zunächst abstrakt seelenlos.

---

[2] Duden online: https://www.duden.de/dudenonline/Daten, (Zugriff am 15.02.2018).

[3] Gabler Wirtschaftslexikon: https://wirtschaftslexikon.gabler.de/definition/daten-30636, (Zugriff am 15.02.2018.

Über einen Mietvertrag, zum Beispiel für eine Büronutzung, ist zuerst bekannt, wie hoch die Miete ist, für welchen Zeitraum der Mietvertrag abgeschlossen wurde, ergänzt mit den rechtlich notwendigen Vereinbarungen. Aber ist aus den Daten erkennbar, warum der Mieter (Nutzer) genau diese Fläche gewählt hat? Warum er bereit ist, diese Miete an diesem Standort zu zahlen? Der Mieter macht seine Entscheidung für diese Fläche, neben den tatsächlichen Eigenschaften des Objekts, eventuell von der Zustimmung seiner MitarbeiterInnen, von der Nähe zu seinen Kunden, vom Image des Standortes, abhängig. Die Ansprüche an Büroflächen verändern sich aktuell mit einem ähnlichen Tempo wie die Entwicklung der Digitalisierung. Doch wie können diese Veränderungen der soziologischen Arbeitswelt, die wesentlich wertrelevant sind, digital erfasst werden? Dieses sehr verkürzte Beispiel lässt sich auf alle Nutzungsarten von Immobilien übertragen.

4 Analyse und Würdigung

Diese beiden Begriffe beschreiben die Kernaufgaben der Immobilienwertermittler. Die Kompetenzgruppe Marktwertermittlung der Gesellschaft für immobilienwirtschaftliche Forschung (gif e. V.) erarbeitet aktuell eine Best-Practice-Empfehlung um diese herauszustellen:

Abbildung 1: Aufgabenkranz der Immobilienbewertung

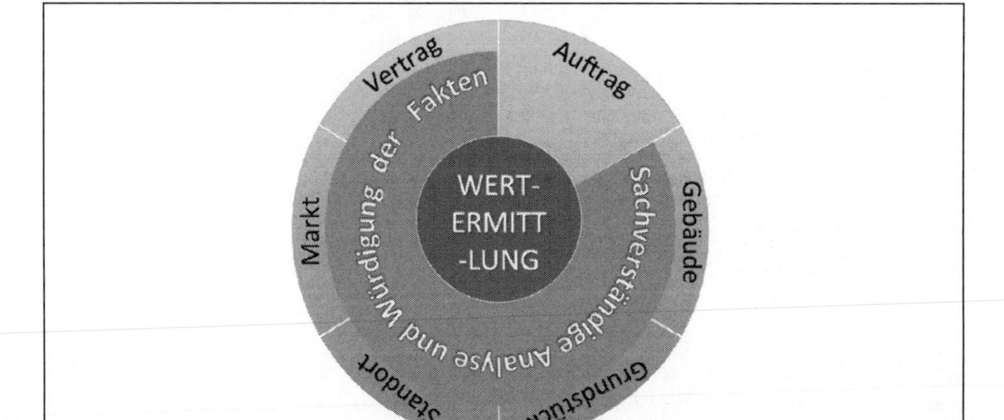

Quelle: gif e. V. KG Marktwertermittlung

Die Qualität der digitalisierten Quellen steht in direktem Zusammenhang mit der Qualität der Bewertung.

Die Analyse zeigt die erste direkte Verknüpfung mit der Digitalisierung auf. Die generierten oder zur Verfügung gestellten Daten müssen auf ihre Wahrhaftigkeit hin geprüft werden. Folgende Fragen sind dann zu formulieren: Woher stammen sie? Welches sind die Quellen? Auf welchen Grundlagen basieren sie? Dies sowie die Würdigung der Ergebnisse von digitalisierten Daten obliegen den Sachverständigen.

Was kann im Rahmen der Immobilienbewertung unter Analyse verstanden werden? Zunächst wird darin eine Methode gesehen, Vorhandenes in einzelne Bestandteile aufzulösen, das bedeutet zum Beispiel die Analyse von Gegenständen durch Struktur- bzw. Relationsbeschreibungen.

Mögliche Fragestellungen in diesem Zusammenhang wären:

- *Welche Wechselwirkungen haben gewonnene Informationen?*
- *Sind dafür messbare Größen, deren Abhängigkeit in Form (beispielsweise) einer Gleichung eindeutig (nachvollziehbar) festgelegt werden können (Schematismus), hilfreich?*
- *Wie können sie auf Verstandesebene (Vernunft/Logik/Vollständigkeit) plausibilisiert werden?*
- *Von welcher wissenschaftlichen Analysemethode soll im Rahmen der Immobilienbewertung gesprochen werden?*
- *Beruht Immobilienbewertung auf Statistik und kann in diesem Zusammenhang von Gesetzmäßigkeit gesprochen werden?*
- *Kann die Analyse in einer einzelnen Bewertung womöglich nur zur Aufstellung einer Hypothese führen?*

Die Würdigung der Daten in Verbindung mit der Beurteilung ihrer Tragfähigkeit und der Prognose führen zur Einschätzung des zukünftigen Verhaltens der Marktteilnehmer und somit zu einer Wertfindung.

Im jurisitischen Kontext wird der Begriff „Beweis*würdigung*“ wie folgt beschrieben, siehe § 286 Zivilprozessordnung (ZPO)

> *„[...] unter Berücksichtigung des gesamten Inhalts [...] und des Ergebnisses einer etwaigen Beweisaufnahme nach freier Überzeugung [...], ob eine tatsächliche Behauptung für wahr oder für nicht wahr zu erachten sei. [...] sind die Gründe anzugeben, die für die [...] Überzeugung leitend gewesen sind.“*

Jede Aktivität unterliegt einer Würdigung, einer unkritischen oder einer kritischen. Dabei geht es um die differenzierte Betrachtung des eigenen Vorgehens oder des Vorgehens Anderer, die Erfolge und Fehler/Defizite des Tuns zu erkennen und zu benennen, Beweggründe zu identifizieren und einzuordnen. Die Ergebnisse werden dazu in Beziehung gesetzt und können eingeordnet werden. Dieser Versuch, Würdigung zu definieren, offenbart schon, trotz seiner Verkürztheit, mannigfaltige Herausforderungen, gerade in der Immobilienbewertung.

Der Gutachter muss über hohe Marktkompetenz verfügen. Hierunter ist ein strukturelles wie aktuelles Verständnis des bewertungsrelevanten Marktgeschehens und der unterschiedlichen Interessenlagen der Marktteilnehmer, z.B. Investoren, Nutzer, Finanzierer etc. zu verstehen. Darüber hinaus muss der Gutachter ein Gespür dafür haben, wie das Bewertungsobjekt zum Bewertungsstichtag von den Marktteilnehmern wahrgenommen wird.

Abbildung 2: Bewertungsrelevante Daten identifizieren und auswerten

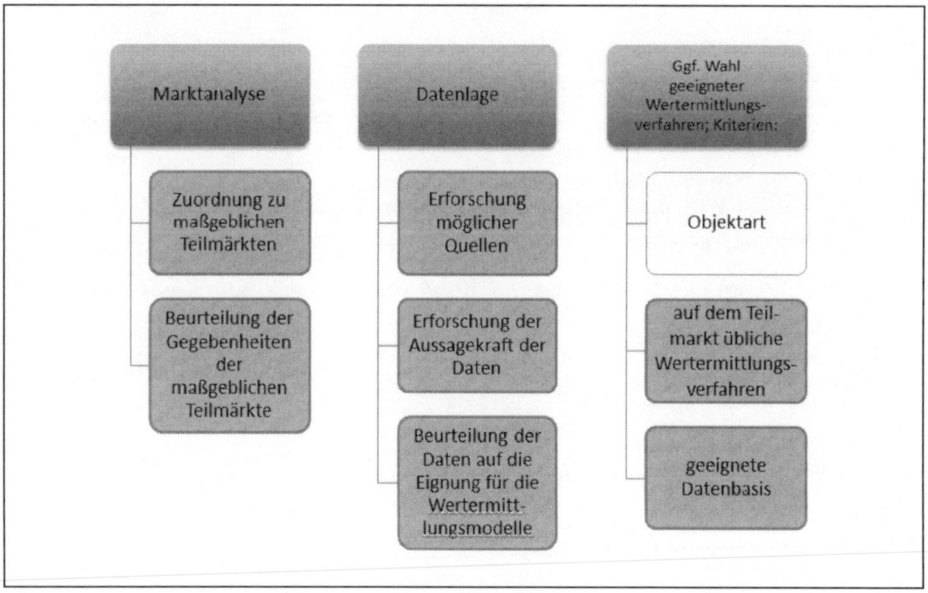

Quelle: gif e.V. KG Marktwertermittlung

Daten helfen, einen Status quo zu erkennen. Sie helfen, Trends abzuleiten aufgrund von in der Vergangenheit getroffenen Entscheidungen. Doch was ersetzt die vorzügliche inhaltliche Substanz eines persönlichen Gesprächs mit dem Hausmeister oder mit den Nutzern? Schon die Fahrt mit dem Taxi an einen bestimmten Objektstandort sowie das Gespräch mit dem Fahrer dorthin liefern Informationen, die werthaltig, aber mit Algorithmen nicht zu erfassen sind.

5 Der künftige Immobilienbewerter im digitalen Zeitalter

Die Assetklasse „Immobilie" ist geprägt von komplexen und speziellen Sachverhalten. In Bezug auf die vollständige Automatisierung stellt sich die wichtige Frage: Wer haftet für die Bewertung? Die bevorzugte höchstpersönliche Beauftragung einer natürlichen Person ist unter anderem mit einer umfangreichen Möglichkeit der Haftung begründet. Eine weitere Frage soll in den Raum gestellt werden: Welche Rolle spielt der Datenschutz? Je transparenter und potenziell wertvoller generierte Daten sind, desto stärker greift der Datenschutz. Das sind Punkte, die in der Zukunft noch legislativ und judikativ geklärt werden müssen.

Das Berufsbild des Bewerters wird sich zweifellos verändern. Die Arbeitsprozesse werden verschlankt und weiter automatisiert. Digitale Work-Flow-Prozesse, gerade in größeren Bewertungsbüros, sind obligatorisch von der Auftragserfassung bis zur Rechnungsstellung. Die berufliche Qualifikation der Sachverständigen wird einen höheren Anteil an IT-Kompetenz erfordern. Das Nutzen von computergestützten Bewertungsprogrammen ist bereits heute eine Selbstverständlichkeit. Die direkten systemgesteuerten Verknüpfungen mit den Auftraggebern, das Nutzen von Cloud-Lösungen gehören immer mehr zum Tagesgeschäft. Effizient strukturierte Datenräume mit entsprechenden Zugriffsrechten erleichtern die Informationsbeschaffung. Die Digitalisierung bietet den Sachverständigen in vielfältiger Weise aufbereitete Informationen und Daten. Algorithmen, Zeitreihen, von Drohnen aufgenommene Lichtbilder, Miet- und Investmentdaten, welche teilweise in intransparenter Weise klassifiziert wurden, werden den Sachverständigen von diversen Anbietern offeriert.

Besichtigungen mit direkter Geo-Referenzierung unter Verwendung mobiler Endgeräte und gleichzeitiger Zurverfügungstellung von wertrelevanten Daten (z.B. Bodenrichtwerte) sparen Zeit und geben Ressourcen frei für die Kernkompetenzen des Sachverständigen: seine analytische und strategische Kompetenz, seine soziale und empathische Kompetenz sowie seine Veränderungskompetenz.

Das Berufsbild wird sich weiterentwickeln und Immobilienbewerter haben die Möglichkeit, die Zukunft aktiv mitzugestalten – diese gilt es zu nutzen.

Die Aufgabe des Immobilienbewerters ist die Simulation des Marktes und diese abzubilden. Solange der Mensch Entscheidungen trifft, wird der Mensch sie auch bewerten.

Neue Wege der Immobilienanalyse

Björn Bordscheck/Norman Meyer

1 Status quo der Immobilienwirtschaft 4.0: Mut und neue Ideen müssen her

Wer sich mit der Frage beschäftigt, was genau Digitalisierung im Kontext der Immobilienbranche meint – und damit ob und inwieweit sie bereits Einzug in deren Alltag gehalten hat, der wird darauf sehr viele unterschiedliche Antworten erhalten. Häufig diskutieren Experten über Digitalisierung in der Praxis der Immobilienunternehmen und deren Folgen, oftmals allerdings ohne sich im Vorfeld grundsätzlich darauf zu einigen, was gerade in Bezug auf eine sehr heterogene und uneinheitliche Branche genau darunter zu verstehen ist. Dabei ist fraglich, ob eine Einigung im klassischen Sinne bei einem so weit gefassten Begriff überhaupt möglich ist.

Immobilienmakler, Entwickler, Architekten, Transaktionsberater, Verwalter und Asset Manager: Rund um die Immobilie gruppieren sich dutzende Berufsbilder, die an der Wertschöpfung einer Immobilie einen Anteil haben, und setzen sich in sehr unterschiedlicher Art und Weise mit den Herausforderungen der sogenannten digitalen Revolution auseinander.

1.1 Digitalisierung mit vielen Facetten

Für so manches Unternehmen der Immobilienwirtschaft mag es bereits revolutionär sein, ein neues internes Customer-Relation-Management-System zu etablieren, um Kundenbeziehungsprozesse zu verbessern. Viele Immobilien-Start-ups, sogenannte PropTechs, mögen darüber lächeln. Sie leben von ihrem digitalen Geschäftsmodell und das Zahlungsmittel Kryptowährung gehört zum geschäftlichen Alltag. Die Mehrheit der etablierten Unternehmen, darunter viele Projektentwickler, Investoren oder Dienstleister, überlegt sich, welche innovativen Systeme und Verfahren beim Bauen und Betreiben für ein Gebäude sinnvoll und flexibel genug sind, um auch in Zukunft mit der rasanten technologischen Entwicklung mitzuhalten.

Der Begriff Digitalisierung hat – auch branchenübergreifend – in der Praxis je nach Anwender eine sehr unterschiedliche Bedeutung. Auch in dessen theoretischer Definition spiegelt sich die hohe Bandbreite wider. So schlägt beispielsweise das Gabler Wirtschaftslexikon[1] vor: „Digitalisierung kann die digitale Umwandlung und Darstellung bzw. Durchführung von Information und Kommunikation oder die digitale Modifikation

[1] https://wirtschaftslexikon.gabler./de/definition/digitalisierung-51195.

von Instrumenten, Geräten und Fahrzeugen ebenso meinen wie die digitale Revolution, die auch als dritte Revolution bekannt ist, bzw. die digitale Wende. Im letzteren Kontext werden nicht zuletzt ‚Informationszeitalter' und ‚Computerisierung' genannt."

Wenn auf Podien, Foren oder in Diskussionsrunden von manchem der Ausdruck „Immobilienwirtschaft 4.0" verwendet wird, dann kommt es nicht selten zu Debatten über ferne Visionen, was in Zukunft alles in der Immobilienbranche nötig sein wird – und warum die Branche im Allgemeinen und ihre Produktions- und Betriebsprozesse im Speziellen aktuell anderen Wirtschaftssektoren – insbesondere der Automobilindustrie – hinterherhinken. Konkrete Handlungsvorschläge oder gar „Best-Practice"-Beispiele gibt es hingegen nur selten.

1.2 Flaschenhälse des Innovationsansporns

Tatsächlich scheint es in der Praxis bei vielen Unternehmen dabei so, als würden sie in einer Art digitalen Entscheidungsstarre verharren. Vielleicht auch deswegen, weil durch den riesigen Umfang des Themas Digitalisierung der sinnvolle individuelle Anknüpfungspunkt unklar ist. Die Betonung liegt dabei auf „individuell" – für jede Teilbranche gibt es mindestens eine Digitalisierungsstrategie, die angemessen und sinnvoll erscheint. Doch es lassen sich weitere triftige Gründe anführen, warum die Immobilienbranche als vergleichsweise rückständig in Sachen Digitalisierung wahrgenommen wird.

Naturgemäß ist die Immobilie, wie der Name schon sagt, immobil, das heißt: nicht beweglich. Damit geht sicher auch eine höhere Verharrungskraft der immobilienwirtschaftlichen Akteure einher, die sich in der Regel um sehr langfristige Investitionen mit langen Lebenszyklen kümmern. Die Umschlagsgeschwindigkeit wird dabei also per se immer langsamer sein als die der eher mobilen Wirtschaftszweige.

Ökonomischer Druck ist ein nicht unwesentlicher Faktor für Innovationen in einem Wirtschaftszweig, wobei die immobilienwirtschaftlichen Unternehmen noch lange nicht unter massivem Handlungsdruck stehen. Der Immobilienbranche geht es seit vielen Jahren gut: Die Konjunktur brummt, die Nachfrage steigt, die Zinsen sind niedrig. So wird vielfach die Notwendigkeit, innovativ zu sein, nicht erkannt.

Warum sollten Dienstleister sich mit der digitalen Planungsmethode Building Information Modeling, kurz BIM, vertraut machen und sie nutzen, wenn ihre Planungs- und Ausführungskapazitäten doch ohnehin schon ausgebucht sind? Warum sollten Bauherren ihre Häuser mit Sensorik oder Aktorik ausstatten, wenn sich die Immobilie auch ohne diese Merkmale prächtig vermietet oder verkauft? Wie so oft ist es viel bequemer, das „Morgen" zu opfern, um das „Heute" ungestört genießen zu können. Auch viele Facility-

Management-Dienstleister erkennen den Wert ihrer Position als Bindeglied zwischen Objekteigentümer und Nutzer noch nicht. Vielfach verharren sie in althergebrachten Leistungsbildern – Sicherheit, Nebenkostenoptimierung, Reinigung – anstatt ihr Wissen in individuelle neue Servicemodelle für bestimmte Nutzergruppen einzubringen.

Flaschenhals des Innovationsansporns mag zusätzlich die hohe Regulierungskraft sein, die sich durch die ganze Branche zieht. Planungsrecht, baurechtliche Normen oder die Mietregulierung sowie die aufsichtsrechtlichen Themen für Bewertung und Kapitalsicherheit bremsen innovative Ideen nicht unwesentlich.

Die Gefahr beim Zusammenspiel aller zuvor genannten Faktoren: Die Verantwortlichen verpassen es, wichtige zukünftige digitale Entwicklungen richtig zu prognostizieren. Wer das als etabliertes Unternehmen vermeiden will, dem bleibt im Prinzip nur, Mut zu haben, auf viele neue Ideen zu setzen, ihre Umsetzung mit iterativen Schritten zu wagen und dabei das Prinzip des viel zitierten „Trial and Error", also des Versuchs und Irrtums, zuzulassen. Auch bei digitalen Geschäftsmodellen gilt der alte Macher-Spruch: „Better done than perfect". Auch mit 80 Prozent Reifegrad kann man an den Markt gehen, unter der Bedingung, dass bloße Ingenieurssicht der User-Perspektive weichen muss.

2 Digitalen Wandel innovativ umsetzen

Stetiger Wandel und Transformation ist das einzige Prinzip, das Erfolg verspricht. Für Unternehmen heißt das, als ersten Schritt ein erfolgreiches Change-Management zu etablieren. Gefragt ist dabei eine besondere Management-Expertise in Transformationsprozessen, also Change-Manager-Typen, die das Unternehmen durch die betrieblichen Veränderungen führen können und sich mit der Start-up-Kultur identifizieren.

Am Anfang stehen dabei grundlegende Fragestellungen: Sollten oder inwieweit müssen und können bestehende Prozesse digitalisiert werden? Das erfordert aber auch, sie im gleichen Zug neu zu durchdenken, zu verändern und anzupassen. Es beinhaltet sogar, derzeitig erfolgreiche Geschäftsmodelle dem Grundsatz nach mindestens einmal kritisch zu hinterfragen. Es gilt, Türen zu öffnen für neue visionäre Ideen und die Bereitschaft, in diese auch mit ungewissem Ausgang zu investieren.

Wie rasant digitale Technologien die Bau- und Immobilienbranche insgesamt umkrempeln, darüber gibt es keine Einigkeit. Oft fällt in diesem Kontext das häufig gebrauchte Modewort „disruptiv". Gemeint sind damit Innovationen, die derzeit bestehende Geschäftsmodelle, Technologien und Dienstleistungen aushebeln. Als Konsequenz wird befürchtet, dass die etablierte und bislang sehr erfolgreiche Bau- und Immobilienbranche nur noch den Beton und damit die Hülle liefert. Die Herrschaft über Betrieb und

Vermarktung aber wird den klassischen Branchenplayern aus der Hand genommen. Offensive Branchenneulinge, die aber in Sachen digitaler Geschäftsmodelle versierte Experten sind, steuern das Geschäft der Zukunft mit Daten und Plattformen.

Auf absehbare Zeit jedoch scheint dies aufgrund der enormen Breite und Diversifikation der Branche eher unwahrscheinlich. Außenstehende Dritte werden Schwierigkeiten haben, die Branche in relevantem Umfang zu erreichen. Das macht sie im Vergleich zu anderen Sektoren weniger disruptionsgefährdet. Bisherige Geschäftsmodelle wie z.B. AirbnB oder diverse Office-Sharing-Modelle greifen vor allem den weitgehend standardisierten Betrieb an. Was Planung, Entwicklung und Bau angeht, ist ein Angriff externer Digitalisierungsprofis deutlich schwieriger.

2.1 Vorreiter der digitalen Transformation

Von Konzepten für Smart- und Green Buildings, über die digitale Planungsmethode BIM bis hin zur Blue City: Innovative, integrierte Lösungen rund um das Beraten, Planen, Bauen und Betreiben von Immobilien werden von internationalen Projektmanagement- und Beratungsunternehmen wie z.B. der partnerschaftlich organisierten Gesellschaft Drees & Sommer auch in der digitalen Erneuerung vorangetrieben. Denn was für manchen in der Branche ein Novum ist, gehört für solche etablierten Unternehmen seit jeher zum Kerngeschäft: die Verknüpfung von Einzellösungen, deren intelligentes Zusammenspiel sowie die Implementierung dieser Lösungen in laufende Prozesse. Internes und externes Change-Management zählen ebenfalls zum Leistungsbild dieser Unternehmen.

2.1.1 Smart Buildings: Intelligentes Daten-Zusammenspiel unabdingbar

„Smarte“ Pionierprojekte zeigen bereits, wohin die Reise für Immobilienentwickler und Nutzer geht. Dazu zählen beispielsweise das Amsterdamer Gebäude „The Edge“ oder auch der geplante Glaswürfel „Cube“ in Berlin, der zum intelligentesten Gebäude Europas entwickelt werden soll. Bei sogenannten Smart Commercial Buildings gibt es eine durchdachte Vernetzung aller Planungs-, Gebäude- und Nutzer-Daten.

Sind zum Beispiel Arbeitsplätze oder Räume nicht fest vergeben, zeigt eine Software-Applikation beim Betreten des Gebäudes die Vakanzen. Steigt dort der CO_2-Gehalt der Raumluft aufgrund der Besucheranzahl, läuft die Lüftung intensiver. Ein sinnvoll aufgebautes Tracking macht die zurückgelegten Wege von Personen in den Gebäuden transparent. Das verbessert Arbeitsabläufe und erhöht deren Effizienz. Das Reinigungsteam z.B. muss also ungenutzte Büros gar nicht erst betreten.

Diese Beispiele zeigen, dass es längst nicht mehr nur um Einzellösungen geht, die technisch teilweise schon länger machbar sind, sondern um das intelligente Zusammenspiel unterschiedlicher Zutrittskontrollen, voneinander unabhängiger Sensoriksysteme, Leistungskennzahlen und deren Steuerung. Aus zahlreichen Projekten ist bekannt, dass digitale Technologien zwar bereits oft eingesetzt, aber noch nicht ausreichend miteinander vernetzt werden. Software, Apps und Plattformen sind zwar hilfreich, die große Herausforderung liegt aber in der Zusammenführung der diversen Datensilos und Datenströme unterschiedlicher Herkunft, Art, Format und Pflegezustand. Hier steht die Branche noch vor großen Herausforderungen.

Grundsätzlich basieren Smart Buildings auf einem intelligenten, vernetzten Umgang mit den Daten. Heute werden bereits große Mengen von Informationen erhoben, aber nicht entsprechend aufbereitet. Gebraucht wird dafür ein zentrales, selbstlernendes System, das alle Anforderungen und die dazugehörigen technischen Einrichtungen integriert. Es funktioniert wie eine Art zentrales „Brain“. Dieses intelligente Managementsystem stellt sicher, dass Daten gezielt generiert und verwendet werden. In Verknüpfung mit moderner Sensorik ermöglicht es, die Abläufe im Gebäude – beispielsweise Produktionsprozesse – zu optimieren.

Allerdings müssen die eingesetzten IT-Systeme flexibel und die verwendeten Plattformen offen sein, um auch zukünftig mit der rasanten Entwicklung mitzuhalten. Je vernetzter die Systeme letztendlich sind, desto folgenreicher sind Störungen oder die Auswirkungen von Hackerangriffen. Fortschrittliche Projektmanagement- und Beratungsfirmen binden bereits in einer äußerst frühen Phase der Projektplanung Digitalisierungs-Consultants ein, die sich mit den jeweiligen Zielen, Chancen, aber auch Gefahren der Smart Commercial Buildings auseinandersetzen.

2.1.2 Digitalisierung verändert Zusammenarbeit

Wie digitale Technologien Prozesse und die Zusammenarbeit verändern, lässt sich an der digitalen Planungsmethode BIM illustrieren. Mithilfe von BIM können Gebäude zunächst digital geplant und virtuell gebaut werden – dann erst real. Genau das ermöglicht den Bauherren und Planern frühzeitig – noch vor dem eigentlichen Baustart – die Fehlplanungen und Risiken eines Bauvorhabens zu erkennen und rechtzeitig gegenzusteuern. Doch BIM wird keinesfalls nur mit dem Einsatz der passenden Software funktionieren. Vielmehr handelt es sich um eine Informations-, Koordinations- und Managementmethode.

Bauherren müssen sich als Erstes fragen: Welche Erwartungen habe ich? Was will ich mit dem Einsatz von BIM erreichen? Eine klare Strategie und Definition der Anforderungen sind zwingend erforderlich. Denn davon hängt die Effektivität und die Qualität sowohl eigener Prozesse als auch die der anderen beteiligten Firmen ab. Ohne das Verständnis und die Akzeptanz von BIM wird es schwierig, das Potenzial der Methode auszuschöpfen und die gewünschten Ergebnisse zu erreichen.

Sind Ziele klar formuliert, können personelle Fragen geklärt werden. Dabei geht es nicht unbedingt nur darum, neue Mitarbeiter einzustellen oder zusätzliche einzubeziehen. Vielmehr ist es wichtig, das BIM-Know-how aufzubauen, Verantwortlichkeiten zu definieren und Rollen neu zu verteilen. Beteiligten – ob Bauherr, Architekt oder Planer – müssen finanzielle Mittel und vor allem Zeit investieren, um die Mitarbeiter zu schulen, ihnen Workshops anzubieten und das BIM-Wissen anhand von Pilotprojekten in die Praxis umzusetzen. Diese Herausforderung ist für alle Beteiligten weit größer als die der technischen Ausrüstung.

BIM verändert deutlich die Planungs- und Arbeitsprozesse, doch ein kompletter Wandel findet nicht unbedingt statt. Die Abläufe als solche bleiben in einigen Bereichen gleich: Die einzelnen Planer sind nach wie vor für die Inhalte ihrer Planung verantwortlich. Es ist weiterhin wichtige Aufgabe des Objektplaners, andere Fachplaner zu koordinieren. BIM entbindet auch niemanden von seiner Gewährleistungspflicht: Der Elektriker ist weiterhin für sein Gewerk verantwortlich und der Tragwerkplaner muss dafür sorgen, dass das Gebäudetragwerk sicher ist.

Innovativ ist also vor allem die Art und Weise, wie die Beteiligten zusammenarbeiten und kooperieren. Mit BIM sind alle Gewerke von der ersten Planungsphase an eingebunden, können sich über ein zentrales System austauschen und den Planungsfortschritt in Echtzeit verfolgen. Die Prozesse und Verantwortlichkeiten sind dadurch für alle transparent und nachvollziehbar, was wiederum zur wirtschaftlicheren und effizienteren Realisierung des Bauvorhabens beiträgt.

Smart Buildings oder digitale Ansätze wie BIM sind Beispiele, wie die Digitalisierung auch in der Immobilien- und Baubranche Einzug hält. Zusammenfassend gilt: Eine Digitalisierungsstrategie – egal welcher Art – umzusetzen, ist vor allem eine Change-Management-Aufgabe. Den Menschen „mitzunehmen“, ist die größere Herausforderung, als die Technik zu entwickeln. Bei aller digitalen Transformation darf also das weltweit bislang beste IT-Programm nicht fehlen: menschliches Denken. Nur der Mensch ist in der Lage, komplexe Zusammenhänge kritisch zu hinterfragen, zu bewerten und gegebenenfalls zu verändern. Und nur menschliche Intelligenz ist in der Lage, dank Kreativität neue Allianzen einzugehen und bestehende Systeme zu einem neuen Ganzen miteinander zu verschmelzen.

2.2 Strukturierte Daten – die DNA für digitale Geschäftsprozesse

Immobilienresearch und professionelle Marktbeobachtung haben in Deutschland eine vergleichsweise kurze Geschichte. Während Immobilienprofis in angelsächsischen Ländern schon sehr lange auf nahezu jegliche Art von immobilienbezogenen Zahlen und Daten Zugriff haben und etwa Miethöhen abfragen, Grundstückseigentümer ermitteln oder Transaktionsdaten frei abrufen können, nimmt die Transparenz auf dem deutschen Immobilienmarkt erst allmählich zu.

Geschuldet ist der Rückstand einerseits den strengeren deutschen Richtlinien für den Datenschutz, zum anderen einer traditionell sehr langfristig ausgerichteten Anlagestrategie bei Immobilien – man denke nicht nur an die steuerlich bevorzugten Modelle für geschlossene Immobilienfonds, sondern auch an große Teile des deutschen Mittelstandes, der Vermögenswerte in Immobilien eben nicht veräußert. Daher waren noch bis vor wenigen Jahrzehnten vergleichsweise wenige Nachfrager für diese Art von Analysen vorhanden. Durch die Globalisierung und den grenzüberschreitenden Handel mit Immobilien-Assets hat sich jedoch das Interesse an immobilienwirtschaftlichen Marktinformationen spürbar erhöht.

2.2.1 Transparenz durch große Datentiefe

Analyse- und Beratungshäuser wie z.B. bulwiengesa haben hier Pionierarbeit geleistet und tun es immer noch. Zwar ist kontinuierliches Research sowie Datenpublikation über das Marktgeschehen in den großen Städten über längere Zeiträume hinweg vorhanden, doch werden dezentrale Standorte und kleinere Städte bis heute nur durch wenige Akteure beobachtet. Diese Art der Informationen werden in Datenbanken erfasst wie z.B. RIWIS (Regionales Immobilienwirtschaftliches Informationssystem), die seit 1994 besteht und damit die erste in Deutschland war. Seit einigen Jahrzehnten existieren Immobilienindizes, in denen systematisch vergleichende Mieten und Preise zusammengestellt werden, die für die nationale und internationale Immobilienanalyse genutzt werden.

Marktforschung ist in den letzten 40 Jahren immer wichtiger geworden, vor allem, weil sich Immobilien als Assetklasse des Kapitalmarktes etablierten konnten. Unternehmensinterne Forschungsabteilungen konzentrieren sich üblicherweise auf ihre spezifischen Fragestellungen und sind stark zweckgebunden. Die Marktpublikationen der Makler- und Beratungshäuser sind deshalb eine wichtige Komponente im Markt. Unabhängiges Research ist jedoch umfänglicher angelegt: Marktforschungsunternehmen verweisen bei Analysen, Scores und Prognosen stärker auf wissenschaftliche und weniger auf zweckgebundene Marktbeobachtung; kontinuierliche und vergleichende Analysen stehen dabei im Vordergrund.

Neue Möglichkeiten der Marktforschung bietet das Internet: Wissenschaftliche Analyse wird stärker durch technisches Research erweitert oder z.T. künftig auch ersetzt. Doch wichtig bleibt auch hier die „menschliche Komponente", die nicht nur auf Zahlenreihen, sondern zudem auf Erfahrungswerten von echten und über Jahre hinweg dokumentierten Objekten beruht, als wichtige Ergänzung der Ergebnisse, die rein digitale Auswertungen liefern. Die Expertise, die Güte des Datenmaterials, ihre Fungibilität und die Methoden zu beherrschen, machen erst die neuen Strukturen und Systeme möglich.

2.2.2 Von Datensammlung zu Datenbank zu Plattform

Als Spezialist für die Darstellung der Marktfähigkeit und Nachhaltigkeit haben immobilienspezifische Marktforschungsunternehmen in den vergangenen Jahrzehnten ein Geschäftsfeld etabliert, das für die Kunden im Zeitalter der digitalen Transformation von großer Bedeutung ist und entscheidende Mehrwerte bieten kann: den Umgang mit wissenschaftlich basierten, strukturierten Daten und Datenräumen, die permanent fortgeschrieben werden. Daten sind der Rohstoff der Zukunft, der den Blick immobilienwirtschaftlicher Wertschöpfung verändert, neue Bedürfnisse kreiert und etablierte Geschäftsmodelle modifiziert. Daten bilden somit die Grundlage für eine große Anzahl neuer Dienstleistungen, Produkte und Allianzen in einer digital geprägten und getriebenen Immobilienwelt.

Dass „bloße" Daten aber nicht genügen, zeigt die Entwicklung am Beispiel von RIWIS: Zug um Zug wurde aus der Datensammlung eine Datenbank und schließlich eine Plattform, die Analysten rund um die Uhr mit objektivem Marktwissen versorgt. Sie bietet via Mausklick ein Foto, ein Tabellen- und Analyseteil mit verschiedenen Statistiken, thematische Karten sowie Objektinformationen. Alle relevanten Kennzahlen zu einzelnen Immobilienmärkten sind auf einen Blick verfügbar. Immobilienmarktentwicklungen und Trends werden durch die Zeitreihen und die Aufbereitung als Charts sofort deutlich und damit zur maßgeschneiderten Unterstützung der Nutzer bei der individuellen Bewertung von regionalen Immobilienmärkten.

Mithilfe leistungsfähiger Tools und wissenschaftlicher Methoden werden über die Marktdaten-Plattform Informationen analysiert und bewertet. Standortsteckbriefe informieren über die Rahmenbedingungen und das Marktumfeld einer Liegenschaft. Sie unterstützen den Nutzer bei der Meinungsbildung und Entscheidungsfindung. Die Ableitung der Marktdaten erfolgt dabei auf Basis der vorliegenden und standardisiert aufbereiteten Fakten. Spezialisierte Marktforschungsunternehmen stellen zusätzlich Prognosen, Scores und Indizes zur Verfügung. Für die Nutzer entstehen praxisorientierte und anwenderfreundliche Lösungen, die als Grundlage für das jeweilige Geschäftsmodell dienen.

Auch im Zeitalter der Hochgeschwindigkeitsökonomie bleibt jedoch die Einordnung der Daten durch den menschlichen Berater unverzichtbar. Eine reine Big-Data-Analytik wird Kreativleistungen wie Interpretation und Analyse in der immobilienwirtschaftlichen Marktbeschreibung nicht ersetzen. Die menschliche Komponente wird generell auch weiterhin gebraucht werden, um Daten in sinnvolle Kontexte zu stellen, die richtigen Schlüsse zu ziehen und Systemfehler zu erkennen.

2.3 Digital aus einer Hand: der Asset Check

Insbesondere am Immobilieninvestmentmarkt spielt die schnelle und umfassende Verfügbarkeit von Kennzahlen und Benchmarks eine große Rolle. Die handelnden Akteure unterscheiden sich zwar in Bezug auf Nationalität, Geschäftsmodell und Unternehmenskultur (Entwickler, Institutionen, Versicherungen, Pensionskassen, Fonds, Family Offices). Der Anspruch, rascher, komfortabler und umfangreicher als früher über potenzielle Investmentobjekte informiert zu sein, ist jedoch bei allen Marktteilnehmern gleich ausgeprägt.

Das verwundert nicht, da alle die gleiche „digitale Erziehung“ genossen haben: Die meisten sind mit digitalen Recherchemethoden vertraut und demnach daran gewöhnt, Waren und Dienstleistungen vor dem Erwerb oder Verkauf miteinander zu vergleichen und Bewertungen im Vorfeld einer Transaktionsentscheidung heranzuziehen. Mit dem digitalen „Asset Check“[2] starten Drees & Sommer und bulwiengesa nun diese Dienstleistungsoffensive. Damit schaffen sie eine für jeden professionellen Nutzer online zugängliche datenbasierte Analysemöglichkeit – für eine erste und schnelle Analyse.

[2] www.asset-check.de.

Abbildung 1: Bedürfnislage der Zielgruppen

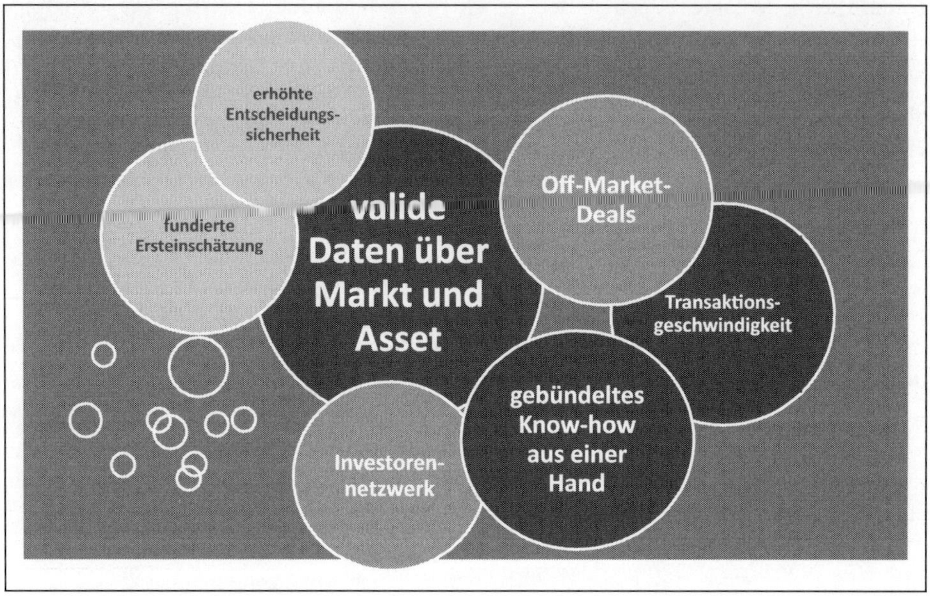

Quelle: bulwiengesa/Drees & Sommer

2.3.1 Fundierte Erstanalyse von Immobilien

Durch das Zusammenführen der Kostendaten der Immobilienberater mit den Ertrags- und Standortdaten der Marktforscher entsteht ein völlig neues Angebot: der Asset Check. Dieser bietet Bestandshaltern, Investoren, Immobilienberatern, Projektentwicklern und Asset Managern eine systematisch fundierte Erstanalyse von Immobilien verschiedener Nutzungsarten auf Basis einer wissenschaftlichen Marktforschung. Die Nutzer erhalten eine schnelle und kostengünstige Vorbewertung von Immobilien während der Ankaufs-, Halten- und Verkaufsphase und das sowohl für die Top-Lagen der sieben A-Städte als auch für untypischere Investmentstandorte.

Je mehr und je schneller Objekt- und Immobilienmarktdaten abrufbar sind, umso leichter fällt es Investoren, Transaktionsentscheidungen zu fällen und auch in einem nachfragestarken Markt erfolgreich zum Zuge zu kommen. Dies ist eine ideale Voraussetzung für den Einsatz des Asset Check. Durch die Allianz von Immobilienberatung und Marktforschung wurden beide Leistungsportfolios in das Asset-Check-Konzept integriert. Ergebnis ist eine digitale Lösung, die die verschiedenen Kosten- und Ertragsfaktoren erstmals zusammenstellt.

Abbildung 2: Mit dem Asset Check erhalten Investoren per Mausklick objekt- und marktrelevante Daten in Form von Benchmarks

ASSET CHECK

Alle Nutzungsarten

Bayenthal Palais	Bürogebäude	Fritz Reuter Straße 84	50968 Köln	27.164	k.A.		
Wohnanlage Louisa ...	Wohngebäude	Karlsbader Straße 10	60598 Frankfurt	5.279	18.244.244		
Ruhr Center	Shopping Center	Schloßstraße 12	45468 Mülheim adR	47.348	102.271.680		
World Plaza	Geschäftshaus	Prager Straße 8 + 8a	01069 Dresden	13.630	66.000.000		
Bremer Carree	Geschäftshaus	Obernstraße 55 - 71	28195 Bremen	9.280	50.000.000	!	Asset checken
@hellers	Bürogebäude	Hellersbergstraße 11	41460 Neuss	8.240	20.000.000		Asset checken
Nägelsbach 26	Bürogebäude	Nägelsbachstraße 26	91052 Erlangen	11.500	12.000.000		Asset checken
Palais am Stadtkanal	Bürogebäude	Am Kanal 16 - 18	14467 Potsdam	10.000	20.000.000		Asset checken

Quelle: bulwiengesa/Drees & Sommer

Der Asset Check analysiert aber nicht nur die Performance eines Gebäudes, sondern stellt Informationen zum entsprechenden Umfeld zur Verfügung, in dem sich die adressierte Immobilie befindet. So erhält der Nutzer einen Überblick über objekt- und marktrelevante Daten-Benchmarks. Dazu gehören zentrale Parameter wie Mieten, Kaufkraft, Zentralität, Beschäftigungsmarkt, Bevölkerungsentwicklung, Wirtschaftskraft sowie OPEX (Operational Expenditure), wozu die Aufwendungen für den operativen Geschäftsbetrieb gehören, und CAPEX (Capital Expenditure), also Angaben zu den Investitionsausgaben.

Um eine Einschätzung zu erhalten, müssen die Nutzer lediglich einige Kennziffern ihres Objektes eingeben. Als Ergebnis erhalten sie die passenden Vergleichswerte bezüglich Markt- und Gebäudekosten. Diese kombinierte und zudem komprimierte Form der Datenabfrage stellt nutzungsübergreifend ein Novum in der online-basierten, immobilienwirtschaftlichen Objektanalyse dar. Das Tool unterstützt Anleger mit gezielten Ankaufsinteressen dabei, eine schnelle und kostengünstige Vorabbewertung vorzunehmen, ohne in eine ausführliche Due Diligence einzusteigen.

2.3.2 Benchmarks auf Basis von Markt- und Bautechnikdaten

Notwendig sind lediglich Daten zum Objekt wie Adresse, Größe, Nutzungsart und Zustand der Immobilie, die in die dafür vorgesehene Maske eingegeben werden. Daraufhin werden diese Daten mit den Immobilienmarktdaten der Marktforscher sowie den Bautechnikdaten der Berater abgeglichen. Beim nun folgenden digitalen Benchmarking erhält der Interessent sofort Markt- und Bautechnik-Benchmarks als Richtungszeiger für seine individuelle Transaktionsentscheidung, zum Beispiel, wie sich Mieten oder Nebenkosten zum jeweiligen Marktumfeld verhalten oder wie sich die Renditen einordnen. Über die Eingabe der Adressdaten zieht der Asset Check zudem Mietbenchmarks der jeweiligen Lage. Für die Berechnung der Kosten wird ein bestehendes Modell genutzt. Mit beidem bietet der Asset Check wertvolle Unterstützung – nicht nur für mögliche Transaktionen – an. Auch für Baumanagementaufgaben, Refurbishments und Projektentwicklungen stellt das Tool eine Grundlage dar.

Abbildung 3: Der Interessent erhält valide Markt- und Bautechnik-Benchmarks für seine individuelle Transaktionsentscheidung

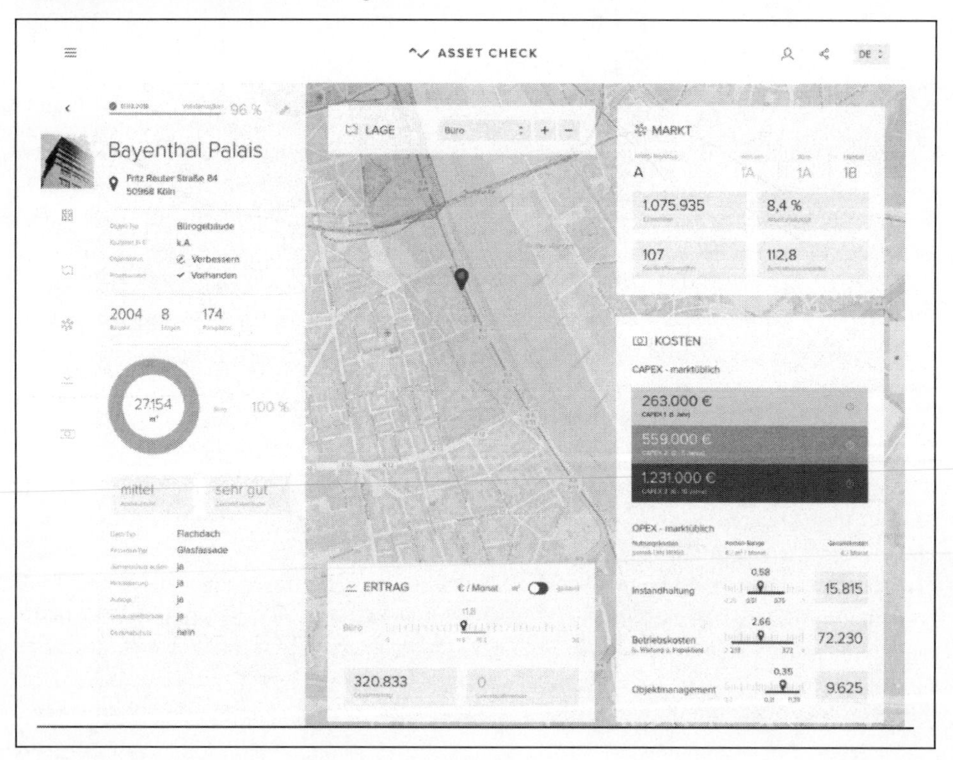

Quelle: bulwiengesa/Drees & Sommer

Dem Nutzer bietet das Tool größtmögliche Nutzerfreundlichkeit: Die von ihm angelegten Objekte bleiben unverändert in der von ihm gewählten Objektübersicht. Gleichzeitig stehen ihm die geprüften Objekte nach Buchung für zwölf Monate zur Verfügung. Der Asset Check ist eine Applikation, die direkt aus einer Plattform alle benötigten Daten zieht. Eine Weitergabe der eingegebenen Nutzerdaten erfolgt selbstverständlich nicht.

Abbildung 4: Daten zu Markt, Lage und Erträgen online

Quelle: bulwiengesa/Drees & Sommer

3 Signalwirkung für die Immobilienbranche

Digitalisierung ist zwar ein unscharfer Begriff, doch ist klar sichtbar, dass sich die Ansprüche der Kunden und Märkte in immer kürzerer Zeit verändern. Auch wenn sich der digitale und technologische Wandel auf jedes Unternehmen anders auswirkt, steht fest: Wer sich an alte Geschäftsmodelle und Prozesse klammert, sie nicht kritisch hinterfragt, der verliert. Das eine tun, ohne das andere zu lassen, ist das Gebot der Stunde. Es gilt also, heute ertragreiche Wege weiterzuverfolgen und gleichzeitig neue zu gehen, auch wenn deren Pfad noch ungewiss ist.

Ein Begriff, der in diesem Zusammenhang häufig fällt, lautet „Ambidextrie"[3]. Sein Wortursprung lautet Beidhändigkeit. Die organisationale Ambidextrie beschreibt die Fähigkeit eines Unternehmens, gleichzeitig effizient und flexibel zu sein, um langfristig anpassungsfähig zu sein. Für Unternehmen gilt es, teils gegensätzliche Ziele auszubalancieren. Zum einen bringen sie also ihre derzeitig angebotenen Produkte bzw. Dienstleistungen optimal auf den Markt und agieren dabei effizient (Abschöpfen des aktuellen Angebotes: Exploitation), während sie zum anderen adaptiv genug sind, neue Geschäftsmodelle zu erkunden, zu entwickeln und auf Veränderungen am Markt zu reagieren (Exploration) und somit ihre Zukunft sicherzustellen.

Auch etablierte Unternehmen der Immobilienwirtschaft sind in der Lage, zusätzlich zu ihrem Brot- und Buttergeschäft die Kreativität freizusetzen und für ihre Kunden innovative, digitale Leistungsangebote zu schaffen. Das Beispiel Asset Check zeigt, dass Mut, Offenheit, flache Strukturen und Innovationsfreude helfen, um zukunftsorientierte Immobiliendienstleistungen umzusetzen.

Abbildung 5: Übersicht zu Investitionsausgaben (CAPEX) und Betriebskosten (OPEX) der Immobilie

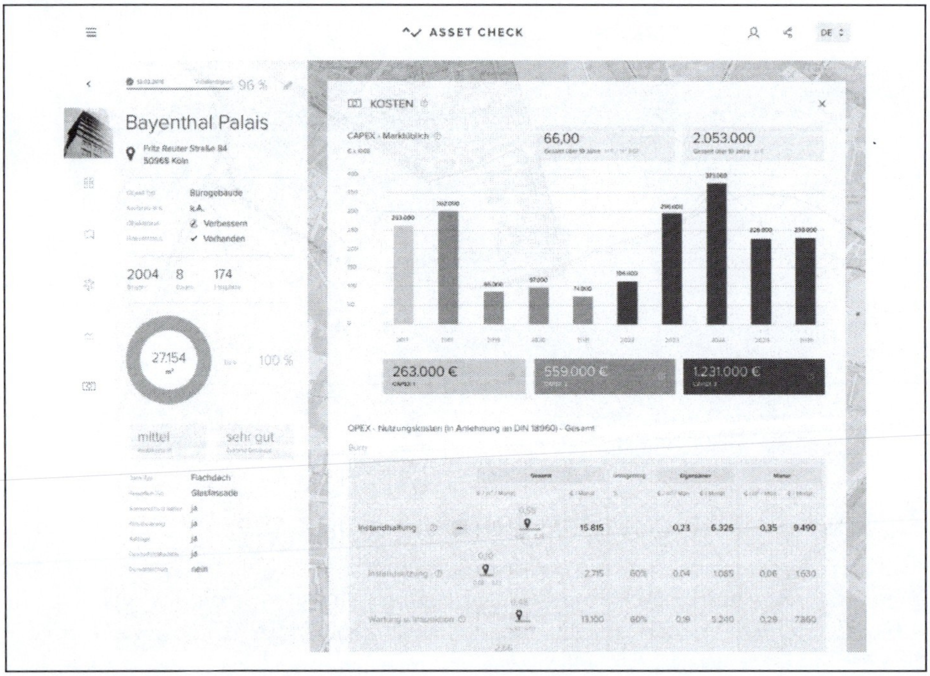

Quelle: bulwiengesa/Drees & Sommer

[3] Nach Wikipedia.

Virtual Reality bei der Planung und Vermarktung von Bau- und Immobilienprojekten

Boris Goldshteyn

1 Einleitung

Architektur ist ein Bereich, der unser Leben verändern kann. Doch bis ein Gebäude steht, gibt es viele mögliche Missverständnisse – denn Bauen ist eine sehr komplexe Angelegenheit, bei der viele Personen beteiligt sind. Aber Baupläne lesen können nur wenige Menschen. Erschwerend kommen im Bauwesen Fachbegriffe wie Oberkante oder Traufe hinzu, die dazu führen können, dass Kunden von dem Bau, den sie beauftragen, vielleicht nur eine vage Vorstellung haben. Andersherum fürchten Architekten ebenso, dass der Kunde sie missverstanden hat und mit dem Ergebnis nicht zufrieden ist. Großbauprojekte sind im Durschnitt rund 73% teurer, als geplant. Die Gründe sind meist, dass bei komplexen Großprojekten mit vielen beteiligten Planern insbesondere die Schnittstellen Fehlerquellen darstellen, die bei detaillierter Planung besser aufeinander abgestimmt werden können. Unklare Aufgabenteilungen können zu folgenschweren Missverständnissen führen. Wenn Zeit und Kosten wachsen – wächst auch die Frustration des Bauherrn.

Wie wäre es, wenn Eigentümer, Architekten und Bauherren ein Gebäude bereits betreten könnten, bevor es überhaupt gebaut wurde? Wenn sie schon vorhersehen könnten, wie der Blick aus dem Schlafzimmerfenster tatsächlich ist, wenn die Sonne am Morgen scheint? Wie ein Bau nach der Fertigstellung aussehen wird und wie sich dieser Bau in sein Umfeld einfügt? Wie viele unliebsame Überraschungen könnten sich auf diese Weise vermeiden lassen? Das sind die Fragen, die sich Anbieter von Virtual-Reality-Anwendungen, kurz VR, stellen.

Die Digitalisierung ist 2018 nun auch in der Bauwirtschaft angekommen und wirbelt die gesamte Branche durcheinander. Dort heißt das Zauberwort BIM, was für Building Information Modeling oder Gebäudedaten-Modellierung steht. Diese moderne Planungs- und Arbeitsmethode beim Bauen schafft einen neuen globalen Standard, um Fachplaner über den gesamten Lebenszyklus eines Objektes an ein virtuelles 3D-Modell mit dahinterliegenden Informationen zu binden. Somit schafft dies die Grundlage für weitergehende Virtual-Reality-Fähigkeiten und sorgt für ganz neue Möglichkeiten in der zweitgrößten Industrie Deutschlands.

Mithilfe von Virtual-Reality-Headsets kann man einen 360-Grad-Rundum-Blick in den lebensnahen virtuellen Gebäuden bekommen. Es ist damit auch möglich, mit Kollegen auf der anderen Seite der Welt, die ebenfalls ein VR-Headset tragen oder nur vor einem Monitor sitzen, zu kommunizieren und in Echtzeit über Änderungen oder Anpassungen zu sprechen. Wie in einem Video-Spiel können sich Architekten und Bauherren in 3D-Modellen mithilfe von VR-Headsets bewegen und in eine virtuelle Welt eintauchen. Die 3D-Visualisierung in Virtual-Reality-Systemen macht es damit möglich, ein Objekt nicht nur digital zu planen, sondern gemeinsam realitätsnah zu besichtigen, bevor man die Steine real aufeinandersetzt. Strukturelle und projektrelevante Probleme und Fragen können in diesem Prozess schnell identifiziert werden, so dass das Haus dann quasi fehlerfrei gebaut werden kann. Das spart Zeit und Kosten, weil Fehler schon vor Baubeginn anstatt in der eigentlichen Bauphase entdeckt werden können.

Auch in der Politik ist das digitale Bauen inzwischen als wichtiges Thema erkannt worden. So stellte Bundesverkehrsminister Alexander Dobrindt 2015 einen Stufenplan zur schrittweisen Einführung der digitalen Planungsmethode BIM bei Infrastrukturprojekten und anderen großen Bauvorhaben vor.[1] BIM soll das Bauen der Zukunft schneller, effizienter und kostengünstiger machen. Der Virtual Reality kommt dabei eine Schlüsselrolle zu, auf die im Folgenden näher eingegangen wird.

2 Überblick über Virtual Reality

Jeder spricht momentan über Virtual Reality (VR), aber was ist das eigentlich? Mit VR bezeichnet man die Darstellung einer virtuellen Welt, die computergeneriert ist. Diese ist häufig an unsere Wirklichkeit angelehnt, muss es aber nicht sein. VR simuliert die Anwesenheit in dieser geschaffenen Welt und kann verschiedene Sinneseindrücke wie Geruch, Sehen, Geräusche und Berührungen darstellen.

Virtual Reality kann auf eine längere Entwicklungsphase verweisen, so wurde beispielsweise bereits in den 90er Jahren öfter von der virtuellen Realität gesprochen, doch durchgesetzt hat sich diese Technologie damals nicht. Die Hauptgründe waren zu geringe Rechnerkapazitäten und leistungsschwache Grafikkarten.

Erst ab 2012 konnte sich Virtual Reality mit einer hohen Dynamik entwickeln, die durch Fortschritte in der Kommunikations- und Informationstechnologie ermöglicht wurden, vor allem durch leistungsfähigere Prozessoren, Grafikkarten sowie kostengünstigere und hochauflösende Monitore. Mit der Oculus Rift stellte das Start-up-Unternehmen Oculus VR ein Kickstarter-finanziertes, vergleichsweise kostengünstiges Head-Mounted Display (HMD) für den Konsumgütermarkt vor. Durch dessen Übernahme im März 2014 durch Facebook für eine Summe von 2,3 Milliarden US-Dollar hat das Thema Virtual Reality sukzessive immer mehr mediale Aufmerksamkeit bekommen. Neben Oculus arbeiten seit einigen Jahren weitere bekannte Tech-Unternehmen wie Google, Samsung, Sony und HTC an der Entwicklung von VR-Angeboten.

[1] Bundesministerium für Verkehr und Digitale Infrastruktur URL: https://www.bmvi.de/SharedDocs/DE/Pressemitteilungen/2017/009-dobrindt-bim-gipfel.html (Stand: 02.12.2017)

Das Jahr 2016 gilt als Start für den Durchbruch von Virtual Reality, da mit der Oculus Rift, der HTC Vive und der Playstation VR verschiedene VR-Systeme von den großen Marktteilnehmern einer breiten Masse zugänglich gemacht wurden. Die virtuelle Welt entwickelt sich immer weiter. Das wird spätestens demjenigen bewusst, der bei seinem neuesten Handy eine futuristische Brille mitgeliefert bekommt. Generell lässt sich der VR-Markt momentan in drei Bereiche unterteilen.

2.1 Smartphone im VR-Headset

Die wohl kostengünstigste Kategorie sind die Headsets, die ein Smartphone voraussetzen. Diese Lösungen bestehen aus einer Halterung für das Mobiltelefon, Linsen und einer Konstruktion, um das alles vor den Augen tragen zu können. Die bekanntesten Beispiele sind die sogar für Tüftler selbst zu bastelnden Google-Cardboard und für Samsung-Smartphones gedachte Gear VR. Die Qualität der VR-Erfahrung hängt maßgeblich von dem verwendeten Smartphone ab. Schließlich ist es in diesem Fall für das Tracking der Kopfbewegungen hauptverantwortlich sowie für die Berechnungen und die Darstellung der 360-Grad-Inhalte. Das eigentliche Gestell verzichtet in der Regel auf Technologie, abgesehen von Samsungs Gear VR, welches über einen eingebauten Controller und zusätzliche Sensoren verfügt. Das soll das VR-Gefühl verbessern. Der Vorteil hier: Abgesehen von einem guten Smartphone, genügt zum Einstieg in VR schon eine Pappbrille ab 10 Euro.

2.2 VR-Brillen für Computer und Konsolen

Sehr viel komplexer sind die VR-Brillen, die einen Highend-Rechner oder zumindest eine Spielkonsole verlangen. Oculus Rift und HTC Vive sind die prominenten Vertreter in diesem Bereich. Sie bestehen aus hochauflösenden Displays, komplexer Sensor-Technik und einer Kabel-Verbindung zum PC, der die Berechnungen ausführt und Inhalte direkt zu den Bildschirmen vor den Augen bringt. Ähnlich geartet ist Sonys PlayStation VR, das keinen hochpreisigen Rechner benötigt, sondern eine PlayStation 4. Dank zusätzlicher Kameras und ggf. sogar in der Umgebung platzierter Sensoren ist nicht nur eine genaue Wahrnehmung der eigenen Kopfbewegungen möglich, sondern auch eine Erkennung der Position im Raum sowie ein Tracking der Hände. Das erlaubt aufwändigere VR-Anwendungen abseits von Spielen, mit denen VR landläufig am häufigsten assoziiert wird.

2.3 Stand-alone-Geräte

Stand-alone-Geräte sind Komplettlösungen, die weder ein Smartphone noch einen Computer benötigen, denn die Nutzer tragen alles auf dem Kopf, was für das Besuchen von VR-Welten nötig ist. Diverse Hersteller arbeiten emsig an Konzepten, darunter Facebook-Tochter Oculus VR mit der Oculus Rift „Santa Cruz", weil davon auszugehen ist, dass VR-Headsets zukünftig an Bedeutung gewinnen werden.

Und dann wäre da noch Microsoft: Der Software-Gigant präsentierte zum Start vom neuen Betriebssystem Windows 10 seine HoloLens-Brille und sprach in diesem Zuge von Mixed Reality. So wurde ein neuer Begriff ins Leben gerufen, man kann sich von der Konkurrenz abheben und die Brille mit geschicktem Marketing plakativ bewerben. HoloLens ist über Gesten, Sprache und Kopfbewegung zu steuern und funktioniert auch ohne Smartphone oder zusätzlichem Computer. Als Nutzer schaut man durch transparente Bildschirme, durch die man die Projektionen sehen kann. Die hochauflösenden Projektionen stellen jedoch keine Hologramme dar und werden auch nicht durch Pixel oder Raster wie bei Samsung Gear VR oder Oculus Rift dargestellt, sondern durch projizierte Lichtpunkte.

Allgemein sollte man aber den Begriff Virtual Reality nicht auf die damit einhergehenden VR-Brillen beschränken. Zwar liefern solche Brille den gewünschten visuellen und realen 3D-Effekt, dennoch ist der Begriff auch für eine virtuelle Abbildung realer Begebenheiten zu verstehen. So können unabhängig der VR-Brillen virtuelle Welten erschaffen und mit der Realität nah verknüpft werden, um dem Betrachter das nötige Verständnis und Abbild zu schaffen.

3 BIM ist das Bauen der Zukunft

Die Digitalisierung verändert momentan vielerorts Arbeitsweisen und -prozesse. Im Bauwesen sind die Potenziale von Vernetzung und digitalen Arbeitsmethoden besonders groß, da hier sehr komplexe Prozesse von sehr vielen Beteiligten zu bewältigen sind. Das Zauberwort, mit dem künftig alles schneller, einfacher und wirtschaftlicher gehen wird, heißt Building Information Modeling (BIM).

3.1 Was ist Building Information Modeling?

BIM ist ein intelligenter modellbasierender Prozess für die digitale Planung, Konstruktion und Ausführung sowie die Verwaltung von Bauobjekten. Ein BIM-Modell nutzt vorhandene Geometrien und Daten und beinhaltet alle architektonischen, technischen, physikalischen und funktionalen Eigenschaften. Sämtliche Darstellungen basieren auf einheitlichen Informationen. Planer, Bauingenieure und Bauunternehmer können auf den Entwurf zugreifen. Building Information Modeling ist ein Prozess, bei dem das 3D-Modell im Mittelpunkt steht. Für Architekten, Ingenieure und Bauherren lassen sich damit greifbare Vorteile zur Optimierung von Arbeitsabläufen erreichen. Building Information Modeling erlaubt es, die richtigen Personen aller beteiligten Unternehmen mit den richtigen Informationen zur richtigen Zeit zu versorgen. Zu jedem Zeitpunkt zeigen Visualisierungen und Kollisionsdarstellungen mögliche Probleme und können schon während der Planung frühzeitig erfasst und behoben werden. BIM bildet den gesamten Lebenszyklus eines Bauprojektes virtuell und in hoher Datentiefe ab. Dieser lässt sich idealtypisch in die Phasen Bestandsaufnahme, Planung, Bauausführung und Instandhaltung unterteilen.

Es geht es aber nicht nur um die 3D-Darstellung am Bau, sondern auch um weitere Dimensionen wie z.B. Termine, Ressourcen, Kosten- und Mengenermittlung, Detailbeschreibungen, die es abzubilden gilt. Sämtliche Informationen, die im Prozess eines Bauvorhabens relevant werden, sind nicht nur in eine zentrale Datenbank einzugeben, sondern diese ist zudem jedem Projektbeteiligten zugänglich zu machen. In der Praxis erhalten damit alle Beteiligten Zugriff auf virtuelle Pläne und Steuerungseinheiten der Prozesse, die dort hinterlegt sind. Mithilfe dieser Informationen werden automatisch sowohl Kollisions- als auch Qualitäts-Checks durchgeführt und es erfolgt eine automatische Mengenermittlung für Baustoffe und Leistungen. Auch Kostenauswirkungen und Terminabläufe werden visualisiert. BIM zwingt alle Beteiligten, notwendige Entscheidungen zum geforderten Zeitpunkt zu treffen, denn eine Zuordnung von Verantwortlichkeiten und Verzögerungen ist stets gegeben und für jedermann transparent.

Länder wie UK, USA und die skandinavischen Staaten sehen eine verpflichtende Anwendung von BIM für den öffentlichen Hochbau vor.

3.2 Die Vorteile von BIM

Building Information Modeling kann aus unterschiedlichen Branchenperspektiven betrachtet werden. Das ist vor allem durch die unterschiedlichen Spezialisierungen von Architekten, Planern und Bauingenieuren erforderlich und auch durch die Komplexität der BIM-Technologie selbst.

BIM im Bauwesen ermöglicht einen reibungslosen Ablauf von den ersten Planungsentwürfen, über das fertige Modell bis hin zur Ausgabe von Bauteillisten und Zeitplänen für die Errichtung des Objektes. Es erlaubt die integrierte, digitale Planung von Bauvorhaben und kollaboratives (gemeinsames) Arbeiten aller Planer an einem gemeinsamen Gebäudemodell. Die Vorteile liegen in der Qualitätssteigerung der Planung, insbesondere im Hinblick auf die Kollisionsvermeidung. Zudem führt die Nutzung von BIM zu reduzierten Kosten für die Planung und Ausführung. Damit werden alle Beteiligte in die Lage versetzt, terminoptimierte Planungsprozesse zu realisieren und wichtige Entscheidungen bereits in der Planungsphase zu treffen. Der Planungsprozess wird so sehr transparent und die Auswirkungen planerischer Entscheidungen auf die Kosten- und Terminstruktur von Projekten werden sofort sichtbar. Auch von einer Reduktion eines in der Planungsphase begründeten Nachtragspotenzials ist auszugehen und die Überführung sämtlicher Informationen bietet Optimierungsmöglichkeiten für das Facility Management. Für Bauherren bedeutet BIM bei adäquater Anwendung einen Wettbewerbsvorteil im Vergleich zur klassischen Planung. Die wichtigsten Vorteile hier noch einmal im Überblick:

a) Vorteile in Planung, Ausführung, Inbetriebnahme:

- Reduzierung von Fehlplanungen
- Reduzierung von Informationsverlusten
- Reduzierung redundanter Arbeiten
- Frühzeitiges Erkennen von Kollisionen
- Bessere Kostenkontrolle durch modellbasierte Ableitung

b) Vorteile für Bauherren und Betreiber:

- Qualitäten sind früh realisierbar und fixierbar
- Visualisierung und Simulation von Varianten und Szenarien zur Entscheidungsfindung
- Höhere und frühzeitigere Kosten- und Terminsicherheit
- Transparentere, nachvollziehbarere Planung
- Vollständige Dokumentation
- Übernahme der Daten in das Life-Cycle-Management
- Optimierung des Facility Managements

3.3 Was muss eine BIM-Software leisten können?

BIM steht für die automatisierte Nutzung von Informationen, ein Trend der bereits mit dem Aufkommen von CAD-Software begann. Eine BIM-Software muss präzise sein und große Mengen an Informationen verarbeiten können. In der Praxis spielt zudem die Kompatibilität mit anderen Lösungen eine zentrale Rolle, um die effiziente Umsetzung gemeinschaftlicher Arbeitsabläufe zu gewährleisten.

Was ist dabei zu beachten? Man benötigt ein einheitliches Austauschformat, um Planungsstände der unterschiedlich genutzten Softwarelösungen austauschen zu können. Ein Lösungsansatz sind die Industry Foundation Classes (IFC), die ein offener Standard im Bauwesen zur digitalen Beschreibung von Gebäudemodellen sind. So wird es technisch ermöglicht, alle notwendigen Daten so zu exportieren, dass sie von unterschiedlichen Softwarelösungen gelesen und angezeigt werden können. Als Kommunikationsformat wird das BIM Collaboration Format (BCF) verwendet, was eine Datenschnittstelle zum vereinfachten Austausch von Informationen während des Arbeitsprozesses zwischen verschiedenen Softwareprodukten ist. Es ermöglicht eine modellbasierte Kommunikation zwischen verschiedenen Anwendern und informiert über Status, Ort, Blickrichtung, Bauteil, Bemerkung, Anwender und Zeitpunkt im IFC-Datenmodell.

Die Zukunft geht klar in Richtung Cloud-Nutzung. Das heißt, dass alle Projektbeteiligten in einer Cloud Änderungen am BIM-Modell durchführen. Daraus resultieren starke Möglichkeiten der einheitlichen Zusammenarbeit zwischen verschiedenen Fachbereichen, solange man sich im BIM-Umfeld bewegt.

4 VR und BIM – gemeinsam für das Bauen der Zukunft

Wie werden diese beiden Trends in der Bauindustrie miteinander kombiniert? Sowohl BIM als auch VR bauen auf den 3D-Gebäudedaten auf. BIM vereinfacht die Kommunikation aller Beteiligten in der Projektierung und Realisierung. Virtual Reality erzeugt ein erlebbares Abbild des Gebäudes und ermöglicht so eine Erweiterung des klassischen BIM-Planungsprozesses. Für alle Projektbeteiligten leicht und intuitiv zu bedienen, schafft die virtuelle Projektbegehung eine gemeinsame Kommunikationsplattform auf der Grundlage des BIM-Modells.

Das verstärkte Raumempfinden des dreidimensionalen Modells und die Interaktivität, angepasst an die Anforderungen und Arbeitspraktiken des Projektes, stellen einen intuitiven Zugang zu komplexen Planungsinhalten und Prozessen her. Die entwickelte Anwendung ist nicht nur ein Tool der Planung, sondern verbindet im Sinne des BIM auch die weiteren Disziplinen Entwurf, Dokumentation und Übergabe. Die Anwendung vermittelt neuen Beteiligten den aktuellen Stand des Projektes, dokumentiert Projektabschnitte und lässt sich durch ihre intuitive Bedienung einfach an weitere Beteiligte kommunizieren. Damit ist die Virtual Reality die perfekte Ergänzung zum BIM-Modell.

Durch VR wird Bauherren und Planern die Möglichkeit gegeben, die Architektur zu erleben, bevor das Gebäude steht. Dadurch können Beteiligte in einen gleichberechtigten Dialog treten. Es wird möglich, an jeden Ort des Gebäudes zu gehen, jeden Raum, jede Konstruktion zu sehen und beurteilen zu können, sowie Planungsfehler zu entdecken.

Dies führt zu einer besseren Planung. Es geht nicht um die reine Visualisierung von Ergebnissen. Das Potenzial der virtuellen Realität liegt in der Nutzung als Planungswerkzeug und hilft bei der Entscheidungsfindung – auf allen Ebenen.

4.1 VR als Vermarktungstool

Mit den bisherigen technischen Mitteln waren die Visualisierungen in der Architektur auf Bilder und Videos beschränkt. Diese zeigen nicht die tatsächliche Wirkung des Gebäudes oder der Räumlichkeiten. Miniaturmodelle bilden zwar die Relation der einzelnen Objekte zueinander ab, können aber nicht die späteren Dimensionen wiedergeben. Erfahrene Architekten entwickeln zwar eine sehr gute räumliche Vorstellungskraft, um sich schon vor der praktischen Umsetzung ein Bild zu machen und gute, kreative Entscheidungen fällen zu können. Dieser Prozess ist aber limitiert und es bleiben immer noch Fragen offen, wie es am Ende tatsächlich wirken wird.

Und für die Bauherren des Objekts, die möglicherweise keine so ausgeprägte Fantasie haben, ist es besonders schwierig, sich das fertige Projekt vorzustellen. Sie sind oft auf das Urteil der Architekten angewiesen und dann erst in der Bauphase imstande, eigene Kritik und konkrete Wünsche einzubringen. Mit VR wurde die Möglichkeit geschaffen, die Wahrnehmung direkt im geplanten Gebäude zu stehen, zu simulieren. Der Eindruck, auf der Parkbank vor dem angedachten Bürokomplex zu sitzen oder das Gefühl, in der Küche des neuen Eigenheims zu stehen und in den Garten hinaus zu sehen – erst mit VR ist das möglich. Vor- und Nachteile einzelner Designentscheidungen – z.B. Formen, Größenverhältnisse, Ausrichtungen – können digital erprobt und erlebt werden. Das führt zu besseren Entscheidungen und weniger Komplikationen im späteren Projektverlauf – und schließlich auch zu mehr Zufriedenheit bei allen beteiligten Parteien.

4.2 VR als Kommunikations- und Kollaborationsinstrument

Grundsätzlich ist Virtual Reality ein Kommunikationsmittel, mit dem man klarer seine Wunschvorstellungen artikulieren und austauschen kann. Gerade bei so einem kreativen und von der praktischen Umsetzung abhängigen Bereich wie dem Bauwesen ist dies von enormer Bedeutung. Denn das Risiko von Missverständnissen wird deutlich reduziert. Eine der größten Herausforderungen in jedem Planungsablauf ist die zeitnahe Bearbeitung von Rückmeldungen der Kooperationspartner oder der Kunden. Jede größere Infrastruktur erfordert schon in frühen Planungsphasen Dutzende von beteiligten Fachleuten. Doch häufig fehlt ihnen der Bezug zum Gesamtprojekt, oftmals leben und arbeiten sie zudem an verschiedenen, weit voneinander entfernten Orten.

Alle zu einem Meeting an einen Tisch zu bringen, um alle möglichen technischen und gestalterischen Fragen zu klären, ist dann nicht ohne weiteres möglich. Skizzen, Renderings, Flurpläne oder Modelle eignen sich zudem nicht, um einen wirklichkeitsgetreuen Eindruck der Räumlichkeiten zu vermitteln. An dieser Stelle kommt die 3D-Technik ins Spiel. Architekten planen und entwerfen schon einige Zeit mithilfe von Programmen für dreidimensionale Gestaltung. Die so entstandenen Daten bilden sozusagen die natürliche Basis für VR-Präsentationen. Mit der Nutzung des BIM-Prozesses und der dafür geeigneten Design-Werkzeuge, ist die Grundlage für eine automatisierte Erstellung und Übertragung in die Virtuelle Realität gegeben. Die Technologie der virtuellen Realität selbst bietet Anwendern die Möglichkeit, sich innerhalb dieser 3D-Umgebungen zu bewegen und mit diesen natürlich zu interagieren.

Bei der Präsentation von derartigen Planungsmodellen ergibt sich jedoch das Problem, wie diese Vorführungen effizient in bestehende Arbeitsabläufe einzufügen sind. Das schönste 3D-Modell nützt nichts, wenn man es dem Kunden nicht zeigen kann. Der Kunde muss wiederum wissen, wie er sich im Modell bewegt, seine Rückmeldungen müssen in die Planungen einbezogen werden. Ein Bauherr will keine PDF-Dateien mit schwer verständlichen Planungsvorschlägen zugemailt bekommen, sondern aktiv einbezogen werden.

Die Entwicklung geht zunehmend in Richtung kollaborativer Arbeitsabläufe, anstatt Planungs- und Umsetzungsaufgaben von wenigen Beteiligten streng hierarchisch vorzugeben. VR hat als Kollaborationstool ein großes Potenzial, was auch das Berliner Start-up ALLVR erkannt und sich dem Aspekt der Kollaboration intensiv gewidmet hat. Mithilfe einer Art Skype-Funktion am Modell können verschiedene Akteure über Virtual Reality an verschiedenen Orten gleichzeitig ein Modell besichtigen und Feedback geben, das ohne Zeitverzug eingepflegt wird.

4.3 VR in der Logistikkonzeption

Auch in der Logistik hat VR bereits Einzug gehalten. So führt die Volkswagen AG Virtual-Reality-Lösungen in der Produktion und der Logistik ein, um die Zusammenarbeit im gesamten Konzern zu erleichtern. Dazu hat Volkswagen nach eigenen Angaben Anwendungen entwickelt, mit der sich mehrere Teilnehmer im virtuellen Raum treffen können. Dank VR können sich beispielsweise Mitarbeiter von Wolfsburg mit Kollegen in einer Logistikhalle in Tschechien austauschen. So können standortübergreifend virtuelle Workshops durchgeführt oder bei einer Optimierung virtuell Unterstützung von Experten einer anderen Marke eingeholt werden. Der Automobilhersteller will so das tägliche Zusammenarbeiten vereinfachen und die wertvolle und knapp bemessene Ressource Zeit einsparen.

5 Worin liegt der Mehrwert von BIM und VR bei Bauprojekten?

Der Entwurf oder die technische Lösung eines Gebäudes wird durch den Einsatz von Buliding Information Modeling per se nicht besser. Die Anwendung von BIM geht jedoch damit einher, dass nicht nur das Planungstool ein neues ist, sondern dass auch die Arbeitsmethodik in Form einer integralen Planung den Planungsprozess bestimmt. Alle planen gemeinsam und simultan das Gebäude in einem sich gegenseitig befruchtenden Prozess. Das eröffnet neue Perspektiven für die Teamarbeit, da ein Fachplaner nicht erst dazu geholt werden muss, wenn es darum geht, eine vielleicht nicht ganz schlüssige Idee des Architekten umsetzbar zu machen.

Was BIM zusätzlich von den bisherigen CAD-Systemen unterscheidet, ist der Inhalt des Datenmodells. Dieses ist ein intelligentes digitales Gebäudemodell, in dem alle relevanten Gebäudedaten digital kombiniert und vernetzt sind. Als virtuelles Computermodell ist das Gebäude auch geometrisch visualisiert. Die Daten gehen alle auf eine gemeinsame Datenbasis zurück und sind daher qualitativ hochwertig, da sie ständig aktualisiert und synchronisiert werden. Das gewährleistet einen optimalen Informationsaustausch zwischen allen Beteiligten und hilft insgesamt, die Qualität des Planungsprozesses zu steigern.

Das gesamte Bauwesen setzt sich momentan mit BIM intensiv auseinander. Dafür gibt es gute und vor allem auch rationale Gründe. Die Produktivität, Effizienz sowie nicht zuletzt auch die Nachhaltigkeit von Gebäuden muss erhöht werden. Projekte in der Bauindustrie werden immer komplexer und gleichzeitig sollen die Life-Cycle-Kosten, Durchlaufzeiten und Mängel reduziert werden. Dabei ist BIM die einzige Arbeitsweise und Technologie, die bei der Umsetzung dieser Verbesserungen und Anforderungen unterstützen kann.

Durch die Zusammenführung von Building Information Modeling (BIM) und VR lassen sich Bauwerke nicht nur nachhaltiger planen, koordinierter bauen und schneller effizient betreiben, sie können auch zu einem frühen Zeitpunkt für alle Beteiligten intuitiv erlebbar gemacht werden. Das detaillierte digitale Abbild existiert schon lange vor dem echten Baubeginn und alle am Bau beteiligten Stakeholder können am selben Modell diskutieren, planen und Entscheidungen treffen. Das Ganze geschieht als „immersive“[2] Besprechung.

[2] Das Wort „immersiv“ leitet sich vom englischen Begriff „immersion“ ab und bedeutet auf Deutsch so viel wie „Eintauchen“ oder „Vertiefen in eine Sache“. Es ist eine Erfindung des 20. Jahrhunderts und beschreibt den Effekt, den virtuelle oder fiktionale Welten auf den Betrachter haben: Die Wahrnehmung in der realen Welt vermindert sich und der Betrachter identifiziert sich zunehmend mit der fiktiven Welt, er taucht sozusagen komplett in die Scheinwelt ein.

Diese Art der visuellen Zusammenarbeit kann die Interaktion zwischen den Fachplanern erleichtern. Zwar ermöglichen Tools wie „Navisworks“ die Möglichkeit, Kollisionen zu erkennen, diese müssen aber allen zuständigen Planern und Projektbeteiligten entsprechend kommuniziert und von ihnen verstanden werden. Durch die Nutzung solcher virtuelleren Technologien wie VR kann man die Kollision direkt anschauen, verstehen, teilen und diskutieren, wie man es besser machen kann. Die virtuelle Realität vermittelt den Beteiligten den Eindruck, gemeinsam in diesem Objekt zu sein und – ähnlich einer gemeinsamen Begehung auf der Baustelle – über die einzelnen Punkte und Probleme zu sprechen. Da die Planung mit BIM in 3D erfolgt, kann diese Überprüfung und Begehung mit der richtigen Software (z.B. mit der Software-Lösung von ALLVR) zu jedem Zeitpunkt automatisiert durchgeführt werden. So werden aus den Planbesprechungen effiziente virtuelle Planreviews, an denen jeder Beteiligte die angestrebte Vision sieht, erlebt und versteht.

Auch kann man die getroffenen Entscheidungen und geplante Änderungen gezielter nachverfolgen und zwischen allen Beteiligten kommunizieren. Das sieht der Einsatz von BIM vor und durch den Zugang zur VR kann der Techniker mit dem nicht-technischen Bauherren auf einer Ebene sprechen. So werden nicht nur die Planungsabläufe effizienter, sondern die Intransparenz und somit die Angst des Bauherren gemindert.

Seit den 1990er Jahren werden Immobilien in Deutschland immer aufwändiger beworben. Auf die einfache Zeichnung folgten 3D-Renderings. In den vergangenen fünf Jahren haben schließlich Imagefilme an Bedeutung gewonnen. Auch die Marketing-Lounge ist für viele Eigentümer mittlerweile unabdingbar. Hier können Interessenten vom Bodenbelag bis zum Wasserhahn sehen und fühlen, wie das geplante Büro eingerichtet werden kann. Bei all diesen Maßnahmen geht es um das Erlebbarmachen einer Immobilie, die oft noch nicht einmal als Rohbau existiert.

Genau darum geht es auch bei einer Entwicklung, die seit einiger Zeit immer mehr Immobilienmarketing-Experten für sich entdecken: die VR-Technologie. Hochauflösende Brillen und Bildschirme ermöglichen Interessenten, durch ein neues Bürogebäude zu laufen, ohne dass dieses existiert. Sie können räumliche Dimensionen einschätzen, Perspektiven wechseln, Wandfarben, Möbel und Bodenbeläge auswählen und live sehen, wie sich Zimmer durch Farben, Muster und Materialien in ihrer Wirkung verändern.

VR bietet nicht nur für das Design eines Objektes eine grandiose Möglichkeit. Auch für den professionellen Immobilienmarkt wird Virtual Reality ein wichtiges Werkzeug werden. Häuser und Wohnungen können digital besichtigt werden, ohne dass ein Termin vor Ort notwendig ist. Makler können digital die Interessenten bei ihrer Begehung begleiten und Fragen beantworten. Dadurch erhalten auch Kunden, die nicht persönlich anwesend sein können, einen ersten Eindruck von der Immobilie und sparen dabei die Anreise-Zeit.

VR ersetzt die persönliche Begutachtung des Objekts natürlich nicht vollständig, doch ist das virtuelle Erlebnis schon sehr nah an der Realität.

Durch die Nutzung von BIM und VR kann somit der gesamte Lebenszyklus des Objektes virtuell begangen werden. Ob es das unfertige Modell während der Planung ist, ob es die Besichtigung vor dem Baubeginn, ob es die Vermarktung während der Bauphase oder das Besichtigen des Modells im Sinne der Instandhaltung und Umbaumaßnahmen – durch die Kombination werden Fehler reduziert und Kosten gespart. Und das durch die Nutzung eines einzigen Datenmodells und der virtuellen Besichtigung und Kommunikation.

6 VR im Immobilienbereich – ein Ausblick

In der Bauindustrie gibt es Architekten, Bauunternehmer, Immobilienmakler und noch viel mehr Beteiligte, die auf ihrem jeweiligen Fachgebiet Experten sind. Sie alle müssen miteinander kommunizieren. Ob dies nun während der Planungsphase oder während der Bauphase ist, jederzeit kommuniziert man mit Plänen, mit Bildern, mit persönlichen Besichtigungen, zu denen man u.U. weitere Anfahrten hat. So hat sich ALLVR zum Ziel gesetzt, mithilfe der virtuellen Realität die Zusammenarbeit zwischen Architekten, Ingenieuren und Kunden zu verbessern. Denn Virtual Reality ist nicht nur ein einfaches Vermarktungstool, sondern liefert auch einen hohen Mehrwert in der produktiven Entwicklung und Planung von Objekten.

Dabei dient BIM als einheitliche Grundlage für die Zusammenarbeit und das Change Management, um Kosten zu sparen, die später auf der Baustelle entstehen würden. Mit BIM, das in den kommenden Jahren zum Standard bei Bauvorhaben werden wird, spart man Zeit bei der Entscheidungsfindung und bei der Interaktion zwischen allen Parteien. Dies gilt sowohl bei der internen Planung und Kommunikation als auch bei der externen Kommunikation mit anderen Fachplanern, Bauherren oder Investoren. Trotz Kostenreduktion trägt BIM dazu bei, die Qualität in der Ausführung zu steigern.

Aktuell wird in der Bauwirtschaft vielfach noch mit analogen Daten gearbeitet und viele Architekten nutzen weiterhin 2D-Simulationen zur Erstellung von Eingabeplänen. Dabei kann die Darstellung von Architekturkonzepten in 3D – ob als Augmented Reality (erweiterte Realität, auch als AR abgekürzt) auf der Baustelle oder als Virtual Reality im Zuge einer Entwurfsprüfung – alle relevanten Informationen sehr viel besser veranschaulichen und es ergeben sich vollkommen neue Möglichkeiten. Mithilfe von Datenhelmen oder -brillen (oder auch einem Mobiltelefon bzw. Tablet) können Bauunternehmer und -ingenieure das BIM-Modell sozusagen über das physische Gelände legen, im Zuge einer Begehung potenzielle Probleme aufdecken und Kommentare hinzufügen, die dann automatisch in das digitale Modell integriert werden.

Damit einhergehen wird eine Designwende von Tablet-basierter AR oder verkabelter VR hin zu zunehmend kleinformatigen Headsets. So will beispielsweise der Marktriese Oculus im Jahr 2018 eine VR-Brille auf den Markt bringen, die ohne eingestecktes Smartphone oder angeschlossenen Rechner auskommt. Bis zur Marktreife voll funktionsfähiger immersiver Hologramme wird es vermutlich noch eine Weile dauern, doch bereits in den nächsten ein bis zwei Jahren ist mit einigen bahnbrechenden Neuerungen im Bereich der Unternehmensanwendungen zu rechnen.

Damit gewinnen Planer und Ingenieure dank VR- und AR-Technologien nicht nur eine ganz neue Perspektive auf die Dinge, die das A und O ihrer beruflichen Tätigkeit ausmachen, sondern auch die Möglichkeit, sie anderen Projektbeteiligten effektiver zu vermitteln. Auf diese Weise entsteht ein Dialog, in dem alle Beteiligten ihr Know-how einbringen und ihre jeweiligen Prioritäten setzen können und dadurch einen Beitrag zur Optimierung des Endprodukts leisten.

Mit Virtual Reality können Käufer oder Mieter einen virtuellen Rundgang machen, selbst wenn der Bau in der echten Welt noch gar nicht begonnen hat. In Verbindung mit BIM wird es die Entwicklung von Gebäuden in der Bauindustrie und auch darüber hinaus nachhaltig prägen und die Effizienz und Effektivität signifikant steigern. Besichtigung von Musterwohnungen? War gestern! In der Zukunft gilt: VR-Brille aufsetzen – in die virtuell fertig gestellte Immobilie eintreten – umschauen!

Literatur

O.V. (o.J.): ALLVR URL: https://www.allvr.net/de/(Stand: 04.12.2017)

O.V. (o.J.): Bundesministerium für Verkehr und Digitale Infrastruktur URL: https://www.bmvi.de/SharedDocs/DE/Pressemitteilungen/2017/009-dobrindt-bim-gipfel.html (Stand: 02.12.2017)

O.V. (o.J.): Rösch Unternehmensberatung URL: https://roesch-unternehmensberatung.de/portfolio-item/bim-revolutioniert-die-prozesse-im-bauunternehmen/(Stand: 03.12.2017)

o.V. (o.J.) VMI URL: https://www.vmistudio.com/virtual-reality-in-house-building-why-housebuilders-use-vr/(Stand: 01.12.2017)

IV
Immobilienmanagement

Digitalisierung im Property Management

Martina Güttler

1 Einleitung

Die Digitalisierung schreitet massiv voran und hat sich längst in nahezu allen Wirtschafts- und Lebensbereichen manifestiert. Im Blick auf die Immobilienbranche waren es in besonders hohem Maße sogenannte PropTech-Unternehmen, die seit Mitte 2016 mit smarten Technologien neue Wege und Möglichkeiten im Immobilienmanagement aufzeigen. So sind heute vom Planer, Entwickler und Vermieter über den Nutzer bis hin zu Investoren und Bewirtschaftern, alle am Immobilienprozess Beteiligten Personen und Unternehmen aufgefordert, sich mit den digitalen Veränderungen auseinanderzusetzen.

Nachfolgender Beitrag betrachtet die Dynamik und die Auswirkungen der Digitalisierung im Bereich Property Management. Dabei werden konkrete Anwendungen beschrieben, erste Erfahrungen skizziert und sowohl die Chancen als auch Risiken der Digitalisierung in diesem Markt beurteilt.

2 Ausblick auf die Arbeitswelt der Zukunft

Zunächst scheinen einige Vorteile, die sich mit der Digitalisierung verbinden lassen, durchaus verlockend: Big Data soll zukünftig transparent und überall verfügbar sein, Planungssicherheit und Produktivität steigern, das Kostenrisiko senken und menschliche Fehler sollten sich auf ein Minimum reduzieren lassen.

Einleitend gilt es zu verstehen, unter welchen Prämissen der Prozess der Automatisierung grundlegend als erfolgreich betrachtet wurde und wird. Zunächst einmal immer dann, wenn digitale Prozesse zur Unterstützung dienen, wenn Tätigkeiten automatisiert werden können, die bisher der fehleranfällige Mensch umgesetzt hat. In der Folge entstehen Effizienzgewinne, die speziell im Dienstleistungssektor echte Arbeitszeitgewinne sind. Im Idealfall ermöglichen diese den Mitarbeitern, sich auf die Analyse, Auswertung und Weiterentwicklung des Geschäfts durch die dann jederzeit verfügbaren „smarten" Daten-Informationen und Erkenntnisse zu konzentrieren. Erst dadurch entsteht für Unternehmen, Mitarbeiter wie auch Kunden ein echter Mehrwert.

Die Auswirkungen auf die Berufsbilder im Immobilienmanagement werden tiefgreifend sein. Komprimierte kaufmännische sowie technische Objekt- bzw. Portfolioinformationen und daraus generierte Benchmarks werden jederzeit abrufbar sein. Dies erfordert mehr qualifizierte und erfahrene Mitarbeiter, die sich mit der Auswertung bzw. Evaluierung von Daten beschäftigen und daraus Lösungen ableiten können. In der Folge wird sich die Frage stellen, wie viele Property-Management-Kapazitäten noch benötigt werden, wenn dem Asset Manager Informationen auf Knopfdruck und bereits aggregiert und grafisch aufbereitet zur Verfügung stehen.

Auch wenn die Dienstleistungsbranche nicht über Nacht im Internet der Dinge zwischen „Smart Data" in „Smart Buildings" aufwachen wird, zeichnet sich schon heute eine klare Tendenz ab: die Anzahl der Asset Manager, Property Manager und Facility Manager wird schrumpfen. Im Detail betrachtet bedeutet dies, dass die Kontrollinstanz durch den Asset Manager in Teilen weiter gebraucht wird. Gleiches lässt sich auch für die Facility Manager prognostizieren, die direkt am und im Gebäude tätig sind. Die Kapazitäten dazwischen müssen sich rechtzeitig mit dem digitalen Wandel auseinandersetzen. Die Berufsbilder von Asset Management (AM), Property Management (PM) und Facility Management (FM) werden sich somit stark verändern. Insbesondere die Profile von AM und PM werden verschmelzen. Im Zuge dessen werden sich daher die Anforderungen an Qualifikationen und Kompetenzen der handelnden Personen drastisch ändern.

„Werden unsere Büros bald so sein wie unsere Produktionshallen schon heute – teils menschenleer?"[1], wird der Zukunftsforscher Sven Gabor Janszky gefragt. „Im Gegenteil, wir steuern auf Vollbeschäftigung zu". Wie das, wenn immer schlauere Maschinen unsere Arbeit übernehmen? Dafür reicht schlichte Mathematik: In den kommenden zehn Jahren gehen in Deutschland durch Automatisierung etwa 1,5 Millionen Arbeitsplätze verloren. Demgegenüber stehen ca. 6,5 Millionen Babyboomer, die in Rente gehen und die durch die folgenden geburtenschwachen Jahrgänge nicht ausgeglichen werden. Unter dem Strich bleiben etwa 3 Millionen Stellen unbesetzt.".[2]

Nach Aussage von Christoph Keese verfügen 41 Prozent der europäischen Arbeitnehmer über keine oder geringe digitale Fähigkeiten. „Für das Jahr 2020 rechnet die EU-Kommission mit 756.000 unbesetzten Stellen in Europas Digitalindustrie. Diese können von Einheimischen mangels Qualifikation nicht besetzt werden. Zwar benutzen viele junge Leute täglich das Internet, doch fehlen ihnen die Qualifikationen, dieses Hobby in einen Beruf zu verwandeln, sagte EU-Digitalkommissar Günther Oettinger."[3]

Die digitale Revolution ist kein Trend mehr, sondern eine fundamentale Umwälzung.

---

[1] Interview von Nicola Malbeck mit Sven Gabor Janszky aus Wagen Eins, Magazin der DB, 01/17, S. 14.

[2] Ebd.

[3] Zitiert nach Christoph Keese, Silicon Germany, Die Lage, Im Land des digitalen Defizits (E-Book 2016).

3 Leistungsbild des Property Managers

Wie einführend dargestellt, wird sich im Zuge der Digitalisierung das Berufsbild des Property Managers grundlegend wandeln. Betrachtet man nun näher, was das Leistungsbild eines klassischen Property Managers bisher kennzeichnete, wird deutlich, mit welch radikalen Veränderungen die Branche zu rechnen hat. Es geht um grundsätzliche Fragestellungen nach der Art und Weise, wie das Geschäft durchgeführt wird und welche digitalen Lösungen mit welchen Ergebnissen in diesem Kontext eingesetzt werden.

In den meisten Fällen ist es der Property Manager, der den direkten Kontakt zum Mieter hält. Diese enge Verbindung ist ausschlaggebend für die langfristige und stabile Mieterbindung und somit für den Erfolg der Gesamtinvestition Immobilie. Im Tagesgeschäft muss der Property Manager mit seinem Team durch eine möglichst vorausschauende Planung notwendiger Instandhaltungsmaßnahmen den Werterhalt der Immobilie sicherstellen. Er verantwortet die Überwachung der Leistungserbringung aller Nachunternehmer, muss somit über Methoden verfügen, diese effizient zu steuern. Seinem Auftraggeber, dem Eigentümer oder Asset Manager gegenüber, schuldet der Property Manager darüber hinaus Analysen über den Bewirtschaftungsstatus auf der Basis eines ausgereiften und automatisierten Reportings der wesentlichen kaufmännischen und technischen Zahlen, Daten und Fakten.

3.1 Das klassische Rollenmodell hat ausgedient

Zur besseren Einordnung der Historie dient ein tieferes Verständnis des Rollenmodells, das bis dato als Voraussetzung für effizientes Arbeiten galt.

Die klassische Rollenverteilung zwischen dem kaufmännischen Objektmanager (KOM) und dem technischen Objektmanager (TOM) definiert bislang die Schnittstelle des Leistungsbildes beider Berufsgruppen:

Abbildung 1: Klassische Rollenverteilung der Objektmanager

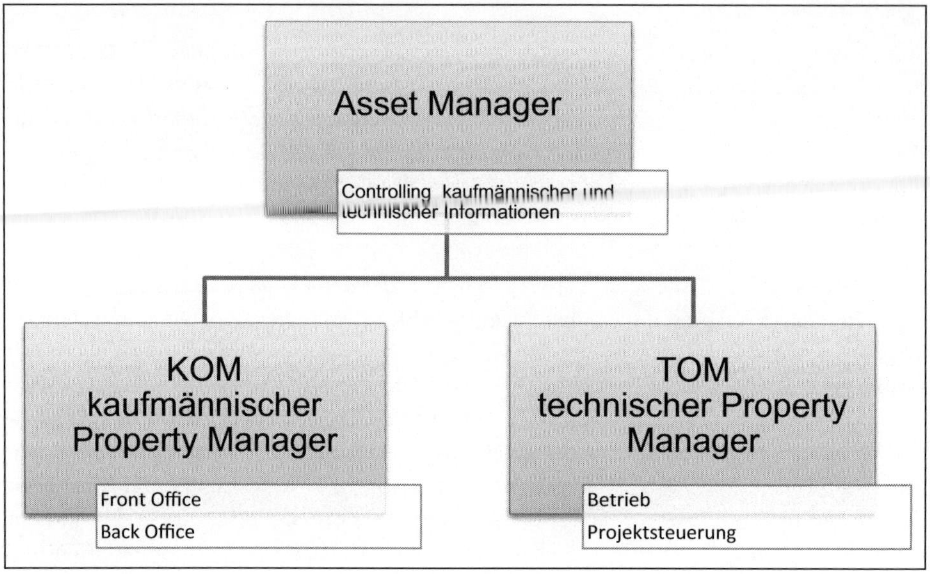

Asset Manager
Controlling kaufmännischer und technischer Informationen

KOM kaufmännischer Property Manager
Front Office
Back Office

TOM technischer Property Manager
Betrieb
Projektsteuerung

Quelle: Eigene Darstellung

Diese Abgrenzung der Aufgaben hatte vor allem zur Folge, dass nahezu kein Austausch zwischen den kaufmännischen und technischen Themen erfolgte. Der Asset Manager als Auftraggeber musste die aufgabenspezifischen Rückmeldungen erst einmal selbst zusammenführen, bevor er sich ein übergeordnetes Bild zu seinen Immobilien erschließen konnte. Da viele Asset Manager noch genauso aufgestellt sind, wird diese Organisationsform in vielen Fällen immer noch nicht in Frage gestellt.

Welche Auswirkungen das im Tagesgeschäft haben kann, zeigt sich z.B. auch in jährlich wiederkehrenden „Diskussionen" um das Zusammenführen technischer und kaufmännischer Informationen für die Budgetplanung.

Die Basis für die Budgetplanung erstellen die technischen Objektmanager. Sie planen ihre Maßnahmen für das folgende Jahr. Dazu müssen objektspezifische Instandhaltungs- und Projektmaßnahmen erfasst, bewertet und zusammengeführt werden. Die kaufmännischen Objektmanager versuchen dann gemeinsam mit dem Asset Manager, mögliche Vermietungen sowie Mieterausbaukosten einzuschätzen und zu ergänzen, die wiederum auf Angaben fußen, die vom technischen Objektmanager zu leisten waren.

3.2 Modell mit Kommunikationsdefiziten

Da unterjährig kein intensiver Austausch zwischen den Beteiligten erfolgt, werden im Moment der Planung viele Themen erstmalig und bisweilen nur oberflächlich angesprochen. Dies führt dazu, dass die Bewertung in vielen Fällen aufgrund von Benchmarks vorgenommen wird. Als Begründung wird immer wieder angeführt, dass eine Vielzahl der Fragen und Anforderungen zu jenem Zeitpunkt nicht mehr beherrschbar waren. Effizientes Arbeiten sieht jedoch anders aus. Der Umstand, dass der technische Objektmanager nicht nur für die Überwachung der Betreiberverantwortung der Facility Manager verantwortlich zeichnet, sondern auch die Projektsteuerungsaufgaben für Mieterausbauten durchführt, birgt weitere verkomplizierende Herausforderungen. Hinzu kommt die unterschiedliche Ausbildung der handelnden Personen. Zum einen sind da die Architekten mit entsprechender Expertise auf dem Gebiet der Projektsteuerungs- und Bauleistungen. Auf der anderen Seite stehen Experten, die sich idealerweise bereits während ihres Studiums auf das Facility Management und somit auf die Bewirtschaftung des Gebäudes spezialisiert haben. Die Praxis hat gezeigt, dass die Umsetzung von Projektsteuerungsaufgaben und die Steuerung des Betriebes in Personalunion nicht zu bewältigen ist. Zu unterschiedlich sind die Anforderungen und Problemstellungen. Folgerichtig muss das Rollenmodell insgesamt überdacht werden.

3.3 Anforderungen an ein optimiertes Rollenbild

Jede Organisation benötigt sowohl nach außen, in Richtung Kunde, als auch nach innen, in Bezug auf die interne Rollenverteilung, für die unterschiedlichen Funktionen auf operativer Ebene, eindeutige Strukturen. Dazu kommt eine fachliche und einheitliche Führung sowie professionelle und automatisierte Abläufe auf Basis standardisierter Prozesse.

Abbildung 2: Automatisierte Abläufe im Porperty Management

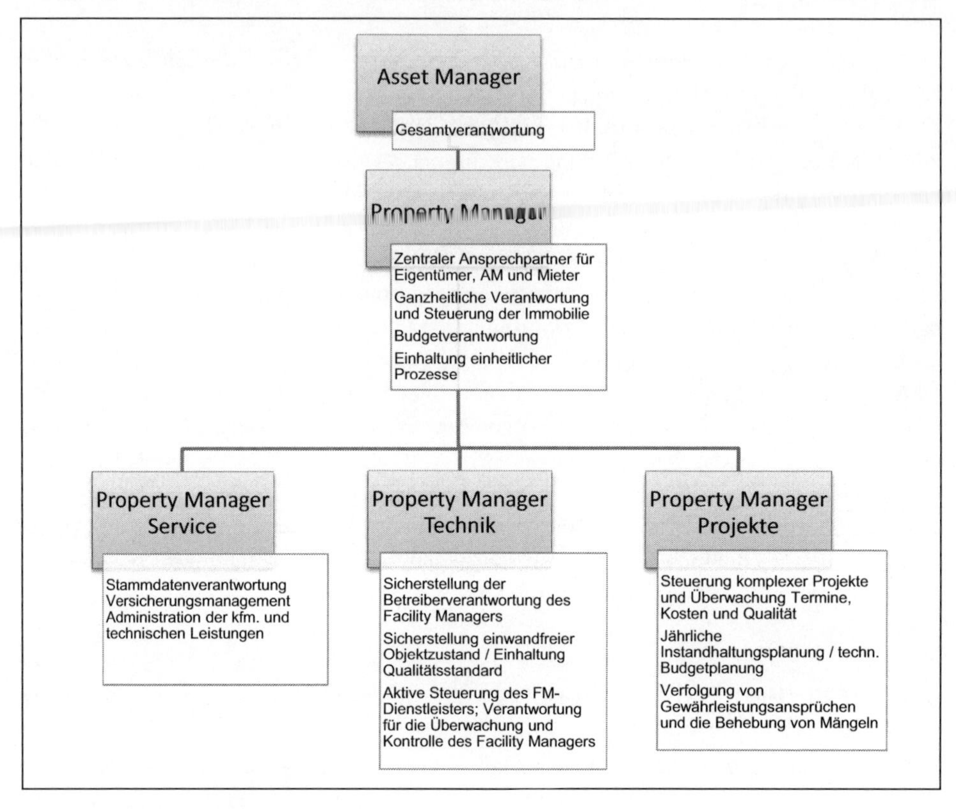

Quelle: Eigene Darstellung

Ein solches Rollenmodell setzt folgerichtig auf eine klare Teamstruktur. Als Teamleiter fungiert hier der Property Manager, der sich in seiner Funktion voll und ganz auf die Mieterbetreuung fokussieren kann. Alle administrativen Tätigkeiten hingegen sind beim Property Manager Service angesiedelt. Für Technik und Gebäudebetrieb ist der Property Manager Technik zuständig. Und für die Mieterausbauprojekte zeichnet ausschließlich der Property Manager Projekte verantwortlich. Der Vorteil: Der gegenüber dem Asset Manager gesamtverantwortliche Ansprechpartner ist der Property Manager. Dieser führt alle wesentlichen Informationen aus dem Team zusammen und ist so in der Lage, übergeordnet und umfassend die Anfragen des Asset Managers zu beantworten.

Im Wesentlichen gibt es zum ursprünglichen Rollenmodell zwei entscheidende Veränderungen: Da die Trennung von kaufmännischen und technischen Informationen den übergeordneten Anforderungen nicht gerecht wird, wird dem Property Manager die treuhänderische Gesamtverantwortung übertragen. Darüber hinaus sind der technische Betrieb und die Projektsteuerung unterschiedliche Verantwortungsbereiche mit stark voneinander abweichenden Kompetenzanforderungen. Diese können nur durch zwei unterschiedliche Rollen ausgeführt werden. Diese klare Rollenverteilung bereitet nun erst den Boden für weitere digitalisierbare Aufgaben, vor allem des Property Managers Technik.

4 Kommunikation in heterogenen Systemlandschaften

In den meisten Unternehmen der Immobilienbranche ist die IT-Infrastruktur irgendwann einmal erweitert oder mehr oder weniger notdürftig ergänzt worden. Häufig finden sich mehrere Softwarelösungen unter einem Dach. Es gibt die verschiedensten Systeme, die nicht in der Lage sind, die relevanten Daten über passende automatisierte Schnittstellen auszutauschen.

Eine derartige Situation bestimmt jedoch maßgeblich die Kommunikation im Tagesgeschäft. Der Schriftverkehr erfolgt größtenteils per E-Mail, der in persönlichen Accounts gespeichert wird, ohne möglichen Zugriff durch Kollegen oder Vorgesetzte z.B. im Vertretungsfall. Kaufmännische Daten werden in den unterschiedlichsten Systemen von SAP bis Excel gepflegt, technische Daten von Excel über SAP bis hin zu CAFM-Systemen.[4] Für das regelmäßige Leistungsreporting gegenüber den Kunden werden alle Ergebnisse aus den verschiedenen Systemen wiederum zusammengeführt. Schließlich wird noch unendlich viel Zeit aufgewendet, um alle relevanten Informationen, inklusive hochwertiger Grafiken, in der erforderlichen Qualität in Power-Point-Folien für Management Summarys zusammenzufassen.

4.1 Interaktion im Property Management Team hinsichtlich technischer Themen

Im Folgenden soll das Tagesgeschäft des Property Managers Technik und des Property Managers Projekte näher beleuchtet werden.

Die beiden Rollen müssen neben zahlreichen operativ-technischen Themen unterschiedliche Softwaresysteme bedienen können. Ihnen obliegt die Umsetzung der baulichen Maßnahmen aus dem Betrieb oder den Mieterausbauprojekten, beginnend mit der Einholung der Freigabe des Asset Managers über die Ausschreibung und Vergabe sowie die Bestellung bis hin zur Abrechnung der Gesamtmaßnahme.

[4] CAFM = Computer-Aided-Facility-Management, Software, die das Facility Management bei seinen Prozessabläufen unterstützt.

Abbildung 3: Prozess-Schnittstellen

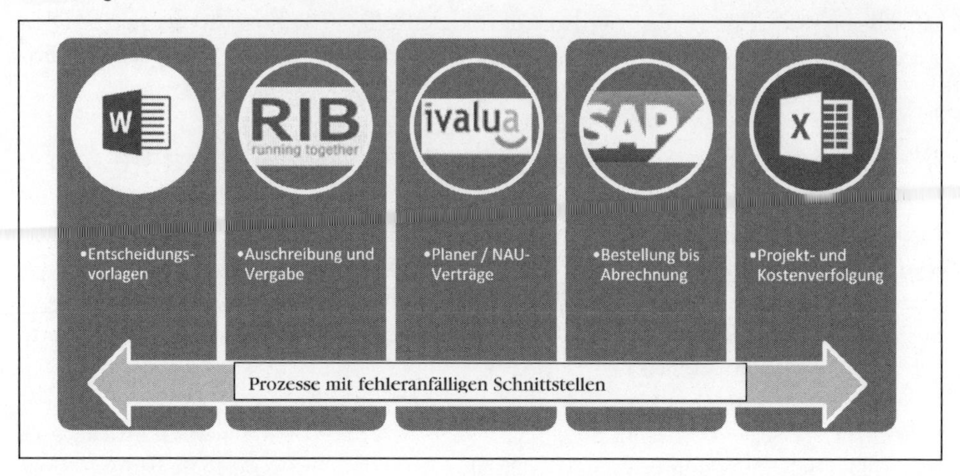

Quelle: Eigene Darstellung

In vielen Fällen läuft dieser Freigabeprozess über Entscheidungsvorlagen im Word-Format, die per E-Mail ausgetauscht werden. Nach Freigabe erfolgt die Ausschreibung mittels z.B. RIB[5]-Softwarelösungen über GAEB[6]-Schnittstellen. Der Angebotsvergleich bzw. die Vergabe erfolgt im Excel-Format, die demzufolge abzuschließenden Verträge im Word-Format, gefolgt vom Anlegen von Bestellungen bis hin zur Abrechnung in ERP[7]-Systemen, größtenteils in kundenindividuell geprägten SAP-Lösungen. Die Budgetverfolgung während des Projektverlaufs findet vorwiegend im Excel-Format statt. Man versucht, alle Nachträge sorgfältig darin fortzuschreiben. Portfolioübergreifend wird diese Herausforderung zur Herkulesaufgabe. Zu Beginn des Jahres vorgelegte Budgetpläne, die i.d.R. mit großem zeitlichen Verzug verabschiedet und dann in unterschiedlichen Systemen fortgeschrieben werden, machen es unmöglich, die für das Asset Management wichtigste Frage jederzeit zu beantworten: das Delta[8] zum verabschiedeten Budgetplan, und zwar objektspezifisch und maßnahmenbezogen, mit allen erklärenden Details. Arbeitet der Property Manager auf dem Kundensystem, ist zumindest diese weitere Schnittstelle und immense Fehlerquelle vermieden. Sobald der Asset Manager das Ergebnis des

[5] RIB-Software im Bereich der Enterprise-Ressourcen-Planung; im Speziellen für den AVA-Prozess für Ausschreibung, Vergabe und Abrechnung von Bauleistungen.

[6] GAEB = Gemeinsamer Ausschuss Elektronik im Bauwesen, Datenaustausch, standardisierter Austausch von Bauinformationen.

[7] ERP = Enterprise-Resource-Planning, beschreibt Softwaresysteme wie z.B. SAP, die Unternehmen bei ihrer umfassenden Planung der Ressourcen wie Kapital, Personal, Material etc. unterstützen.

[8] Steht hier für: die Abweichung

Property Managers in sein eigenes Tool übertragen muss, impliziert demzufolge die Leistung „Budgetverfolgung" einen weiteren unkalkulierbaren Aufwand für beide Seiten, vor allem im Hinblick auf die vielzähligen unterjährigen Korrekturen im Rahmen der Forecast- und Hochrechnungsgespräche.

Bei dieser Arbeitsweise fallen erneut die vielen, nicht automatisierten Schnittstellen ins Auge. Dadurch erhöht sich der Zeitaufwand bei der Bearbeitung sowie die Fehleranfälligkeit.

4.2 Im Fokus: der Property Manager Technik

Beschwerden und Gewährleistungsmängel aufzunehmen, Instandsetzungsbedarfe zu identifizieren und die Behebung technischer Mängel zu überwachen, all diese Vorgänge zählen zu den Aufgaben des Property Manager Technik. Darüber hinaus gehört es zum Leistungsbild, die Objekte regelmäßig zu begehen und den Objektzustand zu bewerten, diesen nachvollziehbar und fortlaufend zu dokumentieren. Dieses Ergebnis bildet die Grundlage für alle weiteren Aufgaben, von der Mängelbeseitigung bis zur Bewertung von Baumaßnahmen, der Ableitung möglicher Mieterausbauprojekte bis hin zur Budgetplanung des Folgejahres. Der Bearbeitungsstatus und somit die Leistungsbilanz der Property Manager Technik gegenüber dem Auftraggeber wird in monatlichen, viertel- oder zumindest halbjährlichen Reportings dokumentiert.

Die technischen Informationen stehen in jeder Hinsicht im Mittelpunkt seiner Arbeit. Diese zusammenzuführen und aufzubereiten stellt eine große Herausforderung dar. Denn im Tagesgeschäft müssen alle objekt- bzw. portfoliobezogenen Informationen so aggregiert werden, dass sie den Asset Managern zur Verfügung gestellt werden können. Dies bedeutet bis heute eine große Daten- und Informationsflut in den Griff zu bekommen: vom Gebäudezustand bis hin zu Details zu Versicherungsschäden. Zusammengefasst und nach Adressat en Detail in Word und Excel bereitgestellt, kombiniert mit Grafiken zu Auswertungen bis hin zu Fotos von z.B. Gebäudemängeln. Hinzu kommen verschiedene Listenformate und Übersichten zu geplanten und durchgeführten Wartungen und die daraus resultierenden technischen Mängel als Instandsetzungsbedarf. Weitere Listen befassen sich mit der Durchführung von notwendigen Sachverständigen- bzw. Sachkundigenprüfungen und die Nächste gibt Auskunft über neue Schadensbilder. Briefe, Rechnungen, Objektdokumente, Einsprüche etc. werden teilweise auch noch physisch entgegengenommen, bearbeitet, bewertet, in regelmäßigen Jour-fixe-Terminen mit Kollegen abgestimmt, mehr oder weniger in Word- oder Excel-Dokumenten notiert und fortgeschrieben, auf Laufwerken und – im Idealfall – in Dokumentenmanagementsystemen abgelegt und verwaltet.

Im Zweifel werden all diese Informationen mehrfach vorgehalten, beim Asset Manager, Property Manager und Facility Manager und – nicht zu vergessen – beim Nachunternehmer zur Dokumentation aller Anschlussleistungen.

Der Asset Manager erwartet, über die Erfüllung des Leistungsspektrums hinaus, übergreifende Stellungnahmen, Analysen, Reportings, die alle wesentlichen Objektinformationen beinhalten. Nur so ist er in der Lage, die Einhaltung seiner Objekt- bzw. Portfoliostrategie fortlaufend zu überwachen bzw. die Entwicklung und das Ergebnis beurteilen und beeinflussen zu können.

4.3 Kommunikation und digitale Prozesse werden zum Wettbewerbs- und Erfolgsfaktor

Mit steigender Anzahl an Immobilien bei der Bewirtschaftung großer Immobilienportfolios steigt erfahrungsgemäß die Komplexität. In gleichem Maße erhöhen sich die Anforderungen an die Kommunikation und an das stetige Verfügbarmachen von Informationen. Nur folgerichtig steigt damit auch der Anspruch an detailliert, über alle Schnittstellen hinweg, beschriebene Prozessabläufe.

Prozesse benötigen „Owner" einzelner Aufgabenschritte. Um Arbeitsabläufe innerhalb größerer Teams effizienter auszugestalten, wurden über Jahre hinweg Prozessabläufe in Word-Dokumenten detailliert beschrieben, jeder Arbeitsschritt den verschiedenen Rollen zugeordnet. Formatvorlagen sollten Arbeitsschritte vereinheitlichen, die Abarbeitung der Inhalte die gesamten Vorgänge homogenisieren. Mitarbeitern zur Verfügung gestellte Checklisten gewährleisteten die Vollständigkeit von Informationen. Im optimalen Fall werden unendlich lange Worddokumente, sogenannte Prozesshandbücher, physisch und digital zu Einarbeitungszwecken, aber auch für das Tagesgeschäft, als Nachschlagewerk zur Verfügung gestellt. In der Vergangenheit war dies eine wertvolle Prozessverbesserung, da zumindest die Abläufe beschrieben wurden, um Mitarbeitern zu ermöglichen, wiederkehrende Aufgaben annähernd standardisiert und effektiver zu bearbeiten.

Man muss keine kühne These aufstellen, um diese Bestandsaufnahme als nicht mehr zeitgemäß zu bewerten. Ein solches Arbeiten bleibt zwangsläufig hinter den Effizienzerwartungen weit zurück, die durch die Möglichkeiten der Automatisierung und Digitalisierung grundlegend als längst gegeben unterstellt werden können. Viel zu langsam durchdringen Workflow-basierte Prozesse die Anwendungen.

5 Digitalisierung als Chance

Mit weiter steigenden Anforderungen bei Portfoliogröße, gemischter Nutzung verschiedener Assetklassen, unterschiedlich anspruchsvoller Mieter, sich weiter verschärfender Wettbewerbsdruck und damit einhergehender Reduzierung der Renditechancen erscheint bei genauerem Hinsehen die rasante Entwicklung digitaler Systeme und Plattformen nicht mehr primär als disruptiv, sondern vielmehr als Chance.

Die verschiedenen Handlungsfelder können grundlegend neu aufgesetzt werden, denn die zeitintensiven manuellen und somit fehleranfälligen internen Arbeitsabläufe behindern viele Unternehmen nachhaltig. Die neuen digitalen Lösungen ermöglichen aber nicht nur eine Beschleunigung bestehender Prozesse, sie setzen eine wahre Revolution in Gang. Wird diese Dynamik erst einmal verstanden, werden die Veränderungspotenziale und die daraus resultierenden Chancen umso positiver wahrgenommen.

Um es mit Christoph Keese zu sagen: „Wir sprechen hier nicht von der Umstellung analoger Verfahren auf digital. Dieses Verständnis von Digitalisierung greift zu kurz. Eine Bestellung von Fax auf E-Mail zu ändern, hat wenig mit Revolution zu tun. Alles ändert sich: Technologien, Geschäftsmodelle, Preisraster, Abläufe, Wertschöpfungsketten, Hierarchiestrukturen, Stellenbeschreibungen und Qualifikationsprofile.“[9]

5.1 Erste digitale Erfahrungen

Studien sprechen im Übrigen für die gesamte Wirtschaft über ein Wertschöpfungspotenzial von über 400 Milliarden Euro in den nächsten 10 Jahren allein in Deutschland, berichtet die Initiative Deutschland Digital (IDD).[10]

Eine beeindruckende Zahl, die dem einen oder anderen Marktteilnehmer durchaus Angst einflößen könnte. Die klassische deutsche Herangehensweise wäre jetzt: Tempo herausnehmen, eine übergeordnete Strategie zu Papier zu bringen, alle Beteiligten einbinden, um anschließend ein übergeordnetes Pflichtenheft zu formulieren. Dieses Vorgehen ist – aufgrund des nötigen Zeitaufwands und vor allem der Komplexität – zum Scheitern verurteilt. Sicher muss man sich über die wesentlichen Schritte im Klaren sein und Prioritäten definiert haben. Aber dann gilt, mit dem dringendsten Thema anzufangen. Denn die Lösung liegt nicht mehr, wie in der Vergangenheit angenommen, in der Zusammenfüh-

[9] Christoph Keese, Silicon Germany, Die Lage, Im Land des digitalen Defizits (ebook 2016).

[10] Initiative Deutschland Digital (IDD), Das Magazin für die Digitale Wirtschaft (2016/01), Seite 8.

rung aller Themen in einem Softwaresystem, um die verschiedenen Schnittstellen beherrschen zu können. Die technologischen Möglichkeiten sind so weit vorangeschritten und die neuen Systeme offen in ihrer Struktur, so dass Weiterentwicklungen und die nachträgliche Integration weiterer Systeme jederzeit möglich sind.

Die Auswirkungen der digitalen Transformation lassen sich konkret an einem Beispiel des Leistungsbildes des technischen Property Managers nachvollziehen. Es wird deutlich, wie bereits erste Schritte durch neue Technologien ein immenses Wertschöpfungspotenzial sowie eine Qualitätssteigerung beinhalten.

5.2 Datenerfassung bei Objektbegehung per App

Zum wesentlichen Leistungsbaustein im Tagesgeschäft des technischen Property Managers zählt die Objektbegehung. Bereits heute ist es möglich, z.B. mithilfe einer App vor Ort alle relevanten Daten digital zu erfassen. Dies bietet gleich zwei Vorteile: Zum einen wird der Vorgang deutlich vereinfacht und ein strukturierter, standardisierter Ablauf sichergestellt. Zum anderen lassen sich alle vor Ort erfassten Daten in einer Browserversion bereitstellen, auf die jederzeit zentral zugegriffen werden kann. Zusammenfassend lässt sich sagen, dass eine webbasierte und smart-mobile Lösung die Qualität dieses Leistungsbausteins erheblich erhöht und zudem alle erforderlichen Reportingmöglichkeiten unterstützt.

Abbildung 4: Beispiel einer App-Ansicht zur digitalen Datenerfassung bei Objektbegehungen

Quelle: Apleona Quality App

5.3 Funktion des Monitorings mithilfe eines mobilen Devices

Exemplarisch zeigen sich die Stärken eines digitalen Ansatzes anhand der Überwachung von Instandhaltungsverpflichtungen des Facility Managers.

Die Objektbegehung führt der technische Property Manager durch. Um weitere Abstimmungsrunden zu vermeiden, geschieht dies gemeinsam mit dem objektverantwortlichen Facility Manager. Der technische Property Manager füllt die im System hinterlegten Fragen zum Anlagenzustand direkt in der App, z.B. auf seinem Tablet aus. So werden die Fragen zu vorhandenen Mängeln binär mit „ja" oder „nein" beantwortet und sukzessive elektronisch erfasst. Die Abarbeitung des Fragenkatalogs erfolgt auf Basis eines im Tool vorab erfassten objektspezifischen Leistungsverzeichnisses. Zu einzelnen Punkten können während der Begehung auch Zusatzinformationen hinterlegt werden: Kommentare im Freitext oder vor Ort aufgenommene Bilder der einzelnen Mängel. Flashmails leiten festgestellte dringende Mängel sofort an den Nachunternehmer weiter. Auch der Abarbeitungsstatus bis hin zur Fertigmeldung kann über das im System integrierte Ticketsystem gemeldet und nachvollzogen werden. So erfasst der technische Property Manager nicht nur Mängel, sondern auch das Vorhandensein der Sachverständigen-Prüfprotokolle und den Status der tatsächlich durchgeführten Wartungen. Insgesamt stimmt er alle erforderlichen Maßnahmen zur Sicherstellung der Betreiberverantwortung des Facility Managers vor Ort mit seinem Counterpart direkt ab – und hinterlegt alle Informationen im System.

Die vollständige Bearbeitung wird über das System sichergestellt. Denn nur wenn das gesamte Leistungsverzeichnis abgearbeitet wurde, kann die Objektbegehung systemseitig finalisiert werden. Dazu besiegelt der technische Property Manager den Vorgang mit seiner digitalen Unterschrift. Erst damit werden automatisiert und adressatengerecht vorkonfigurierte Reports generiert, z.B. ein Gesamtreport mit allen Informationen für die Teamleitung und ein Mängelreport, der sofort an den Facility Manager versandt wird. Mit der Finalisierung wird die Controlling-Leistung vor Ort abgeschlossen. Der technische Property Manager hat darüber hinaus die Möglichkeit, im direkten Zugriff auf die Browserversion weitere Benchmarks abzuleiten. Der Prüfer und die nach Berechtigungskonzept bestimmte Rolle, also z.B. der Teamleiter oder Key-Account-Manager haben zentralen Zugriff auf alle einzelnen im System hinterlegten Daten wie Mängellisten, Fotos, Bedienungsanleitungen, Begehungsprotokolle etc. Finale Reports zur Analyse von Mängeln werden aus der Browserversion generiert. Die Reports stellen die Basis für die anschließende Auswertung dar. Diese ist objekt- und gewerkespezifisch bis auf Anlagenebene möglich.

Auf diese Weise erhält der technische Property Manager wertvolle Informationen zur kontinuierlichen Optimierung der Anlagen, aber auch im Hinblick auf die Verbesserung des Prozesses und des Produkts. Der Facility Manager kann online über das Help-Desk-Tool den aktuellen Abarbeitungsstatus selbst eintragen.

Aber auch Änderungen der Leistungsverzeichnisse, z.B. aufgrund von Mieterausbauten oder Instandsetzungsarbeiten, lassen sich vor Ort besprechen, kommentieren und fotografisch dokumentieren und direkt im System aktualisieren.

5.4 Problematik herkömmlicher Monitoringprozesse

Im Gegensatz zur vorangehenden Darstellung der digitalisierten Datenerhebung per App, ergeben sich bei Objektbegehungen auf herkömmliche Art zahlreiche Probleme.

Die Datenerhebung zum Objekt erfolgt i.d.R. über eine händisch erstellte Checkliste. Fotos werden zwar digital, jedoch separat erstellt und häufig ist vor Ort ein Abgleich mit verschiedenen Handbüchern nötig. Anschließend gilt es, die so generierten Informationen in Schriftform in eine Datei zu übertragen und auf ein lokales Laufwerk im Büro des technischen Property Managers abzuspeichern. Dort werden auch die Fotos abgelegt. Erst danach können diese und alle weiteren zu jenem Zeitpunkt verfügbaren Informationen in einem Word-Dokument zusammengeführt werden. Jedes einzelne Reporting muss mechanisch erstellt, analysiert und bewertet werden. Dies führt zwangsläufig zu Zeitverzögerungen, beginnend mit einer Verspätung beim Versand und endend mit meist langwierigen, über verschiedene Teams hinweg nötigen Abstimmungsgesprächen. Selbst bei höchster Sorgfalt ist eine stringente Analyse und Abarbeitung und hundertprozentig fehlerfreie Umsetzung des Monitorings nicht immer gewährleistet.

5.5 Radikale Veränderung beim Nutzererlebnis

Jedem Smartphone-Nutzer ist klar, wie viel reizvoller eine App-Anwendung schon alleine aufgrund der intuitiven Benutzerführung ist. Mehr Usability ist hier das Stichwort – vor allem im Hinblick auf die Zusammenarbeit. Dadurch entfallen zahlreiche nachrangige administrative Arbeiten und alle Beteiligten haben je nach Berechtigungsklasse Zugriff auf die vollständige Dokumentation in der Browserversion der App. Der Prozess zur Aktivitäten- bzw. Aufgabenzuordnung wird einmalig festgelegt, im System hinterlegt und läuft ab diesem Zeitpunkt automatisiert ab. Immobilienmanager, Techniker und das Help Desk erhalten dieselben synchronisierten Informationen über den „Gesundheitszustand“ von Anlagen bzw. dem gesamten Objekt in Echtzeit. Durch die Vernetzung mit den Dienstleistern ist auf der Basis der hinterlegten Leistungsverzeichnisse eine sofortige Reaktion auf die bevorstehende Maßnahme oder den Mangel möglich.

Für überregionale bzw. bundesweite Immobilienportfolios sind die Vorteile noch größer. Jedes regionale Team kann über die App die jeweiligen Teilportfolios bearbeiten. Der Key-Account-Manager erhält immer auch eine Auswertung über das gesamte Portfolio. Die Reports geben nicht nur Qualitätsanalysen pro Region und Gewerk wieder, quantifizieren Mängel und geben detailliert Aufschluss über jede konkrete Instandsetzungsmaßnahme, sondern ermitteln verschiedene Benchmarks. Diese ermöglichen weitreichende Rückschlüsse bzw. vorausschauende Wartungsmaßnahmen wie z.B. bei wiederkehrenden Dachundichtigkeiten verschiedener Objekte des gleichen Baujahres, oder erhöhtem Energieverbrauch vergleichbarer Objekte in einer Region aufgrund ähnlicher Wetterbedingungen.

Selbstverständlich können auch Externe mit der entsprechenden Berechtigung auf das System zugreifen.

Allein in Bezug auf diese Anwendung innerhalb eines konkreten Immobilienportfolios konnten bei einem großen Property-Management-Dienstleister in der jüngsten Vergangenheit in einem Jahr ca. 600 Arbeitsstunden pro Mitarbeiter eingespart werden, dies bedeutete 36 Prozent der Kapazitäten eines Full-Time-Equivalent (FTE). Der im Vorfeld notwendige Implementierungsaufwand wurde hier nicht berücksichtigt. Dieser ist im Vergleich zu früheren IT-Projekten beim Datentransfer als sehr gering einzuschätzen. Ein Grund hierfür ist die Tatsache, dass die neuen Systeme in aller Regel in ihrer Struktur flexibel und offen gestaltet werden.

Grundsätzlich fallen solche Anwendungen unter die bereits von Christoph Keese als allerersten notwendigen Schritt bezeichnete Umsetzung „von analog auf digital".[11]

Einen großen Schritt voraus ist beispielsweise das Unternehmen Schindler.[12] Wenn zum Beispiel eine Fahrtreppe ausgefallen ist, informiert die Customer-App den Kunden darüber umgehend und auch darüber, dass ein Techniker unterwegs ist. Über den digitalen Werkzeugkoffer können die Techniker sofort auf Karten und Pläne zugreifen, um sich über das Objekt, die Anlage und den Weg dorthin umfassend zu informieren. Probleme werden postwendend lokalisiert, identifiziert und, wenn möglich, sofort behoben. Für die Meldung über die Reparatur muss derzeit noch das „fremde" Ticketsystem geöffnet werden bzw. die Information erfolgt derzeit noch via E-Mail oder SMS. Eine automatisierte Schnittstelle zum elektronischen Datenaustausch wäre nun der folgerichtige Schritt.

Von einem klar definierten Zielbild kann derzeit noch nicht die Rede sein. Dennoch können anhand dieser konkreten Erfahrungen immer genauer die Chancen skizziert werden, die die Digitalisierung eröffnet. Bei konsequenter Weiterentwicklung wird dann aus „Big Data" auch wirklich „Smart Data".

---

[11] Digitale Wirtschaft: www.businessimpact.eu, Interview von Ralf Bretting und Pascal Nagel mit Christoph Keese.

[12] Siehe Schindler Group, Schweiz bzw. Schindler Deutschland AG & Co. KG.

Viele Akteure haben verstanden, dass sich längst alles standardisieren und somit auch automatisieren lässt, was Muster und Wiederholungen aufweist. Somit wird sich niemand mehr den bloßen administrativen Verwaltungsaufgaben widmen müssen. Zeit und Energie werden frei, endlich die Leistungen zu erbringen, die Kunden auch vergüten.

6 Künstliche Intelligenz als nächster Schritt

Künstliche Intelligenz ist die zweite Stufe der Digitalisierung. Die Technologie „erkennt" selbst das Problem und erarbeitet eine Lösung (Self-Learning auf Basis der bereits erkannten Vorfälle). Voraussetzung dafür sind qualitativ und sorgfältig angelegte Datenbestände. Darauf aufbauend kann ein Algorithmus – schneller als jedes menschliche Gehirn – seine Arbeit aufnehmen. Es gibt bereits Lösungen[13], die das Ergebnis, in diesem Fall die extrahierten wesentlichen Informationen gescannter Mietverträge mit direkter Verlinkung in den dazugehörigen Vertrag, in vielen verschiedenen Sprachen zur Verfügung stellen. Für den Austausch mit einem internationalen Investor z.B. liegen damit nicht mehr nur die Zusammenstellungen wesentlicher Objektdaten oder die Klärung wesentlicher Widersprüche vor; die gesamte Dokumentation steht transparent und geprüft und in den jeweiligen Sprachen in kürzester Zeit zur Verfügung. Demzufolge können wochenlang andauernde Due-Diligence-Phasen extrem verkürzt sowie der Ressourcenaufwand auf ein Minimum reduziert werden.

6.1 Die Zukunft braucht branchenspezifische Plattformen

Es bleibt jedoch die Frage, wohin die Entwicklung vieler Einzellösungen und unzähliger Apps führen kann. Ganz sicher wird es branchenspezifische Plattformen geben müssen, die wiederum den Anwendern die Möglichkeit bieten, den Überblick zu bewahren.

Was heißt das? Die vielen Einzelanwendungen haben nur dann eine Chance sich durchzusetzen, wenn sie sichtbar werden und binnen kürzester Zeit viele Anwender finden. Sehr schnell wird sich herauskristallisieren, welche Anwendungen sich bewähren, welche sehr schnell immer mehr Follower finden. Die Entwickler der einzelnen Anwendungen wiederum haben so die Chance, schnellstmöglich herauszufinden, ob eine gemeinsame Schnittstelle einen Mehrwert bietet, welchen es lohnt, gemeinsam weiterzuentwickeln. Nichts anderes findet derzeit in den Tech-Quartieren in Berlin und Frankfurt statt, wenn sich die Start-up-Szene auf den Coworking-Flächen zum Pitch trifft.

[13] Z.B. von Leverton.

Die Allthings Technologies AG[14] z.B. hat diesen Bedarf erkannt. Verschiedene Dienstleistungen rund um die Immobilie werden hier, ähnlich einem App-Store, gebündelt. Auftraggeber stellen sich individuelle Gebäude-Apps zusammen und ermöglichen Gebäudenutzern Zugang zu ihren digitalen Services.

Um den sogenannten „Traffic“, also die Nutzung der Plattform anzukurbeln, stellt Allthings eine Basisausstattung bereit. Diese sogenannten Micro-Apps können jederzeit und nach Bedarf durch weitere Module ergänzt werden. Um sofort nach Beginn eine hohe Anzahl an Nutzern, also Mieter, aber auch Eigentümer und Asset Manager, an die Plattform zu binden, stellt Allthings gebäudeunabhängigen „Content“ zur Verfügung, z.B. rund um die Themen „Besser Wohnen“ und „Besser Arbeiten“, „Sicherheit in Liegenschaften“ oder auch „Tipps für Aktivitäten mit Kindern“ – dies führt dazu, dass lokale Anbieter oder Vereine Informationen oder Angebote posten.

6.2 Transformationen im Kontext der Digitalisierung

Kurz zur Erinnerung, welche Hürden die Branche zu nehmen hat:

- Effizienz- und Qualitätssteigerungen
- Big Data nutzen und in Smart Data verwandeln
- In Echtzeit qualifiziertes Reporting verfügbar machen

Daraus lassen sich höhere Mieterzufriedenheit und Transparenz, mehr Nähe, weniger Leerstände und so insgesamt höhere Mieten erzielen. Durch die Einbindung von Partnerunternehmen lassen sich Zusatzeinnahmen generieren und durch höhere Prozesseffizienz geringere Betriebskosten erreichen. Die uns bekannten Geschäftsmodelle werden sich dadurch grundsätzlich verändern.

Allem voran muss die Kommunikation optimiert werden. Outlook allein ist schon längst nicht mehr das einzige Kommunikationsmedium. CRM-Daten werden z.B. auf Salesforce[15] abgelegt, und das sind bei Weitem nicht mehr nur Kundenadressdaten. Viele Unternehmen versuchen den Vertriebsprozess über die Vergabe neuer Dienstleistungsverträge[16] bis hin zum wesentlichen individuellen Schriftverkehr auf diesen CRM-Plattformen, aus dem individuellen Mitarbeiterumfeld heraus, für das Unternehmen zu sichern. Die Praxis sieht oft noch so aus, dass Mitarbeiter ihren Schriftverkehr in Inboxen

[14] Siehe Allthings Technologies AG oder z.B. auch casavi GmbH.

[15] Salesforce bietet CRM-Lösungen für Vertrieb, Marketing, Anwendungsentwicklung und Kundenservice.

[16] Z.B. i-valua. = Plattform zur elektronischen Beschaffung von Bauleistungen (u.a.).

ablegen, wichtige einzelne Anhänge, Anlagen zu Verträgen etc. bestenfalls auf Verzeichnissen im Windows-Explorer sichern, was spätestens nach der Einführung der Datenschutzgrundverordnung (DSGVO) keine probate Option mehr sein kann.

Auch aus diesem Grunde erobern derzeit Daten-Content-Management-Systeme den Markt. Sie wollen zugleich Datenraum und Kommunikationsplattform sein. Schwerfällig muss der Anwender Dateien zur Bearbeitung herunterladen und im Anschluss wieder hochladen. Obendrein muss der Nutzer diszipliniert seinen E-Mail-Verkehr „hochladen". Chatrooms sind zwar bereits Teil von CRM- oder Daten-Content-Management-Systemen, aber der für das Unternehmen so wesentliche Schriftverkehr wird weiterhin über eine separate E-Mail-Software abgebildet und dort auch User-individuell gespeichert.

7 Fazit und Ausblick

Sobald die Vernetzung zum Internet of Things gelingt, wird die Immobilienbranche eine weitere neue Dimension erleben. Eine Realität, die im asiatischen Raum im Übrigen schon längst alltäglich ist, wenn auch derzeit noch auf die Assetklasse „Wohnen" beschränkt. Dort haben Mieter die Chance, durch einen einzigen Blick auf ihr Smart-Home-Display ihre Medienverbräuche direkt zu beeinflussen. Das heißt, richtig vernetzt wird der Nutzer erst, wenn tatsächlich die gesamte Infrastruktur „smart" ist. Einige interessante Pilotprojekte zeigen bereits den heutigen Stand der Technik und motivieren zu noch mehr Vernetzung. Die deutsche Immobilienbranche muss sich dazu jedoch auf den digitalen Wandel einlassen und auch den Bestand „digital ready" machen. Dass dieser Aufwand sich lohnt – und zudem auch noch ein hohes Maß an Rechtssicherheit mit sich bringt –, lässt sich an weiteren Innovationen im Markt erkennen. So weisen jüngst entwickelte Module zur digitalen Überwachung der Betreiberverantwortung nach GEFMA 190[17], die bis hin zu Übernahme und Rückgabe von Mietflächen reichen, Schritt für Schritt in die richtige Richtung.

Allen voran müssen jedoch die obersten Unternehmensebenen Überzeugungskraft und Entscheidungsfreude an den Tag legen und Ressourcen bereitstellen, um so schnell wie möglich die erforderliche transparente Datenbasis herbeizuführen. Für einen erfolgreichen Durchbruch von PropTech ist das Aufbrechen und Optimieren von herkömmlichen Prozessketten und die Etablierung gleicher Datenstandards zwingende Voraussetzung.

---

[17] GEFMA = German Facility Management Richtlinien des Deutschen Verbands für Facility Management e. V.

Die deutsche Immobilienbranche wird die Digitalisierung, die Chance, die Zukunft mitzugestalten, nicht versäumen – denn wer sich genau umsieht, erkennt bereits die Tatkraft der Marktteilnehmer. Die entscheidenden Player des Marktes beschäftigen sich intensiv mit den Potenzialen. Denn auch die kleinen Veränderungen skizzieren bereits die vor uns liegenden Veränderungen der Berufsbilder. Mit der zunehmenden Standardisierung von wiederkehrenden Anforderungen werden Ressourcen des technischen und kaufmännischen Property Managers frei. Mit der Verfügbarkeit von wesentlichen Daten, von Statusmeldungen und bereits analysierten Budgetinformationen – bereitgestellt 24 Stunden täglich, 7 Tage die Woche, über *eine* Plattform – werden auch die Aufwendungen der Asset Manager reduziert, Reibungsverluste durch zahlreiche Kommunikations- und Prozessschnittstellen nach und nach minimiert. Diese Verschmelzungen geschehen sukzessive und schleichend. Dennoch werden jetzt fortlaufend Ressourceneinsparungen bei Asset und Property Managern offenkundig. Festzustellen ist, dass mit der Kenntnis um die Vielzahl neuer digitaler Möglichkeiten, die Angst vor Disruption unter den Marktteilnehmern mehr und mehr nachlässt bzw. der Neugier auf die vielfältigen Chancen weicht.

Prozess- und Datenmanagement im Permanent-Datenraum mit Unterstützung von KI

Justus Vollrath/Mario Bodenbender

1 Einleitung

Datenräume sind für die Immobilienwirtschaft von zentraler Bedeutung. Sie erlauben die Herstellung geschützter Räume, in denen typischerweise zum Zweck einer Due Diligence eine Auswahl relevanter Unterlagen für interessierte Parteien bereitgestellt werden. Neben der Unterstützung von Ankaufs- und Verkaufsprozessen finden sie vor allem Anwendung in größeren Bauprojekten.

Dabei haben sie sich im vergangenen Jahrzehnt dank der fortschreitenden Digitalisierung von physischen zu virtuellen (digitalen) Datenräumen (VDR) entwickelt. In einem VDR können Informationen ortsunabhängig, durch das Internet einfach zugänglich und zugleich vor unberechtigtem Zugriff geschützt abgelegt werden. Zudem erlauben sie eine stärkere Unterstützung von Prozessschritten, wie z.B. Vollständigkeitsprüfungen oder standardisierte Q&A-Workflows zwischen den Parteien. Von größerer Bedeutung ist der zunehmende Einsatz von künstlicher Intelligenz zur automatisierten Kategorisierung von Dokumenten und dem Auslesen von Daten aus den Dokumenten.[1]

Neben dem ursprünglich fallbezogenen Einsatz von Datenräumen haben sich bei den Unternehmen Dokumentenmanagementsysteme (im Weiteren DMS) zur dauerhaften Haltung und Kategorisierung von Dokumenten etabliert. Ein datenbankgestütztes DMS erlaubt die strukturierte Ablage von Dokumenten, das Hinzufügen von Feldern zur Speicherung von Metadaten oder zur Verschlagwortung. DMS sind häufig proprietär[2] angelegt und mit den im Unternehmen vorhandenen ERP-Systemen verbunden. Eine Herausforderung für die Immobilienwirtschaft sind in diesem Zusammenhang die zuverlässige Integration der DMS in die Prozesse, die zahlreichen Schnittstellen mit externen Dienstleistern und IT-Systemen, die Vollständigkeit und korrekte Zuordnung von Dokumenten sowie die erfasste Datenqualität.

Mit der fortschreitenden Digitalisierung und Entwicklung von cloudbasierten Lösungen wachsen die beiden skizzierten Lösungsansätze zusammen. Anbieter für virtuelle Datenräume verfolgen zunehmend das Ziel, den gesamten Lebenszyklus als Permanent-Datenraum zu begleiten und sich nicht nur auf die Due-Diligence-Phase einer Transaktion zu beschränken. Entsprechend erweitern sich die Use Cases und die Anzahl der unterstützten Prozesse der angebotenen Systeme.

---

[1] Hoffmeister, 2015.

[2] „Proprietär" bedeutet in diesem Zusammenhang, dass das (die) DMS eine separate technische Lösung mit eigener Datenhaltung darstellt (darstellen) und dieses (diese) nicht Teil einer anderen systemtechnischen Anwendung ist (sind).

Dieser Beitrag gibt zunächst einen Überblick über die aktuelle Entwicklung in dem Bereich der Lösungen und Anbieter von virtuellen Datenräumen für die Immobilienbranche. Auf die Bemühungen zur Schaffung notwendiger Grundlagen und Standards (z.B. Datenraumindizes, Datenaustausch) wird ebenfalls eingegangen. Anschließend wird auf den Einsatz künstlicher Intelligenz bei virtuellen Datenräumen eingegangen, wobei sich die Darstellung nicht auf die offensichtliche Extraktion von Daten aus Dokumenten zurückzieht, sondern auch auf einzelne mögliche Prozessoptimierungen eingeht. Schließlich werden Trends für die Industrie sowie Anforderungen an die Mitarbeiter abgeleitet und ein Ausblick in eine Zukunft ohne Dokumente gewagt.

2 Überblick über die Entwicklung und den Einsatz (virtueller) Datenräume in der Immobilienwirtschaft

Datenräume für Immobilien beinhalten Dokumente und Informationen zu einer Immobilie. Unter anderem werden diese im Rahmen der „Due Diligence“ zum Beispiel bei Immobilientransaktionen benötigt, um die Prüfung der rechtlichen, steuerlichen, technischen und finanziellen Grundlagen für den Käufer zur ermöglichen.[3] Die weitere Nutzung von Transaktionsdatenräumen besteht beispielsweise im Bereich Corporate Finance im Rahmen von Private Equity, M&A oder Venture Capital.[4]

Im Rahmen einer Transaktion arbeiten unterschiedliche Parteien auf Verkäufer- und Käuferseite zusammen. Anzahl, fachlicher Hintergrund und Spezialisierung der Beteiligten ist von Art und Komplexität des Transaktionsgegenstandes sowie weiterer Rahmenbedingungen abhängig. Die nachstehende Grafik stellt eine Auswahl dar, wobei zahlreiche Berufsgruppen für die Verkäufer- oder Käuferseite tätig sein können.

[3] gif, 2015, S. 3; Greiner, 2017, S. 741.

[4] Varli, 2015, S. 336.

Abbildung 1: Beteiligte einer Transaktion

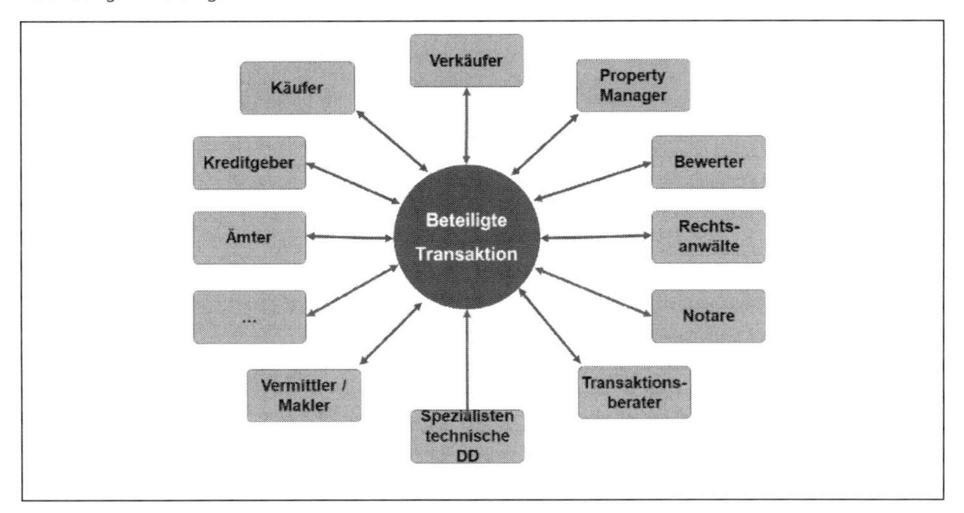

Quelle: Eigene Darstellung

Bei Transaktionen erfolgt der Austausch der Daten auch mit Dritten, wobei dafür auch ein rechtlicher Anspruch besteht. Physische wie virtuelle Datenräume müssen nicht nur die Bereitstellung von Informationen für die verschiedenen im Prozess beteiligten Parteien sicherstellen, sondern generell die Datenschutzbestimmungen einhalten. Dabei sind bei Transaktionen nicht nur die nationalen Bestimmungen zu erfüllen, sondern auch die Regelungen anderer Länder. Besonders kritisch ist die Speicherung und Aufbewahrung personenbezogener Daten.[5]

Zunächst erfolgte die Bereitstellung von Dokumenten und Informationen im Rahmen von Transaktionen in Form eines physischen Datenraums (PDR). Bei M&A-Transaktionen wurden virtuelle Datenräume ab den späten 1990er Jahren erstmals eingesetzt.[6] Mit einiger Verzögerung fand diese Technik breitere Anwendung im Immobilienbereich und eine wachsende Anzahl von Anbietern. Dies ist nicht zuletzt auf die deutlichen Vorteile eines virtuellen Datenraums im Vergleich zu seiner physischen Variante zurückzuführen. Die nachstehende Tabelle fasst die potenziellen Vor- und Nachteile eines virtuellen Datenraums im Rahmen einer Transaktion zusammen.

[5] gif, 2015, S. 9.

[6] Kummer & Sliskovic, 2007.

Tabelle 1: Vor- und Nachteile des virtuellen gegenüber dem physischen Datenraum

VDR ggü. PDR	Käufersicht	Verkäufersicht
Mögliche Vorteile des virtuellen Datenraums	• Zeit- und Kostenersparnis • Komfortgewinn • Höhere Transparenz • Schaffung einheitlicher Bedingungen für alle Käufer	• Einfaches Aufsetzen des VDR • Kostenersparnis • Kompetitiver Preis • Prozessintegration (z.B. Vollständigkeitsprüfung, Q&A) und bessere Analysen (z.B. Nutzung durch Käuferseite) • Compliance • Zeitersparnis • Sicherheit
Mögliche Nachteile des virtuellen Datenraums	• Potenziell größerer Käuferwettbewerb • Online-Dokumentenstudium • Zugriffsgeschwindigkeiten und Systemperformance • Information ist ggf. nicht digital	• Sicherheit

Quelle: In Anlehnung an Kummer & Sliskovic, 2007

Die Verfügbarkeit valider Dokumente und Informationen ist nicht nur für den Handel mit Immobilien, sondern auch für deren Bewirtschaftung unabdingbar. Oftmals stellen jedoch nicht mehr aktuelle, teils redundante oder auch unvollständige Bestands-, Betriebs- und Immobiliendokumentationen Hindernisse auf dem Weg zu einer professionellen Immobilienbewirtschaftung dar.[7] Eine weitere Nutzungsmöglichkeit sind daher Bestandsdatenräume, die eine Organisation dabei unterstützen, Abläufe zu harmonisieren und Schnittstellen zu externen Benutzern und Drittsystemen (wie beispielsweise ERP-, CAFM- oder auch Asset-Management-Systeme) herzustellen.[8]

Im Weiteren wird daher folgerichtig auf die am deutschen Markt nachvollziehbare Entwicklung vom Verkaufsdatenraum zum Permanent-Datenraum eingegangen.[9]

[7] Bornemann & Lifka, 2011, S. 40-41.

[8] Varli, 2015, S. 336.

[9] Hoffmeister 2015, S. 10.

3 Vom Verkaufsdatenraum zum Permanent-Datenraum

3.1 Bisherige Lösungen in der Immobilienwirtschaft und deren Potenziale

Die Erfassung und Bereitstellung von Dokumenten wird in der Immobilienwirtschaft mithilfe sehr verschiedener Technologien durchgeführt. Unter anderem werden Dateiserver, Dokumentenmanagementsysteme (DMS), virtuelle Datenräume und andere prozessorientierte Applikationen eingesetzt.

Dateiserver erlauben Nutzern Zugriffe auf Dateien, die entweder in der Cloud oder in einem Intranet on premise[10] gespeichert werden. Dateiserver unterstützen dabei primär die Zusammenarbeit unterschiedlicher Nutzergruppen bei der Erstellung, Überarbeitung und Speicherung von Dateien und Dokumenten. Die angebotenen Funktionen schließen üblicherweise eine zentrale Rechtevergabe, gesicherte Datenübertragung, Versionierung und Datensicherung ein. Die einfache Handhabung von Dateiservern ist ein Vorteil, der beschränkte Funktionsumfang ein Nachteil. Ausgewählte technische Funktionen, die für das Management von Immobilienbeständen besonders relevant sind wie eine differenzierte Prozessunterstützung, die (automatisierte) Indexierung, das Tagging von Dokumenten oder die Herstellung eines Bezugs zwischen Dokumenten und den Daten von transaktionalen Systemen, wie ERP-Systemen ist nicht gegeben. Ein Dateiserver schützt nicht vor einer redundanten, unstrukturierten oder unvollständigen Dokumentenablage.[11]

Dokumentenmanagementsysteme (DMS) sind definiert als Bereitstellung einer Infrastruktur zur Erstellung, Verteilung und Verwaltung im Unternehmen eingehender oder erzeugter Dokumente und das Auslösen von verbundenen Geschäftsvorfällen.[12] In der Regel deckt ein DMS den vollen Lebenszyklus von Dokumenten ab. Dies inkludiert die frühen Phasen der Erstellung von Dokumenten, z.B. im Rahmen einer Zusammenarbeit verschiedener Parteien. Zudem gibt es Verzahnungen und Überschneidungen zu zahlreichen anderen Systemen wie z.B. Archiv-, Büro-, Knowledge-Management und Content-Management-Systemen.[13]

[10] „On premise“ bedeutet in diesem Zusammenhang, dass die eingesetzte Lösung auf einer unternehmenseigenen, technischen Plattform gehostet wird.

[11] SecureDocs, 2015, S. 7 f.

[12] Klingelhöller, 2001, S. 14 f. und Zeitner & Peyinghaus, 2015, S. 2.

[13] Gulbins, Seyfried et al., 2002, S. 11.

VDR haben sich zunächst auf die Unterstützung von Transaktionsprozessen ausgerichtet. Dafür waren vor allem die technischen Standards zur Verschlüsselung der Daten, dynamische Wasserzeichen, die Unterstützung von Q&A-Prozessen während der Transaktion sowie Indexbezeichnungen zu gewährleisten.[14] Zudem sollte der Zugang zum Datenraum verifiziert werden können und der Nutzer die Regeln und die Vertraulichkeitsstandards akzeptieren müssen.[15]

Für einen Permanent-Datenraum sind weitere Funktionen von Bedeutung. Erst durch deren Bereitstellung erschließen VDR die Potenziale, die sich die Anbieter durch die Abkehr von der Konzentration auf das Transaktionsgeschäft erhoffen. Hierzu zählen u.a.

- die Befüllung des Datenraums durch externe Dienstleister und dessen einfache Administrierung
- die Integration bzw. Anbindung von Datenstrukturen bestehender transaktionaler oder analytischer Anwendungen
- die Unterstützung von dokumentenbezogenen Prozessen des Immobilienmanagements außerhalb von Transaktionen

Nachfolgend wird eine idealtypische Gegenüberstellung der vorrangigen Aufgaben eines DMS und eines transaktionsprozessorientierten VDR versucht, wobei die Zuordnung der Funktionen des DMS in Anlehnung an Gulbins, Seyfried et al. (2002) vorgenommen wurde.

Tabelle 2: Aufgaben eines VDR und eines DMS

Aufgaben	VDR	DMS
Erfassung von Dokumenten/Informationen und ihre Aufbereitung in geeigneter elektronischer Form	Ja	Ja
Ablage und Speicherung dieser Daten und Dokumente	Ja	Ja
Suchmöglichkeiten (die Recherche) nach Dokumenten im Bestand und der Zugriff darauf	Ja	Ja
Auswertung der Zugriffe und Nutzung	Ja	Ja
Bildschirmdarstellung, Drucken sowie Weiterleiten von abgerufenen Dokumenten an andere Kommunikationsverfahren	Teilweise	Ja
Verteilung von Dokumenten, soweit erforderlich	Teilweise	Ja

[14] SecureDocs, 2015, S. 7.

[15] gif, 2015, S. 8-9.

Aufgaben	VDR	DMS
Organisation des Daten- und Verarbeitungsflusses der Dokumente in einer Organisation und in Arbeitsabläufen, darunter z. B.	Teilweise	Teilweise
• Kollaboration bei der Erstellung von Dokumenten	Nein	Ja
• Unterstützung des Transaktionsprozesses durch Q&A-Modul	Ja	Nein
Administration der Dokumente und der Ablagestrukturen sowie der Zugriffsrechte von Benutzern	Ja	Ja
Mechanismen für die Sicherung der Dokumentenbestände und der zugehörigen Datenbanken und anderer Profile	Ja	Ja
Schnittstellen zu anderen, relevanten IT-Anwendungen	Eher nein	Ja
Automatisierte Zuordnung von Dokumenten zu einer definierten Ablagestruktur, z. B. per KI	Eher Ja	Eher nein

Quelle: In Anlehnung an Gulbins, Seyfried et al., 2002

Ein Teil der Aufgaben eines DMS übernimmt somit auch ein virtueller Datenraum, so dass die Übergänge zwischen den Begriffen und Systemen auch hier fließend sind. Dies wird durch die Erweiterung des Nutzungsspektrums des virtuellen Datenraums von der Transaktion zum Bestandsdatenraum gefördert. In der Folge treten die Anbieter virtueller Bestandsdatenräume in einen Wettbewerb zu Anbietern von DMS.

3.2 Entwicklungsstufe 1: Digitalisierung bestehender Dokumente und Informationen – Standardisierung im Bereich Datenraumindizes

Die Strukturen sowie die Indexbezeichnungen von Datenräumen sind bisher noch nicht einheitlich auf internationaler Basis geregelt worden. Die Ansätze, von denen bestehende Datenraumindizes ausgehen, variieren und so divergieren die Indizes in der abgebildeten Detailtiefe wie auch der Themenbreite.[16] In der Praxis bestehen bereits Ansätze zur Strukturierung innerhalb einzelner Phasen, wie auch zur Übergabe von Daten zwischen definierten Phasen. Da bei Wechsel in eine andere Lebenszyklusphase oder der Akteure die gesamte Dokumentation übergabefähig sein muss, ist jedoch stets eine eindeutige Identifikation und Struktur der Informationen zu wahren, um jederzeit Schutz, Zugriff und Verwaltung dieser zu ermöglichen. Bei Übergabe einer Dokumentation in eine weitere Lebenszyklusphase erfolgt dann eine Strukturierung in ein anderes Schema und nach anderen Prämissen.[17]

[16] Bodenbender & Kurzrock, 2016.

[17] Bodenbender & Kurzrock, 2016.

Die Gesellschaft für Immobilienwirtschaftliche Forschung e.V. (gif) wie auch Teufelsdorfer strukturieren die Dokumente für gewerbliche Immobilientransaktion. Im Rahmen von Immobilientransaktionen müssen Informationen und Dokumente zeitnah zusammengestellt, bei Fehlen organisiert und in angemessener Weise oder auf Anforderung des Kunden strukturiert werden. Teufelsdorfer geht bei der Indizierung von einem Unternehmen aus und gliedert die Daten in Gesellschaft, Liegenschaft, Technik, Service und Dienstleistung, Wirtschaftliches und Steuer, Mieter sowie Sonstiges.[18] Die gif stellte 2015 einen Standard vor, der die Unterlagen in liegenschaftsbezogene und gesellschaftsbezogene Dokumente einteilt und als weitere Kategorie die Finanzierung vorsieht.[19] Der Standard gibt zudem die inhaltliche Ausgestaltung der Unterpunkte sowie eine Benennung der Unterindexpunkte vor. Die Dokumente erhalten zur eindeutigen Identifizierung als Bezeichnung den Indexpunkt, das Thema des Indexpunktes, die Identifikation mit der das Dokument von anderen zu unterscheiden ist und das Datum, wann das Dokument erstellt wurde. Zudem können weitere Unterindexpunkte bei Bedarf hinzugefügt werden. Weitere Vorgaben des Standards sind die Einhaltung der Struktur, um die Vergleichbarkeit der Dokumente und die Vollständigkeit zu gewährleisten. Unter Vollständigkeit versteht der Standard die kompletten Angaben zu allen Punkten des Index, wobei bei Punkten, die nicht relevant für die Immobilie sind, eine Negativerklärung erstellt werden soll. Die komplette Aufbewahrung der Dokumente ist eine weitere Vorgabe zur Vollständigkeit. Bei Aktualisierungen werden, wenn ein Bieterverfahren läuft und die Dokumente bereits eingesehen wurden, daher keine Dokumente gelöscht oder ersetzt, sondern lediglich als neue Variante gespeichert.[20] Des Weiteren sollen die Dokumente möglichst aktuell sein und daher die Vorgabe der Aktualität erfüllen, sofern dieses nicht der Vorgabe der Vollständigkeit wiederspricht. Die Dokumente sollten immer an der richtigen Stelle platziert werden und bei Bedarf soll auf andere Indexpunkte verwiesen werden.[21]

Den Anforderungen und der Strukturierung einer Dokumentation im Gebäudebetrieb, beispielsweise zur Wahrung der Betreiberverantwortung, der Unterstützung der Facility-Management-gerechten Planung sowie der Zertifizierung von Immobilien, widmet sich die Richtlinie GEFMA 198, welche durch den Arbeitskreis FM-Dokumentation der GEFMA (Deutscher Verband für Facility Management e.V.) erarbeitet wurde.

Eine weitere Datenstruktur für den Lebenszyklus der Immobilie liegt von der Professional Group Commercial Property der Royal Institution of Chartered Surveyors (RICS) in Deutschland vor. Der Berufsverband von Immobilienfachleuten und Immobiliensachverständigen weist darauf hin, dass die Struktur sich an keinem IT-Tool orien-

[18] Teufelsdorfer, 2015, S. 74-75.

[19] gif, 2015, S. 4-6.

[20] gif, 2015, S. 7.

[21] gif, 2015, S. 7-8.

tiert, sondern ein allgemeiner Standard ist.[22] Die Struktur gliedert die Oberpunkte in Grundstück, Eigentum, Bauplanungsrecht, Bauordnungsrecht, Gebäude, Mieter und Bewirtschaftung.[23]

Ersichtlich ist, dass Dokumente und Informationen nach verschiedenen Kriterien strukturiert werden können und sich auch die Anforderungen an die Struktur der Dokumentation je nach Gebäudelebenszyklusphase ändern kann.[24] Dies stellt gleichermaßen eine Herausforderung für die Unternehmen dar[25], da die Dokumente somit im Lebenszyklus mehreren Umstrukturierungen unterliegen, die nicht nur aufwendig sind, sondern auch die Gefahr des Datenverlustes mit sich bringen. Ziel aktueller Forschung ist daher eine medienbruchfreie Vorhaltung sowie eine dauerhafte wie auch eindeutige Klassifizierung der Dokumente über die einzelnen Lebenszyklusphasen hinweg, um hiermit auch Grundlagen und Voraussetzungen für Softwaresysteme zur Prozessunterstützung im Lebenszyklus zu schaffen.[26]

3.3 Entwicklungsstufe 2: Integration bestehender digitaler Prozesse und Datenquellen

3.3.1 Standardisierung im Bereich Datenmanagement und -austausch

Ein Datenaustausch über die verschiedenen Phasen im Lebenszyklus von Bauwerken hinweg sowie zwischen den einzelnen Akteuren findet ansatzweise nach einheitlichen Standards und über definierte Schnittstellen statt. Ein Softwareprodukt, welches eine zentrale Datenbasis für die unterschiedlichen Prozesse und Softwaresysteme im Unternehmen darstellen soll, muss neben den üblichen Möglichkeiten zum Datenaustausch vor allem im Markt etablierte Schnittstellen unterstützen.

Ein international anerkannter und herstellerneutraler offener Austauschstandard liegt in Form der Industry Foundation Classes (IFC; ISO 16739) für das Planen und Bauen im Hochbau vor. Grundlagen und Regeln der Erstellung, Verwertung, Verwaltung und Weitergabe von Informationen werden im künftigen ISO-Standard 19650 dargelegt. Beide Standards sind u.a. wesentlich für die Weiterentwicklung von Anwendungssystemen im Lebenszyklus von Immobilien und Methoden wie Building Information

[22] RICS, 2016, S. 2.

[23] RICS, 2016, S. 3.

[24] Bodenbender & Kurzrock, 2016.

[25] Horváth & Partner, 2006, S. 253.

[26] Bodenbender & Kurzrock, 2016.

Modeling (BIM). Erweitert werden diese Standards durch das Klassifikations- und Beschreibungssystem der DIN SPEC 91400, um Gebäudedatenmodelle u.a. inhaltlich kompatibel zum Ausschreibungssystem STLB-Bau mit Daten zu füllen. Mit der BIM-Richtlinienreihe VDI 2552-2557, der VDI 3805 zum Produktdatenaustausch und der VDI 6027 zum Datenaustausch von CAD-Systemen bestehen weitere nationale Richtlinien, welche die Grundlage für weiterzuentwickelnde Anwendungssysteme in der Planungs- und Bauphase bilden.

Der Arbeitskreis Datenaustausch der gif strebt mit der Richtlinie zum Immobilien-Daten-Austausch (gif-IDA) eine Standardisierung der notwendigen Datenfelder innerhalb von Softwareprodukten an, um einen Datenaustausch zwischen den Akteuren der Bau- und Immobilienwirtschaft und den genutzten Anwendungssystemen zu erleichtern. Um einen Daten- und Informationsaustausch zu gewährleisten, ist die Definition von Prozessen notwendig. Die Richtlinie der gif konzentriert sich daher auf folgende Prozesse: „operatives Berichtswesen, (finanz)buchhalterisches Berichtswesen, Portfolio-Benchmarking, Vermietungs-Benchmarking, kaufmännische Due Diligence, Immobilienvermarktung (Subset Vermarktungskanal) und Bauprojekt-Berichtswesen“.[27] In den Prozessen wird die eindeutige und vollständige Dateneingabe vorgegeben, indem Struktur und Inhalte von einzelnen Datenfeldern definiert werden. Es wird unterschieden in Pflichtfelder und optionale Eingabefelder. Durch die Strukturierung und die inhaltliche Beschreibung der Datenfelder sowie das Mapping zu bestehenden Datenstandards soll der Austauschprozess erleichtert und die Transparenz erhöht werden. Dadurch wird ein Datenstandard geschaffen, der eine hohe Qualität gewährleistet. Zur Datenmodellierung empfiehlt die gif ein hierarchisches Entity-Relationship-Modell (ERM). Das Modell strukturiert die Daten und ordnet sie dem Objekt zu.[28] Für den Datenaustausch empfiehlt die gif das Extensible-Markup-Language-(XML)-Format, wodurch der Austausch unabhängig von Plattformen und Implementationen ist. Das Subset wird dabei durch XML-Schemen beschrieben.[29]

Während der Betriebs- und Nutzungsphase einer Immobilie werden die wesentlichen Daten des operativen Betriebs unter anderem durch Computer-Aided-Facility-Management-Systeme (CAFM) generiert, erfasst, gepflegt und fortgeführt. Der Branchenverband (CAFM Ring) hat mit der Schnittstelle CAFM-Connect 2.0 einen Standard-Katalog, der konform zur DIN 276, DIN 277 und GEFMA 198 ist und klare Vorgaben für die einzelnen Objekttypen macht, geschaffen. Ermöglicht werden mit dieser Schnittstelle ein Import von grundlegenden CAFM-Daten sowie ein Export in andere Systeme im IFC-Format. Ziel ist es, zukünftig einen Austausch mit BIM-Systemen zu schaffen,

[27] gif, 2014, S. 1.
[28] gif, 2016, o. S.
[29] gif, 2017, o. S.

um so beispielsweise Stammdaten des Gebäudes nach Abschluss der Bauphase aus einem BIM-System in ein CAFM-System überführen zu können.

Mit der Richtlinie GEFMA 470 sollen Datenaustauschprozesse standardisiert und somit die erforderlichen Anpassungsprogrammierungen und die händische Bearbeitung beim Datenaustausch verschiedener Anwendungssysteme und Akteure reduziert werden. Die Richtlinie umfasst eine Übersicht relevanter Anwendungssysteme, stellt den Aufbau und die Struktur verschiedener Stamm- und Bewegungsdaten dar und enthält Vorgaben zum Austausch dieser Daten zwischen den Anwendungssystemen.

3.3.2 Berücksichtigung verschiedener Managementgebiete und IT-Systeme

Immobilienbestände bilden nach wie vor die bedeutendste Vermögenskategorie und haben sich immer mehr zu einer attraktiven Assetklasse entwickelt. Durch eine zunehmende Professionalisierung im Bereich der Immobilienökonomie werden auch die Managementansätze, die in Abhängigkeit von der Zielstellung im Umgang mit den Immobilien variieren können, differenzierter betrachtet.[30] Im Immobilienmanagement können verschiedene Anwendungsbereiche mit unterschiedlichen Zielstellungen identifiziert werden, wie zum Beispiel das Portfolio Management (PM), das Asset Management (AM), das Property Management (PrM) oder auch das Facility Management (FM). Brauer beschreibt das Portfolio Management als die Optimierung von Immobilienbeständen und das Asset und Facility Management als Tätigkeiten, welche primär die einzelne Immobilie im Fokus von Optimierungsprozessen betrachten. Dabei sieht das Asset Management die Immobilien als Vermögensanlage an, wohingegen das Facility Management sie als Produktionsfaktor behandelt. Dennoch ist eine eindeutige und redundanzfreie Abgrenzung dieser Ansätze nicht immer möglich.

Für diese Anwendungsbereiche werden ebenfalls verschiedene Schwerpunkte bei den IT-Systemen hinsichtlich der abgebildeten Daten und bereitgestellten Funktionen benötigt. So werden im Asset Management beispielsweise Softwareapplikationen für umfangreiche Auswertungen und die Erstellung von Nutzungsszenarien eingesetzt. Weitere Systeme werden im Asset und Portfolio Management für das Objektmanagement, das Risikomanagement oder die Kreditverwaltung genutzt. Das Property und Asset Management wenden dagegen vorwiegend ERP-Systeme zur kaufmännischen Verwaltung der Mieten und Objekte an. Zudem werden vom Facility Management Systeme benötigt, die das Management von Flächen und der technischen sowie infrastrukturellen Anlagen unterstützen. In diesem Bereich kommen Computer-Aided-Facility-Management (CAFM)-Systeme zum Einsatz, die Planung, Ausführung und Überwachung der Objekte und

[30] Brauer, 2013.

Anlagen ermöglichen. Dazu werden von allen Bereichen DMS benötigt, die eine Dokumentenbearbeitung integrieren und so die Prozesse im Immobilien-Bestandsmanagement unterstützen.

Je nach Geschäftsmodell müssen die Bereiche sowie die Softwaresysteme untereinander vernetzt werden, besonders wenn das Geschäftsmodell über einen hohen Eigenleistungsanteil verfügt. Ein gesamtheitliches System kann dann im besten Fall eine einheitliche Datenbasis gewährleisten und die unterschiedlichen Akteure (unabhängig von deren Zielstellung) gleichermaßen unterstützen.

4 Einsatz künstlicher Intelligenz zur Automatisierung im permanenten Datenraum

4.1 Anwendungsgebiete

Künstliche Intelligenz (KI) als ein Teilgebiet der Informatik, befasst sich mit der Automatisierung intelligenten Verhaltens und wird als die Fähigkeit verstanden, komplexe Probleme selbstständig lösen zu können.[31] So kann Künstliche Intelligenz (KI) in der Immobilienwirtschaft unter anderem zum Erkennen, Auslesen und Kategorisieren von Dokumenten und Daten genutzt werden.

Ein zentrales Teilgebiet der KI-Forschung beschäftigt sich mit dem maschinellen Lernen. KI verwendet dabei wissensbasierte und an Wissen orientierte Techniken.[32] Dabei stehen Problemstellungen in Unternehmen im Vordergrund, die eine hohe Komplexität, Risiken und Unsicherheit aufweisen und die die Organisation und die Entwicklung von Unternehmen fördern.[33] Unterschieden wird dabei je nach Fähigkeit und Entwicklungspfad (KI, Big Data oder kognitives System) in intelligente Dienste, smarte Geräte und Anlagen, kognitive Assistenten und Bots, sprachgesteuerte Geräte, Roboter, autonome Agenten sowie autonome Roboter und Transportmittel.

Bevor KI zum Auslesen, zum Generieren oder auch zur Interpretation von Informationen genutzt wird, sollte zunächst der tatsächliche Informationsbedarf und der Zweck zur Nutzung der KI im Unternehmen definiert werden. Der Informationsbedarf wird einerseits vom Planungs- und Kontrollprozess bestimmt, andererseits sollen die Informatio-

[31] Moring, Maiwald et al., 2018, S. 91.

[32] Ertel, 2016, S. 2-4.

[33] Bodendorf, 2006, S. 147.

nen aber auch Planung und Kontrolle initiieren, indem sie die Chancen und Risiken identifizieren und darauf hinweisen. Dies verdeutlicht, dass die Beschreibung eines Planungs- und Kontrollprozesses nicht in jedem Fall eine Bestimmung des Informationsbedarfs ermöglicht. Die Bestimmung dieses Bedarfs ist jedoch Voraussetzung für die Gestaltung der entsprechenden Informationsversorgungssysteme.[34] An Daten fehlt es oft in kaum einem Unternehmen, eher werden zu viele erhoben und vorgehalten. Relevante Informationen hingegen, welche verlässlich und aktuell sind, bleiben Mangelware. Aus der Schnittmenge aus Angebot, Nachfrage und Informationsbedarf wird der Informationsstand bestimmt.[35] Da der Informationsbedarf aufgrund aufgabenbezogener, zeitlicher und rechtlicher Veränderungen sowie durch Umwelteinflüsse durchaus divergieren kann, sollte die Bestimmung des tatsächlichen Bedarfs als kontinuierlicher Prozess durchgeführt werden, sodass relevante Informationen valide vorgehalten werden können.[36]

Der Wert der durch die KI-verarbeiteten Informationen bestimmt sich daher auf Grundlage ihrer Verwendung. Durch eine kontextspezifische und zeitliche Verwendung kann durch das Hinzufügen, Weglassen, Konkretisieren, Selektieren und Aggregieren der Wert einer jeden Information verändert werden.[37] Da sich der Datenbestand in operative und dispositive Daten unterteilt, ist zu bestimmen, welche Arten an Informationen generiert werden sollen. Die sogenannten dispositiven Daten und Informationen sind entscheidungsunterstützend und bestehen aus bereits verdichteten transformierten Daten in der notwendigen Aktualität. Die operativen Daten hingegen dienen der Abwicklung der Geschäftsprozesse, sind sehr detailliert und häufig redundant aufgrund entsprechender Altbestände.[38] Meist übersteigen die möglichen sowie auch die beschafften und aufbereiteten Informationen die Möglichkeiten klassischer Informationswege. Da die Menge an verfügbaren Informationen ständig zunimmt, besteht die Gefahr, den Blick für das Wesentliche zu verlieren.[39]

Eine Strukturierung und bedarfsgerechte Bereitstellung (siehe Kapitel 3) dieser Informationen ist daher notwendig, welche gleichermaßen eine Herausforderung für die Informationsempfänger darstellt.[40] Eine Möglichkeit der Selektion, Konzentration und Strukturierung von wesentlichen Informationen stellen KI-Systeme zur Klassifikation und Informationsextraktion mittels Machine Learning (maschinelles Lernen) dar.

[34] Horváth, 2009, S. 310.

[35] Krcmar, 2010, S. 15+64.

[36] Horváth, 2009, S. 312.

[37] Krcmar, 2010, S. 100.

[38] Kemper, Mehanna et al., 2006, S. 14.

[39] Krcmar, 2010, S. 54.

[40] Horváth & Partner, 2006, S. 253.

Eine exakte Definition für den allgemeinen Begriff „Lernen" zu finden ist grundsätzlich schwierig, da eine Vielzahl verschiedener Phänomene darunter zusammengefasst sind. Eine Charakterisierung, welche sich in Standardwerken zum Thema „maschinelles Lernen" findet, definiert dieses als das Studium und die Computer-Modellierung von Lernprozessen in ihren mannigfaltigen Ausprägungen. Es geht dabei also darum, Lernverfahren durch IT-Systeme verfügbar zu machen. Diese Computer-Modellierung umfasst dabei nicht nur eine kognitive Modellierung im Sinne einer möglichst genauen Nachbildung menschlichen Lernverhaltens, sondern auch Lernprogramme mit ganz anderen Vorgehensweisen. Weitere Definitionen erweitern diese Auffassung als die Entwicklung von Computer-Programmen, die in der Lage sind, durch die Benutzung von Eingabeinformationen neues Wissen zu konstruieren oder bereits vorhandenes Wissen zu verbessern.[41]

Maschinelle Lernsysteme dienen demnach also zur Akquisition von Wissen und lassen sich nach verschiedenen Kriterien, wie beispielsweise der Art der Eingabe (klassifizierte Beispiele, unklassifizierte Beobachtungen, ...) sowie die Art der Repräsentation (aussagenlogische Repräsentation, prädikatenlogische Repräsentation, ...), kategorisieren. Die übliche Klassifizierung der Lernstrategien, welche sich durch die Art der Inferenz und Eingabe charakterisieren, unterscheidet in Auswendiglernen, Lernen nach Anweisung, Lernen durch Deduktion, Lernen durch Analogie sowie den induktiven Verfahren Lernen aus Beispielen und Lernen durch Beobachtung und Entdeckung.[42] Die beiden letztgenannten kommen vor allem zur Dokumentenklassifizierung und Informationsextraktion in der Immobilienwirtschaft zum Einsatz.

4.2 Funktionsweise und Voraussetzungen

Ein lernfähiges System wird charakterisiert durch die Aufgabe des Lernverfahrens (beispielsweise Klassifikation eines Dokumentes oder Extraktion einer Information), dem Algorithmus (Lernverfahren und die lernbaren Funktionen), den Trainingsdaten (Erfahrungswissen wie z.B. bereits klassifizierte oder inhaltlich gekennzeichnete Dokumente) und Testdaten zur Evaluierung des Systems. Gerade die Trainingsdaten sowie auch die Testdaten sollten eine repräsentative Stichprobe für die zu lernende Aufgabe darstellen. Um die Performance, also die Generalisierungsfähigkeit, des Lernverfahrens zu überprüfen, ist es wichtig, dazu nicht die bereits zuvor gespeicherten Trainingsdaten zu verwenden, sondern unbekannte Daten (Testdaten) zu nutzen. Das Leistungsmaß ist bei einer

[41] Herrmann, 1997, S. 15.

[42] Herrmann, 1997, S. 16-17.

Dokumentenklassifizierung beispielsweise die Anzahl der korrekt klassifizierten Dokumente – es wird benötigt, um die Qualität des Systems zu testen.[43]

Die Wahl des Lernverfahrens wird im Wesentlichen durch die Eigenschaften der Beispielmenge und der Datensätze sowie der in ihnen auftretenden Daten beeinflusst. Während bei einigen Anwendungen beispielsweise die Daten in Form einer „endlichen Datenbank" beschränkt sind, stehen bei anderen Anwendungen die Daten in Form eines „unbegrenzten Datenstroms" zur Verfügung (beispielsweise durch Sensoren an den technischen Anlagen im Gebäude). In Abhängigkeit der endlichen oder unendlichen Menge von Daten, wird ein nicht-inkrementelles oder ein inkrementelles[44] Verfahren eingesetzt. Weitere beeinflussende Parameter sind die Anzahl der Beispiele, die Größe der Datensätze und die Rechenzeit bzw. Speicherplatzeffizienz des Lernverfahrens. Lernverfahren des „Supervised Learning" (überwachten Lernens) setzen voraus, dass die Daten vorklassifiziert sind oder dass vom Verfahren generierte Beispiele vom Anwender klassifiziert werden. Verfahren des „Unsupervised Learning" (nicht überwachten Lernens) erlauben hingegen, die Verarbeitung von unklassifizierten Beispielen.

Bei Verfahren des überwachten Lernens kann der Anwender über die Klassifizierung zwar das Lernergebnis leichter beeinflussen, dennoch erweisen sich Verfahren, die mit klassifizierten Beispielen arbeiten, als schlechter geeignet, um unbekannte Klassen in Eingabedaten zu entdecken (wenn das System im Produktivbetrieb beispielsweise mit Dokumentenklassen konfrontiert wird, welche es in den Trainingsdaten noch nicht gab). Dadurch sind vor allem Verfahren, die mit klassifizierten Beispielen arbeiten auch besonders sensitiv bezüglich fehlerbehafteter Daten und setzen einen qualitativen Prozess des Anlernens voraus. Ob ein Lernverfahren mit falsch klassifizierten, fehlerhaften oder verrauschten Daten umgehen kann, wird im maschinellen Lernen unter dem Stichwort „Noise" (Rauschen) untersucht. Ein solches „Rauschen" kann zum Beispiel als Klassifizierungsfehler, als unsystematischer Fehler in den Daten oder als Rauschen von Attributwerten auftreten. Systematische Fehler und Klassifizierungsfehler führen dann dazu, dass ein vom Anwender erwartetes Ergebnis nicht erlernt werden kann.[45]

Sehr erfolgreich und weit verbreitet ist maschinelles Lernen bereits bei der Textklassifikation. Durch KI werden hierbei in Datensätzen über Algorithmen auf der Basis eines statistischen Modells Muster erkannt. Genutzt wird dies bereits seit Längerem für die Filterung bzw. Klassifizierung von E-Mails in erwünschte und nicht erwünschte (Spam)

[43] Ertel, 2016, S. 195.

[44] „Inkrementell" bedeutet in diesem Zusammenhang, dass das Modell nicht nur zu Beginn, sondern auch während der Nutzung noch schrittweise mit neuen eingehenden Daten erweitert und trainiert wird.

[45] Hoppe, 1996, S. 13-15.

Nachrichten, das Ausfiltern von unerwünschten Beiträgen auf sozialen Plattformen sowie zur Verbesserung der Suche auf Grundlage der durch den Nutzer angeklickten Suchergebnisse. Im Bereich der Datenräume wird maschinelles Lernen (im Speziellen die Dokumentenklassifikation) genutzt, um die im Datenraum enthaltenen oder zu importierenden Dokumente automatisch zu klassifizieren und einem passenden Indexpunkt zuzuordnen (siehe Kapitel 3). Durch die Nutzung neuronaler Netze ist auch ein Erkennen von handschriftlichen Texten möglich. Letztlich soll durch beide Techniken ein aufwändiges Sortieren und Sichten der Dokumente entfallen – auch kann mit ihnen geprüft werden, ob bereits in vorhandenen Ordnern enthaltene Dokumente den Ordnerbezeichnungen thematisch entsprechen oder diesen falsch zugeordnet wurden.

Eine Methode der Dokumentenklassifizierung ist die Naive-Bayes-Classifier-Technik. Diese Technik basiert auf dem sogenannten Bayes'schen Theorem und ordnet jedes Objekt (Dokument) der Klasse zu, zu der es mit der größten Wahrscheinlichkeit (beispielsweise aufgrund von Worthäufigkeiten) gehört. Diese Technik ist beliebt, weil sie sich durch eine schnelle Berechenbarkeit und durch eine gute Erkennungsrate auszeichnet.[46] Eine weitere Methode, Daten durch einen Lernalgorithmus zu klassifizieren, ist der Einsatz von Support Vector Machines (SVM). Die SVMs wurden in den 1990er Jahren, auf Grundlage der statistischen Lerntheorie, entwickelt. Sie unterteilen Dokumente in Klassen, die sich deutlich von anderen Klassen unterscheiden. Durch Trainingseinheiten, deren Eigenschaften bekannt sind, werden Vektoren ermittelt, die die Menge der Trainingsobjekte linear trennen.[47]

Der Durchbruch zur Mustererkennung kam durch die Programmierung künstlicher neuronaler Netze. Deep Learning kopiert dazu den groben Aufbau des Gehirns, welches aufgrund der Daten, die es von den Sinnesorganen erhält, Muster erkennen muss. Ein Bild, das vom Auge empfangen wird, wird im Gehirn durch viele Schichten verarbeitet, deren Funktionen und Merkmale immer abstrakter werden, je höher die Schicht angesiedelt ist. Mithilfe einer gewissen Vorprogrammierung sind diese Netze lernfähig und werden zum Beispiel bei der Gesichtserkennung, der Handschrifterkennung sowie der Spracherkennung eingesetzt. Gearbeitet wird derzeit vor allem an der semantischen Analyse von Sprache, so dass die Bedeutung von Worten und Texten erkannt werden kann.[48]

Beim Deep Learning wird das Netzwerk in zwei Teile aufgeteilt, ein Netz mit nicht überwachtem Lernen und eines mit überwachtem Lernen. Die Vorverarbeitungsschicht nimmt die Rohdaten in Form von Bildpixeln auf. Von dort aus werden die Informationen

[46] Pang, Lee et al., 2002, S. 81.

[47] Schölkopf & Smola, 2002, S. 13.

[48] Moring, Maiwald et al., 2018, S. 93.

an die folgenden Schichten weitergeleitet.[49] Die nachfolgenden Lagen können ohne Überwachung vortrainiert werden. Dabei repräsentieren die tiefsten Lagen die einfachsten Merkmale eines zu erkennenden Objekts. Dies sind in der Regel Kanten oder Linien, die durch einen Hell-Dunkel-Kontrast der Pixel leicht erkannt werden können. Anschließend werden Kurven und Formen erkannt, die aus Kanten und Linien zusammengesetzt sind. Danach werden diese Formen als zu Objekten zugehörig identifiziert, bis schließlich die Ausgabeschicht das identifizierte Objekt ausgibt.[50] Bei einem solchen nicht überwachten Lernen bleibt es somit dem Netz überlassen, Muster und Regelmäßigkeiten zu erkennen. Das „Erinnern" an diese Muster wird vortrainiert, indem während der Lernphase viele Beispiele eingeprägt werden.[51] Damit stellt der Lernalgorithmus einen Vergleich zwischen dem aufgenommenen „Ist" und den gelernten Mustern, also einem „Soll" an. Dabei wird es in Zukunft egal sein, in welcher Form die Daten (Bild, Video, Text oder Sprache) vorliegen.[52]

Weiterhin können in Datenräumen mit Methoden wie der Informationsextraktion auch relevante Informationen aus einem Dokument extrahiert sowie automatisiert in passenden Datenfeldern angezeigt und zentral in einer Datenbank gespeichert werden. Auch hierdurch entfällt ein manuelles Sichten der Dokumente sowie ein händisches Eintragen der Werte (und die damit einhergehende Fehleranfälligkeit) in ein Softwaresystem.

Wichtig für solche Algorithmen ist dabei die Lernfähigkeit. Dazu muss der Benutzer am Anfang eine größere Anzahl von Texten manuell klassifizieren bzw. für die Extraktion markieren. Auf dieser Grundlage werden die Algorithmen trainiert. Um auch stets neuartige Texte (neue Klassen und neue Datenfelder) berücksichtigen zu können sowie um eine höhere Performance zu erreichen, muss der Algorithmus regelmäßig neu bzw. sukzessive weiter trainiert werden. Dazu sollte der Benutzer alle falsch klassifizierten Texte und nicht erkannten Datenfelder erneut korrekt klassifizieren.[53]

Eine wesentliche Voraussetzung für den Erfolg der Algorithmen ist die Qualität der Ursprungsdaten. Sowohl bei den Trainingsdaten und Testdaten als auch bei den im späteren Verlauf tatsächlich zu analysierenden Dokumenten, sind die Qualität des Dokuments und dessen Lesbarkeit entscheidend. In der Praxis finden sich weiterhin häufig Dokumente, welche falsch gescannt wurden, als Kopie der Kopie eines Faxes nicht lesbar sind oder bei denen relevante Angaben, wie beispielsweise Planstempel, fehlen. Werden solche Dokumente als Trainingsdaten genutzt, schwächen sie die Performance des Algo-

[49] Ertel, 2016, S. 301.

[50] Ertel, 2016, S. 301.

[51] Bodendorf, 2006, S. 183.

[52] Jaekel, 2017, S. 249.

[53] Ertel, 2016, S. 240.

rithmus – sollen sie hingegen später klassifiziert werden, steigt die Wahrscheinlichkeit einer Fehlinterpretation. Zudem handelt es sich bei einer Vielzahl von immobilienwirtschaftlichen Dokumenten um unstrukturierte Dokumente, in denen nicht immer die gleichen Informationen an denselben Stellen zu finden sind (beispielsweise Mietverträge, Wartungsprotokolle, Bedienungsanleitungen, TDD-Berichte etc.). Um diese Dokumente effektiv zu analysieren, müssen die Inhalte vereinheitlicht und nicht relevante Inhalte entfernt werden. Hierzu werden sogenannte Stemmer genutzt, die dem Algorithmus mitteilen, dass es sich bei einer „Mietvertragsnummer“, „Mietv. Nr.“ sowie „MV-Nr.“ jeweils um die gleiche Information handelt und dies keine unterschiedlichen Datenfelder sind – neben abweichenden Schreibweisen stellen hierbei vor allem Synonyme und eine unterschiedliche Nutzung von Fachwörtern eine Herausforderung dar. Nicht relevante Inhalte eines Textes wie Pronomen und Konjunktionen, aber auch Textteile, die keinen direkten Zusammenhang zur Art des Dokumentes haben (wie Adressdaten), werden mit sogenannten Stop-Wort-Listen herausgefiltert. Da die Dokumente im Datenraum selten nur in einer Sprache vorliegen, sind diese Hilfsmittel individuell für jede verwendete Sprache zu entwickeln.

Grundsätzlich ist daher zu empfehlen, diese Aspekte bei einer Digitalisierung umfangreicher Daten-/Dokumentenbestände frühzeitig zu berücksichtigen, da auch ein Algorithmus nur so performant sein kann, wie die Qualität, Lesbarkeit und Interpretationsfähigkeit der Daten dies zulassen.

4.3 Ausgewählte Fallbeispiele für KI-Anwendungen

Im Rahmen dieses Abschnitts sollen anhand einzelner Fallbeispiele erweiterte Anwendungsmöglichkeiten virtueller Bestands-Datenräume für die Immobilienwirtschaft aufgezeigt werden, die unter anderem durch die wachsenden technologischen Möglichkeiten der künstlichen Intelligenz und der Systemvernetzung entstehen. Die vorgestellten Anwendungsbeispiele rangieren dabei von bereits teilweise umgesetzten Funktionalitäten ausgewählter Anbieter bis hin zu schlüssigen, noch nicht realisierten Weiterentwicklungsmöglichkeiten.

Grundlage für alle nachstehend aufgeführten Fallbeispiele ist, dass die Dokumente per KI indexiert und relevante Daten aus den Dokumenten ausgelesen wurden. Des Weiteren ist es vorteilhaft, dass das System des virtuellen Datenraums zu relevanten operationalen oder analytischen Systemen und somit eine Verknüpfung zu den dort gehaltenen Datenstrukturen herstellt.

Vollständigkeitsprüfungen

Eine wertvolle Funktion für die Unterstützung durchzuführender Immobilientransaktionen, aber auch für Bestands-Datenräume ist eine Vollständigkeitsprüfung von vorhandenen Dokumenten nach Dokumentengruppen. Dies erfordert vorab eine Definition, welche Gruppen und Dokumente in welcher Aktualität für einen bezogenen Anlass vorhanden sein müssen. Idealerweise wird diese Definition nicht alleine durch den Nutzer vorgenommen, sondern durch KI systemseitig unterstützt. Dies erscheint auf den ersten Blick theoretisch einfacher lösbar als in der Praxis, was anhand einzelner Aspekte beleuchtet werden soll:

- Die Vollständigkeit von Dokumentengruppen muss in der Regel fallweise geprüft werden: Ein Erbbaurechtsvertrag muss beispielsweise nur vorliegen, wenn das Grundstück nicht im Eigentum und somit ein Erbbaurecht gegeben ist. In den am Markt verfügbaren Lösungen legt der Nutzer Art und Umfang der benötigten Dokumente fest. Auf Basis künstlicher Intelligenz kann das System vorhandene Informationen an verschiedenen Stellen bzw. aus verschiedenen Dokumenten (z. B. Grundbuchauszug, Erbbaurechtsvertrag, sonstige Verträge, Pachtzahlungen) für diesen Zweck prüfen und setzt auf dieser Basis den Umfang benötigter Dokumentengruppen fest.
- Die Anzahl der Dokumente je Dokumentengruppe ist ebenfalls fallweise zu prüfen: Die Anzahl der Mietverträge ist objektspezifisch. Ein Hinweis auf die Anzahl kann z. B. aus einem ERP-System oder aus einer Mieteraufstellung abgeleitet werden, in dem Mieteinheiten und Mietverträge abgebildet werden. Zudem ist es hilfreich zu erkennen, dass der vorausgehende Vertrag zu einem Anhang/Nachtrag nicht vorhanden ist. Dies erfordert, dass die Bezüge zwischen Verträgen oder Vertragsbestandteilen per KI erkannt und auch gespeichert werden.
- Einzelne Dokumente oder Dokumentengruppen erfordern eine spezifische Aktualität. Dies gilt einerseits für rechtlich relevante Dokumente wie Grundbuchauszüge, andererseits aber auch für Prozesse, die per Dokument turnusgemäß dokumentiert werden (wie z. B. Wartungsvorgänge, Compliance-Abfragen). Hier sollte das System aus der Prüfung von Datumsangaben innerhalb des Dokuments und aus dem Vergleich zum definierten Turnus einen Hinweis zur Aktualität geben.

Datenvergleich und Anlage von Datenstrukturen

Wie bereits in Abschnitt 4.1 und 4.2. ausgeführt, liegen zentrale Herausforderungen im Datenmanagement hinsichtlich Qualität, Verlässlichkeit und Aktualität von Daten. Die Erfassung von Informationen in Systemen erfolgt häufig manuell in systemabhängig vordefinierte Eingabemasken durch dokumentenbasierte Übertragungs- und Interpretationsprozesse. Als ein Beispiel mag hier die Erfassung eines Mietvertrags angeführt werden, dessen Informationen in Abhängigkeit des eingesetzten Systems (z. B. SAP oder

Yardi) oder Anlasses (z.B. Bewertung, Sollstellung) verschieden erfasst werden können. In der Folge entstehen Probleme bei Eigentums- oder Systemwechseln (alte Datenbestände sind nicht beliebig übertragbar), Änderungen in der Datenstruktur oder neuen Auswertungs- oder Analyseinteressen, die nicht mit den bestehenden Daten abzudecken sind. Zudem können bei der Interpretation und manuellen Übertragung mietvertraglicher Regelungen Fehler geschehen. Schließlich können Nachlässigkeiten in der Aktualisierung von Informationen erfolgen.

Eine Folge der zunehmenden Arbeitsteilung und der Zusammenarbeit mit unterschiedlichen, externen Parteien wie Property Manager oder Facility Manager ist, dass Dokumente an verschiedenen Stellen anfallen. Investment oder Asset Manager sind daher dazu übergegangen, diese zentral zu sammeln. Eine Herausforderung stellt dabei die korrekte hierarchische Zuordnung von eingehenden Dokumenten zum betroffenen Objekt und dessen Kategorisierung dar. Diese Prozessschritte werden zurzeit noch weitgehend manuell durchgeführt.

Daraus lassen sich mehrere Schlussfolgerungen für den möglichen Einsatz von KI im Rahmen eines virtuellen Bestands-Datenraums treffen:

- Die in den eingehenden Dokumenten liegenden Informationen werden ausgelesen und interpretiert. In einem ersten Schritt könnten relevante Daten je Dokument übersichtlich zusammengefasst werden und Dokumente wie Informationen identifizierten Bearbeitern halbautomatisiert zur Weiterbearbeitung (ggf. Erfassung im System) zu geleitet werden.[54] Alternativ wäre jedoch eine weitgehend automatisierte Zuordnung von Dokumenten zu den Datenstrukturen anderer Systeme nach Abgleich von Ähnlichkeitskriterien wünschenswert. Dies bedeutet, dass z.B. eingegangene mietvertraglichen Dokumente dem jeweiligen systemischen Mietvertrag des ERP-Systems nach Prüfung von Eckdaten (z.B. Objektadresse, Mietgegenstand, Stockwerk, Fläche, Mietbeginn etc.) korrekt zugeordnet werden können.
- Nachdem die Zuordnung erfolgt ist, kann ein ausführlicherer Datenvergleich durchgeführt werden. Hierbei prüft das System beispielweise Informationen zu Mietbeginn, Mietende, Laufzeiten, Optionen etc. Dazu müssen verschiedene Datenformate und Definitionen überwunden werden. Im Einzelfall sind mietvertragliche Regelungen zudem zu komplex oder werden nur in spezifizierten Ausnahmefällen benötigt. In diesen Fällen ist es hilfreich, wenn das System des virtuellen Datenraums den relevanten Abschnitt im Dokument – z.B. zur Indexvereinbarung oder Rückbauverpflichtung findet und anzeigt.

[54] Bohm & Matthaei, 2015, S. 14.

- Weitergehender ist der Ansatz, dass Systeme zur Abbildung von virtuellen Bestands-Datenräumen die Anlage neuer Datenstrukturen in anderen Systemen, z.B. ERP-Systemen automatisch auslösen. In diesem Fall und bei Beibehaltung des gewählten Beispiels übersetzt also das dokumentenführende System einen Mietvertrag in die Datenstruktur des Empfängersystems und löst dort einen Prozess aus, der zur Anlage der benötigten Datenstruktur (z.B. Hierarchie) und der Daten selbst führt. Leverton und SAP haben ein solches Modell im Herbst 2016 für Mietverträge nach IFRS 16 angekündigt.[55]

Die gewählten Beispiele stellen nur einen Ausschnitt möglicher Anwendungsbereiche von künstlicher Intelligenz für Nutzer der virtuellen Datenräume dar. Die Anwendungsfälle sind auf andere Dokumentkategorien als das gewählte Beispiel (z.B. Wartungsverträge), aber auch Prozesse übertragbar.

5 Trends und deren Auswirkungen im Bereich Datenräume und KI

5.1 Der Datenraum ohne Dokument als Zukunftsvision

Permanente Datenräume garantieren in Unternehmen, die mit unterschiedlichen Applikationen arbeiten, den Zugriff auf Daten, die ihrer Anforderung entsprechen. Die Umsetzung ist oft schwierig, da es, wie in Kapitel 3 gezeigt, mehrere Standards und eine große Anzahl möglicher Schnittstellen gibt. Eine einheitliche Datenbasis erleichtert die Steuerung des Bestandes an Immobilien und den Austausch von Daten. Aktiv lernende Systeme, also KI, können die umfangreichen Dokumentationen und ein Datenmanagement erleichtern und so Kosten sparen, denn nach Lukaschek[56] entfallen „ca. 70-80% der Kosten auf die Erhebung und Pflege der Daten“. Soll das Ziel eines papierlosen Büros branchenübergreifend erreicht werden, so müssen die Dokumente und Informationen stets in der korrekten Form, in einer ausreichenden Qualität, verschlagwortet mit nutzbaren Hinweisen und in einer standardisierten Bezeichnung vorliegen. Der Einsatzzweck von künstlicher Intelligenz verschiebt sich, wenn Dokumente bereits stets eindeutig klassifiziert sind, zu weiteren Anwendungsfällen. Bei einer konsequenten Umsetzung der Digitalisierung, werden Dokumente zukünftig nur noch als Datensenken genutzt, die eine spezifische Sicht auf die Daten darstellen – beispielsweise eine individuelle Auswertung, ein Bericht oder eine schematische Darstellung – die Daten selbst jedoch werden

[55] Leverton, 2016, S. 2 f.

[56] Lukaschek, 2015, S. 76.

unabhängig und losgelöst von einem Dokument vorgehalten, wodurch ein aufwändiges Einlesen aus einem Dokument und Strukturieren der Dokumente entfällt. Werden Dokumente nicht mehr als Datenquellen genutzt, da die enthaltenen Informationen bei Entstehung direkt digital vorgehalten werden, entfällt auch die Informationsextraktion mittels KI. Datenräume werden dann (ihrem Namen entsprechend) zu Systemen, welche eine zentrale Datenbasis (nicht mehr nur Dokumente) für andere Softwaresysteme bereitstellen können und diese Datenbasis über den Lebenszyklus einer Immobilie hinweg vorhalten und die Qualität wie auch Aktualität der Daten sicherstellen müssen.

5.2 Der digitale Zwilling

Beim Building Information Modeling (BIM) werden die relevanten Daten eines Gebäudes direkt digital in der Planungsphase wie auch der Entstehungsphase erfasst, ein virtuelles Gebäudemodell erstellt und dieses mit den alphanumerischen Daten vernetzt. Die Software optimiert dadurch die Planung des Gebäudes und ermöglicht in der Ausführungsphase sowie später in der Bewirtschaftungsphase, dass alle Beteiligten auf den gleichen Kenntnisstand zurückgreifen können. Am Modellierungsprozess sind daher alle beteiligt, die das Bauvorhaben begleiten, wodurch eine hohe technische Qualität erreicht wird.[57] Wichtig ist, dass sich BIM nicht nur auf ein solches Modell oder auf die dahinterliegende Software stützt, sondern als zeitgemäße Arbeitsmethode bezeichnet wird, die auf der aktiven Vernetzung aller Beteiligten basiert.[58]

Durch die Nutzung des BIM als Standard wird zum einen bei der Errichtung von Gebäuden eine bessere Qualität erzielt und Baufehler vermieden, zum anderen auch eine Bestandsdokumentation des Gebäudes geschaffen, welche in der Betriebsphase genutzt werden kann.[59] Da BIM-Daten somit nicht nur aus einem 3D-Modell bestehen, sondern auch (oder sogar nur) alphanumerische Informationen beinhalten können, kann das Facility Management bei Betrieb (beispielsweise der Instandhaltung) auf diese Daten zurückgreifen. In das Modell können ebenfalls Geoinformationen einfließen und so Lagerisiken digital abgebildet werden. Zudem liegen jederzeit Informationen für eine Prüfung im Rahmen der Due Diligence vor.[60]

Die durchgängige Nutzung und verlustfreie Weitergabe eines digitalen Gebäudemodells über den gesamten Lebenszyklus hinweg, ist hierbei die entscheidende Differenzierung

[57] Goldbeck, 2015, S. 349.
[58] Moring, Maiwald et al., 2018, S. 39-40.
[59] Goldbeck, 2015, S. 349.
[60] Goldbeck, 2015, S. 350.

zu bisherigen Insellösungen entlang des Lebenszyklus einer Immobilie. In einigen Teilen der Welt (wie Singapur, Finnland, USA, Großbritannien, Australien) ist die Entwicklung bereits weit vorangeschritten und die Nutzung teilweise Pflicht. In Deutschland nimmt die Bedeutung zu und wird von Unternehmen und Initiativen vorangetrieben, auch wenn vom Staat bislang noch verbindliche Vorgaben und Richtlinien fehlen.[61] Permanente Datenräume sollten demnach zukünftig (wie heute bereits CAFM-Systeme) in der Lage sein, das BIM-Datenaustauschformat IFC lesen und schreiben zu können, um relevante Informationen bei Abnahme des Gebäudes bzw. vor der Transaktion und spätestens bei Inbetriebnahme des Gebäudes vorhalten zu können und bisher übliche Aufwände der Datenmigration zwischen den Lebenszyklusphasen zu reduzieren.

5.3 Anforderungen an das Skill-Set der Mitarbeiter

Die hier geschilderten Veränderungen im Bereich des Dokumentenmanagements und der Datenraumtechnologien stehen stellvertretend für eine grundlegende Transformation der Arbeitsprozesse durch Digitalisierung. Durch die Ermöglichung neuer Formen der Zusammenarbeit, zunehmende Geschwindigkeit der Veränderungen in der Wirtschaft im Allgemeinen und der Immobilienwirtschaft im Besonderen werden Innovationsfähigkeit, der Umgang mit Unsicherheit und der systematische Aufbau wie die Verwendung des Wissens von Mitarbeitern wichtige Wettbewerbsfaktoren für Unternehmen.

Schnelle Entwicklungszyklen in der Technologie sorgen andererseits für kurze Halbwertszeiten des Wissens von Mitarbeitern und Unternehmensbereichen mit Bezug auf IT-Lösungen und Technologien. Zudem sind alle Unternehmensbereiche in informationstechnologische Veränderungen einzubeziehen, da diese ihr Geschäft und die Art, wie es durchgeführt wird, potenziell nachhaltig verändern. Somit müssen Mitarbeiter technische wie funktionale Kompetenzen, vernetztes Denken und breites Verständnis der digitalen Welt mitbringen.[62]

Welche Anforderungen lassen sich daher an Mitarbeiter ableiten? Zunächst ist der Begriff „digitale Kompetenz“ wissenschaftlich nicht einheitlich definiert. In der internationalen Literatur werden zudem unterschiedliche Begriffe synonym oder ergänzend verwandt, was an den verschiedenen Zusammenhängen ihrer Verwendung liegt: information technology skills (ITC), information literacy, digital literacy, digital skills, digital competence.[63]

[61] Moring, Maiwald et al., 2018, S. 39-40.

[62] Vollrath, 2018.

[63] Ilomäki, Lakkala et al., 2011, S. 2.

Digitale Kompetenz lässt sich allgemein in „Digital Mindset“ und „Digital Skills“ unterteilen:

Tabelle 3: Digital Skills & Digital Mindset

Digital Skills	**Digital Mindset**
Aneignung, Beherrschung und Bewertung neuer Technologien und diese flexibel zur Problemlösung im Beruf, der Freizeit und der Kommunikation einzusetzen, Erschließen, Auswählen, Analysieren und kritische Bewertung von Daten und Informationen	Betrachtung der Digitalisierung als Chance, Bereitschaft zu einer veränderten, schnelleren und flexibleren Zusammenarbeit, Übergreifendes Verständnis von Business und IT, Aktiver Gestaltungs- und Innovationswille im Rahmen der Digitalisierung bis hin zur Infragestellung des Geschäftsmodells, Vernetztes Denken

Quelle: Vollrath, 2016, S. 20

Digital Skills lassen sich somit vor allem aus den relevanten Technologien und ihrer Bedeutung für das Geschäft des jeweiligen Unternehmens ableiten. Diese wurden mit Relevanz für das Thema des DMS/virtuellen Datenraums im Rahmen dieses Beitrags bereits behandelt. Daneben widmen sich verschiedene Studien diesem Thema entweder branchenübergreifend oder mit Bezug zur Immobilienwirtschaft.[64] Auf dieser Grundlage können Unternehmen eine gesamthafte Aufstellung von digitalen Technologien vornehmen, deren Transformationspotenzial und Bedeutung für das eigene Geschäft bewerten sowie die daraus erforderlichen digitalen Skills ableiten. Aus Sicht des Unternehmens ist es für die Begegnung mit den Herausforderungen der Digitalisierung bedeutsam, dass die Betrachtung nicht auf digitale Skills verkürzt wird. Wie oben dargestellt, müssen Mitarbeiter die Kombination von Digital Skills und Digital Mindset erfüllen. Zudem sind weitere Parameter wie Unternehmenskultur, Leadership/Management und eine abgestimmte Personalentwicklung von Bedeutung.

[64] Kienbaum, 2015; PwC, 2015; Bitkom, 2016; Rodeck, Schulz-Wulkow et al., 2017.

Abkürzungsverzeichnis

AM	Asset Management
BIM	Building Information Modeling
CAFM	Computer Aided Facility Management
DMS	Dokumentenmanagementsystem
ERM	Entity-Relationship-Modell
ERP	Enterprise-Resource-Planning
FM	Facility Management
GEFMA	Deutscher Verband für Facility Management e.V.
gif	Gesellschaft für Immobilienwirtschaftliche Forschung e.V.
IDA	Immobilien-Daten-Austausch
IFC	Industry Foundation Classes
ITC	Information Technology Skills
KI	Künstliche Intelligenz
PDR	Physischer Datenraum
PM	Portfolio Management
PrM	Property Management
RICS	Royal Institution of Chartered Surveyors
SVM	Support Vector Machines
VDR	Virtueller (digitaler) Datenraum
XML	Extensible Markup Language

Literatur

Bitkom (2016): Sicherheit für IT-Unternehmen das Thema des Jahres. Hg. v. Bitkom. Online verfügbar unter https://www.bitkom.org/Presse/Presseinformation/Sicherheit-fuer-IT-Unternehmen-das-Thema-des-Jahres.html, zuletzt aktualisiert am 25.01.2016, zuletzt geprüft am 12.04.2018.

Bodenbender, Mario/Kurzrock, Björn-Martin (2016): A document classification standard for real estate management. In: 23rd Annual European Real Estate Society Conference. 23rd Annual European Real Estate Society Conference. Regensburg, Germany: European Real Estate Society.

Bodendorf, Freimut (2006): Daten- und Wissensmanagement. 2., aktualisierte und erweiterte Auflage. Berlin, Heidelberg: Springer-Verlag Berlin Heidelberg (Springer-Lehrbuch).

Bohm, Marko/Matthaei, Emilio (2015): Immobilienmanagement 4.0: Mit Technologie und Daten Immobilienwerte schaffen. In: Immobilien & Finanzierung - Der Langfristige Kredit 66 (21), S. 13-15.

Bornemann, Andreas/Lifka, Stephan (2011): Manager müssen umdenken. In: Immobilienwirtschaft (06), S. 40-41.

Brauer, Kerry-U. (Hg.) (2013): Grundlagen der Immobilienwirtschaft. Recht - Steuern - Marketing - Finanzierung - Bestandsmanagement - Projektentwicklung. 8. Aufl. 2013. Wiesbaden: Springer Fachmedien Wiesbaden.

Ertel, Wolfgang (2016): Grundkurs Künstliche Intelligenz. Eine praxisorientierte Einführung. 4. Aufl. Wiesbaden: Springer Vieweg.

gif Gesellschaft für Immobilienwirtschaftliche Forschung e.V. (2014): Branchenstandard zum Immobilien-Daten-Austausch. Online verfügbar unter https://gif-ev.de/dms/_file/view,82/gif-IDA-Formular.pdf, zuletzt geprüft am 12.04.2018.

gif Gesellschaft für Immobilienwirtschaftliche Forschung e.V. (2015): Standards beim Aufbau eines Immobiliendatenraums. 1.0. Aufl. Wiesbaden.

gif Gesellschaft für Immobilienwirtschaftliche Forschung e.V. (2016): Richtlinie zum Immobilien-Daten-Austausch (gif-IDA). Online verfügbar unter https://www.gif-ev.de/onlineshop/detail/213, zuletzt geprüft am 12.04.2018.

gif Gesellschaft für Immobilienwirtschaftliche Forschung e.V. (2017): gif-IDA Austauschformat. Online verfügbar unter http://zgif.org/de/definitionen/gif-ida-austauschformat, zuletzt geprüft am 12.04.2018.

Goldbeck, Axel von (2015): Digitalisierung der Immobilienwirtschaft: Stand und Perspektiven. In: Regina Zeitner und Marion Peyinghaus (Hg.): IT-Management Real Estate. Berlin, Heidelberg: Springer Berlin Heidelberg, S. 345-351.

Greiner, Martin (2017): Immobilienbewertung. In: Daniel Arnold, Nico Rottke und Ralph Winter (Hg.): Wohnimmobilien. Lebenszyklus, Strategie, Transaktion. Wiesbaden: Springer Gabler, S. 747-773.

Gulbins, Jürgen/Seyfried, Markus/Strack-Zimmermann, Hans (2002): Dokumenten-Management. Vom Imaging zum Business-Dokument. Dritte überarbeitete und erweiterte Auflage. Berlin, Heidelberg: Springer Berlin Heidelberg (Xpert.press).

Herrmann, Jürgen (1997): Maschinelles Lernen und Wissensbasierte Systeme. Systematische Einführung mit praxisorientierten Fallstudien. Berlin, Heidelberg: Springer. Online verfügbar unter http://dx.doi.org/10.1007/978-3-642-60452-2.

Hoffmeister, Jan (2015): Mehr Effizienz bei Immobilientransaktionen durch Standardisierung. In: Immobilien & Finanzierung - Der Langfristige Kredit 66 (09), S. 9-11.

Hoppe, Thomas (1996): Kriterien zur Auswahl maschineller Lernverfahren. In: Informatik-Spektrum (19), S. 12-19.

Horváth, Peter (2006): Das Controllingkonzept. Der Weg zu einem wirkungsvollen Controllingsystem. Orig.-Ausg., 6., vollst. überarb. Aufl. München: Dt. Taschenbuch-Verl. (Dtv Beck-Wirtschaftsberater im dtv, 5812).

Horváth, Péter (2009): Controlling. 11., vollst. überarb. Aufl. München: Vahlen (Vahlens Handbücher der Wirtschafts- und Sozialwissenschaften).

Ilomäki, Liisa/Lakkala, Minna/Kantosalo, Anna (2011): What is digital competence? Hg. v. European Schoolnet. Brussels. Online verfügbar unter https://www.researchgate.net/publication/266852332_What_is_digital_competence_In_Linked_portal_Brussels_European_Schoolnet_httplinkedeunorgwebguestin-depth3.

Jaekel, Michael (2017): Die Macht der digitalen Plattformen. Wegweiser im Zeitalter einer expandierenden Digitalsphäre und künstlicher Intelligenz. Wiesbaden: Springer Vieweg. Online verfügbar unter http://www.springer.com/.

Kemper, Hans-Georg/Mehanna, Walid/Unger, Carsten (2006): Business Intelligence - Grundlagen und praktische Anwendungen. Eine Einführung in die IT-basierte Managementunterstützung. 2., ergänzte Auflage. Wiesbaden: Friedr. Vieweg & Sohn Verlag/ GWV Fachverlage GmbH Wiesbaden (IT erfolgreich lernen). Online verfügbar unter http://dx.doi.org/10.1007/978-3-8348-9056-6.

Kienbaum (2015): Ergebnisbericht HR-Trendstudie 2015. 14. Kienbaum Jahrestagung. Hg. v. Kienbaum. Online verfügbar unter http://assets.kienbaum.com/downloads/HR-Trendstudie-Ergebnisbericht-Kienbaum-Studie-2015.pdf?mtime=20160810112147, zuletzt geprüft am 12.04.2018.

Klingelhöller, Harald (2001): Dokumentenmanagementsysteme. Handbuch zur Einführung. Berlin [u.a.]: Springer (Xpert.press).

Krcmar, Helmut (2010): Informationsmanagement. 5., vollst. überarb. und erw. Aufl. Berlin: Springer.

Kummer, Christopher/Sliskovic, Vlado (2007): DO VIRTUAL DATA ROOMS ADD VALUE TO THE MERGERS AND ACQUISITIONS PROCESS? Institute of Mergers, Acquisitions and Alliances (MANDA). Wien & Zürich. Online verfügbar unter https://imaa-institute.org/docs/kummer-sliskovic_do%20virtual%20data%20rooms%20add%20value%20to%20the%20mergers%20and%20acquisitions%20process.pdf.

Leverton (2016): IFRS16 Solution. LEVERTON & SAP - IFRS 16 meets Machine Learning. SAP AG & Leverton. Frankfurt, 24.11.2016.

Lukaschek, Christoph (2015): Informations- und Datenströme in der Immobilienwirtschaft. In: Regina Zeitner und Marion Peyinghaus (Hg.): IT-Management Real Estate. Berlin, Heidelberg: Springer Berlin Heidelberg, S. 55-83.

Moring, Andreas/Maiwald, Lukas/Kewitz, Timo (2018): Bits and Bricks. Wiesbaden: Gabler.

Pang, Bo/Lee, Lillian/Vaithyanathan, Shivakumar (2002): Thumbs up? Sentiment Classification using Machine Learning Techniques. In: Proceedings of the ACL-02 conference on Empirical Methods in Natural Language Processing (EMNLP) (10), S. 79-86. Online verfügbar unter http://arxiv.org/pdf/cs/0205070.

PwC (2015): People strategy for the digital age. A new take on talent. 18th Annual Global CEO survey. Hg. v. PwC. Online verfügbar unter https://www.pwc.com/gx/en/hr-management-services/publications/assets/people-strategy.pdf, zuletzt geprüft am 12.04.2018.

RICS Deutschland Ltd. (2016): Standardisierung der Dokumentation von Immobilien im deutschen Markt. 1.0. Aufl. Frankfurt.

Rodeck, Martin/Schulz-Wulkow, Christian/Bauer, Daniel/Graf-Abersfelder, Christian/ Kremer, Gerald (2017): Smart, Smarter, Real Estate. Zweite Digitalisierungsstudie von ZIA und EY Real Estate. Hg. v. ZIA Zentraler Immobilien Ausschuss e.V. Online verfügbar unter https://www.zia-deutschland.de/fileadmin/Redaktion/Positionen/ 2017_ZIA-EY_Real_Estate_Digitalisierungsstudie.pdf, zuletzt geprüft am 12.04.2018.

Schölkopf, Bernhard/Smola, Alexander J. (2002): Learning with kernels. Support vector machines, regularization, optimization, and beyond. Cambridge, Mass: MIT Press (Adaptive computation and machine learning). Online verfügbar unter http:// search.ebscohost.com/login.aspx?direct=true&scope=site&db=nlebk&db=nlabk&AN= 78092.

SecureDocs (Hg.) (2015): Dropbox vs. Virtual Data Rooms: A Comparison. Dropbox and Virtual Data Rooms Offer Different Solutions for Different Problems. Online verfügbar unter https://www.securedocs.com/hubfs/SD_DropboxVsVDR_Whitepaper. pdf?t=1467842259180, zuletzt geprüft am 12.04.2018.

Teufelsdorfer, Herwig/Fischer, Peter/Foerster, Martin/Fuhrmann, Karin/Kerbl, Gerald/Schindler, Hartwig et al. (Hg.) (2015): Handbuch Immobilientransaktionen. Auswahl - Due Diligence - Übernahme ins Portfolio. 2., aktualisierte Aufl. Wien: Linde.

Varli, Leyla (2015): IT-Systeme im Real Estate Management. In: Regina Zeitner und Marion Peyinghaus (Hg.): IT-Management Real Estate. Berlin, Heidelberg: Springer Berlin Heidelberg, S. 317-343.

Vollrath, Vanessa (2016): Aufbau von digitalen Kompetenzen. Masterarbeit. Technische Universität Kaiserslautern, Kaiserslautern.

Vollrath, Vanessa (2018): Talentmanagement in Zeiten der Digitalisierung. Manuskript. In: Bundesverband für digitale Wirtschaft (Hg.): Arbeitswelt der Zukunft. Trends, Arbeitsraum, Menschen, Kompetenzen. 1. Auflage. Berlin Heidelberg: Springer-Verlag, noch nicht verfügbar.

V
Akzelerator und Award – Beispiele

Ein Akzelerator in der Immobilienwirtschaft

Alexander Ubach-Utermöhl

1 Einführung

Seit Anfang 2017 ist in Kontinentaleuropa ein Akzelerator mit dem Namen *„blackprint PropTech Booster"* aktiv. Der Booster ist rein auf Property-Technology-Unternehmen (PropTechs) spezialisiert. Grundsätzlich sind Akzeleratoren in der freien Wirtschaft nicht neu. Das Konzept als solches besteht bereits seit 2005. Damals nahm im Silicon Valley der „Y Combinator" mit seinem „Entrepreneurship Support Programme" den Betrieb auf. Kernkompetenz eines Akzelerators ist es, den teilnehmenden Technologieunternehmen in der Gründungsphase für einen bestimmten Zeitraum Kapital, Mentorship und Netzwerk-Kontakte zur Verfügung zu stellen. Der blackprint Booster hat diese Aufgaben an die Spezifika der Immobilienbranche adaptiert – und war damit in Kontinentaleuropa der erste Akzelerator mit reinem PropTech-Fokus.

2 Status quo in der Immobilienwirtschaft – die Grundlage für einen Akzelerator

Nur knapp 20 Prozent der PropTech-Gründer haben einen immobilienwirtschaftlichen Hintergrund.[1] Umso schwerer fällt es den Gründern, ihre digitalen Geschäftsmodelle an den Bedürfnissen der etablierten Immobilienwirtschaft auszurichten. Nur wer hinter die Kulissen der Zielkunden blickt, kann aber die entscheidenden Reibungspunkte und Ineffizienzen identifizieren und adressieren. Insbesondere für Anbieter von Geschäftsmodellen mit gewerblichen Zielkunden innerhalb der Industrie ist der Einstieg schwer.

Dennoch treten PropTech-Unternehmen an, in vielen Bereichen mithilfe moderner Technologien und einem starken Kundenfokus Geschäftsabläufe zu standardisieren und konsequent zu digitalisieren. Den Etablierten der Branche ist das traditionell fremd. Die wenigsten Marktteilnehmer betreiben Forschungs- und Entwicklungsabteilungen, wenn man von der Bau- und Baustoffindustrie einmal absieht. Und auch eine Tradition, miteinander oder mit externen Technologie-Unternehmen Produkte oder Dienstleistungen zu entwickeln und untereinander Schnittstellen zur Erhöhung des Kundennutzens zu schaffen, gibt es unter Etablierten nicht. Von außen betrachtet bietet die Immobilienwirtschaft auch im Jahr 2018 noch immer ein sehr großes Potenzial für technologiegetriebene Effizienzsteigerungen.

Die PropTech-Szene entwickelt sich in einer Zeit, in der die Immobilienindustrie stetig wächst und in der sich die etablierten Marktteilnehmer darauf fokussieren, mögliche

[1] Quelle: Eigene Erhebung von blackprintpartners im Jahr 2017 – analysiert wurden insgesamt 249 PropTechs in Deutschland, Österreich und der Schweiz.

Gewinne im Kerngeschäft vollständig abzuschöpfen. So verwundert es nicht, dass viele Entscheider den Blick ausschließlich auf ihr Kerngeschäft richten und den zunächst unbedeutenden Technologieunternehmen ohne signifikante Assets oder Referenzen keine große Aufmerksamkeit schenken. Kommt es doch zu einem Treffen der ungleichen Partner, dann ergeben sich je nach Entwicklungsphase des PropTechs nachfolgend beschriebene Herausforderungen.

2.1 Herausforderungen für Start-ups in der Frühphase

PropTech-Unternehmer, die mit ihrem Geschäftsmodell relativ am Anfang stehen, haben bei einem Zusammentreffen mit einem C-Level-Entscheider eines etablierten Immobilienunternehmens zwei Möglichkeiten, sich und ihren Ansatz vorzustellen. So erklären sie entweder ihre Vision, erläutern den geplanten Weg dorthin und präsentieren das erste funktionierende „Minimum Viable Product" (MVP). Dieses ist darauf ausgerichtet, einen minimalen Kundennutzen zu stiften, um Feedback für kommende Iterationsstufen der Produktentwicklung einzuholen und die Marktakzeptanz der Idee zu testen. Ein vollumfängliches Produkt, wie es Etablierte gewöhnlich einkaufen, ist dieses noch nicht. Bestimmte Merkmale des Produktes, die über das MVP hinausgehen, funktionieren zunächst nicht digital, sondern im Hintergrund analog oder – auch das ist möglich – noch gar nicht. Der Etablierte erkennt, dass er Teil der Produktgestaltung sein wird, wenn er sich auf die Zusammenarbeit einlässt. Alternativ entscheiden sich die Gründer, das eigene Produkt und Unternehmen stärker darzustellen, als es zu diesem Zeitpunkt ist. Die Hoffnung hierbei ist, dass der Etablierte nicht erkennt, dass sich die Entwicklung noch im MVP-Stadium befindet.

Mit Blick auf die wenig ausgeprägte Forschungs- und Entwicklungserfahrung führen beide Varianten den Tech-Unternehmer nicht zum Ziel einer gewünschten Kundenbeziehung oder Partnerschaft mit dem Etablierten. Im ersten Fall ist regelmäßig eine reflexartige Reaktion des Etablierten zu beobachten. Zwar ist er durchaus interessiert, vertröstet den Gründer aber auf ein weiteres Gespräch zu einem späteren Zeitpunkt, wenn das Produkt ausgereifter ist. Im zweiten Fall ahnen auch technologiefremde Immobilienunternehmer ohne tiefgreifendes Verständnis für das Konzept des MVP schnell, dass eine kleine Anzahl von Programmierern ohne Immobilienerfahrung sehr wahrscheinlich nicht reibungslos und vollumfänglich die Ineffizienzen der Immobilienwirtschaft lösen können. Hier entsteht auf Seiten des Etablierten ebenfalls kein Anreiz, eine Geschäftsbeziehung einzugehen. In der frühen Phase ist es für branchenfremde, aber technologisch versierte Gründer enorm schwer, Partner zu finden, die das Produkt testen, schärfen und als Referenzkunde im Markt dienen.

2.2 Die Scale-up-Phase

PropTech-Unternehmen, die bereits mit ihrem Produkt oder ihrer Dienstleistung Traktion und nachweislich Erfolg im Immobilienmarkt haben, führen ein ungleich leichteres Verkaufsgespräch. Denn wenn sich das Produkt bereits bei führenden Wettbewerbern im Einsatz befindet oder sogar bewährt hat, bedarf es aufgrund der starken Referenzen nicht mehr sehr großer Überzeugungskraft, um einen neuen Kunden zu gewinnen. Hat ein PropTech-Unternehmen diesen Punkt erreicht, wird es mit seinem standardisierten Produkt das Wachstum forcieren. Für etablierte Unternehmen, die gerne frühzeitig an der Entwicklung neuer Technologien mitwirken und diese auch mit den eingebrachten Erfahrungen und Bedürfnissen mitgestalten wollen, ist dieser Zeitpunkt für den Einstieg in eine solche intensive Zusammenarbeit zu spät. Hat das PropTech-Unternehmen bereits die besagte Traktion und befindet es sich im nationalen oder sogar internationalen Wachstumsmodus (Scale up), sind Anpassungen an die speziellen Bedürfnisse des Kunden unwahrscheinlich. In dieser Phase steht vielmehr das schnelle Wachstum mit einem standardisiertem Produkt im Vordergrund.

In dieses Spannungsfeld zwischen Tech-Unternehmen in der Frühphase und den Etablierten versucht ein Akzelerator einzugreifen, denn unter den richtigen Voraussetzungen profitieren beide Seiten von der strukturierten und intensiven Zusammenarbeit. Die Herausforderung für die Etablierten liegt darin, die vielversprechenden Tech-Unternehmen früh zu identifizieren, mit ihnen zusammenzuarbeiten und sich zu beteiligen, um bereits möglichst vor der Scale-up-Phase miteinander eine engere Verbindung einzugehen.

3 Das Grundprinzip eines Akzelerators

Ein Akzelerator erfüllt mit Blick auf die Portfoliounternehmen zwei Funktionen: Zum einen ist er über eine gewisse Zeit, die für gewöhnlich drei Monate dauert und „Batch" genannt wird, Förderer, Türöffner in relevante Netzwerke und im wahrsten Sinne Beschleuniger. Zum anderen beteiligt sich der Akzelerator-Fonds in der Regel an den zu fördernden Teams. Somit bleibt er auch nach Abschluss des Batches Gesellschafter und ist damit langfristiger Unterstützer und Partner.

Mit Blick auf die längeren Immobilien-, aber auch Verkaufszyklen sowie die rudimentär ausgeprägte Innovationsfreude der Immobilienwirtschaft, konzentriert sich der blackprint Booster auf länger laufende, sechsmonatige Batches. Gefördert werden Unternehmen, die ein digitales Geschäftsmodell mit immobilienwirtschaftlichem Bezug haben und primär B2B-Produkte oder -Dienstleistungen anbieten.

Die überwiegende Zahl der Akzelerator-Programme ist in einem Corporate-Umfeld angesiedelt und hat einen einzelnen Partner oder Sponsor. Ziel der Betreiber ist es, in der für sie relevanten Branche innovative digitale Geschäftsmodelle zu identifizieren und für sich nutzbar zu machen. Für die breit gefächerte Immobilienbranche wäre dieser Ansatz zu eng gefasst. Der blackprint Booster hat daher seit Beginn auf die Zusammenarbeit mit komplementären Partnern aus der gesamten Bandbreite der Industrie gesetzt und neun Unternehmen für sich gewonnen. Durch die unterschiedlichen Tätigkeitsfelder der Partner ist sichergestellt, dass für die meisten Phasen im Lebenszyklus einer Immobilie mindestens ein Etablierter in der Lage ist, das jeweilige PropTech-Unternehmen mit seiner Expertise zu unterstützen.

3.1 Der Auswahlprozess im blackprint Booster

Der Booster screent in einem strukturierten Ansatz den europäischen PropTech-Markt. Die Longlist der Bewerber gibt allen Beteiligten Einblick in die europäische PropTech-Szene und in die Entwicklung der verschiedenen Technologien. Mit ausgewählten Unternehmern werden zunächst in Videokonferenzen Interviews geführt. So wird sichergestellt, dass die infrage kommenden PropTech-Unternehmen den Kriterien des Boosters entsprechen und Gründerteam, Technologie, Geschäftsmodell und angestrebte Entwicklung der einzelnen Bewerber schlüssig sind. Überzeugen die Gründer, werden diese an den Stammsitz des Boosters, das TechQuartier in Frankfurt am Main, eingeladen. Bereits durch die Auswahl der Teilnehmerteams und insbesondere die Fragen und Kommentare der Venture-Capital-Jurymitglieder wird den Industriepartnern an dieser Stelle ein inhaltlicher Mehrwert geboten: Sie erhalten Einblicke, wie digitale Geschäftsmodelle zu bewerten sind und erfahren unmittelbar, welche vergleichbaren Konzepte bereits bekannt sind. Vertreter des Entscheiderkreises der Partnerunternehmen verfolgen und kommentieren die Präsentationen der Bewerber. Die Entscheidung zur Aufnahme wird anschließend durch das IK getroffen, das sich aus Vertretern der Venture-Capital-Branche und Experten für digitale Geschäftsmodelle zusammensetzt. Dort stellen sie im Rahmen eines Auswahltages vor den Booster-Partnern und einem mit Experten besetzten Investment Komitee (IK) ihr Geschäftsmodell vor. Wenn die Auswahl durch das IK mit der Mehrheit der Stimmen getroffen wurde, beginnt unmittelbar danach die Arbeit mit diesen Teams.

Mit der Aufnahme in das Programm erhalten die Gründerteams kostenfreien Zugang zu Arbeitsplätzen im Frankfurter TechQuartier. Darüber hinaus beteiligt sich der Booster-Fonds und wird im Gegenzug Gesellschafter der PropTech-Unternehmen. Die Zusammenarbeit mit den Tech-Unternehmern umfasst später verschiedene Bereiche.

3.2 Weiterentwicklung der Geschäftsmodelle

Grundlage eines jeden unternehmerischen Strebens sollte die Schaffung eines wiederkehrenden Kundennutzens und damit einhergehend eine langfristige Geschäftsbeziehung sein. Was sich einfach anhört, müssen sich viele der Tech-Unternehmer hart erarbeiten. Der Einsatz ihrer Technologien sollte nicht nur zu projektbezogenen Umsätzen führen, sondern auf wiederkehrende Erträge aus einer langfristigen Kundenbeziehung ausgerichtet sein. Um dies zu erreichen, muss das Geschäftsmodell so ausgestaltet sein, dass die Kunden diesen wiederkehrenden Nutzen erkennen und auch bereit sind, dafür zu bezahlen.

Case Study: VRnow (Batch 2 im blackprint Booster)

Das Gründerteam von VRnow bewarb sich mit dem Geschäftsmodell, voll automatisiert zweidimensionale Bestandsgebäudepläne zu digitalisieren und zeitgleich 3D-Ansichten zu produzieren. Für viele Bestandshalter ist die Überführung des Bestandes in das digitale Zeitalter bereits sehr hilfreich – die bemaßten und digitalisierten Pläne erleichtern die Verwaltung signifikant. Über die einmalige Umwandlung der Bestandspläne hinaus schuf VRnow jedoch keinen Nutzen, der zu einer regelmäßigen Wiederkehr des Kunden führte. Im Rahmen des Akzelerator-Batches wurde in Zusammenarbeit mit verschiedenen potenziellen und existierenden Kunden diskutiert, welche weiteren Informationen und Dienstleistungen das Verwaltungsgeschäft vereinfachen würden. Diese Funktionen wurden durch die Unternehmer in einem Dashboard zusammengefasst. Basierend auf der Umwandlung der Bestandspläne können die Kunden nun jederzeit auf ihre Pläne zugreifen und weitere Auswertungen hinzubuchen. So lassen sich Massen, Flächen und Anzahl von bestimmten Elementen (z.B. Quadratmeter Allgemeinfläche, Anzahl der Fenster oder Aufzüge) in automatisierten Raumbüchern zusammenfassen. Wird für die Vermarktung einer bestimmten Wohnung eine 3D-Visualisierung benötigt, lässt sich diese ebenfalls per Knopfdruck buchen und generieren. VRnow ist mit dem erweiterten Angebot in der Lage, über das punktuelle Projekt der automatisierten Umwandlung hinaus wiederkehrend einen Kundennutzen zu stiften.

Während der Zeit im Akzelerator kommt es durchaus dazu, dass ein Tech-Unternehmen den Kern des ursprünglichen Geschäftsmodells weiterentwickelt oder sogar verändert. Als direkte Folge ist auch das *Pricing* zu hinterfragen und mit dem Geschäftsmodell weiterzuentwickeln. In intensiven Workshops mit Experten aus dem digitalen Umfeld werden die Angebotspakete definiert, mit Kunden getestet und angepasst. Ebenso wichtig ist die Definition der *Zielgruppe* und der Identifikation und Umsetzung der richtigen *Positionierung*, um diese anzusprechen. Auch hier bietet der Akzelerator Schulungen und

Kontakt zu erfahrenen Coaches und Mentoren, die die Teams beraten und begleiten. Weitere Schulungsbereiche sind *Markenbildung* und -schutz, *Intellectual Property Rights* und *Unternehmenssteuern.*

3.3 Definition der Pilotprojekte und Beteiligung durch den Booster-Fonds

Im Mittelpunkt der Teilnahme stehen für alle Teams Pilotprojekte mit etablierten Partnern, die in der Regel aus dem Unterstützerkreis des Boosters stammen. In den ersten vier Wochen eines Batches erarbeiten die PropTech-Unternehmer, unterstützt durch das Booster-Team, Vorschläge für mögliche Pilotprojekte. Diese werden dann in einer Art intensivem „Speed-Dating" den Industriepartnern vorgestellt und mit ihnen diskutiert. Durch die unterschiedlichen Tätigkeitsfelder der Etablierten ergibt sich bereits hier ein umfassendes Bild für die Teams, in welchen Bereichen der Branche das Geschäftsmodell verfängt und an welchen Stellen eine Weiterentwicklung notwendig ist. Das Ergebnis der einzelnen Treffen wird zusammengefasst, bewertet und führt dann zu den tatsächlichen Pilotprojekten.

In solch einem Pilotprojekt können Teile des jeweiligen Produktes oder der Dienstleistung unter Marktbedingungen, aber in einem vertrauensvollen und geschützten Umfeld, getestet und weiterentwickelt werden. Durch die Strukturierung und Begleitung der Projekte in den Partnerunternehmen durch das Booster-Team wird das eingangs beschriebene Spannungsfeld zwischen Etablierten und Tech-Unternehmen aufgelöst.

Für das erfolgreiche Setup eines Pilotprojektes sind zwei Faktoren maßgeblich. Voraussetzung ist zum einen auf Seiten der Etablierten die Innovations- und Umsetzungsbereitschaft der Unternehmensführung. Der Vorstandsvorsitzende oder Unternehmensinhaber muss eine entsprechende Kultur vorleben. Die Mitarbeiter müssen klar erkennen, dass die Führungsebene interessiert daran ist, neue Technologien zu testen und auch den Mitarbeitern die Freiheit gibt, dies zu tun. Zum anderen sind strukturierte Gespräche zwischen Etablierten und Gründern notwendig. Diese werden durch Vertreter des Akzelerators moderiert. Sie stellen sicher, dass der Tech-Unternehmer nicht von seinem Ziel abrückt, Unterstützung für die Umsetzung des Pilotprojektes zu suchen und verhindern, dass der Austausch eine rein vertriebliche Ausrichtung annimmt. Für die Konzernvertreter wird durch die Struktur des Gesprächs deutlich, welche Vorteile aus einer Zusammenarbeit im Rahmen des Pilotprojekts entstehen können. Neben dem Innovationstransfer ist dies die handfeste Erfahrung, an einem digitalen Geschäftsmodell mitgearbeitet zu haben. Außerdem kann der Konzernvertreter erkennen, wie sich die Tech-Unternehmen am Kundennutzen orientieren, welche Technologien diese nutzen und wo der Konzern unterstützen kann. Im Rahmen dieser Pilotstruktur werden auf diese Weise die Expertise, der Marktzugang und die Daten des Etablierten mit der Technologie und Agilität des Tech-Unternehmens kombiniert.

Case Study: ROOMHERO (Batch 1 im blackprint Booster)

Bei Beginn der Zusammenarbeit war ROOMHERO bereits seit knapp drei Jahren als digitaler Inneneinrichter im B2C- und B2B-Markt unterwegs. Das Geschäftsmodell, automatisiert standardisierte Einrichtungen von Wohnungen zu planen und die Umsetzung dieser Einrichtung und den direkten Einkauf der Möbel von den Herstellern zu organisieren, überzeugte das IK. Das Unternehmen hatte bereits zahlreiche Kunden gewinnen können. Allerdings war die Kundenausrichtung nicht optimal. B2C-Kunden wurden direkt über Online-Marketing-Kanäle angesprochen, hatten aber in Bezug auf deren durchschnittlichen Warenkorb zu häufige „Rework Loops" zur Personalisierung des Einrichtungsvorschlags. Diese Eigennutzerkunden erwarteten mehr Individualität, als die standardisierten Wohnwelten lieferten. Zudem sind selbst sehr zufriedene Eigennutzer in der Regel keine Mehrfachkunden. Über den B2C-Kanal ließen sich vereinzelt aber auch Kunden gewinnen, die weniger Individualisierungsrückfragen hatten und mit mehreren für die Vermietung bestimmten Einrichtungsanfragen an ROOMHERO herantraten. Die Expertise und Technologie, um auf die Bedürfnisse des Wohnungsendnutzers – also den Zielmieter – ausgerichtete Wohnwelten zu definieren und umzusetzen, war bei ROOMHERO vorhanden. Allerdings ließ sich die tatsächliche B2B-Kundengruppe über die klassischen B2C-Sales-Kanäle nur schwer systematisch identifizieren und adressieren. ROOMHERO definierte seine Kernzielgruppe neu und stand dadurch vor der Herausforderung, auch Vertriebskanal, Produkt und Prozesse auf die B2B-Kunden anzupassen.

Im Rahmen eines Pilotprojektes konnte ROOMHERO mit dem Partner Vonovia an vier deutschen Standorten fünf Wohnungen in drei unterschiedlichen Ausstattungstiefen mit einheitlich hoher Qualität ausstatten. Im partnerschaftlichen Umfeld des Pilotprojektes konnten die jungen Unternehmer dabei ausprobieren, wie sich der gesamte Prozess stärker standardisieren und digitalisieren und damit für die B2B-Zielgruppe der Immobilienunternehmen optimieren lässt. Es wurde beispielsweise getestet, ob der Aufbau der Möbel effizienter im Objekt oder bereits innerhalb der Logistikkette erfolgt. So kam es, dass die Couch für eine Wohnung im 13. Stock nicht in den Aufzug vor Ort passte und über das Treppenhaus ausgeliefert werden musste. Als Konsequenz werden zukünftig die Niederlassungsleiter – neben detaillierten Anleitungen und Tutorials zur Erfassung der Vor-Ort-Situation – mit 360-Grad-Kameras ausgestattet und sind damit in der Lage, den Transportweg zu dokumentieren und zu vermessen. ROOMHERO kann nun automatisiert die Konfiguration der Möbel mit den Maßen vor Ort vergleichen und die Liefer- bzw. Aufbautätigkeiten optimal planen. Aus dem erfolgreichen Abschluss des Pilotprojektes ist eine intensive Geschäftsbeziehung entstanden, die als Referenz für weitere gewerbliche Kunden dient.

3.4 Finanzierung der Unternehmensentwicklung

Die PropTech-Unternehmen des Boosters erhalten in Summe rund 200.000 Euro pekuniäre und non-pekuniäre Zuwendungen. Dies geschieht über eine BaFin-registrierte Fondsstruktur, die im Weiteren Booster-Fonds genannt wird. Im Gegenzug wird der blackprint Booster Fonds – und damit mittelbar auch die Partner des Akzelerators – Gesellschafter der PropTechs. In den meisten Fällen ist der Booster der erste oder, mit einer Reihe von Business Angels, einer der ersten gründer- und familienfremde Gesellschafter. Die gesellschaftsrechtliche Beteiligung durch den Booster-Fonds bringt das junge Unternehmen auf eine neue, professionellere Ebene der Unternehmensführung. Basis hierfür ist, dass die Buchhaltung nachvollziehbar und regelmäßig nachgehalten wird, die steuerlichen Pflichten sorgfältig erfüllt werden und die Liquidität präzise geplant wird. Auch macht die Beteiligung durch den Fonds ein regelmäßiges Reporting durch das PropTech notwendig.

In Vorbereitung auf die nach einem Batch anstehenden Folgefinanzierungsrunden werden die Gesellschaftsverträge, die Gesellschaftervereinbarung, die Geschäftsordnung für die Geschäftsleitung und weitere relevante Unternehmensdokumente bereits auf den jeweils üblichen Stand der Venture-Capital-Welt gebracht. Im ersten Augenblick mag dies für eine Beteiligung des Booster-Fonds übertrieben wirken, denn die Gründer müssen sich in diesem Augenblick mit neuen komplexen Themen auseinandersetzen und eine klare, gemeinsame Vorstellung zu Themen wie Vesting, Tag und Drag-along-Rechten, Verfügungsrechten und Gesellschafterquoren machen. In vergleichbaren Start-up-Unternehmen werden diese Fragen erst zu einem wesentlich späteren Zeitpunkt in der Unternehmensentwicklung adressiert. Die Erfahrung zeigt jedoch, dass der Einstieg in das Akzelerator-Programm ein geeigneter Zeitpunkt ist, diese Fragen intensiv zu diskutieren und abschließend zu bestimmen. Wenn sich die Unternehmensentwicklung nach dem Programm beschleunigt und weitere professionelle Kapitalgeber an Bord geholt werden, ist die bereits abgeschlossene Meinungsbildung ein großes Asset und ermöglicht eine sehr effiziente Verhandlung der Gründer mit den neuen Finanzierungspartnern.

Ein weiterer entscheidender Baustein für eine erfolgreiche Unternehmensentwicklung und künftige Finanzierungsrunden ist die Definition und Nachverfolgung der für das Geschäftsmodell relevanten *Key Performance Indicators (KPI)*. Auch wenn sich diese bei digitalen Geschäftsmodellen in der Regel leicht messen lassen, genießt diese Aufgabe bei vielen Gründern keine hohe Priorität. Da die meisten stark wachsenden Unternehmen jedoch zunächst nicht profitabel sind, ist es fundamental wichtig, den Erfolg messbar und für die Gesellschafter sowie zukünftige Investoren nachvollziehbar zu machen. Zu Beginn der Zusammenarbeit im Booster finden daher *Value-Creation*-Sitzungen statt. Dort werden die Indikatoren sowie Ziele für die kommenden Monate definiert. In regelmäßigen Abständen findet eine Nachverfolgung statt und versetzt die Gründer in die Lage, bei der Kapitalsuche transparent die Erfolgsindikatoren aufzuzeigen und damit zu überzeugen. Ungeachtet des messbaren unternehmerischen Erfolgs oder Wachstums sind die Darstellung des Unternehmens, des Kundennutzens und die korrekte Ansprache einer klar definierten Zielgruppe notwendige Voraussetzungen. Professionelle Coaches unterstützen die Gründer bei der Erstellung der Unternehmenspräsentation und trainieren deren Vorstellung in verschiedenen Formaten. Der Booster organisiert sogenannte Meet-ups zum Thema PropTech sowie verschiedene weitere Formate, in denen die Gründer sich und ihr Unternehmen in verschiedenen Situationen vorstellen und den Auftritt üben können. Besonders sind dabei die Feedback Sessions mit verschiedenen Zuhörergruppen wie Studenten oder Branchenfremden, die mit ihrer uneingeschränkten Sicht auf die Dinge wertvolle und zum Teil sehr offene Hinweise zu den Schwachpunkten der Darstellung oder des Geschäftsmodells geben. Am Investorentag, der etwa zur Halbzeit eines Batches stattfindet, werden die Unternehmer bereits mit relevanten Venture-Capital-Fonds für die nächste Finanzierungsrunde zusammengebracht. Und die Fonds-Vertreter sind so in der Lage, über einen gewissen Zeitraum des Booster-Programms die Entwicklung der PropTech-Unternehmen zu verfolgen.

3.5 Zielgruppe mit B2B-Fokus

Für jede neue Runde erreichen den blackprint Booster Bewerbungen aus aller Welt. Gezielt sucht der Akzelerator aber vor allem Unternehmer mit europäischem Sitz. Eine optimale Phase der Unternehmensentwicklung eines PropTechs für die Teilnahme gibt es nicht. Den größten Mehrwert kann der Booster allerdings bei Unternehmen schaffen, die ein klares Produktversprechen haben, das auf gewerbliche Kunden ausgerichtet ist und nun mit einem Bracheninsider getestet und validiert werden soll.

Für Akzeleratoren stellt sich grundsätzlich die Frage, ob die talentiertesten und engagiertesten Unternehmer in ihren Gründungsjahren überhaupt die Unterstützung suchen, die ein Akzelerator wie der blackprint Booster bietet. Die Erfahrung aus den ersten Batches zeigt, dass insbesondere Unternehmer, die schon etwas länger daran arbeiten, Teil der Immobilienbranche zu werden, erkennen, dass die Aktivitäten des Boosters ihnen Türen öffnet, die sie außerhalb der Industrie möglicherweise noch nicht einmal identifiziert hätten. Darüber hinaus sind die Anforderungen an die Unternehmer enorm vielfältig. Viele der Gründer sind „Subject Matter Experts“ in einem bestimmten, vielfach technischen Bereich und erhalten während der sechs Monate erstmalig einen umfassenden Rundum-Blick auf die Herausforderungen und Verantwortungen eines Unternehmers.

4 Vorteile des Multi-Corporate-Akzelerators für die Industriepartner

Der Betrieb eines professionellen, europaweit ausgerichteten Akzelerators kostet jährlich mindestens einen siebenstelligen Betrag, der in der vorliegenden Struktur von den Partnern getragen wird. Das Teilen der Kosten ist jedoch nicht der dominierende Synergieeffekt. Zum einen wird so die Breite und Heterogenität der Immobilienwirtschaft abgedeckt und einer größeren Anzahl von PropTech-Unternehmen ein Anknüpfungspunkt geboten. Zum anderen findet ein Innovationsaustausch mit den PropTech-Unternehmen, aber auch zwischen den Industriepartnern untereinander statt. Der Booster gibt den Parteien einen Überblick über die breite europäische PropTech-Szene. Der Auswahlprozess mit dem externen IK ermöglicht zudem einen tiefen Einblick in die Bewertungsstrukturen für digitale Geschäftsmodelle. Aus Sicht der geförderten Unternehmen hat die Multi-Corporate Struktur weitere entscheidende Vorteile: Sie erhalten mit dem Booster-Fonds einen Gesellschafter, der darauf ausgerichtet ist, die Entwicklungen der Unternehmen zu begleiten, mit den Herausforderungen der verschiedenen Wachstumsphasen vertraut ist und schnelle Reaktionszeiten hat. Zudem ist sichergestellt, dass die Beteiligung nicht unter dem Eindruck von Konzernstrukturen behandelt und beeinflusst wird. Ebenso wichtig ist die Erkenntnis, dass der Akzelerator im Sinne aller seiner Partner und damit zum Wohl der Beteiligungsunternehmen handelt. Dies bedeutet auch, dass durch die indirekte Beteiligung eines Marktakteurs die geschäftliche Interaktion mit konkurrierenden Akteuren weiterhin möglich ist. Würde sich der PropTech-Unternehmer zu einem frühen Zeitpunkt einen strategischen Investor an Bord holen, riskiert er unter Umständen die Entwicklung der Geschäftsbeziehung zu Konkurrenzunternehmen des Investors. In einem Markt, in dem es teilweise nur eine geringe Anzahl großer Zielkunden gibt, ist dies ein Risiko, das ein Gründer unbedingt vermeiden sollte. Die Neutralität des Boosters gewährleistet dies.

Im Rahmen der Batches verfolgen die Partner die Entwicklung der PropTech-Unternehmen und arbeiten in gemeinsamen Pilotprojekten eng mit den Gründerteams zusammen. Dieses intensive Kennenlernen erleichtert nicht nur die Anbahnung einer Geschäftsbeziehung, sondern dient auch als Grundstein für eine weitere Beteiligung durch die Partner. Eine direkte Investition geschieht dann zu einem Zeitpunkt, an dem die PropTech-Unternehmer bereits Erfolge im Rahmen des Batches gezeigt haben und das Risiko reduziert ist. Die enge Beziehung aufgrund der Zusammenarbeit macht eine Entscheidung des PropTech-Unternehmers für den Booster-Partner sehr viel wahrscheinlicher als für einen dritten, unbekannten Branchenteilnehmer. Die Booster-Partner stehen damit an erster Stelle in Bezug auf eine weitere Beteiligung.

5 Demo Day und Alumni-Netzwerk

Den Höhepunkt der sechsmonatigen Zusammenarbeit zwischen den PropTech-Unternehmen und dem Akzelerator bildet der Demo Day. An diesem Tag berichten die PropTech-Unternehmer Vertretern verschiedener Venture-Capital-Fonds und Business Angels, etablierten Immobilienunternehmen, der Fachpresse, den Partnern des Programms und weiteren Gästen von den aktuellen Entwicklungen und stellen das geschärfte und mithilfe der Pilotprojekte erprobte Geschäftsmodell vor. Die Vertreter der Venture-Capital-Fonds führen dann die bereits auf dem Investorentag angebahnten Gespräche fort und beteiligen sich an den anstehenden Finanzierungsrunden. So ist es möglich, die Zeitspanne bis zum Abschluss der Finanzierungsrunde auf bis zu sechs Wochen nach dem Demo Day zu reduzieren.

Mit Abschluss eines Batches werden die PropTech-Unternehmen Teil des blackprint-Alumni-Netzwerks. Dieses sorgt dafür, dass die Unternehmen weiterhin über aktuelle Veranstaltungen und Entwicklungen auf dem Laufenden gehalten werden und Zugang zum blackprint-Industrienetzwerk erhalten. Es findet außerdem ein intensiver Austausch statt, wie die Unternehmen untereinander Synergien heben und sich gegenseitig technisch unterstützen können.

6 Fazit – ein Akzelerator digitalisiert die Immobilienbranche

Anfang 2016 war nicht absehbar, ob die europäische Immobilienwirtschaft bereit für die Zusammenarbeit mit jungen Tech-Unternehmen ist. Auch die Anziehungskraft der Immobilienbranche für Tech-Gründer war noch nicht so stark ausgeprägt. Mehr als ein Jahr nach Inbetriebnahme des blackprint Boosters steht fest, dass die gezielte Förderung von jungen PropTech-Unternehmen und die intensive Zusammenarbeit mit den Etablierten für alle Seiten einen Mehrwert schafft. Die Struktur des unabhängigen und professionellen Akzelerator-Betreibers ermöglicht die Vernetzung mit Tech-Bereichen anderer Industrien und gibt der Immobilienwirtschaft eine überregional sichtbare Schnittstelle zwischen Tech- und Immobilienwelt. Die Tech-Unternehmer können über den blackprint Booster auf ein belastbares Netzwerk aus Industriepartnern und Mentoren in der Immobilienwelt zugreifen, arbeiten aber gleichzeitig mit einem Booster-Team, das Teil der PropTech-Szene ist. Durch die Positionierung des Boosters als eigenständige, konzernunabhängige Einheit mit direktem Zugriff auf starke, innovationsfreudige Partner aus der Immobilienbranche müssen die Gründer nur diese Struktur bewerten und sich für diese als Partner und Gesellschafter entscheiden. Eine Bewertung des strategischen

Fits des Partners eines „Single Corporate Akzelerators" und dessen Belastbarkeit ist nicht notwendig. Das ist ein klarer Vorteil, zumal branchenexterne Tech-Unternehmen dies auch nicht zuverlässig leisten könnten.

Der blackprint Booster hat den Anspruch, auf beiden Seiten – bei Etablierten ebenso wie in der Tech-Welt – mit den besten Partnern[2] zusammenzuarbeiten, PropTechs Unterstützung zur Weiterentwicklung ihrer Unternehmen zu geben und die Immobilienbranche damit digitaler zu machen. Und jedes weitere erfolgreiche Projekt zwischen Tech-Unternehmen und Etablierten soll dazu führen, dass weitere Entscheider erkennen, dass beide Parteien wertvolle Ressourcen mitbringen und dadurch sehr viel Neues entstehen kann. Ein Akzelerator wie der blackprint Booster schafft dabei entscheidende Voraussetzungen, damit solche richtungsweisenden Partnerschaften überhaupt entstehen.

[2] Partner der ersten Akzelerator-Generation, die die ersten drei Batches umfasst, sind die Unternehmen Aareon AG, CMS Hasche Sigle, Commerz Real AG, Deutsche Reihenhaus AG, Goldbeck GmbH, apollo real estate services GmbH & Co. KG, Hevella Capital GmbH & Co. KGaA, techem GmbH und Vonovia SE.

Corporate Innovation und Awards in der internationalen PropTech-Landschaft

Benjamin Rohé

1 Was ist GTEC? Der Gründungsgedanke und unsere Partner

Das German Tech Entrepreneurship Center (GTEC) ist der erste private Campus für Technologie, Innovation und Unternehmertum in Europa. Es verbindet ein internationales Netzwerk von Unternehmen, Universitäten und Start-ups mit der breiten Öffentlichkeit. Der Grundstein für GTEC wurde in 2014 gelegt und im Jahr 2015 in Berlin von den beiden Stiftungen Globumbus und Sigmund-Kiener-Stiftung sowie den Konzernen Henkel, innogy und der Rechtsanwaltskanzlei Noerr gegründet. Mittlerweile wird GTEC auch durch Unternehmen wie Union Investment, Merck und Tishman Speyer unterstützt.

GTEC hat Standorte in Berlin und Frankfurt am Main. Unter dem Dreiklang „Inspire, Guide, Grow“ („Inspirieren, Anleiten, Wachsen“) fördert GTEC weltweites Unternehmertum. Dazu werden diverse Programme und Veranstaltungsreihen angeboten: angefangen bei Vorlesungen und Meet-ups über die Start-up-Academy und das Start-up-Lab bis hin zur Executive Education. Um Innovationen auf bestimmten Gebieten zu fördern, vergibt GTEC gemeinsam mit ausgewählten Industriepartnern regelmäßig Awards.

Abbildung 1: GTEC-Partner aus unterschiedlichen Bereichen

Quelle: Eigene Darstellung

Das GTEC versteht sich als offene und unabhängige Plattform, welche es sich zur Aufgabe gemacht hat, Industrie-Vertreter, Start-ups und Hochschulen in den Dialog miteinander zu bringen. Die Intention dahinter ist, neue Technologien schneller zu kommerzialisieren und einen gesellschaftlichen Beitrag leisten zu können, indem die Arbeitsplätze der Zukunft geschaffen werden. Dabei versucht GTEC, besonders Gründern aus dem internationalen Umfeld in Deutschland als Anlaufstation zu dienen und somit Zugang zu den großen Konzernen zu ermöglichen. Davon können auch die Konzerne profitieren, da der Austausch dabei helfen kann, ihre Digitalisierungsbemühungen zu beschleunigen.

Seit der Gründung wurden Preise für Start-ups in den Bereichen AI, Machine Learning, PropTech, Blockchain und Energiewende vergeben. Dafür hatten sich mehr als 1.000 Start-ups aus aller Welt bei GTEC beworben.

2 GTEC als Plattform für die Immobilienbranche – Best practices: Meet-ups, Awards, Zugang zur Industrie

GTEC selbst unterliegt keiner thematischen Vertikalisierung. Disruption von Branchen erfolgt häufig von außen und nicht durch den eigenen Antrieb der Branche, wie zum Beispiel die Substitution von Kutschen durch Autos und von Schreibmaschinen durch Computer. Mit technologiebezogenen Veranstaltungen, wie Meet-ups und Innovation-Awards, versucht GTEC Schwerpunkte zu setzen, um den Wandel einer Branche durch gewisse Technologien besser zu unterstützen. So sind es Technologien wie Künstliche Intelligenz, Machine Learning und Blockchain, um nur drei prominente Beispiele zu nennen, die die Branche nachhaltig verändern.

2.1 PropTech Award

Im Mai 2017 wurde das Berliner Start-up Green City Solutions als Sieger des erstmals vergebenen Proptech Innovation Awards gekürt. Das 2014 gegründete Unternehmen setzte sich im Finale gegen sieben verbliebene Mitbewerber durch und sicherte sich neben dem ersten Preis der Jury auch den Publikumspreis. Insgesamt gab es für diesen Award Bewerbungen von mehr als 200 Start-ups aus 46 Ländern.

Green City Solutions bietet Lösungen im Bereich von Umweltservices, Clean Tech und nachhaltiger Stadtplanung für grünere und lebenswertere Städte. Sie entwickelten den weltweit ersten Bio-Tech-Filter zur nachweisbaren Verbesserung der Luftqualität, der gleichzeitig ein wichtiges Puzzleteil für den Betrieb von Smart Citys darstellt. Mit seinem „City Tree“ ist das junge Unternehmen bereits in 18 Städten in zehn Ländern vertreten.

Viele Experten sehen ein disruptives Potenzial zum Beispiel in der Blockchain-Technologie. In seiner Keynote bei der PropTech Award Ceremony sprach Ragnar Lifthrasir, Gründer der International Blockchain Real Estate Association, als Experte auf diesem Gebiet über die Rolle von Blockchain im Immobiliengeschäft.

Die Royal Institution of Chartered Surveyors, der Berufsverband von Immobilien-Fachleuten und Immobilien-Sachverständigen, wird ab 2018 diesen Innovation Award unterstützen und somit hat sich dieser Award binnen eines Jahres zum Branchenstandard entwickelt.

Abbildung 2: Finalisten des PropTech Innovation Award 2017

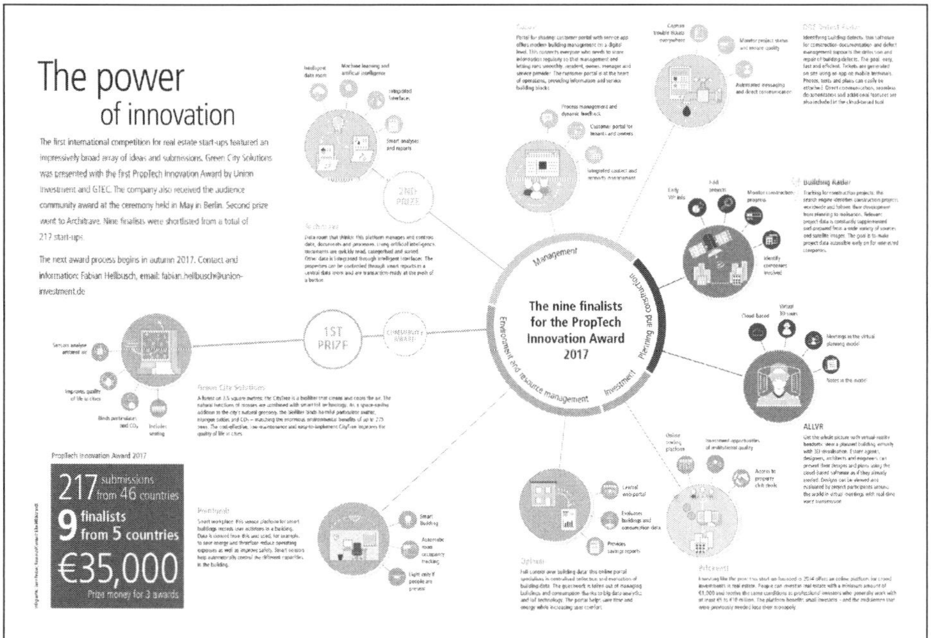

Quelle: Eigene Darstellung

2.2 Events und Meet-ups

Zusammen mit Tishman Speyer und Creathor veranstaltete das German Tech Entrepreneurship Center einen Summit zu „Industry & Technology Perspectives: Digitization of the Property & Real Estate Industry“. Neben einer Reihe von Keynotes aus der PropTech-Szene stellten auch etablierte Unternehmen, wie etwa Vitra, ihre Ansätze für die digitale Welt vor und erläuterten, wie der Nutzer immer mehr in den Vordergrund rückt. Zudem wurde in Breakout Sessions intensiv über die Themen IoT, Virtual Reality, Artificial Intelligence und Enabling Platforms diskutiert sowie Lösungsansätze und Einsatzmöglichkeiten für die gesamte Real Estate Industry formuliert. Wesentliche Erkenntnisse der Veranstaltung sind, neben der Fokussierung auf die Nutzer, vor allem die Themen Transparenz und Effizienz von Immobilien durch digitale Technologien sowie die Vernetzung von Immobilien als wesentlicher Erfolgsfaktor für nachhaltige Bewirtschaftung und „Wertsteigerung".

Des Weiteren engagiert sich das German Tech Entrepreneurship Center zusammen mit Union Investment für PropTechs. Neben einem zweiten Award ist ein regelmäßiges Meetup in dem Bereich geplant sowie mehrere kleine Summits mit intensiven Arbeitseinheiten zu relevanten Themen. Somit soll sichergestellt werden, dass nicht nur Inhalte transportiert, sondern auch inhaltlich weiterentwickelt und umgesetzt werden. Beim nächsten Summit stehen die Themen „Generation Rent" und „Real-Estate-Konzepte der Zukunft" auf der Agenda.

Vor allem soll diskutiert werden, wie (digitale) Technologien Herausforderungen wie das Thema Generation Rent adressieren können. Dabei soll immer auch die gesamte Wertschöpfungskette betrachtet werden und nicht nur punktuell einzelne Aspekte. Ziel der Veranstaltungen ist es, alle Stakeholder an einen Tisch zu holen und nachhaltige Lösungsansätze für die Real-Estate-Industrie zu realisieren.

3 Trends und Themen der Digitalisierung in der Immobilienbranche

Ein Problem der Digitalisierung in der Immobilienbranche ist es, dass viele Ideen im Bereich der Prozessinnovation bleiben. Nur wenige Start-ups mit einem echten disruptiven Ansatz konnten bisher zu einer signifikanten Größe heranwachsen. Das liegt insbesondere daran, dass die Branche sehr schwer zu durchdringen ist und Veränderungen mit einer eher ablehnenden Haltung gegenüber steht, wie es vor zehn Jahren auch bei den Banken in Bezug auf FinTech und vor 20 Jahren bei Einzelhändlern und Herstellern beim E-Commerce der Fall war.

Als Beispiel lässt sich hier das Start-up Building Radar nennen – von 2016 bis 2017 steigerte das Unternehmen seinen Umsatz um +540 Prozent und beschäftigt mehr als 30 Mitarbeiter. Im Oktober 2017 wurde das Unternehmen von Microsoft ausgezeichnet. Mithilfe einer Echtzeit-Suchmaschine listet das Münchener Start-up mehr als drei Millionen Bauprojekte inklusive Baufortschritten und ermöglicht es so Händlern und Dienstleistern, sich bereits im Vorfeld auf diese geplanten Bauprojekte einzustellen, um dann rechtzeitig entsprechende Produkte und Dienstleistungen anbieten zu können.

3.1 Virtual Reality

Ein weiterer Trend, der nun auch die Immobilienbranche erreicht, ist Virtual Reality. Online-Inserate mit detailreichen Beschreibungen und Bildern der Immobilie sind bereits vor Jahren zum Standard geworden. Ralf von Grafenstein, Geschäftsführer der 45info GmbH, erwartet allerdings, dass virtuelle Rundgänge solche statischen Inserate in Zukunft ablösen werden. Diese These wird von Goldman Sachs bestätigt mit der Vermutung, dass bis 2025 mehr als 300.000 Makler Virtual Reality für ihr Geschäftsfeld nutzen werden.

Die 45info GmbH ermöglicht mit dem „immoviewer 360°" seit September 2014 realitätsnahe, virtuelle Rundgänge durch Immobilien. Auf diese Weise können sowohl Makler als auch Interessenten deutlich Zeit sparen, da zeitraubende, reelle Immobilienbesichtigungen ersetzt werden können und eine vorangegangene Kundenauswahl die schnellere Vergabe der angebotenen Objekte ermöglicht. Die virtuellen Rundgänge sind durch ein Passwort geschützt, welches erst auf Nachfrage an Interessenten weitergegeben wird. Auf diese Weise können Makler Daten über die Dauer und Häufigkeit des „Besuchs" der Interessenten generieren. Im Oktober 2015 hat die 45info GmbH ein weiteres Produkt gelauncht: den „immoviewer live", der eine virtuelle Führung eines Maklers in Echtzeit ermöglicht.

Solche Produkte werden bereits von ersten Anbietern, wie immobilienscout24.de, genutzt, um ihren Kunden orts- und zeitunabhängige Immobilienbesichtigungen zu ermöglichen. Mithilfe einer App können Interessenten das jeweilige Objekt zu jeder Zeit und von jedem Ort virtuell erkunden.

In Zukunft sind auch virtuelle Rundgänge mithilfe einer VR-Brille denkbar, da kürzlich eine günstigere Version der Oculus-VR-Brille angekündigt wurde. Während die Brille anfangs 599 US-Dollar kostete, soll 2018 eine Brille für 199 US-Dollar auf den Markt gebracht werden. Der Einsatz solcher Brillen ermöglicht eine noch bessere virtuelle Erlebbarkeit von Immobilien, die von reellen Besuchen des Objektes kaum noch zu unterscheiden sind.

3.2 3D-Druck

2015 wurde in Suzhou in China erstmals ein ganzes Haus „gedruckt". Die Idee dazu entstand aus dem permanenten Wohnraummangel in der über 10-Millionen-Einwohner-Stadt. Ein 3D-Drucker mit einem Druckbrett von über 370 Quadratmeter Fläche druckte einzelne Bestandteile, die anschließend zusammengesetzt wurden. Die innerhalb von zwei Tagen entstandene Villa ist 1100 Quadratmeter groß und kostet umgerechnet nur 140.000 Euro aufgrund der Verwendung von recyceltem Bauschutt.

Während dieser Prototyp einer Villa einigen Vorschriften, beispielsweise des deutschen Bauwesens, nicht entspricht, gelang dem amerikanisch-russischen Start-up Apis Cor die Erbauung eines 38-Quadratmeter-Hauses, das solche Normen erfüllt. Der Rohbau inklusive aller Ausbauten war innerhalb von 24 Stunden fertiggestellt und kostete umgerechnet etwa 9.500 Euro. Im Gegensatz zu vorherigen 3D-Druck-Gebäuden wurden die Wände dieses Hauses aus einem speziellen Betongemisch in einem Stück gespritzt, so dass ein späteres Zusammenfügen der Teile nicht mehr nötig ist. „Gedruckte" Häuser dieser Art sind zwar recht einfach, könnten aber z.B. für die Errichtung von schnell benötigten Siedlungen, wie etwa Flüchtlingsunterkünften, entscheidende Vorteile bieten.

Die Weiterentwicklung industrieller 3D-Drucker sowie neue Druckverfahren werden den 3D-Druck in der Immobilienbranche weiter fördern und unterstützen. Kombiniert mit Robotik werden auch größere Strukturen realisierbar, was den Einsatz im konventionellen Bauwesen begünstigt.

3.3 Blockchain

Der schwedische Softwarehersteller ChromaWay ist Vorreiter in Bezug auf Blockchain-Lösungen für administrative Prozesse wie Grundbucheintragungen und Landregistratur. Nach Schätzungen der World Bank haben 70 Prozent der Weltbevölkerung keine Möglichkeit, überhaupt Land registrieren zu lassen und wo es möglich ist, bedeuten diese Prozesse jede Menge bürokratischen Aufwand. Zudem stellen Korruption und Betrug in diesem Bereich große Probleme dar. Mithilfe von Blockchain-Lösungen von ChromaWay versucht man beispielsweise in Schweden und im indischen Bundesstaat Andhra Pradesh, Grundbucheintragungen und Landregistratur transparenter und damit sicherer zu machen.

Die Blockchain-Technologie ermöglicht es, mehreren Parteien bestimmte Daten zugänglich zu machen und deren Bearbeitung zu erlauben. Sämtliche Änderungen, die gemacht werden, sind sofort für jede andere beteiligte Partei sichtbar und können somit kontrolliert werden. In Bezug auf sicherere Landregistraturprozesse stellt dies einen großen Vorteil dar. In Schweden wird mittlerweile nicht nur die Abwicklung von Grundstücksgeschäften über Blockchain getestet, sondern auch die Erstellung von „Smart Contracts", die ganz einfach digital unterzeichnet werden können.

Abbildung 3: Landregistraturprozesse mithilfe von Blockchain

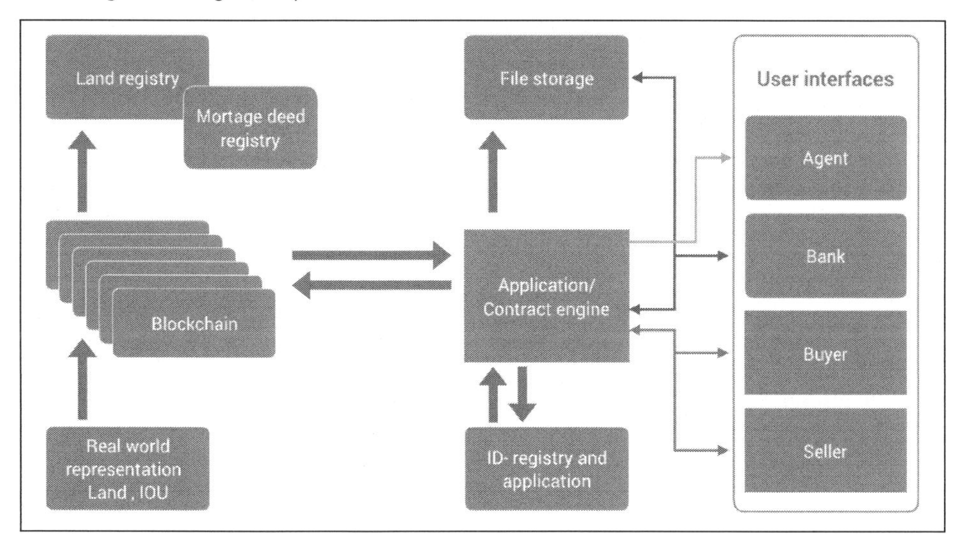

Quelle: ChromaAway

4 Start-ups, Start-ups, Start-ups!

Die wachsende PropTech-Szene wird die Immobilienbranche in den nächsten Jahren weltweit stark beeinflussen. Doch was genau bedeutet PropTech eigentlich?

Der Begriff wurde aus den beiden Bestandteilen „Property" und „Technology" gebildet und wird inzwischen synonym für die Digitalisierung einer gesamten Branche verwendet, der Immobilienbranche. Technologische Entwicklungen wie Blockchain, VR, AI und Robotics bis hin zum 3D-Druck treiben die Veränderungen in der Immobilienbranche voran und somit das Potenzial von PropTech-Start-ups, die die Branche revolutionieren.

Im Jahr 2015 existierten in Deutschland erst 67 „native" PropTech-Start-ups, 2016 waren es 126 und 2018 bereits 206 (Stand: April 2018). Die Zahl der für die Immobilienbranche relevanten Start-ups wird mittlerweile auf mehr als 500 Unternehmen geschätzt. Diese Zahl beinhaltet alle Start-ups, die die Immobilienbranche direkt oder auch indirekt beeinflussen – also auch Technologien, die nicht ausschließlich dem Bereich PropTech zuzuordnen sind, aber relevante Veränderungen in der Branche hervorrufen bzw. ermöglichen.

Das weltweite Investment in PropTech-Start-ups betrug 2014 1,4 Milliarden US-Dollar, wobei 940 Milliarden US-Dollar allein auf die USA entfielen. 2016 war die weltweite Gesamtsumme bereits auf 2,6 Milliarden US-Dollar angestiegen.

Abbildung 4: PropTech-Szene im Überblick

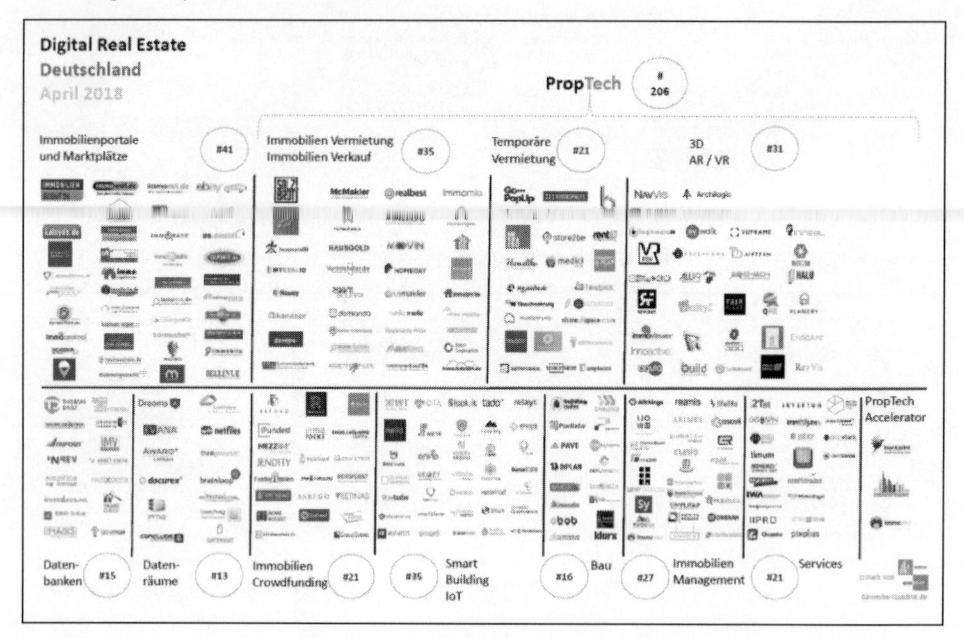

Quelle: https://www.gewerbe-quadrat.de/die-zukunft-von-immobilien-oder-was-ist-proptech/

5 Case Studys: Corporates und Start-up-Partnerschaft

Große Unternehmen wie AXA und Union Investment Real Estate (UIRE) beteiligen sich zunehmend an PropTech-Unternehmen, um so zur Weiterentwicklung der Immobilienbranche beizutragen.

5.1 Case Study: AXA

AXA, ein führender Sachversicherer mit Fokus auf Gebäude, Haftpflicht und Hausrat, hat 2017 bereits in zwei Start-ups investiert, die innovative Ideen im Bereich Immobilienbesitz und -verwaltung entwickelt haben.

Das 2015 gegründete Start-up Homebell bietet eine Plattform, die es ermöglicht, bei Sanierungs- und Renovierungsbedarf schnell und komfortabel den passenden Handwerker zu finden und diesen auch direkt online zu buchen. Kunden bekommen direkt ein kostenloses und verbindliches Angebot und es werden ausschließlich zertifizierte Handwerksbetriebe aufgenommen. Anhand von Kundenbewertungen überprüft Homebell die Handwerker zudem selbstständig. Ein weiterer Service sieht die Beratung durch Sachverständige während und nach den anfallenden Arbeiten in der Immobilie des Kunden vor. Gemeinsam mit AXA will Homebell Verbesserungen im Bereich der Schnittstellen von Sicherheit und Handwerk erzielen.

Neben Homebell hat AXA auch in das Berliner Start-up vermietet.de investiert. Das Unternehmen wurde 2016 gegründet und bietet Cloud-Lösungen für Immobilienbesitzer, die die Verwaltung ihrer Objekte effizienter und kostengünstiger gestalten sollen. Die Plattform vereinfacht die Verwaltung von Objekt- und Mieterdaten und hat direkte Schnittschnellen zu über 3.000 Banken. Diese bieten eine transparente Übersicht über Einnahmen und Ausgaben sowie die Digitalisierung und Automatisierung von Verwaltungsprozessen wie beispielsweise der Kontrolle von Mieteingängen und der Erstellung von Mahnungen. Mittels einer App für iOS und Android können Nutzer überall und jederzeit auf relevante Daten zugreifen und diese verwalten. Das gemeinsame Ziel von AXA und vermietet.de sind innovative Lösungen für Immobilienbesitzer, die sowohl Sicherheit als auch Transparenz erhöhen sollen.

Für solche Investitionen in vielversprechende Gründerideen hat AXA eigens einen Innovation Campus gegründet. Dieser unterstützt Start-ups mit innovativen Geschäftsideen, die im Umfeld des Versicherungskonzerns relevant sein und für dessen Kunden Mehrwert bieten können, sei es durch Kapital und Versicherungsschutz oder auch als Kooperationspartner.

5.2 Case Study: Union Investment

Union Investment ist ein anderes Beispiel für ein Großunternehmen, das in PropTech-Start-ups investiert. In diesem Fall handelt es sich um das zweitplatzierte Start-up beim GTEC PropTech Award: Architrave. Im Rahmen einer strategischen Partnerschaft erwarb die Union Asset Management Holding AG, Frankfurt, eine Minderheitsbeteiligung von 13 Prozent am Unternehmen. Architrave ist Anbieter für intelligentes Datenmanagement in der Immobilienwirtschaft. Seit September 2017 gehört die Union Investment Real Estate GmbH zum Kundenkreis von Architrave und hat die Bestandsdaten ihrer weltweit über 400 Immobilien in die Architrave-Plattform einfließen lassen.

Architrave verfolgt die Vision einer zentralen Plattform für Management und Steuerung sämtlicher Daten, Dokumente und Prozesse. Durch Zukunftstechnologien wie Machine Learning und künstliche Intelligenz wird Architrave nicht nur der intelligenteste Datenraum der Welt, sondern auch der erste, der sich selbst befüllt. Das Unternehmen wurde 2012 gegründet und dessen Kunden verwalten mittlerweile Assets im Wert von mehr als 50 Milliarden Euro.

Mit der Minderheitsbeteiligung ist eine Forschungsvereinbarung zur gemeinsamen Entwicklung einer der wesentlichen Produktkomponenten von Architrave, künstliche Intelligenz (KI), verbunden. Beide Partner sind sich in der Zielsetzung einig, langfristig einen Branchenstandard für das Erfassen von Immobiliendaten in einer offenen, digitalen Plattform zu etablieren. Mit der Minderheitsbeteiligung ist kein Zugriff auf die Asset-Management-Daten verbunden, die unter alleiniger Führung von Architrave verbleiben.

Autoren und Herausgeber

Autoren

Brigitte Adam $_{FRICS}$, ist Mitgründerin und geschäftsführende Gesellschafterin des Sachverständigenbüros ENA Experts GmbH & Co KG Real Estate Valuation mit Sitz in Mainz. 1990 begann ihre Tätigkeit in der Immobilienwirtschaft, seit 2002 ist sie im Bereich der Immobilienbewertung tätig und wurde im Jahr 2005 von der IHK Rheinhessen öffentlich bestellt und vereidigt. Sie leitet die Kompetenzgruppe Marktwertermittlung der gif e.V. und ist stellvertretende Leiterin des Ausschusses Bilanzierung und Bewertung sowie Mitglied des Vorstandes Region Mitte beim ZIA.

Mario Bodenbender forscht am Fachgebiet Immobilienökonomie der Technischen Universität Kaiserslautern in den Bereichen Digitalisierung, Dokumentation und Künstliche Intelligenz in der Immobilienwirtschaft. Im Rahmen seiner Lehraufträge an der Technischen Universität Kaiserslautern und der Technischen Hochschule Mittelhessen sowie seiner Dozententätigkeit an der Technischen Akademie Wuppertal vermittelt er unter anderem Inhalte zur Dokumentation und den unterschiedlichen IT-Systemen im Lebenszyklus von Immobilien. Der studierte Wirtschaftsingenieur begann seine berufliche Laufbahn bei TransMIT (einem Technologietransfer-Unternehmen), zunächst als Projektingenieur, dann als Projektleiter mit Verantwortung für die Digitalisierung von Bestands- und Betriebsdokumentationen sowie die Ausschreibung und Implementierung von IT-Systemen für verschiedene Auftraggeber. Mario Bodenbender lebt mit seiner Frau und seiner Tochter in Marburg.

Björn Bordscheck ist seit 2013 beim Marktforschungs- und Beratungsunternehmen bulwiengesa tätig als Bereichsleiter für Daten und digitale Geschäftsprozesse. In dieser Position ist er unter anderem zuständig für Produktentwicklung, Strategie und Kooperationen im Kontext der RIWIS-Plattform, so auch für die Projektleitung des Asset Check. In seinem Verantwortungsbereich (digitales) Business Development analysiert Björn Bordscheck, mit welchen Lösungen sich aktuelle Prozesse optimieren und unterstützen lassen. Zuvor war er als Key Accounter und Product Developer bei wigeogis, einem Spezialisten für location based Business-Intelligence-Lösungen. Hier hat er viele Projekte umgesetzt, bei denen es um die Optimierung verschiedenster Businessprozesse auf Basis von Geoinformationssystemen ging sowie deren Reportings. Im Jahr 2003 schloss Björn Bordscheck sein Diplom-Studium der Geografie in Göttingen ab. Besondere Schwerpunkte dabei waren Wirtschaftsgeografie, Geoinformatik, Geomarketing, Statistik und Wirtschaftspsychologie.

Boris Goldshteyn ist Gründer und Geschäftsführer der ALLVR GmbH. Das Unternehmen baut eine IT Cloudplattform für die visuelle Echtzeit-Kollaboration direkt an BIM Modellen in Bauprojekten. Boris Goldshteyn verantwortet in seiner Position die strategische Weiterentwicklung des Unternehmens, des Produktes und den Fokus auf die innovativen Felder der Bau- und Immobilienwirtschaft. Dabei gilt die Fokussierung auf die stärkere Weiterentwicklung von BIM Prozessen in Verbindung mit innovativen Technologien. Vor seiner selbstständigen Tätigkeit war er IT Projektmanager im R&D-Umfeld der Bayer Pharma AG. Als studierter Informatik-Manager kennt er die IT Landschaft und versucht das Wissen in der Branche für neue Trends und Entwicklungen zu nutzen.

Martina Güttler verantwortet bei Allthings in ihrer Position als Managing Director Deutschland die Weiterentwicklung des Unternehmens sowie den Ausbau des Vertriebs im deutschen Markt. Sie verfügt über mehr als 15 Jahre Erfahrung im Aufbau von Vertriebs- und Marketingstrukturen im Immobilienumfeld. Zuletzt leitete sie die Apleona GVA GeServ GmbH als Geschäftsführerin. Ihre ökonomischen Kenntnisse kombiniert sie dank ihres Abschlusses als Architektin mit fundiertem technischen Know-how.

Sebastian Gustke, Consultant Partner factorP engineering & consulting Group. Sebastian Gustke besitzt als Projektleiter, Bauherrenvertreter und selbstständiger Projektsteuerer mehrjährige Erfahrung im Immobilien- und Bausektor. Neben der Konzeptionierung und Umsetzung von Großprojekten beschäftigt er sich insbesondere mit den Chancen und Herausforderungen digitaler Prozesse sowie innovativer Geschäftsmodelle über den gesamten Lebenszyklus von Immobilien. Nach dem Studium als Wirtschaftsingenieur mit Spezialisierung auf das Bau-, Immobilien- und Infrastrukturmanagement an der Bauhaus-Universität Weimar übernahm er als Projektleiter anspruchsvolle Immobilienprojekte für einen Projektentwickler in Berlin und München. Mit der Existenzgründung als freiberuflicher Projektmanager verlagerte er seinen Schwerpunkt auf die Realisierung von Großprojekten und publiziert Artikel über Innovationen und Trends im Immobiliensektor.

Prof. Dr. Tobias Just. Wissenschaftlicher Leiter der IREBS Immobilienakademie und Professor für Immobilienwirtschaft an der Universität Regensburg. Tobias Just studierte Volkswirtschaftslehre an den Universitäten Hamburg und Uppsala/Schweden. Seine anschließende Promotion an der Helmut-Schmidt-Universität der Bundeswehr Hamburg wurde 2001 mit dem Wissenschaftspreis der Universität ausgezeichnet. Von 2001 bis Oktober 2011 war er als Senior Economist bei Deutsche Bank Research für bau- und immobilienrelevante Themen sowie für die Entwicklung von Branchenanalysetools verantwortlich; seit Anfang 2008 leitete er die Branchen- und Immobilienmarktanalyse. 2006 war Tobias Just Research Fellow am American Institute of Contemporary German Studies an der Johns Hopkins Universität Washington DC. 2010 wurde er mit der Schrift

Demografie und Immobilien an der TU Berlin habilitiert. Seit 2012 ist Tobias Just Mitglied im Management Board des Urban Land Institute Germany und seit 2015 Präsident der gif, Gesellschaft für immobilienwirtschaftliche Forschung. 2013 wurde Tobias Just von führenden Immobilien-Journalisten zu einem „Kopf der Immobilienwirtschaft" gekürt. Im Jahr 2015 zählte ihn die FAZ zu den führenden Ökonomen in Deutschland. 2017 wurde er ehrenhalber zum Fellow der RICS ernannt.

Philipp Kaiser ist seit Frühjahr 2016 im Strategieprojekt Digitalisierung der Helaba tätig und verantwortet die Entwicklung und Implementierung digitaler Geschäftsansätze. Neben der Befähigung von Mitarbeitern zur aktiven Mitwirkung am Veränderungsprozess, stellt die Anbahnung von Kooperationen und ggf. Beteiligung mit bzw. an innovativen Unternehmen weitere Schwerpunkte seiner Tätigkeit dar. Vor seiner Zeit bei der Helaba, hat Philipp Kaiser Erfahrungen im Banking und der Beratung sammeln können.

Dr. Gerhard Kebbel ist seit März 2016 Bereichsleiter Strategieprojekt Digitalisierung bei der Helaba. In dieser Funktion leitet er in der Bank alle Projekte, die den digitalen Wandel vorantreiben. Er arbeitet seit mehr als 20 Jahren in der Finanzdienstleistungsbranche, davon mehr als 12 Jahre in Führungspositionen in verschiedenen Banken und 10 Jahre als Unternehmensberater. Daneben war er mehrere Jahre in Medienunternehmen tätig.

Dr. Carsten Kotas ist Unternehmensberater und Hochschuldozent. Er verfügt über mehr als 25 Jahre Berufserfahrung in der Finanzbranche u. a. als Head of Capital Markets, Head of Alternative Investments, Hedge Fund Manager, Head of Treasury und Geschäftsführer einer Luxemburger Kapitalanlagegesellschaft. Dr. Kotas studierte Volkswirtschaftslehre an den Universitäten Tübingen und Rio de Janeiro mit anschließender Promotion an der Universität Kassel.

Gerald Kremer ist Senior Manager bei der Ernst & Young Real Estate GmbH und leitet den Bereich Digital Real Estate mit den Kernaufgaben Strategie-, IT-, Prozess- und Organisationsberatung. Seine Themengebiete umfassen die Entwicklung von Digitalisierungsstrategien, Analyse, Konzeption von System- und Datenbanklandschaften, Implementierung und Integration digitaler Technologien sowie Innovationsmanagement. Weiterhin ist er als Dozent an der IREBS Immobilienakademie und der Universität Karlsruhe tätig. Zuvor war er Leiter REM Solutions bei der STRABAG Property and Facility Services GmbH. Er ist Diplom-Bauingenieur, Universität Karlsruhe, und Executive MBA, ESADE Business School, Barcelona.

Peter Liebsch ist seit März 2015 als Leiter Digitale Prozesse und Werkzeuge bei Drees & Sommer tätig. Dort ist er seitdem verantwortlich für die Entwicklung interner Prozesse und Leitfäden der BIM-Projektabwicklung und unterstützt zudem Projekte bei der Entwicklung und Umsetzung einer BIM-Strategie. Von 2010 bis 2015 verantwortete Peter Liebsch als Global Head of Design Technology beim Architekturbüro Grimshaw mit Hauptsitz in London die Entwicklung und Umsetzung von BIM und weiteren digitalen Werkzeugen für den gesamten Entwurfsprozess. In vorangegangenen Stationen war er seit dem Jahr 2005 in Großbritannien und Australien in mehreren Funktionen als Architekt tätig. Peter Liebsch absolvierte ein Architekturstudium an der Technischen Universität Darmstadt, in dem er bereits seine fachlichen Schwerpunkte auf die Bereiche Bauinformatik, BIM und 3D-Visualisierungen setzte.

Maria K. Maier studierte Architektur an der Technischen Universität München und beendete ihren Master of Arts in Architektur mit dem Fokus auf nachhaltiges Bauen. Ein einjähriges Auslandsstudium an der Università degli Studi di Roma – La Sapienza war in das Architekturstudium integriert. Darauf folgte das Wirtschaftsingenieur-Studium mit dem Schwerpunkt Real Estate Management an der Technischen Universität München mit dem Ziel den Master of Science zu erlangen. Während ihres Studiums war sie mehrere Jahre als wissenschaftliche Hilfskraft am Lehrstuhl für Raumentwicklung tätig. Ihre praktische Erfahrung für die Real Estate Branche erhielt Maria Maier in mehreren Architekturbüros seit Beginn ihres Studiums.

Dr. Andreas Mattner ist seit 2009 Präsident des ZIA (Zentraler Immobilien Ausschuss) sowie Präsidiumsmitglied im Bundesverband der deutschen Industrie. In seiner hauptamtlichen Funktion ist er Geschäftsführer der ECE Projektmanagement GmbH & Co. KG, der er seit 1993 angehört. Mattner studierte Rechts- und Politikwissenschaften an der Wilhelms-Universität Münster. Er arbeitete als Jurist und promovierte in Rechtswissenschaften. Als Dozent war er an der Fachhochschule für Öffentliche Verwaltung NRW tätig. Von 1991 bis 2008 war er Mitglied der Hamburgischen Bürgerschaft. Daneben nahm er Mandate in etlichen Aufsichtsräten wahr, etwa bei der Hamburger Hochbahn, bei Bilfinger, der DSK und BIB Bau sowie derzeit bei der EUREF AG und der Hamborner Reit. Darüber hinaus ist er Vorstandsvorsitzender der Stiftung Lebendige Stadt und Board Director der R20 Organisation.

Dr. Frank J. Matzen, MRICS ist Executive Director bei der Ernst & Young GmbH Wirtschaftsprüfungsgesellschaft (EY) im Bereich Transaction Advisory Services und ist beratend tätig bei Unternehmenstransaktionen im Bereich Immobilien, Infrastruktur und Erneuerbare Energien. Ferner ist Dr. Frank Matzen als Dozent an der EBS European Business School in Oestrich-Winkel, einer privaten Universität für Wirtschaft und Recht, und der IREBS International Real Estate Business School in Regensburg tätig. Neben Vorlesungen aus dem Bereich Immobilientransaktionen, hält er an der IREBS im Rahmen des Studienganges „Digital Real Estate“ Vorlesungen zum Thema „Geschäftsmodelle und Business Model Canvas". Nach seiner Banklehre bei der Deutsche Bank AG in Hamburg studierte Dr. Frank Matzen an der Otto-Friedrich-Universität in Bamberg Wirtschaftsinformatik und erwarb den Abschluss Dipl.-Wirtschaftsinformatiker. Er war externer Doktorand an der EBS European Business School in Oestrich-Winkel und hat über das Thema „Entscheidungsorientierte Unternehmensbewertung von ehemals gemeinnützigen Wohnungsbauunternehmen unter besonderer Berücksichtigung der Finanzierung und Besteuerung" promoviert. Seit 1998 ist Dr. Frank Matzen im Bereich Transaktionsberatung tätig, zunächst bei Arthur Andersen Frankfurt und seit 2002 bei EY in Frankfurt/Eschborn. In der Zeit von 2006 bis 2010 hat er ein Secondment bei EY London absolviert und ist nach seiner Rückkehr im Juli 2010 wieder in Frankfurt/ Eschborn tätig.

Norman Meyer ist als Leiter Digitale Geschäftsmodelle seit Februar 2017 für das international tätige Projektmanagement- und Beratungsunternehmen Drees & Sommer tätig. Zuvor gründete und etablierte er seit dem Jahr 2011 das PropTech-Unternehmen „Asset Profiler", eine Online-Plattform für Immobilientransaktionen. Von 2003 bis 2011 war er als Investment-Manager und später als Partner im Beratungshaus Egon Meyer + Partner GmbH beschäftigt. Dort sammelte er umfangreiche Erfahrungen im Transaktionsgeschäft gewerblicher Immobilien- und Wohnungsportfolios. Norman Meyer ist zudem Mitglied der gif Gesellschaft für immobilienwirtschaftliche Forschung e.V. und des Urban Land Institute.

Julian Oertzen ist Gründer der Exporo AG. Gegründet im Jahr 2014 entwickelte sich die Exporo AG schnell zum Marktführer im Bereich der digitalen Immobilieninvestments in Deutschland. In seiner Position als Vorstand verantwortet er den Bereich Immobilienfinanzierung, Immobilienankauf und Produktentwicklung. Seine Laufbahn startete der studierte Maschinenbau-Ingenieur im Jahr 2007 als Managementberater bei der Boston Consulting Group. 2010 wechselte er als technischer Geschäftsführer in ein Technologie Startup im Bereich der Stromspeicherung. Es folgten weitere Stationen bei Early Bird Venture Capital und verschiedene Beratungstätigkeiten bei internationalen Konzernen und Wohnungsunternehmen im Bereich der Restrukturierung und strategischen Ausrichtung.

Martin Rodeck ist seit 2014 als Vorsitzender der Geschäftsführung verantwortlich für das Deutschlandgeschäft der OVG Real Estate und zukünftig von EDGE Technologies, dem Technologieführer auf dem Gebiet der Entwicklung intelligenter Gebäude mit nutzerzentriertem Fokus. Als Innovationsbeauftragter des Zentralen Immobilien Ausschuss (ZIA) leitet er außerdem die strategische Steuerung des Themenfeldes Innovation & Digitales in der deutschen Immobilienbranche. Der studierte Bauingenieur begann seine berufliche Laufbahn im Corporate-Real-Estate-Management bei Siemens. Nach einer Station als Projektentwickler bei der IVG Immobilien AG wechselte er 2007 zur ECE

Projektmanagement, für die er bis 2014 als Geschäftsführer die Projektentwicklungsgeschäfte für Büro-, Logistik- und Hotelimmobilien verantwortete.

Benjamin Rohé ist Unternehmer, war Mitbegründer der New Economy Firma on web AG, teil des Managements der Buongiorno SpA (Börsengang 2004, Übernahme durch NTT Docomo 2012) sowie Gründer diverser Technologie-Start-Ups (darunter Social-Com und fashionfreax). Er arbeitet seit 1997 in der Tech-, Erneuerbare-Energien- und Digital-Branche. Seine erste Firma gründete er im Alter von 17 Jahren. Seit 2007 ist Benjamin Rohé aktiv als Business Angel, investierte in mehr als 30 Unternehmen und ist aktiv als Dozent an europäischen und amerikanischen Universitäten zum Thema Entrepreneurship. In seiner Karriere war er Partner in einem VC-Fonds und schrieb als Co-Autor über Angel Investment Syndikate. Seit Januar 2015 ist er der Founding Managing Director des German Tech Entrepreneurship Center – http://gtec.center – welches er gemeinsam mit RWE, Henkel, Noerr LLP sowie zwei Unternehmer-Stiftungen gründete.

Prof. Dr. Philipp Sandner leitet das Frankfurt School Blockchain Center an der Frankfurt School of Finance & Management, welches im Februar 2017 initiiert wurde. Zu seinen Themengebieten gehören Blockchain, Crypto Assets, Initial Coin Offerings (ICOs), Digitalisierung und Entrepreneurship. Das Center berät Unternehmen hinsichtlich ihrer Blockchain-Aktivitäten, u.a. auch den ersten Crypto Fund Europas, oder Start-ups in Consensys' Token Foundry Programm. Prof. Dr. Sandner ist im FinTechRat des Bundesministeriums der Finanzen, im Blockchain Observatory der Europäischen Union und zudem Mitgründer des Blockchain Bundesverband e.V. und der Multichain Asset Managers Association. Das Frankfurt School Blockchain Center analysiert u.a. Implikationen der Blockchain-Technologie für Unternehmen und Wirtschaft und sieht sich als Plattform zum Wissensaustausch für Entscheidungsträger, Startups, Technologie- und Industrieexperten. Mehr: www.fs-blockchain.de Er ist Mitgründer einer auf Innovation und Technologietransfer spezialisierten Unternehmensberatung. Weiterhin war er an der Technischen Universität München und der Ludwig-Maximilians-Universität München tätig und forschte am Berkeley Center for Law & Technology. Zuvor studierte er Betriebswirtschaftslehre mit Wirtschaftsinformatik an der Universität Mannheim. Er hat mehrere Stipendien und Best Paper Awards erhalten. Seine Forschungsarbeiten wurden in internationalen Fachzeitschriften wie Research Policy, dem Journal of Marketing Research oder dem Journal of Business Venturing publiziert.

Jan Schroff ist als Unternehmensberater bei Haselhorst Associates in den Bereichen Restrukturierung, Strategie und Digitalisierung tätig. Erste Berufserfahrung erlangte der studierte Bauingenieur bei der Drees & Sommer Schweiz AG in der Immobilienberatung und im integralen Baumanagement. Daraufhin folgten Stationen bei der Exporo AG in der Immobilienfinanzierung und als freiberuflicher Projektleiter in der Immobilienprojektentwicklung. Ab September 2018 absolviert er ein Masterprogramm zum Master in Finance an der Nova SBE in Lissabon.

Alexander Ubach-Utermöhl ist seit 2015 geschäftsführender Gesellschafter der blackprintpartners GmbH, die über verschiedene Aktivitäten und Formate PropTechs und etablierte Unternehmen der Immobilienwirtschaft zusammenbringt und so maßgeblich die Digitalisierung der Immobilienbranche vorantreibt. Im Herbst 2016 gründete Alexander Ubach-Utermöhl den blackprint PropTech Booster und ist seitdem zusätzlich Geschäftsführer des ersten europäischen PropTech-Accelerators. Darüber hinaus ist er Initiator und Vorsitzender der German PropTech Initiative (GPTI) und Mitglied des Advisory Committee der MIPIM PropTech. Neben seinen vielfältigen Tätigkeiten in der Immobilienbranche ist Alexander Ubach-Utermöhl zudem Vorsitzender der Jungen Unternehmer in der Rhein-Main-Region. Vor der Gründung von blackprintpartners arbeitete er über vier Jahre unter anderem als Head of Asset Management Debt Germany für GE Capital Real Estate. Von 2006 bis 2010 war er – zuletzt als geschäftsführender Gesellschafter – für die GUV Immobilienmanagement und -organisation GmbH tätig.

Erik Ubels ist seit 2016 Chief Technology Officer bei OVG Real Estate. Er ist verantwortlich für die Entwicklung und Umsetzung von technologischen Innovationen, Informationstechnologien und Datenanalysen in Bürogebäuden sowie für die cloudbasierte Technologieplattform von EDGE Technologies. Ubels ist studierter Informatiker und war bereits während des Studiums für Philips und KPMG tätig. Anschließend war er lange Zeit Chief Information Officer bei Deloitte. In dieser Funktion trug er auch die abschließende Verantwortung für das OVG-Projekt The Edge.

Professor Justus Vollrath ist seit 2016 als selbstständiger Unternehmensberater tätig und Spezialist für die Gebiete Portfoliomanagement, Corporate Real Estate Management, Reporting und IT-Systeme im Immobilienbereich mit über 20-jähriger Erfahrung. Vor seiner selbstständigen Tätigkeit war Herr Vollrath u.a. Executive Director bei MSCI Inc., Geschäftsführer bei IPD Investment Property Databank GmbH, Professor an der Hochschule Hildesheim/Holzminden/Göttingen für Portfolio- und Assetmanagement, Manager und Prokurist bei der Arthur Andersen Real Estate GmbH sowie Senior Consultant bei der Arthur Andersen Management Beratung GmbH. Seine berufliche Laufbahn begann Prof. Vollrath als Teamleiter Budget und Berichtswesen bei der Treuhandanstalt/Bundesanstalt für vereinigungsbedingte Sonderaufgaben. Er betätigt sich langjährig als Dozent in Aus- und Weiterbildung an verschiedenen Hochschulen in Deutschland wie der Schweiz. Er übt Beiratsfunktionen in ausgewählten Institutionen und (jungen) Unternehmen aus und engagiert sich in Vereinigungen der Immobilienwirtschaft.

Prof. Jürgen Marc Volm ist Partner der Drees & Sommer SE und Vorsitzender der Geschäftsführung der Drees & Sommer Schweiz AG. Sein umfassendes Wissen erlangte Jürgen Marc Volm im Studium des Bauingenieurwesens an der Hochschule für Technik in Stuttgart sowie im Studium zum Master of Business Administration (MBA) an der Liverpool Business School in England. Seit 2006 ist Jürgen Marc Volm bei Drees &

Sommer tätig. Als Experte für den Bereich Projektmanagement und Generalplanung verantwortete er u.a. die Planung und Realisierung des höchsten Gebäudes der Schweiz, den Bau 1 der F. Hoffmann-La Roche AG in Basel (Gesamtkosten 550 Mio. CHF). Derzeit ist er als Projektdirektor für die Generalplanung des neuen Bürohochhauses Bau 2 sowie für das neue Forschungs- und Entwicklungszentrum „pRED“ der F. Hoffmann-La Roche AG verantwortlich. Seit 2012 ist er Professor für internationales Projektmanagement und Projektentwicklung an der Hochschule für Technik in Stuttgart. Dort lehrt er unter anderem Projektorganisation, Qualitätsmanagement, Internationale Abwicklungsmodelle sowie BIM-Management.

Robert Wassmer ist bei der Helaba seit Frühjahr 2016 im Bereich Strategieprojekt Digitalisierung tätig. Dort leitet er Großprojekte und Innovationsinitiativen im Bereich Digitalisierung, arbeitet am Kulturwandel und der Befähigung sowie an der Öffnung der Bank nach außen in Form von Kooperationen und Beteiligungen. Vor der Tätigkeit bei der Helaba war er insbesondere als Unternehmensberater in den Themenfeldern Strategie sowie M&A für Finanzdienstleistungsunternehmen tätig.

ZIA

Der Zentrale Immobilien Ausschuss e.V. (ZIA) ist der Spitzenverband der Immobilienwirtschaft. Er spricht durch seine Mitglieder, darunter mehr als 25 Verbände, für rund 37.000 Unternehmen der Branche entlang der gesamten Wertschöpfungskette. Der ZIA gibt der Immobilienwirtschaft in ihrer ganzen Vielfalt eine umfassende und einheitliche Interessenvertretung, die ihrer Bedeutung für die Volkswirtschaft entspricht. Als Unternehmer- und Verbändeverband verleiht er der gesamten Immobilienwirtschaft eine Stimme auf nationaler und europäischer Ebene – und im Bundesverband der deutschen Industrie (BDI). Präsident des Verbandes ist Dr. Andreas Mattner.

Innerhalb des ZIA steuert der Innovation Think Tank sämtliche Aktivitäten des Verbands zum Thema Innovation, Vorsitzender ist der Innovationsbeauftragte Martin Rodeck. Unter seiner Federführung sind der Innovationskongress, Innovationsbericht und die Digitalisierungsstudie mit EY Real Estate entstanden. Auf sein Wirken hin wurde im Herbst 2017 der Ausschuss Digitalisierung im ZIA gegründet. Vorsitzende ist Dr. Tanja Rückert von SAP, ihre Stellvertreterin ist Annette Kröger von Allianz Real Estate Deutschland.

Der ZIA bietet mehrere Plattformen zum Austausch zwischen Startup-Unternehmern und etablierten Marktteilnehmern. Mitglieder der German PropTech Initiative erhalten beispielsweise Zugang zu den Ausschuss-Sitzungen des ZIA und dürfen dort inhaltlich mitarbeiten. Der ZIA und die German PropTech Initiative sind gegenseitiges Mitglied. PropTech hat sich als Schwerpunktthema beispielsweise bei dem Innovationskongress und der Innovationsschmiede als Teil des Tags der Immobilienwirtschaft etabliert.

Herausgeber

Heike Gündling war vor Eintritt in die Geschäftsführung des PropTech-Unternehmens Architrave zuletzt Chief Operation Officer (COO) der Bilfinger Real Estate GmbH, Frankfurt, dem international tätigen Immobilienmanagement Unternehmen des Bilfinger Konzerns. In den zehn Jahren, vor Gründung ihrer eigenen Beratungsgesellschaft, war sie in der Geschäftsleitungsfunktion im Asset Management von CorpusSireo und dort zuletzt verantwortlich für Business Development & Advisory sowie das Transaction Management. Die studierte Betriebswirtin begann ihre berufliche Laufbahn bei der BHF-Bank AG in Frankfurt und leitete dort bereits in den 90er Jahren den Immobilienfondsvertrieb. Weitere Stationen ihrer Laufbahn waren u.a. die Geschäftsführung der Lampe Immobilien GmbH in Berlin, die Geschäftsführung der ABN AMRO Immobilien GmbH und die Bereichsleitung Marketing und Vertrieb der DeTeImmobilien GmbH in Frankfurt. Seit einigen Jahren treibt Heike Gündling das Thema Digitalisierung in der Immobilienbranche voran und ist vor allem zu diesem Themenkomplex regelmäßig als gefragte Sprecherin und engagierte Verfechterin eines beschleunigten Transformationsprozesses ihrer Branche bei zahlreichen Veranstaltungen anzutreffen.

Christian Schulz-Wulkow, Diplom-Kaufmann und Immobilienökonom (ebs), ist Managing Partner der Ernst & Young Real Estate GmbH und Leiter des Sektors Real Estate, Hospitality & Construction in Deutschland, Österreich und der Schweiz bei EY, eines der führenden Beratungshäuser in der Immobilienwirtschaft. Er verfügt über umfassende Branchenerfahrung, insbesondere in der Beratung von institutionellen Investoren, Corporates sowie der öffentlichen Hand. Die Schwerpunkte seiner Beratungstätigkeit liegen im Bereich Strategie, Immobilientransaktionen, Kapitalmarkt und Digitalisierung. Die Begleitung der digitalen Transformation in der Immobilienwirtschaft liegt im Fokus von EY Real Estate. Christian Schulz-Wulkow ist Mitglied im „Innovation Think Tank“ des Zentralen Immobilien Ausschuss (ZIA), in der Jury des „Proptech Innovation Awards“ und im Kuratorium „Lebendige Stadt – Die digitale Stadt“, neben anderen Funktionen. Er begann seinen Werdegang mit einer Banklehre bei der Bethmann Bank in Frankfurt/M. Nach verschiedenen Tätigkeiten bei Banken in New York und Singapur, studierte er an der Johann-Wolfgang-Goethe Universität Frankfurt/M., der European Business School in Oestrich-Winkel und an der Oxford University Brooks. 1994 begann er seine Karriere bei der Arthur Andersen Real Estate GmbH, 2001 wurde er zum Partner ernannt und ist seitdem nach dem Zusammenschluss 2003 bei EY Real Estate tätig.